매경 아웃룩

# 대예측

주식·부동산 투자 전략, 기업 경영계획 수립 등에
나침반이 될 전략 지침서

# 2023

매경이코노미 엮음

한치 앞을 내다볼 수 없는 글로벌 경제위기
환율·물가·금리·국제유가 등 세계 경제를 흔드는 변수들을
분석해 2023년 글로벌 경제와 한국 경제의 미래를 예측한다

매일경제신문사

# 인플레와 경기 침체의 복합 위기
# 금리 인하하면 경제 다시 살아날까

1985년 9월 미국은 프랑스, 독일, 일본, 영국의 재무장관을 뉴욕 플라자호텔로 불러 모았다. 막대한 무역 적자로 경제 위기를 맞자 제조업이 강한 수출 강국 독일과 일본에 화폐 가치 절상을 요구하기 위한 자리였다. 그 유명한 '플라자 합의'다.

특히 일본이 타깃이었다. 사실상 엔화의 급격한 절상을 강요했다. 1985년 달러당 250엔이었던 엔화 가치는 수개월 만에 120엔까지 급등했다. 수출이 막힐 것을 우려한 일본은 내수 경기 부양으로 살길을 찾았다. 대규모 수출 시장이 필요했던 미국도 유도하던 참이었다. 1987년의 루브르합의로 독일과 일본은 금리 인하에 합의했다. 일본은 기준금리를 2년 만에 5%에서 2.5%로 급격히 내렸다. 효과는

주가와 부동산 가격 급등이라는 자산 시장 과열로 바로 나타났다. '일본 버블 경제'는 이렇게 시작됐다.

자산 가격 폭등으로 경기 과열 조짐이 나오자 일본 중앙은행은 다시 금리 인상 카드를 꺼낸다. 1988년 9월 2.5%에서 1990년 12월 6%까지 2년 3개월 만에 3.5%포인트나 올려버렸다. 1991년에는 부동산 대출 총량 규제라는 강력한 수요 억제책도 동원했다.

불과 4년여 만에 10배 급등했던 부동산과 3만 8000으로 사상 최고치로 치솟았던 주가는 단번에 무너져 내렸다. 주가와 부동산의 동반 대폭락으로 버블 붕괴가 진행되자 화들짝 놀란 일본 정부는 다시 금리 인하에 나선다. 그것도 1995년까지 불과 4년 만에 6%에서 0.5%

로 가파른 하락폭을 보였다.

이번에는 금리 인하 효과가 달랐다. 한번 무너진 일본 경제는 살아나지 못했다. 지금까지도 일본은 0%에서 플러스와 마이너스를 넘나들며 '제로 성장'을 이어오는 장기 디플레에서 빠져나오지 못하고 있다. '잃어버린 30년'이다. 일본은행은 초저금리로 소비와 투자를 촉진해 디플레를 벗어나고자 했다. 하지만 저출산·고령화, 생산가능인구 감소로 소비가 살아나지를 못했다. 일본 국민들은 수요 부족에 그치는 게 아니라 앞으로 경제가 좋아질 것이라는 기대조차 하지 않게 됐다. 집 안에 금고를 마련해놓고 현금을 쌓아놓는다는 얘기가 이때부터 나왔다. 금리 인하가 경기 회복으로 연결되지 못한 대표적 사례다.

1990년대 후반 태국, 한국으로 이어지던 아시아 외환위기는 결국 1998년 8월 러시아의 모라토리움 선언으로 비화됐다. 이전까지 버티던 미국 금융 시장은 대량의 러시아 국채를 보유하고 있던 대형 헤지펀드 롱텀캐피털매니지먼트가 그해 9월 파산 선언을 하자 폭락세로 들어선다. 아시아 외환위기가 글로벌 대형 경제 위기로 비화할 조짐을 보이자 앨런 그린스펀 당시 미국 연방준비제도이사회(Fed) 의장은 금리 인하에 나선다.

실상은 심각했지만 세계 경제사에서 '위기'로 대접받지 못했던 '닷컴 버블'의 기원은 아시아 외환위기였다. 때마침 인터넷 태동, 반도체 산업 부흥 등이 전개됐다. 공격적인 유동성 공급이 겹치자 IT 기술주 주도로 단기간에 거품이 형성됐다. 화들짝 논란 연준은 1999년 기준금리 인상에 착수한다. 그해 5월 4.75%에서 2000년 5월까지 6.5%까지 1년간 1.75%포인트 상승했다. 과열을 식히기 위한 금리 인상은 여기까지였다.

금리 인상 랠리가 멈추자 3000대였던 S&P지수가 단숨에 5000대로 치솟을 정도로 자본 시장이 환호했지만 실물경제 분위기는 달랐다. 엔론, 월드컴 등이 파산했고, IT 기술주의 대표 격이었던 인텔 실적도 곤두박질쳤다. 고금리와 긴축 정책이 누적되면서 버블 해소 수준이 아니라 경제가 망가지는 역효과가 나온 것이다.

그린스펀 의장은 2000년 12월 "금융 시장의 과도한 우려가 소비와 기업 투자를 지나치게 떨어뜨릴 수 있다"고 우려를 표하더니 이듬해 1월 3일 FOMC 정례회의도 아닌데 0.5%포인트의 긴급 금리 인하를 단행했다. 2001년 1분기에만 3차례에 걸쳐 1.25%포인트 금리를 내렸다. 이후 공격적인 완화 정책을 2003년까지 지속하면서 기준금리를 1%까지 내렸지만 기대했던 경기 회복은 뚜렷이 나타나지 않았다. 1999년 4.8%, 2000년 4.1%를 기록하던 미국 GDP(국내총생산) 성장률은 2001년 1%로 곤두박질쳤다. 2001년 3월부터 같은 해 11월까

**거품을 빼기 위한 금융 긴축의 충격은
실물경제로 전이될 가능성이 높다
일본 버블와 닷컴 버블이 꺼진 후
금리 내렸지만 경제는 살아나지 못했다
2023년 모두가 기다리는 美 금리 인하
앞선 버블의 패턴이 반복될지 지켜보자**

지 약 8개월이 닷컴 버블 붕괴 이후 경기 침체 기간으로 기록돼 있다. 이후 다소 살아났다고 는 하지만 2004년 3.9%까지 올라간 게 전부 였고, 다시 약세로 돌아서더니 결국 서브프라 임 위기로 이어지며 역대 최장의 경기 침체기 에 진입한다.

주식 시장은 더더욱 금리 인하 효과를 보지 못 했다. 2001년 1월 그린스펀의 금리 인하 깜짝 쇼에도 불구하고 다우존스지수는 1만선을 소 폭 웃도는 횡보세를 보이더니 2003년 상반기 7000선까지 밀렸다.

2022년은 40년 만에 등장한 '인플레이션'이라 는 괴물과 사투를 벌인 한 해로 기록될 것이 다. 2020년 초 코로나19 팬데믹으로 대봉쇄가 시작됐고, 그해 세계 경제성장률은 −3.1%를 기록했다. 1930년대 대공황 이후 최악의 경기

침체였다. 미국 연준을 비롯한 주요국 중앙은 행과 정부는 무차별 현금 살포에 나설 수밖에 없었다. 주식과 부동산 등 자산 가격이 급등 했고, 뒤이어 러시아의 우크라 침공에 따른 에너지 대란까지 겹치며 물가 급등이 펼쳐졌 다. '코로나 버블'이었다.

미국 연준은 곧바로 태세 전환에 나섰다. 2022년 연초부터 기준금리 인상에 본격 진입 하자 전 세계 경제는 충격을 받았다. 6월 미국 소비자물가지수는 9.1%를 기록하며 40년 4 개월 만에 최고치를 기록했다. 여름쯤 인플레 이션 피크아웃 기대가 나오기도 했지만 9월에 다시 코어 CPI 쇼크가 이어졌다. 그때마다 연 준은 공격적 금리 인상을 이어갔다.

이번에도 연준의 금리 인상은 과열을 식히는 데 어느 정도 효과를 나타낸다. 미국을 비롯한 주요국 주택 가격이 하락세를 시작했다. 가파 르게 오르던 고용지표도 진정되는 분위기다. 10월 고용지표는 '부진'으로 해석될 정도였다. 벌써부터 미국 연준의 피벗(정책 전환) 혹은 속 도 조절론에 대한 기대가 솔솔 나온다.

그렇다고 안심하기는 이르다. 2023년에 물가 가 잡힌다고 해도 미국 CPI 예상치는 4%대로 여전히 높은 수준이다. 더구나 연준이 가장 두려워하는 대목은 기대인플레다. 미국 물가 상승률이 연준 목표치인 2%를 넘어선 지 2년 이나 경과됐다. 이제는 만성화 단계로 들어설 수 있다.

글로벌 금융위기 이후 미국을 중심으로 한 세계 경제는 기대디플레가 만연했다. 크고 작은 위기가 올 때마다 연준이 돈을 뿌려서 해결했다. 아무리 돈을 뿌려도 물가가 오를 걱정은 안 해도 되는 시기였다. 덕분에 자산 시장의 장기 호황이 가능했다. 하지만 기대인플레가 만연해지면 섣불리 금리를 내리거나 돈을 뿌렸다가는 물가가 폭발해버릴 수 있다. 영국에서 그 가능성을 이미 보여줬다. 미국 연준이 섣불리 금리 인하로 정책 전환에 나서기 쉽지 않은 이유다.

시장은 시간이 지날수록 연준의 태세 전환에 대한 기대를 높여갈 것이다. 경기 침체 가능성이 가시화하고 있기 때문이다. 일본 버블과 미국 닷컴 버블에서 봤듯 자산 가격 거품을 빼기 위한 긴축 정책의 충격은 실물경제로 전이될 가능성이 높다. 국제통화기금(IMF)은 내년 성장률 전망치를 하향 조정하기 바쁘다. 2022년 한 해 동안 3차례나 내렸다. 공격적 긴축을 멈추고 현 금리 수준을 유지한다는 전망부터 2023년 중에는 금리 인하로 돌아설 수도 있다는 예측까지 나온다. 예상대로만 된다면 금융 완화의 효과, 즉 자산 시장의 대반등도 기대해봄직하다. 글로벌 금융위기 이후 돈을 뿌리면 주가가 오르고 경제가 살아난다고 학습이 돼 있다.

하지만 이번은 버블 해소 국면이라는 차이점이 있다. 앞서 살펴본 일본 버블, 닷컴 버블과 유사하다. '위기 발생 → 금리 인하 → 경기 과열 → 금리 인상 → 경기 급랭 → 금리 인하'로 이어지며 냉온탕을 반복하는 패턴이다. 문제는 앞서 버블 상황에서는 두 번째 금리 인하가 기대만큼 효과를 내지 못했다는 점이다. 기업 실적 악화, 경기 침체 등이 만연한 상황에서 유동성 공급의 한계가 노출됐다.

2023년 모든 시선은 연준 금융 긴축 정책의 대전환 여부에 집중되고 있다. 금리 인하까지 이어지며 자산 시장과 경제 회복을 끌어내줄 것을 기대하지만, 과연 기대대로 될지는 누구도 속단할 수 없다. 오죽하면 '예측 무용론'까지 나온다. 이런 때일수록 전문가들의 혜안을 폭넓게 구해봐야 한다.

매경이코노미는 1992년부터 매년 '대예측-매경아웃룩'을 발간해왔다. 10만 매경이코노미 독자와 기업인, 학자, 취업 준비생 등 각계각층으로부터 사랑을 받아온 국내 최고 권위의 미래 전략 지침서로 자리잡았다. 올해 준비한 '대예측 2023'이야말로 안갯속에서 길을 알려주는 나침반이 될 수 있도록 최대한의 정성을 쏟았다. 지혜와 통찰력을 얻고 난제를 풀어내는 데 유용하게 활용되기를 바란다. ■

# 차례

## Chapter 3 　지표로 보는 한국 경제

## Chapter 4   세계 경제 어디로

## Chapter 5　원자재 가격

## Chapter 6　자산 시장 어떻게 되나

### 1. 주식 시장

**권말부록**

# 2023년 유망 주식·부동산

# I

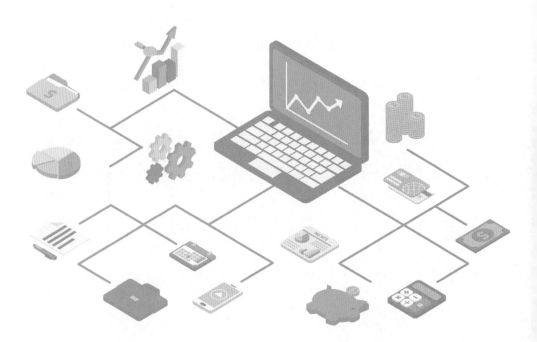

2023
매경아웃룩

# 경제 확대경

# '자린고비' 불황형 소비 뜨고
# 글로벌 경제는 新냉전 계속돼

**정다운** 매경이코노미 기자

2023년 한국 경제는 완전한 코로나19 종식과 함께 전 세계적으로 산재한 경제 불안 요소를 타개해나가는 데 초점이 맞춰질 전망이다. 다만 복합 위기가 심화되면서 2023년 세계 경제는 2022년보다 더 어려워질 것으로 전망된다. 러시아-우크라이나 전쟁 장기화, 양안(중국·대만) 갈등이 전 세계 경제 불안을 고조시키고 있고, 식량과 에너지를 두 축으로 폭등한 물가가 쉽사리 잡히지 않고 있어서다. 여기에 소비 위축, 미국발 금리 인상 기조가 계속되며 각국 주머니 사정은 더욱 악화됐고 국내는 국내대로 금융 시장 불안 등이 복합적으로 겹쳐 시장이 얼어붙고 있다.

매경이코노미는 '엄청난 위기'라는 뜻의 '메가 크라이시스(MEGA CRISIS)'를 통해 2023년을 관통할 주요 이슈와 전망을 살펴본다.

### ① Mask, No More 마스크는 이제 안녕

코로나19 확진자가 유독 많았던 미국과 유럽 등 해외에서는 이미 실내 마스크 착용 의무를 해제한 상태다. 우리나라도 2023년에는 코로나19 이전과 같은 일상을 회복하고 실내에서도 마스크 없이 지인을 대면할 수 있을 것으로 전망된다. 이미 실외에서는 마스크 착용 의무가 해제됐고 이어 실내 마스크 착용 의무도 풀어야 한다는 주장이 나오고 있다. 코로나19 유행이 안정적으로 관리되고, 이달 1일부터 해외 입국자의 유전자증폭(PCR) 검사가 폐지되는 등 대부분의 방역 수칙이 사라진 상황에서 실내 마스크 착용 역시 자율에 맡겨야 한다는 것이다. 정기석 코로나19 특별대응단장 겸 국가감염병위기대응자문위원장은 2022년 10월 말 "완전히 새로운 변이가 등장하지 않는 한 당초 기대대로 코로나19 7차 유행 이후에는 마스크 의무를 전면 해제할 수 있을 것"으로 전망하기도 했다.

## ② Economic Cold War 경제 신냉전

우크라이나 사태가 장기화되면서 미국과 유럽 등 서방 국가는 국가 안보와 인권 보호, 우크라이나 전쟁 확산 방지 등을 위해 중국과 러시아에 대한 경제 제재를 강화하고 있다. 경제·무역 분야에서 강대국 간 '경제 신냉전'이 가속화하는 가운데 한국은행은 향후 탈세계화와 경제 블록화가 진행됨에 따라 주요국 간의 대립이 늘어나고 경제 제재가 보다 빈번해질 수 있다고 전망했다.

미국을 중심으로 하는 서방 국가와 중국을 중심으로 하는 반(反)서방 국가 간의 대립과 상호 경제 제재 정도는 2023년 더욱 심화될 것으로 예상된다. 우리나라는 두 개의 경제 블록 중 한쪽을 선택해야 하는 경우가 더 많아질 위험이 확대된 셈이다.

강대국 간 경제 신냉전은 세계 경제의 불확실성을 높이고, 특히 교역 활동을 위축시킬 수 있는 만큼 우리나라로서는 신냉전에 따른 영향을 면밀히 검토하고 장기적으로 공급망 안정화를 확보하는 일이 중요해졌다.

## ③ Green Growth 녹색성장

2023년에도 환경 이슈는 이어질 것으로 보인다. 다만 형태는 조금 달라질 전망이다. 경기 침체 장기화가 예상되는 만큼 환경과 성장 두 가치를 포괄하는 '녹색성장'이 떠오르고 있다. 윤석열정부는 최근 '2050 탄소중립녹생성장위원회(탄녹위)'를 공식 출범했다. 탄소중립·녹색성장 정책 컨트롤타워다. 탄녹위는 탄소중립·녹색성장 추진 전략 등을 심의한다. 또 탄소중립·녹색성장 등 3대 정책 방향 아래 4대 전략과 12대 과제를 마련한다. 원전과 신재생에너지의 조화, 무탄소 신전원 도입 등 새로운 에너지 전략도 정립할 예정이다.

기업도 고민이 커졌다. 친환경 경영과 성장을 동시에 잡기 위해 분주하다. 삼성전자는 2022년 9월 '신(新)환경경영전략'을 선언했다. 1992년 환경 문제는 선택적 지출이 아닌 필수 투자라며 내놓은 '삼성 환경선언' 이후 30년 만이다. 네이버도 성장에 발맞춰 친환경 경영에 속도를 낸다. 데이터센터 '각 세종' 설립으로 탄소 배출 증가가 예상되자 RE100에 이어 EV100까지 가입했다. EV100은 친환경 차량 100% 사용을 의미한다. 네이버는 2030년까지 소유·임대 차량을 전기차로 대체할 방침이다.

## ④ Alpha Generation 알파세대가 온다

2023년은 알파세대가 미래 소비 주역으로 주목받을 전망이다. 알파세대는 2010년 이후 태어난 이들을 말한다. 출생부터 기술적 진보를 경험한 세대다. 엄마, 아빠가 아닌 '인공지능(AI) 스피커'와 대화하고 기계가 동화책을 읽어준다. 부모 세대인 밀레니얼이 인터넷, 모바일에 익숙한 반면 알파세대는 메타버스(가상 세계), 블록체인 등 새로운 기술을 태어날 때부터 경험한 최초 세대다. 이전 세대들과 출발부터 다르다.

2025년까지 전 세계 알파세대는 20억명에 이를 것으로 예상된다. 전 세계 인구의 25% 정도다. 비중 자체는 크지 않지만, 밀레니얼세대인 부모가 이들을 위해 지출을 아끼지 않는다는 점이 주목된다. 알파세대를 겨냥한 키즈테크 시장은 계속해서 커지고 있다. 시장조사 업체 피치북에 따르면 2021년 미국 키즈테크 분야에 몰린 투자액은 약 13억8720만달러에 달한다. 알파세대를 겨냥한 키즈테크 기업이 유니콘으로 성장하는 사례도 늘고 있다. 유니콘은 기업가치 1조원 이상의 비상장사를 의미한다. 부모 감독하에 어린이·청소년들이 주식 투자하는 서비스를 제공하는 미국 스타트업 그린라이트는 2021년 기업가치 3조원을 인정받았다.

## ⑤ Collaboration 컬래버 전성시대

유통 업계에 불어닥친 '컬래버레이션' 열풍. 과거 식품·패션·뷰티 등 특정 업종이 주도했다면 이제는 업종을 불문하고 확산되는 분위기다. 편의점은 대표 '컬래버 플랫폼'으로 떠올랐고 '금돼지식당' '꿉당' 등 전국구 맛집은 RMR(레스토랑 간편식) 제품을 선보였다. '우영우김밥' '메이플스토리빵' '드래곤볼 핫팩' 등 IP를 활용한 인기 제품도 계속 늘어나는 추세다.

특히 주류 업계 컬래버는 '선택 아닌 필수'로 자리 잡은 모습이다. '곰표밀맥주' 성공 이후 대세가 됐다. 2022년은 컬래버 기업이 특히나 다변화된 한 해였다. 농심(깡맥주), 롯데제과(쥬시후레쉬 맥주) 같은 B2C 기업은 물론 다올투자증권(한잔 다올), 유진투자증권(따상주) 등 금융사, 아시아나항공(아시아나 호피라거)까지 그 범위가 점차 넓어지는 중이다. 게임사 엔씨소프트는 박재범 소주로 유명한 '원소주'와 손잡고 '리니지 팝업 스토어'를 꾸미기도 했다. BTS, 블랙핑크 등 '팬덤 파워'를 겨냥한 컬래버도 쏟아졌다.

2023년에도 컬래버 열풍은 계속될 것으로 보인다. 다만 그 양상은 달라질 수 있다. 2022년에는 컬래버에 뛰어드는 '기업'이 다양해졌다면 2023년에는 컬래버가 일어나는 '공간'과 '대상'이 확장될 가능성이 높다. 메타버스나 NFT 같은 신기술을 활용한 컬래버 트렌드가 빠르게 확산 중이다. 삼성전자는 메타버스 가상 체험 공간인 '제트랜드'에서 비스포크 제품을 홍보하고 이마트24는 NFT 프로젝트 '선미야클럽'과 협업한 와인을 선보이는 식이다.

2022년 8월 미국 뉴욕 타임스스퀘어 총 15개의 스크린에서 '갤럭시Z 플립4 X BTS' 컬래버레이션 영상이 상영된 모습. (삼성전자 제공)

## ⑥ Remote Office 원격 근무, 뉴노멀 될까

코로나 팬데믹을 거치며 기업은 원격 근무가 무리 없이 작동한다는 사실을 체득했다. 원격 근무 부작용으로 지적됐던 '생산성 저하'나 '직장 내 소통 부재' 같은 문제도 지속적으로 개선해나가는 중이다.

대표적인 것이 메타버스 플랫폼을 활용한 '가상 오피스'다. 온라인 공간에 본인의 '아바타'가 출근해 원격 근무를 하는 식이다. 직방의 가상 오피스 '소마'에는 이미 직방과 아워홈, AIF 등 20여개 기업들이 입주해 2000명 넘는 인원이 출근한다. LG유플러스 역시 화상 회의, 면담, 업무 협업에 특화된 메타버스 오피스 'U+가상오피스'를 내놓겠다고 발표했다.

'거점 오피스'도 호평받는다. 지역 곳곳에 일할 수 있는 공간을 만들어 집에서 가까운 사무실을 선택하도록 하는 제도다. 엄밀히 따지면 재택근무는 아니지만 직주 접근성을 높인다는 방향성은 비슷하다. SK텔레콤은 서울 신도림과 경기 일산, 분당 3개 지역에 거점 오피스 '스피어'를 개장, 전체 350개 좌석을 운영한다. 노트북을 들고 다닐 필요 없이 얼굴 인식 기술로 가상 데스크톱과 연동, 평소 사용하던 PC와 동일한 환경을 제공받을 수 있다. CJ도 주요 계열사 사옥을 거점화한 거점 오피스 'CJ워크온'을 도입했다. 소속 계열사와 상관없이 서울 용산, 서울 중구, 경기 일산 사옥 중 가까운 곳으로 출근하면 된다.

다만 취약한 보안은 여전히 미결 과제다. 보안 시스템이 상대적으로 강력한 회사를 벗어나 집이나 카페 같은 공중 시설에서 근무할 경우 해킹이나 정보 유출, 기술 유출 가능성이 높아지기 때문이다.

## 7 Inflation 인플레이션

2022년에는 유례없는 물가 상승이 이어졌다. 미국은 2022년 6월 소비자물가 상승률 9.1%를 기록하며 1981년 11월 이후 41년 7개월 만에 최고치를 기록하기도 했다. 이후에도 8%대 높은 수준을 유지하고 있다. 우리나라 역시 5~6%대 물가 상승률이 이어지는 상황이다. 이 같은 추세를 감안하면, 2023년에도 물가는 쉽게 잡히지 않을 가능성이 높다. 우크라이나 전쟁과 미중 갈등 등 여전히 불확실한 외부 요인이 남아 있기 때문이다.

우크라이나 전쟁이 장기화하며 각종 공급망이 무너졌다. 코로나19 사태로 각국 정부가 유동성을 대거 푼 상황에서 공급마저 줄어들자 물가가 치솟았다. 여전히 우크라이나 전쟁은 진행 중이며, 글로벌 긴축 기조가 이어지고 있는 상황이다. 내년 미중 갈등이 더욱 심각해진다면 공급망 문제는 악화될 가능성이 크다. 여기에 경제가 저성장 국면에 접어들면서 스태그플레이션 우려가 커지는 상황이다. 미국은 2022년 들어 1분기(-1.6%)와 2분기(-0.6%) 모두 마이너스 성장률을 기록했다. 우리나라는 올해 0%대 성장률을 이어가고 있다. 경기 침체와 물가 상승이 지속되면 세계 경제는 더욱 힘들어질 수밖에 없다.

## 8 Small Investment '소액 투자' '짠테크'

MZ세대에서 인기를 끌던 '욜로(YOLO)'는 이제 옛말이 됐다. 경기 불황이 계속되면서 조금이라도 덜 쓰고 목돈을 꼼꼼히 모으는 '짠테크(짠돌이+재테크)' 문화가 확산되고 있다. 단순히 돈을 아끼는 것이 아닌 소액이라도 수익을 모으는 추세는 2023년에도 이어질 전망이다.

짠테크 방식은 다양하다. 설문조사나 걷기 등 간단한 행위를 통해 포인트 리워드를 모을 수 있다. 참여자들은 리워드를 받아 현금화 또한 가능하다. 고객은 소액이지만 수익 창출이 가능하고 기업은 고객 참여를 이끌어낼 수 있어 서로 '윈윈'할 수 있는 전략이다. 소액 투자가 인기를 끌자 주식 역시 소수점 투자가 가능해졌다. 소액 투자 핀테크 앱이 등장하며 고가 우량주에 소액으로 투자할 수 있게 됐다. 경험이 부족한 초보 투자자가 입문하기 좋다는 평가를 받는다. 이뿐 아니라 대형 증권사 역시 1원이나 100원 단위로 거래할 수 있는 서비스를 내놓기도 했다. 2023년까지 불황이 이어질 것이라는 전망이 나오는 상황에서 MZ세대를 중심으로 자리 잡은 '짠테크' 문화는 인기가 지속될 것으로 보인다. 이에 따라 2023년에는 소액 투자 방법 또한 더욱 다양해질 것이라는 관측이 나온다.

## 9 Interest Rate 금리 인상發 투자 위축

2023년의 투자 시장을 한 문장으로 정리하자면 '금리는 오르고, 투자는 줄어든다'다. 금리 상승에 따른 여파가 재테크 트렌드를 완전히 바꿔놓을 것으로 보인다.

금리 상승 신호는 이미 곳곳에서 감지된다. 골드만삭스는 2023년 3월까지 미국 연준이 기준금리를 5%까지 맞출 것이라는 전망을 내놨다. 미국 연준이 금리를 올리면 한국은행 역시 금리를 추가로 올릴 수밖에 없다. 증권가 일각에서는 2023년 1분기 한국 기준금리가 3.75% 수준까지 오를 것이라는 분석까지 나온다.

금리 상승에 따라 투자 시장의 분위기도 급변할 것으로 보인다. 금리가 오르면 이자비용 부담이 높아져 대출자금을 활용한 투자가 위축된다. 주식·부동산보다는 금리 인상의 수혜가 예상되는 예·적금으로 '머니무브'가 이어질 가능성이 크다. 이미 신호는 감지됐다. 한국개발연구원(KDI)은 "대내외 여건에 따라 기준금리가 큰 폭으로 인상되면서 전국적으로 주택 매매·전세 가격 하락이 가시화됐다"며 "2023년 초반까지는 높은 금리가 유지되면서 부동산 시장 가격 하락을 유도하는 하방 압력이 지속될 것"이라고 덧붙였다.

주식 시장 역시 위축되는 모습이다. 6%, 10% 등 고금리 예·적금 상품이 나오자 주식 시장으로 쏠린 돈이 모두 예·적금으로 이동하는 '머니무브' 현상이 일어나고 있어서다. 2022년 8월 정기 예·적금은 전월 대비 34조1000억원 오르는 등 역대 최대치를 기록했다.

## 10 Spend Less 불황형 소비

2021년 유행했던 '플렉스' 소비 트렌드는 2022년 들어 다소 시들해졌다. 이어 2023년 소비 트렌드는 '자린고비'가 될 전망이다. 과감하게 돈을 쓰는 풍조는 사라지고 어떻게든 돈을 아끼려는 소비 풍조가 2022년 하반기부터 강해지는 모습이다.

2022년 중반부터 물가가 급격히 오르면서 마트 PB 상품을 구매하고, 저녁 마감 할인 시간을 구매하는 소비자가 늘어났다. 롯데마트에 따르면 2022년 1월 1일부터 5월 22일까지 즉석식품 코너 마감 세일(오후 7시~영업 종료 시) 매출은 전년 동기 대비 20% 이상 증가했다. 같은 기간 PB 상품 매출은 약 10% 늘었다. 홈플러스에서도 1월 13일부터 5월 8일까지 PB 상품 판매량이 전년 동기 대비 49% 증가했다. 4월 4일부터 10일까지의 두부 판매량을 분석한 결과, 종전까지 매출 1위였던 풀무원을 제치고 홈플러스 PB가 1위에 오르기도 했다.

대용량 생필품 거래액도 늘어나는 추세다. 가격이 합리적인 대용량 제품을 미리 구매하는 식이다. 위메프가 8월 27일부터 9월 25일까지 대용량 생필품 거래액을 분석한 결과 지난해 같은 기간보다 2.2배 늘어난 것으로 집계됐다. 유통 업계는 2023년에도 불황형 소비가 계속될 것이라 전망한다. 이를 위해 대용량 제품, PB 제품 구성을 적극 늘리는 등 변화에 대비하고 있다. ∎

# 스태그플레이션 초입에 와 있다?
# 그나마 하반기 안정되는 '상저하고'

**김소연** 매경이코노미 부장

한국경제연구원(한경연)은 2022년 10월 24일 '스태그플레이션 시대의 경제 정책' 세미나를 열고 "미국 등 주요국은 이미 스태그플레이션에 진입했고, 한국은 스태그플레이션의 초입 단계"라고 밝혔다. 고물가 · 고금리 · 고환율로 인해 '경기는 불황인데 물가는 오르는' 스태그플레이션이 현실화되는 가운데 2023년을 기점으로 한국 경제가 불황 국면에 본격 진입할 가능성이 확대됐다는 분석이다. '경제 동향과 전망' 발제를 맡은 이승석 한경연 부연구위원은 "한국 경제성장률은 2022년 2.3%, 2023년 1.9%"라며 한국 경제 침체를 예상했다. "경기 둔화에 따른 소비 심리 위축과 실질소득 감소 영향으로 2022년 3%를 기록한 민간 소비 증가율은 2023년 2.5%로 낮아질 것"이라고 진단했다.

2021년 말 2022 대예측을 준비하던 시점에 초미의 관심사였던 단어는 '인플레이션'이다. 당시 인플레이션이 올지 말지 설왕설래 말이 많았지만, 매경이코노미는 인플레이션 도래를 경고했다. 심지어 하이퍼 인플레이션도 우려했다. 2021년 10월 23일 잭 도시 트위터 최고경영자는 "하이퍼 인플레이션(초인플레이션)이 모든 것을 바꿀 것"이라고 했는데, 그렇게 될 가능성이 농후하다고 진단했다.

2023 대예측을 준비하는 2022년 말 현재, 2023 한국 경제는 물론 세계 경제 관련 가장 주목받는 단어는 '스태그플레이션'이다. 정말 스태그플레이션은 올 것인가, 아니 실제 그 초입에 들어와 있는 게 맞는가.

하나금융경영연구소도 '2008년 이후 처음으로 고물가와 성장 부진이 동시에 발행할 가능성'을 예고했다. 한국경제학회가 2022년 7월 '스태그플레이션'을 주제로 진행한 설문조사 결과도 다를 바 없다. 당시 국내 경제학자 39명 중 23명(59%)이 '우리나라가 스태그플레이션 단계에 있다'고 답했다.

사실 '스태그플레이션'이면 그나마 다행이다. 'SF 복합 위기'가 발생할 것인가도 전문가 촉각이 쏠린다. SF 복합 위기란 1980년대 초에 나타났던 '스태그플레이션'과 2008년에 발생했던 '금융위기'가 한꺼번에 나타나는 현상을 말한다. 한마디로 지금까지 발생했던 모든 위기의 종합판인 셈이다.

김광석 한국경제산업연구원 경제연구실장은 '그레이트 리세션(대침체)'이라는 단어를 들고 나왔다. IMF 외환위기나 글로벌 금융위기 때는 V자로 침체했다가 바로 다시 경기가 돌아왔다. 2023년은 L자로 꺾여서 장기 침체로 접어드는 초입에 해당한다는 의미다. 김광석 실장은 "궁핍을 인내해야 할 '내핍의 시대'가 오고 있다"고 진단했다. 물가가 올라 실질소득이 줄어들고, 이자가 올라 또 실질소득이 줄어들고, 경기 침체로 실질소득이 한 번 더 줄어들 여지가 있다는 점에서 '궁핍'해지고, 그 궁핍함을 버티고 견뎌야 할 시기라는 의미다.

정리하면 '스태그플레이션' 외에 '좋을 게 하나 없다'와 '상저하고'까지. 2023년 한국 경제는 이 세 가지 단어로 정리해볼 수 있을 것 같다. '좋을 게 하나 없다'. 2023년은 글로벌 경제 자체가 침체기에 들어설 것으로 예상된다. 한국 경제 또한 예외가 될 수 없다. 모든 지표 또한 하나같이 우중충하다. 그나마 '상저하고'를 기대해볼 수 있는 게 다행이다. 2023년 하반기에 가서는 안정세, 회복세로 돌아가리라는 기대다. 고물가가 어느 정도 잡히고 그에 따

**주요 기관의 2023년 경제 전망**

단위:%

| 구분 | 현대경제연구원 | | 하나금융경영연구소 | | 한국은행 | | 국회예산정책처 | | 한국경제연구원 | |
|---|---|---|---|---|---|---|---|---|---|---|
| | 2022년 | 2023년 | 2022년 | 2023년 | 2022년 | 2023년 | 2022년 | 2023년 | 2022년 | 2023년 |
| 경제성장률 | 2.5 | 2.2 | 2.6 | 1.8 | 2.6 | 2.1 | 2.5 | 2.1 | 2.3 | 1.9 |
| 소비자물가 | 5 | 3 | 5.3 | 3.5 | 5.2 | 3.7 | 5.2 | 3.3 | – | 3.5 |
| 민간 소비 | 3.7 | 2.7 | 4.1 | 2.2 | 4 | 2.6 | 3.7 | 2.4 | 3 | 2.5 |
| 설비 투자 | −1.7 | 2 | −4.3 | −0.2 | −3.8 | 0.9 | −4.9 | 1.2 | – | – |
| 건설 투자 | −0.8 | 2.4 | −1.6 | 1.4 | −1.5 | 2.2 | −2.9 | 0.4 | – | – |
| 경상수지(억달러) | 413 | 510 | 310 | 300 | 370 | 340 | 350 | 320 | 259 | – |
| 실업률 | 3.1 | 3.3 | – | – | 3.1 | 3.5 | – | – | – | – |
| 원달러 환율(원) | – | – | 1310 | 1370 | – | – | – | – | – | 1455 |
| 국고채 수익률(3년) | – | – | 3.23 | 3.98 | – | – | – | – | – | – |

## 현재 경기 판단 · 향후 경기 전망

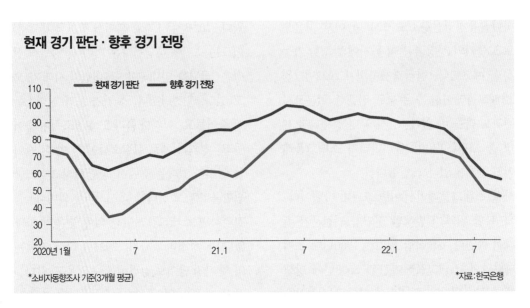

— 현재 경기 판단　— 향후 경기 전망

*소비자동향조사 기준(3개월 평균)　　　　　　　　　　　　*자료:한국은행

라 금리 인상 기조도 마무리되고, 하나하나 제자리를 찾아간다는 의미다. 물론 이 또한 예상치 못한 변수가 나타나지 않는다는 전제 하에 가능한 시나리오다.

### 소비자물가

2023년 최고의 관심사는 단연 소비자물가다. 작금의 경기 침체를 야기한 '인플레이션'이 과연 2023년에도 지속되면서 괴롭힐 것인가에 대한 전망이다.

원자재와 곡물 가격은 2022년 하반기부터 어느 정도 안정세를 찾아가고 있다. 2022년의 높은 물가 상승률에 대한 기저 효과와 국내 경기 자체가 좋지 않을 것인 만큼 2023년 물가 상승률은 2022년보다는 낮을 수밖에 없다. 낮더라도 3% 정도 수준이 될 것으로 보인다. 가장 높게 본 한국은행이 3.7%, 가장 낮게 본

현대경제연구원은 3%을 전망치로 내놨다. 다만 3%는 2023년 전체 평균이다. 2023년 1분기까지는 5%대 높은 소비자물가 상승률이 계속될 수 있다는 분석이다.

### 경제성장률

한국 경제성장률은 3년 내내 뒷걸음치고 있다. 2021년 4.1%에서 2022년 2%대 중반, 2023년에는 2022년보다 낮은 2%대 초반을 예상하는 기관이 다수다. 아시아개발은행(ADB, 2.3%), 경제협력개발기구(OECD, 2.2%), 한국은행(2.1%), 국회예산정책처(2.1%) 등이 모두 2%대 초반에 머무를 것이라고 봤다.

국제통화기금(IMF)은 2023년 우리나라가 2% 성장할 것으로 내다봤다. 2022년 7월(2.1%)에 4월 전망치(2.9%)보다 0.8%포인트나 낮

춘 데 이어 2022년 10월에 0.1%포인트를 추가로 내렸다.

사실 2%대만 돼도 다행일 판이다. 하나금융경영연구소는 2023년 한국 경제성장률을 1.8%로 제시했다. 1.8%는 잠재성장률(2%)보다도 낮은 수준이다. 하나금융경영연구소는 "2023년 국내 경제가 고물가·고금리·고환율의 파급 효과가 본격화되면서 성장률이 1%대 후반으로 둔화할 것"이라고 전망했다. 글로벌 신용평가사 피치도 2023년 한국 경제성장률 전망치를 1.9%로 예측했다.

### 투자

2021년 경제 활력을 이끌어낸 일등 공신은 단연 설비 투자였다.

2021년 상반기 세계 경제가 급속도로 회복가도를 달리면서 수출이 급증했다. 반도체, 디스플레이, 자동차, 선박 등 거의 전 산업 분야에서 설비 투자가 공격적으로 이뤄지면서 2021년 1분기와 2분기에 각각 12.4%, 12.8%의 설비 투자 증가율을 일궈냈다. 하반기에도 상황은 비슷했다. 수출 증가세가 계속되고 탄소중립과 ESG 경영이 가속화되면서 관련 투자가 대규모로 단행됐다.

2021년 설비 투자 증가율이 한국만 높았던 것은 아니다. 전 세계적으로도 폭발적인 설비 투자가 이뤄졌다. 2021년 한국 경제를 떠받친 설비 투자가 2022년에는 힘을 대폭 잃을 것이라는 예상은 익히 했다. 그래도 2~3%대는 사수할 것으로 봤는데, 예측보다 더 깊이 땅을 파고 들어가 버렸다.

사실 2021년 하반기부터 조짐이 보이기는 했다. 설비 투자 증가율은 2021년 3분기 -3%, 4분기 -0.2%, 2022년 1분기 3.9%, 2분기 -1%로 4분기 연속 마이너스 행진을 했다. 9년여 만에 처음이다. 그렇게 고꾸라진 설비 투자는 2022년 전체로 보면 3~4%대가 될 것이라는 예측이다. 가장 방어적으로 본 현대경제연구원이 1.7%를 예상했다.

당연히 2023년에는 기저 효과 등에 의해 2022년보다는 숫자가 한결 나아지리라는 전망이다. 그렇다고 드라마틱한 변화를 기대하지는 말 것. 심지어 하나금융연구소는 2023년 설비 투자가 여전히 마이너스 상황에서 벗어나지 못할 것(-0.2%)이라 내다본다. 나머지 기관도 1% 안팎 증가율을 점친다.

건설 투자 관련해서 가장 눈여겨봐야 할 단어는 '재정건전성'이다. 2020~2021년 코로나 대응 과정에서 정부 채무가 급증하고 재정적자가 확대되면서 재정건전성이 크게 악화됐다. 이와 관련 윤석열정부는 2023년부터 '재정건전성' 확보로 정책 기조를 전환했다. 이를 위해 SOC 예산을 2022년 28조원에서 2023년 25조원으로 감축하기로 했다. 당연히 토목건설 붐이 불 확률은 지극히 희박하다.

그럼에도 건설 투자는 2022년 마이너스에서 2023년에는 플러스로 돌아설 것으로 보인다.

다만 그 폭은 그리 크지 않다. 가장 낮게 본 국회예산정책처는 0.4%를 예상한다. 가장 높은 수치를 내놓은 현대경제연구원은 2.4%로 봤다.

### 민간 소비

2022년 거리두기 해제 이후 서비스 관련 소비 붐이 일었다. 완전하게 코로나 이전 상황으로는 돌아가지 못했다는 점을 감안하면 2023년에도 서비스 소비는 여력이 존재하고 따라서 회복세가 가능할 것이라는 예상이 대세였다. 방역 완화와 해외여행 수요 증가로 인한 국외 소비도 상당할 것이라는 전망도 뒤를 이었다.

그런 분위기가 급속도로 바뀌고 있다. 2022년 10월 20일 한국은행은 "사회적 거리두기 해제 이후 빠르게 회복되던 민간 소비가 고인플레이션 지속, 금리 상승 등으로 향후 둔화할 것"이라고 밝혔다. 물가 상승과 금리 급등에 따른 가계의 실질 구매력 감소, 부채 부담 증가, 자산 가격 하락으로 인한 역자산 효과, 소비 심리 위축 등은 소비 회복의 제약 요인이다. 2022년 3~4%대 증가할 것으로 예상되는 민간 소비는 2023년 2%대로 내려앉을 전망이다.

### 수출입과 경상수지

2022년 한국은 '무역 적자국'이 될 것 같다. 한국이 무역 적자국이 되는 것은 2008년 이후 14년 만이다. 2022년 10월 10일까지 한국의 누적 무역 적자는 300억달러를 넘어섰다.

물론 이 같은 무역 적자는 한국만의 문제는 아니다. 계속 심화되는 미중 갈등에 어디로 튈지 모르는 러시아-우크라이나 전쟁으로 인해 불거진 원자재 가격 급등과 공급망 불안, 이로 인해 발생한 전 세계적인 인플레이션을 해결하기 위해 단행되고 있는 금리 인상과 그 여파로 예고되는 경기 침체 가능성 등 이웃나라 일본 또한 사상 최악의 무역 적자를 경험하고 있기는 마찬가지다.

그렇다고 "다 똑같아" 하면서 안심할 상황은 아니다. 한국과 경제 구조가 유사한 대만은 2022년에도 무역수지 흑자를 이어가며 10월 말까지 무려 400억달러 이상을 벌어들였다. (심지어 대만은 2022년 1인당 GDP가 한국과 일본을 넘어 동아시아 1위로 올라설 판이다.) 비록 무역 적자기는 하지만 일본의 2022년 상반기(4~9월) 총 수출액은 49조5762억엔으로 지난해 같은 기간 대비 19.6% 증가했다. 같은 기간(2022년 4~9월) 한국 수출 증가율도 12.25%기는 하지만 한국은 7월부터 갑자기 수출 증가율이 한 자릿수로 뚝 떨어졌다. 한국 수출에 '빨간불'이 들어왔다는 의미다.

총 수출은 글로벌 경기 둔화 등의 영향으로 2022년 증가율이 4.6%까지 낮아질 전망이다. 2023년에는 더 낮아져 4.1% 증가에 머물 것이라는 예측이다. 이로 인해 순수출의 성장 기여도는 2022년 +0.5%에서 2023년 0.4%까

2022년 4.6%로 예상되는 총 수출 증가율이 2023년에는 4.1%로 낮아질 전망이다. (매경DB)

지 낮아진다.

수출이 불안한 만큼 경상수지도 숫자가 좋지 않다. 현대경제연구원을 제외한 하나금융경영연구소, 한국은행, 국회예산정책처가 모두 2023년 경상수지가 2022년 대비 줄어들 것으로 예측한다.

**이외에 2023년 한국 경제 주요 이슈** 하나금융경영연구소는 2023년 주요 이슈로 '글로벌 갈등 속 경제 안보의 중요성 부각'과 '자산 가격 하락의 소비 파급 효과'를 꼽았다.

트럼프 전 미국 대통령 시기에 촉발된 미중 무역 갈등은 러시아-우크라이나 전쟁을 거치면서 중-러와 서구의 대립 구도를 형성하는 상황으로 발전했다. 경제가 안보의 수단인 지경학(국가 안보를 위해 경제적 수단을 이용하거나 국가 경제 목표 달성을 위해 지정학을 수단으로 활용하는 것) 시대가 본격 도래했다. 미국을 중심으로 한 서구 국가들의 중국 견제는 중국 이외 지역으로 공급망 재편을 촉진할 수밖에 없다. 중국에 중간재를 수출하는 비중이 높고 미중 양국 공급망에 긴밀하게 연결돼 있는 한국 경제로서는 엄청난 위기에 직면한 셈이다. 이처럼 위태위태한 지경학 시대에 한국 경제가 어떻게 돌파구를 찾아낼 것인가가 2023년 관심 갖고 지켜봐야 할 중요한 포인트다.

실물과 금융자산 가격의 하락세 심화에 따른 '逆자산 효과'가 과연 경제에 어느 정도 영향을 미칠 것인가도 2023년 경제를 규정할 만한 가늠자다. ■

# '특급 소방수' 버냉키도 "침체 우려"
# 스태그플레이션 공포 속 반등론도

**명순영** 매경이코노미 기자

스웨덴 왕립과학원 노벨위원회가 벤 버냉키 미국 전 연방준비제도(Fed·연준) 의장을 2022년 노벨 경제학상 공동 수상자로 선정했다. 그러자 블룸버그는 "전혀 예상할 수 없었던 선택"이라는 분석을 내놨다. 콧대 높기로 유명한 노벨상 위원회가 순수 학자가 아닌 미국 정부의 준(準)관료에게 상을 수여한 것 자체가 전례를 찾기 어려워서다. 노벨상은 최근 10년 동안 기후변화나 기술 혁신, 빈곤 등과 같은 사회적 이슈를 경제학에 접목한 학자들을 주목했다. 이런 추세를 감안하면 실물 경제를 다룬 학자에게 노벨상이 돌아간 것은 이례적인 일로 볼 수 있다. 이에 대해 많은 언론이 제2의 금융위기에 준하는 경제 위기를 맞

아 노벨위원회가 현실 경제에 더욱 관심을 뒀다는 평가가 나온다.

버냉키 전 의장은 글로벌 금융위기 직전인 2006년 2월부터 8년 동안 '세계 경제 대통령'이자 위기에 맞선 '소방수'로 통했다. 위기 발생 이후 은행에 사실상 무제한 유동성을 퍼부어 금융 시스템을 마비 상태에서 건져냈다. 2007년 5%에 이르던 정책금리를 2008년 말에는 제로금리 수준으로 끌어내렸다. 이후 더 이상 금리 정책을 쓸 수 없게 되자 '양적 완화' 정책을 개발해 유동성을 창출하며 '헬리콥터 벤'이라는 별명을 얻기도 했다. 당시 그가 시장에 뿌린 돈만 3조달러에 이른다.

버냉키 전 의장이 노벨 경제학상 공동 수상자로 오른 건 중요한 메시지를 던진다. 현 경제가 '위기'라는 점을 전 세계가 인식하고 있고 '소방

수'를 높이 평가하겠다는 의미로 풀이된다. 또한 현 위기를 평가하는 버냉키 전 의장의 한마디 한마디에도 관심이 쏠린다. 그는 향후 경기 전망에 대해 "앞으로 1~2년간 성장률이 낮아지고 실업률은 약간 올라가면서 인플레이션은 고공행진하는 시기가 있을 것"이라며 "이를 스태그플레이션(경기 침체 속 물가 상승)이라고 부를 수 있을 것"이라고 설명했다.

버냉키 말대로 현재 세계 경제 전망은 비관론 일색이다. 국제통화기금(IMF)은 2023년 세계 경제성장률 전망치를 연이어 하향 조정했다. 치솟는 인플레이션으로 소비 지출이 급감한 데 따른 결정이다. 2.9%인 2023년 글로벌 경제 성장 전망을 10월 들어 2.7%로 하향 조정했다. 게오르기에바 총재는 "인플레이션이 개인의 지출 능력을 떨어뜨림에 따라 경제 전망이 어두워지는 것을 반영했다"고 했다. 2022년 성장률 전망치는 기존 3.2%를 유지하면서도 2023년 전망을 어둡게 본 것이다. 앞서 IMF는 지난 4월 2022년과 2023년 세계 경제성장률을 각각 3.6%로 예측했다. 7월 2022년 3.2%, 2023년 2.9%로 낮췄는데 이를 추가 조정했다. 게오르기에바 총재는 "2026년까지 세계 경제 생산량이 약 4조달러(약 5644조원) 감소할 것으로 예상한다"고 밝혔다. 이는 독일의 전체 경제 규모 수준이며 '대규모 후퇴'에 달한다고 표현했다. 그는 코로나19 팬데믹, 러시아·우크라이나 전쟁, 기후 재앙 등의 영향을 언

| IMF 세계 경제성장률 전망 | | | | 단위:% |
|---|---|---|---|---|
| 전망 시점 | 2022년 | | 2023년 | |
| | 2022년 7월 26일 | 2022년 10월 11일 | 2022년 7월 26일 | 2022년 10월 11일 |
| 세계 | 3.2 | 3.2 | 2.9 | 2.7 |
| 선진국 | 2.5 | 2.4 | 1.4 | 1.1 |
| 미국 | 2.3 | 1.6 | 1 | 1 |
| 유로존 | 2.6 | 3.1 | 1.2 | 0.5 |
| 한국 | 2.3 | 2.6 | 2.1 | 2 |
| 일본 | 1.7 | 1.7 | 1.7 | 1.6 |
| 중국 | 3.3 | 3.2 | 4.6 | 4.4 |
| 인도 | 7.4 | 6.8 | 6.1 | 6.1 |
| 러시아 | -6 | -3.4 | -3.5 | -2.3 |

*자료:국제통화기금(IMF)

급하며 "세계 경제는 거친 바다에 있는 배와 같다. 3년도 안 되는 기간에 우리는 거듭되는 충격을 겪어왔다"고 밝혔다. 이 같은 충격이 세계 식량 위기, 에너지 가격 급등을 초래했다고 설명했다. IMF는 세계 경제 생산량의 약 3분의 1을 차지하는 국가들의 국내총생산(GDP)이 2023년 최소 2분기 연속 감소할 것으로 추정한다. 게오르기에바 총재는 GDP가 상승한 국가에서도 인플레이션이 실질임금을 갉아먹기 때문에 경기 침체처럼 느껴질 수 있다고 설명했다.

게오르기에바 총재는 인플레이션이 고착화하는 것을 막기 위해 더 많은 조치가 단행돼야 한다고 강조했다. 그는 "지금 중앙은행들이 금리 인상에 소극적으로 나선다면 향후 더 높은 수준의 금리가 더 오래 유지돼야 한다"며

# 앞으로 1~2년간 성장률이 낮아지고 실업률은 약간 올라가면서 인플레이션은 고공행진하는 시기가 있을 것

"이는 경제 성장과 사람들에게 막대한 피해를 입힐 것"이라고 했다. 경기 침체 우려에도 불구하고 기준금리 인상을 멈춰서는 안 된다고 강조한 것이다.

### IMF·OECD 글로벌 경제성장률 잇단 하향 조정…2023년 2.7% 예상

경제협력개발기구(OECD) 판단도 다르지 않다. OECD는 지난 10월 발표한 중간 경제 전망 보고서에서 2023년 세계 경제성장률 전망치를 지난 6월보다 0.6%포인트 내린 2.2%로 제시했다. OECD는 "러시아의 불법적인 우크라이나 침공으로 올해 세계 경제가 탄력을 잃었다"며 "특히 유럽이 우크라이나 전쟁의 대가를 치르고 있다"고 진단했다.

주요 20개국(G20)의 2023년 경제성장률 전망치는 전 세계 성장률 전망치와 같이 0.6%포인트 내린 2.2%다. 유로화를 사용하는 유로존 성장률 전망치는 석 달 전보다 1.3%포인트 낮은 0.3%다. 유럽연합(EU) 경제를 이끄는 독일이 입을 타격이 가장 커 보인다. 러시아의 천연가스 공급 감축 등의 영향으로 독일의 2023년 경제성장률 전망치는 −0.7%로 지난 6월 전망치보다 2.4%포인트 낮아졌다.

프랑스와 이탈리아의 2023년 경제성장률 전망치는 7월 전망치보다 각각 0.8%포인트 낮아진 0.6%, 0.4%다. EU를 떠난 영국의 2023년 성장률 전망치는 0%로 지난 6월 전망치에서 변화가 없었다. 주요 2개국(G2) 모두 2023년 경제성장률 전망치를 낮췄다. 미국은 0.7%포인트 내린 0.5%, 중국은 0.2%포인트 하향한 4.7%를 기록할 것으로 예상했다. 우크라이나를 침공한 러시아는 2022년에 이어 2023년에도 '역성장'할 것으로 예상된다. 2021년 4.7%였던 러시아의 GDP 증가율은 2022년 −5.5%, 2023년 −4.5%로 전망했다.

### 인플레이션 정점론도 솔솔… 물가 상승률 떨어지면 자산 가격 오른다

투자 대가들의 시각은 다소 엇갈린다. 비관적인 시각과 함께 조심스러운 낙관론도 존재한다. 이선 해리스 뱅크오브아메리카(BoA)증권 글로벌연구소장은 비관론에 서 있다. 그는 지난 10월 뉴욕에서 열린 매경 글로벌금융리더포럼에 연사로 나서 "미국 물가 상승률이 연준 목표치인 2%로 당장 낮아지기는 어려운 탓에 2023년에도 기준금리 인상을 예상한다"

고 말했다. 현재 수준의 기준금리 인상은 경미한 경기 침체를 초래하지만, 2023년 추가로 올린다면 경기 전반에 큰 충격을 줄 수 있다는 진단이다.

해리스 소장은 현재 세계 경제에 대해 ▲선진국은 경미한 경기 침체를 이미 겪고 있는데 ▲중국은 더딘 회복세를 나타낼 것이고 ▲인플레이션은 당분간 크게 꺾이기 어렵다고 설명했다. 그는 "향후 미국 기준금리는 4.75~5%로 높은 수준을 이어갈 가능성이 크다"며 "이로 인해 각국 중앙은행은 자국 통화의 가치를 방어하고자 기준금리를 끌어올려 전 세계 평균 5.6%를 기록할 수 있다"고 강조했다. 그가 연준의 물가 억제를 어렵다고 본 까닭은 노동력 부족으로 인한 인건비 때문이다.

미국이 물가 관리에 어려움을 겪고 있다는 지표는 한둘이 아니다. 지난 10월 미국 노동부 노동통계국이 발표한 9월 CPI는 휘발유 가격 하락에도 불구하고 식료품 가격 상승으로 인해 2021년 같은 기간 대비 8.2% 올랐다. 전월보다 0.1%포인트 떨어지면서 9.1%로 고점을 찍은 6월 이후 완만한 하락세를 보였다. 그럼에도 불구하고 변동성 높은 에너지와 식료품 가격을 제외한 근원물가지수는 1982년 8월 이후 가장 큰 폭인 전년 동기 대비 6.6% 올라 여전히 물가 상승(인플레이션)이 진행되고 있음을 보여줬다.

근원물가지수는 투자자들과 정책 입안가들이 앞으로의 물가 상승 방향을 예측하는 데 활용돼 주목받아왔다. 물가가 잡히지 않으면서 수차례 금리를 올린 미 중앙은행 연방준비제도의 통화 정책이 실패했다는 비판도 나온다.

### "2023년 인플레이션 정점 온다" 월가 황소는 반등 기대감

반면 인플레이션이 정점에 왔다고 보는 시각이 있다. 월가의 대표적인 '황소(강세장)'인 토머스 리 펀드스트렛 공동 창업자는 "인플레이션이 정점에 가까이 왔다"며 "향후 곰 시장이 황소 시장으로 바뀔 것"이라고 강조했다. 그는 주가 지수와 물가 상승률 간 반비례 관계를 근거로 낙관론을 펼쳤다. 리 창업자는 "물가 상승률과 S&P500의 상관관계를 역사적으로 살펴보면 물가 상승률이 정점을 찍었을 때 S&P500이 바닥을 친 것을 확인할 수 있다"고 말했다. 대표적으로 1982년 8월 물가 상승률이 정점에 도달했을 때 S&P500이 곰 시장에서 황소 시장으로 돌변했던 사례를 들었다.

리 창업자는 향후 물가가 꺾일 것이기 때문에 연준이 덜 매파적인 정책을 취하고, 이로 인해 주식 시장이 상승할 것이라고 전망했다. 그는 미국의 물가 상승률이 2023년 말까지 2.8%로 하락하고, 같은 기간 연준이 기준금리를 현재 3~3.25% 수준에서 4.6%로 올리는 데 그친다면 투자자 시선이 급격히 긍정적으로 바뀔 것이라고 예상했다. ■

# II

## 2023
## 매경 아웃룩

# 2023 10大 이슈

1. 급락하던 아파트값 다시 반등할까
2. 가상자산 투자 열풍 다시 올까
3. 코로나 팬데믹, 엔데믹으로 전환될까
4. 금리 인상 기조 언제까지 계속될까
5. 원전 산업 르네상스 지속될까
6. 미중 갈등, 한국 경제에 미치는 영향은
7. 러시아–우크라이나 전쟁 끝은 언제…
   글로벌 에너지 시장 재편될까
8. 꽉 막힌 한일 관계 회복 가능할까
9. 한국 경제 버팀목 반도체 산업의 운명은
10. 윤석열 대통령 지지율 회복할 수 있을까

# 단기 조정 뒤엔 추세 하락 없다
# 지역별 양극화는 심화될 것

**이은형** 대한건설정책연구원 연구위원

2022년 부동산 시장은 그간의 전망이 무색할 정도로 국내외 변수가 모두 어긋난 해였다. 부동산 시장을 옥죄었던 각종 규제가 완화되기 시작했고 정부 기조는 적극적인 주택 공급 확대로 돌아섰다. 공식적으로 정부가 제시한 목표는 250만가구에 달했고, 광역급행철도(GTX) 같은 기반시설 투자도 수반됐다. '1가구 1주택' 원칙, '세제 강화를 통한 다주택자 규제' 등의 프레임도 '시장 정상화'라는 이름으로 되돌렸다는 것만으로 의미 있는 규제 완화였다.

하지만 2022년 새 정부 출범 이후 실질적으로 이뤄진 부동산 규제 완화는 손에 꼽을 정도로 적었다.

다주택자 양도세 중과의 한시 배제, 임대차 시장 안정화 방안, 세제 정상화, 재건축초과 이익환수제 개편 등이 제시되기는 했지만 아직 현실로 옮겨진 것은 찾기 어렵다. 물론 새 정부가 출범한 지 1년도 안 되는 기간에 큰 성과를 거두기는 어렵고 전 정부가 2022년부터 강화한 총부채원리금상환비율(DSR) 규제 등은 그대로 남았고 이는 국내 주택 거래가 위축된 주요 원인이 됐다.

대외적으로는 언제까지고 유지될 것 같았던, 미국 연방준비제도(Fed·연준)의 제로금리 기조가 깨진 것이 더욱 큰 돌발변수였다. 연준은 2020년 9월 연방공개시장위원회(FOMC) 정례회의 등을 통해 2023년까지 제로 금리 기조를 유지한다는 입장을 수차례 제시했기 때문이다. 물가 상승률과 고용 시장 등이 회복될 때까지 저금리 정책을 지속한다면 유동성도 꾸준할 것이므로, 시장 불확실성은 당분간 해소될 것처럼 보였다.

하지만 2022년 중반부터 연준이 급격히 기준금리를 인상하면서 빅스텝, 자이언트스텝에 대한 우려가 커졌다. 이 같은 기조 변화는 연준 예상보다 물가 상승률이 높았던 사정이 컸다. 기준금리에 대한 연준의 급격한 입장 변화는 여러 원론적인 가능성 중의 하나였기에 이를 사전에 정확히 예측한 곳은 사실상 없었다고 해도 무방하다.

이런 요인들이 국내 부동산 시장에 부정적인 요인으로 작용했다. 수요자 입장에서는 2022년부터 DSR 차주 규제로 대출이 더욱 까다로워졌을 뿐 아니라 확 늘어난 대출 이자 부담까지 고민하게 됐다.

## 되살아나는 하락론과 한계

국내외 시장 환경이 뒤바뀌자 '집값 하락론'이 부각되기 시작했다.

지금의 부동산 시장이 하향 안정기라는 내용에 더해 일각에서는 주택 가격의 10년 주기설과 장기 추세 하락까지도 주장한다. 이런 하락론에는 가계부채가 위험 수준에 도달했고, 주택 가격 상승률이 둔화됐고, 매매 수요가 줄었으며, 매물은 늘었고, 이에 따라 실거래 가격이 내렸으며, 미분양 물량이 증가했다는 논리가 뒤따른다.

2022년 하반기 집값 하락 속도가 가팔랐던 서울 노원구 일대 아파트. (매경DB)

**2022년 규제 풀었지만
실질적인 체감 어려워
과거 집값 10년 주기설
韓 여건에 대입 어려워**

때 되면 등장하는 '10년 주기설'도 있다. 과거 미국 서브프라임 모기지 사태 이후 국내 집값이 하락했는데, 최근 시장 모습도 이와 같다는 논리도 나온다. 미국발 기준금리 인상에 한국의 기준금리와 대출 금리가 덩달아 오르고, 이자 부담을 느낀 주택 구매자들이 팔리지 않는 집을 싼값에 내놓는다는, 일종의 진부한 '클리셰'다.

하지만 막상 이런 우려만큼 부동산 가치가 하락할, 더 나아가 폭락할 가능성은 높지 않아 보인다. 대출 규제와 토지거래허가제 같은 수요 억제 정책으로 주택 거래가 사실상 인위적으로 조정된 감이 없잖다는 점, 이 때문에 매매 건수가 전체 시장을 파악하기에는 지나치게 미미할 정도로 감소했다는 점, 일부 지역에서는 가격 방어와 호재 등에 따른 신고가 경신 등이 발생한다는 점 등을 고려하면 지금의 시장을 자연스러운 하락 안정기로 평가하기는 충분치 못한 부분이 있기 때문이다.

사회적 분위기도 바뀌었다. 과거 '부동산 폭락론'이 대세였던 시기에는 '앞으로 집값이 더 내려갈 것이니 절대로 집을 사지 말고, 오히려 가진 집을 빨리 팔고 임대를 살아야 한다'고 주장하는 이들도 있었다. 한국 유주택 가구 상당수는 집이 가장 큰 재산이니 각자의 자산 가치를 지키는 최선의 방안이 주택 매도라는 얘기였다. 그런데 당시와 달리 지금은 당장 집을 팔라는 주장을 찾아보기 어렵다는 점에 주목할 필요가 있다.

그 이유 중 하나로 지난 몇 년간의 주택 가격 급등을 겪으면서 지금은 '집 한 채는 있어야 한다'는 인식이 우리 사회에 강하게 형성된 것을 들 수 있다. 종전에는 청년, 신혼부부 등을 가수요로 분류했다. 신혼부부가 결혼하면 일단 전세를 살면서 돈을 모으다 나중에 집을 사도된다는 것이다. 그렇지만 지금은 청년이든 신혼부부든 가구 형태를 가리지 않고 여력만 된다면 집을 사는 것도 좋다는 쪽으로 인식이 바뀌면서 가수요와 실수요 구분이 모호해졌다. 이렇게 한 번 바뀐 사회 인식은 과거로 돌아갈 가능성은 낮다.

일각에서 제기하는 10년 주기설, 즉 10년을 단위로 집값이 오르고 내린다는 논리도 받아들이기 어렵다. 집값 등락은 환경 변화에 따라 재현이 될 수도 안 될 수도 있는 것이고, 어쩌다 비슷한 결과가 반복되더라도 발생 원인이 전혀 다를 수 있어서다.

**하락세로 돌아선 아파트 평균 매매 가격**　　　　　　　　　　　　단위:원

| 지역 | 2022년 2월 | 3월 | 4월 | 5월 | 6월 | 7월 | 8월 | 9월 | 10월 |
|------|-----------|-----|-----|-----|-----|-----|-----|-----|------|
| 전국 | 5억5808만 | 5억5935만 | 5억6045만 | 5억6136만 | 5억6184만 | 5억6083만 | 5억5842만 | 5억5601만 | 5억4693만 |
| 서울 | 12억6819만 | 12억7334만 | 12억7722만 | 12억7818만 | 12억7992만 | 12억8058만 | 12억7879만 | 12억7624만 | 12억6629만 |
| 강북 14개구 | 10억487만 | 10억824만 | 10억1128만 | 10억1231만 | 10억1400만 | 10억1350만 | 10억1112만 | 10억809만 | 9억9576만 |
| 강남 11개구 | 15억1210만 | 15억1897만 | 15억2548만 | 15억2548만 | 15억2858만 | 15억3014만 | 15억2873만 | 15억2617만 | 15억1456만 |
| 수도권 | 8억195만 | 8억481만 | 8억735만 | 8억946만 | 8억1055만 | 8억902만 | 8억517만 | 8억175만 | 7억844만 |

*자료:KB부동산

비슷한 맥락에서 해외 사례를 근거로 대세 하락장에 진입했다는 주장도 해외와 우리 경제의 상황과 여건이 전혀 다르다는 점에서 받아들이기 어렵다. 물론 인구 감소 등의 문제는 한국에서도 언젠가는 현실화되겠지만, 그렇다고 해서 인구 감소 때문에 국내 모든 지역 집값이 장기 하락할 것으로 보기는 어렵다. 인구가 줄어도 지역별 경제 성장 양상이 다를 것이고, 또 지역별 양극화 현상이 나타날 가능성도 있기 때문이다.

마지막으로 가계부채가 경제 위기의 뇌관이라는 주장도 가능성이 낮아 보인다. 그간 국내 가계부채가 꾸준히 증가하기는 했지만 가계 대출 대부분은 주택담보대출처럼 차주(借主)의 신용보다는 담보 물건을 기반으로 실행된 것이 크다. 물론 금리 인상에 따라 불거질 수 있는 가계부채 리스크는 일단 터지면 여파가 상당히 큰 블랙 스완이 될 수 있다. 하지만 2007년 이후 15년 이상 현실화되지 않은 사안을 계속해서 끄집어내는 것은 기우제에 가까워 보인다.

2023년 주택 시장은 인위적인 수요 억제와 자연스러운 시장 안정을 구별해 접근할 필요가 있다. 그 이후에 시장에서 나타나는 조정을 기회로 판단할지, 위험 회피나 헤지의 필요로 볼지 결정하는 것이 좋다.

**여전히 주택 공급은 어렵다**

지난 몇 년간 주택 공급을 확대한다는 정책 기조는 전·현 정부에서 꾸준히 지속됐다. 공급을 늘려 주택 가격 안정을 노린다는 점에서 매우 긍정적인 접근이지만, 아무래도 지금의 상황은 주택 공급 확대에 부합하기 어렵다.

우선 코로나라는 돌발 사태를 맞아 전 세계적으로 경기 부양이 추진되면서 건설 투자가 집중적으로 이뤄졌다.

이에 따라 건설 자재 수요가 전 세계적으로 늘었고 글로벌 공급망 문제, 러시아에 대한 경제 제재까지 겹치면서 건설 자재 가격이 급등하기 시작했다. 수급 이슈, 물가 상승에 따른 인건비 등 관련 비용 증가는 공사비 상승 요인으로 작용한다.

서울 송파구 서울스카이 전망대에서 바라본 서울 시내 아파트 단지의 모습. (매경DB)

이에 따라 국내에서도 적정 분양가로 수익을 내기 어려워진 상황이다. 대규모 주택 공급(아파트 분양)이 늦춰질 수밖에 없는 이유다. GTX 같은 대규모 사업이나 지역발전소와 같은 인프라 공사에서도 건설사 수의계약 포기 같은 유찰이 벌어진다.

2022년부터는 금리 인상 이슈가 더해지면서 상황이 더욱 악화됐다. 불확실성이 상당수 부동산 PF 사업에 영향을 끼치면서, 설령 계획대로 진행되더라도 분양 등에 따른 수익 확보를 장담하기 어려워졌다. 주택 가격이 오르지 못하면 재개발과 재건축 같은 정비사업 추진은 어려워진다. 신규 택지 분양도 마찬가지다. 기존 주택 가격 하락은 본청약의 분양가와 입주 시점을 장담하기 어려운 3기 신도시의 사전청약 당첨자의 이탈을 가속화할 수 있다.

반면 주택 공급을 저해하는 부동산 규제는 체감할 수 있을 정도로 풀린 것이 없다.

가령 재건축초과이익환수제와 정밀안전진단은 여전히 재건축 사업 발목을 잡고 있다. 부동산 취득-보유-양도에 걸친 다양한 세금 규제도 남아 있다. 부분적인 완화는 효과가 미미할 공산이 크다.

결과적으로 2021~2022년의 인허가 실적이 이후의 실제 착공으로 이어질 가능성은 낮아진다. 신규 주택 공급이 지연되면서 그 기간이 누적되면, 비록 2023년은 아니더라도 미래 시점에서 마치 스프링처럼 그만큼의 가격으로 반등할 가능성을 배제할 수 없다.

**국내 주택은 여전히 부족**
**원자잿값·공사비 상승에**
**당분간 신규 공급 어려워**
**큰 폭 아녀도 반등 가능성**

### 2023년, 지역별 양극화 더욱 심화

대출 규제 강화 등으로 시장 거래가 위축된 상황에서 금리 인상 같은 외부 요인이 더해지면 지역별 양극화가 심화되는 결과로 이어진다. 수요와 선호가 몰리는 곳은 가격이 유지되거나 오르고, 반대인 곳은 그렇지 못하다는 의미다. 2022년에도 대출 없이 집을 사기 쉽지 않은 수요층이 주류인 지역과 그렇지 않은 지역 간 차이가 명확하게 나타났다. '2040 서울 도시기본계획'이 발표되자마자 한강변 주요 단지 가격이 출렁인 것이 예시다. 적어도 매매 시장은 그렇다.

임대 시장은 매매 시장 움직임에 맞춰 움직이기에 전세 시장에서는 명목상 급등이 부각되지는 않을 것이지만, 개개인의 자산 여력에 따라 평가는 달라진다. 전세금이 오롯이 본인 돈이라면 유리한 상황이겠지만 만약 전세자금대출을 안고 있거나 월세라면 금리 변동에 따라 사실상 임대료가 오를 것으로 봐야 하기 때문이다.

모두에게 일반화할 수는 없지만 자금 여력이 있다면 각 주체별로 투자 여건은 오히려 더 좋아졌다. 일단 고금리를 주는 금융 상품에 예치했다 적절한 투자처와 가격대를 맞춰 매입하는 방법이 대표적이다. 이는 개인만이 아닌 사업자도 마찬가지다. 금융권의 부동산 PF 대출이 막혔다고 하지만 향후 자금 조달 문제로 사업이 지체되는 택지를 저가에 매수하려는 일각의 분위기가 이를 뒷받침한다. 반대로 레버리지를 이용한 투자는 만만치 않은 상황이 됐다.

2022년 새 정부 출범 이후 줄곧 부동산 시장 안정과 하락을 내세웠던 정책 방향은 해를 넘겨서도 지속될 가능성이 다분하다. 다만 정부 정책이 언제 바뀔지를 예단하기는 어렵다. 특히 법령 개정이 필요한 사안은 더욱 시간이 오래 걸릴 수밖에 없다. 그러나 부동산 시장 연착륙을 목표로 획기적인 규제 완화와 더불어 서울·수도권의 규제 지역 해제 등이 실행된다면 주요 지역을 중심으로 가격에 반영될 것이며 이것도 양극화 양상에 더해진다. ■

# "기관 투자자가 온다"…이번엔 진짜?
# USDC 매수 나서…전통 금융사도 '눈독'
(스테이블코인)

**주기영** 크립토퀀트 대표

2022년 가상자산(코인) 시장 투자 분위기는 차갑게 얼어붙었다. 연이은 빅스텝 금리 인상과 루나 사태 등 악재가 겹쳤다. 2022년 비트코인 가격은 2021년 최고점이었던 6만7000 달러 선과 대비하면 3분의 1토막이 난 상황이다.

하지만 2023년 코인 시장에 다시금 훈풍이 불어올 가능성이 높다는 의견이 제기된다. 시장을 긍정적으로 전망하는 요인은 바로 '기관급 투자자의 신규 자본 유입'이다. 최근 코인 시장에 대한 기관급 투자 인프라가 완비되면서 미국 월스트리트 대형 금융사들의 코인 시장 진출이 가시화되고 있다. USDC 등 스테이블코인 투자 활성화로 기관의 시장 접근성이 크게 좋아졌다. 글로벌 가상자산 거래소 '코인베이스'에서 볼 수 있는 투자 양상도 이 같은 장밋빛 전망을 뒷받침한다. 현재 코인베이스를 이용하는 기관 투자자들의 추정 매수 평단가는 현재 시장 가격과 거의 근접해 있다. 코인 가격이 많이 빠지면서 기관들이 슬슬 들어올 낌새를 보이고 있다는 얘기다.

**"2023년에는 다르다" 관계자 중론**

사실 코인 시장에서 "기관 투자자가 온다"는 표현은 매년 투자자에게 실망을 안겨주는 일종의 우스갯소리(밈) 같은 존재다. 시장에서 처음으로 '기관 진입(Institutional Adoption) 담론'이 등장한 것은 2014년 세계적 펀드 운용 그룹인 '피델리티(Fidelity)'가 기관 투자자를 위한 코인 거래 서비스 업체 '피델리티디지털

애셋(Fidelity Digital Assets)'을 설립하면서다. 피델리티는 해당 기업을 통해 비트코인과 기업용 블록체인 솔루션을 판매했다.

당시 대형 금융기관이 들어온다는 소식에 비트코인 가격이 가파르게 오르는 등 시장은 크게 출렁였다. 그렇지만 그게 전부였다. 피델리티 외에 투자자들이 원하던 다른 대형 금융기관 진입은 이후 5년 동안 감감무소식이었다.

'기관 진입 담론'이 다시금 뜨거운 화두로 떠오른 것은 2019년이다. 금융기관 사이에서 '증권형 토큰(Security Tokenization)'과 '분산 장부 기술'에 대한 신사업 진출이 성행하면서 기관 투자 기대감이 또 한 번 고조됐다. 금융사들은 저마다 '디지털 자산 신사업 TF' 같은 그럴듯한 이름을 가진 팀을 조직하기 시작했다. 이후 JP모건이 블록체인 플랫폼 '쿼럼'을, 골드만삭스가 스마트 컨트랙트 언어인 'DAML'을 선보이는 등 여러 대형 기관이 출사표를 던졌다. 하지만 가상자산에 대한 이해가 부족한 상태에서 사업을 추진한 탓에 해당 프로젝트는 성과를 내지 못하고 좌초하는 중이다. 이후 대다수 금융사가 철수하고, 미국 주·연방 정부와 함께 규제를 만들어나갈 역량 있는 일부 대형 금융사만 가상자산 관련 사업을 이어나가고 있다.

10년 넘는 세월 동안, 그렇게 기관 투자자 이슈는 매번 '설'로만 끝나고 말았다. 하지만 "2023년에는 다르다"는 게 필자를 비롯한 업계 관계자 중론이다. 이번 2023년판 '기관 투자자가 온다'는 크게 세 가지 측면에서 과거와 다른 양상을 보인다.

## 1. 스테이블코인 사들이는 기관들
## 달러 패권 강화⋯미국 정부도 '허용'

첫째, 기관 투자자들의 USDC 스테이블코인 대량 구매를 통한 시장 접근성 향상이다. 그동안 가상자산 시장은 미국의 달러 패권에 위협이 되는 존재였다. 비트코인 존재 자체가 소수 사람들에 의해 운영되는 중앙은행 패권을 무너뜨리기 위해 만들어진 디지털 통화였기 때문이다. 그러나 2021년 중순부터 연준(Fed)에서 "스테이블코인은 중앙은행으로부터 발행된 디지털 달러(CBDC · Central Bank Digital Currencies)와 함께 공존할 수 있다"는 입장을 내비치면서 가상자산 시장을 보는 전통 금융기관의 태도가 변하기 시작했다.

가상자산 시장은 2019년까지만 해도 비트코인이 기축통화였다. 전 세계 가상자산 투자자들은 이더리움 같은 알트코인을 구매하고, 가상자산 시장 버블이 끝나는 시점에 다시 기축통화인 비트코인으로 전환하는 식으로 투자했다. 그러나 2020년 이후 이어진 대상승장에서는 달러를 기반으로 한 스테이블코인이 성행하면서 투자자들이 알트코인을 비트코인이 아닌 달러, 즉 스테이블코인으로 바꾸기 시작

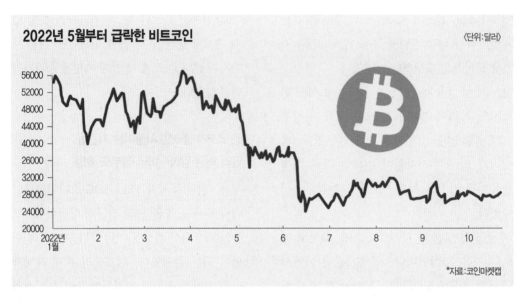

**2022년 5월부터 급락한 비트코인** 〈단위:달러〉

*자료:코인마켓캡

했다. 글로벌 가상자산 시장이 커질수록 오히려 달러 패권이 강화되는 구조가 된 것이다. 원유는 무조건 달러를 기준으로 거래해야 한다는 '페트로 달러(Petro Dollar)'가 가상자산 시장에도 의도치 않게 적용되면서, 달러 패권이 강화되는 동시에 비트코인 시장에 대한 접근성도 함께 향상되는 모순적인 현상이 발생하고 있다.

연준은 '미국 규제 아래 사기업이 발행한 스테이블코인(영문 표현은 Well-regulated, Privately issued stablecoin)'은 CBDC와 공존할 수 있다고 덧붙였으며, 미국 대형 금융사들 사이에서는 코인베이스(Coinbase)와 서클(Circle)이 발행한 USDC라는 스테이블코인이 주 거래 코인으로 채택됐다. 2022년 중순 미국 대형 자산운용사 블랙록과 피델리티는 4억달러 상당 USDC를

구매하기에 이른다. 업계 관계자 증언에 따르면 비공식적으로 블랙록이 15조원 이상 USDC를 보유하고 있다고 한다.

블록체인 데이터 제공 서비스 '크립토퀀트' 데이터를 살펴보면 단 6%의 USDC만이 가상자산 거래소에 예치돼 있고 나머지 94%의 USDC는 거래소 밖 개인 계좌나 기관용 수탁 서비스 계좌에 예치돼 있다. USDC 스테이블 코인 시가총액은 약 450억달러, 2022년 10월 기준으로 약 64조원에 달한다. 이들 중 대부분 블랙록, 피델리티, 골드만삭스 같은 대형 금융사가 운용하고 있다.

반면 미국 연방 정부에 의해 규제되지 않는 기업이 발행한 스테이블코인의 대표자인 '테더(USDT)'와 '바이낸스코인(BUSD)'은 상당수가 거래소에 예치돼 있다. 시가총액 3위

## 2022년 5월부터 급락한 이더리움

〈단위:달러〉

*자료:코인마켓캡

BUSD는 전체 약 70%가, 현재 시총 1위 스테이블코인인 USDT는 25%가 각각 거래소에 예치돼 있다.

"스테이블코인 시장은 달러 패권을 강화한다는 측면에서 미국 국익에 도움이 된다"는 논리로 스테이블코인 시장의 신규 자본 유입은 점차 가속화될 것이다. 스테이블코인은 비트코인 등 각종 가상자산들을 매수할 수 있는 총알이기 때문에, 글로벌 가상자산 시장 활성화에 긍정적인 신호로 볼 수 있다.

## 2. 기관급 투자 인프라 완비
### 커스터디, 브로커리지 등 다양

그동안 전통 금융기관 투자자들이 비트코인이나 이더리움 같은 코인 투자·사업에 뛰어들지 않은 이유가 있다. 이들은 수탁(Custody),

브로커리지(Brokerage), 자금세탁방지(Anti-money Laundering), 레퍼런스 데이터(Reference Rates), 펀더멘털 데이터(Fundamental Data) 등 다양한 분야에서 기관급 서비스가 등장하지 않는 한 코인을 직접 구매하거나 고객에게 매수·매도 서비스를 제공하기 어렵다고 이야기한다.

다행스럽게도 2022년부터는 각 분야에서 두각을 발휘하는 스타트업과 금융 자회사들이 대형 금융사와 본격적인 파트너십을 발표하며 시장 진출을 가속화하고 있다.

블랙록은 2022년 8월 '비트코인 프라이빗 신탁(Bitcoin Private Trust)'을 선보였고, 코인베이스와 협업을 통해 기관 투자자들이 사용하는 투자 플랫폼이 되겠다고 선언한 바 있다. 골드만삭스 또한 2022년 4월 비트코인 기반의

**스테이블코인 대중화로**
**기관 투자자 접근성 '껑충'**
**미국 협조적인 USDC 코인**
**기관 투자자 사랑 '듬뿍'**

담보 대출 서비스(Bitcoin-backed Loan)를 선보이는 등 미국 대형 금융사들이 코인을 활용한 다양한 상품을 내놓고 있다. 시카고선물거래소(CME Group)는 다양한 가상자산 파생상품을 취급하는 동시에 크립토퀀트 같은 온체인 데이터 기업들과 파트너십을 발표하는 등 코인 시장의 펀더멘털 데이터를 기관 투자자 고객들에게 제공하겠다고 발표하기도 했다.

과거 시스템과 인프라 미비로 코인 시장에 접근하지 못하던 수많은 투자자들이 이제는 여러 상품과 데이터를 기반으로 투자에 나설 수 있게 된 것이다.

### 3. 기관 투자자 추정 매수 평단가
### 시장 가격에 근접…코인 줍는 기관들

미국 내 기관급 투자자들이 이용할 수 있는 브로커리지와 수탁 서비스는 현재 대부분 코인베이스가 독점하고 있다. 테슬라나 마이크로스트레티지 등 국내에도 잘 알려진 대기업이 코인베이스를 통해 비트코인을 구매했다. 블랙록은 코인베이스 인프라를 통해 자사 금융 고객들의 가상자산 구매를 돕겠다고 발표한 바 있다.

크립토퀀트 온체인 데이터에 따르면, 코인베

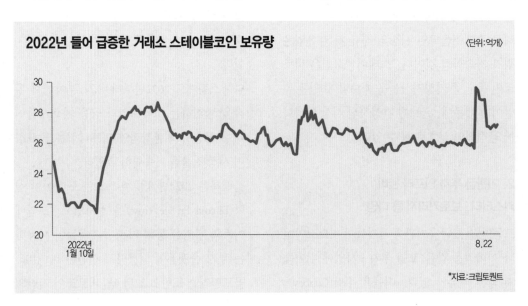

**2022년 들어 급증한 거래소 스테이블코인 보유량**  〈단위:억개〉

*자료:크립토퀀트

이스 서비스를 이용하는 기관급 투자자 평단가는 약 2만달러 수준으로 추정된다. 코인베이스 거래소로부터 기관용 수탁 지갑 혹은 다른 거래소(브로커리지) 등으로 이동한 유출 물량(Coinbase Outflow)을 기준으로 계산한 값이다. 블록체인상에서 이동하는 대형 비트코인 거래의 대부분이 기관급 투자자 매수·매도인 것을 감안하면, 현재 비트코인 가격은 기관급 투자자 평단가와 크게 다르지 않다고 볼 수 있다. 2022년 10월 10일 현재 비트코인 시장 가격은 1만9000달러 수준. 기관 투자자 평균으로 따져도 1000달러 정도 손실 구간에 있다는 계산이 나온다. 기관 투자자 특성상 이럴 땐 손실을 보고 내다 팔기보다는 저점 매수에 나서는 경우가 많다.

불법 자금 세탁으로 인한 각국의 규제와 매크로 리스크가 여전히 남아 있지만, 2023년 가상자산 시장의 몰락을 이야기하기에는 전통 금융사 움직임이 심상치 않다. 전통 금융사 고객들이 진입할 만큼 강력한 내러티브가 무엇인지, 온체인 데이터의 모니터링을 통해 가상자산 시장에 얼마나 많은 자본들이 유입되고 있는지를 파악하는 것이 2023년 가상자산 시장의 향방을 파악하는 데 중요한 정보가 될 것이다. ■

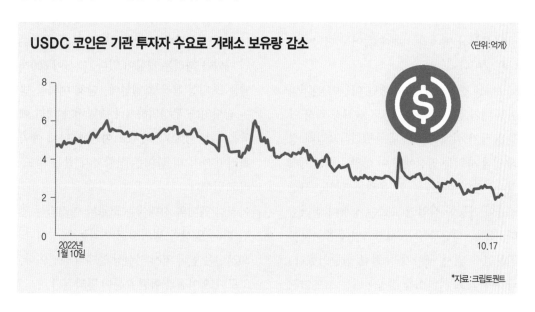

**USDC 코인은 기관 투자자 수요로 거래소 보유량 감소**　　〈단위:억개〉

2022년
1월 10일　　　　　　　　　　　　　　　10.17

*자료:크립토퀀트

# 그레이 긱 워커 뜨고 '멀티 페르소나' 원년
(중장년 임시직)
# 엔데믹 후 가장 주목받을 사업은 K푸드

**박수호** 매경이코노미 기자

보복 서비스?

보복 소비, 보복 관광까지는 이해가 된다. 그런데 보복 서비스라니? 실제 위드 코로나를 넘어 사실상 엔데믹 시대에 접어든 미국에서 나온 말이다.

코로나19 장기화에 '집콕'했던 이들이 엔데믹 이후 대거 쏟아져 나왔다. 고용 시장 역시 이들을 잡기 위해 수요가 폭증했다. 그런데 정작 일할 사람들 입장에서 이 상황은 꽃놀이패였다. 본인에게 최대한 유리하면서도 시간 조율이 가능한 직업만 고르는 경향이 짙어졌다. 호텔, 식당과 같은 서비스업에 종사하는 전문인력 역시 구하기가 점점 힘들어졌다. 급기야 최고 서비스를 제공한다는 호텔마저

도 인력난 때문에 보복 서비스, 즉 코로나19 이전 서비스를 기대할 수 없는 수준으로 퇴화됐다.

박용범 매일경제 뉴욕특파원은 "미국은 일찌감치 엔데믹 상황이 되면서 2022년 기준 구인난이 워낙 심하다 보니 호텔도 오히려 단체 손님 예약을 꺼리는 경향이 있다. 객실이 800개 넘는 초대형 특급 호텔인데, 단체 예약을 받는 담당자가 무성의하거나 숙박비가 개별 예약을 하는 것보다 비싸고 여기에 '단체 예약 관리비'까지 더 붙이는 상황까지 왔을 정도"라고 말했다.

이처럼 엔데믹 시대에는 코로나 이전과는 완전 다른 양상이 벌어질 것이라는 예상이다. 2023년은 한국 역시 사실상 엔데믹 원년이다. 코로나19 이전과 어떤 부분이 달라질까.

런던 베이글 뮤지엄은 베이글과 런던을 조합시켜 하나의 콘텐츠로 만들었다. 이 같은 K푸드 브랜드가 대세가 될 것이라는 전망이 많다. (윤관식 기자)

## ① 마이크로 긱 잡 시대
### '그레이 긱 워커' 대거 시장 진입

긱 이코노미.

플랫폼이 발달하고 비대면, 임시직 노동이 성행하면서 발달한 경제 생태계를 뜻한다. 코로나19 이전부터 미국을 중심으로 성장하던 산업이었다. 그런데 코로나19 장기화 때 비대면, 임시 고용 등이 늘어나면서 이 생태계가 폭발적으로 성장했다.

엔데믹이 돼도 상황은 달라지지 않는 분위기다. 긱 워커(임시직)를 선호하는 현상이 심화되는 분위기다. 백화점, 맛집 오픈런 줄 서기 대행과 같은 알바만 해도 시간당 1만5000원을 훌쩍 넘으니 계약직보다 선호한다는 2030세대도 많다. 실제 2022년 내내 택시 대란이 일어난 것도 고착화된 저임금, 운전을 장기적으로 해야 하는 직업 노동자를 기피하는 사회 분위기가 작용했다는 분석이다.

2023년에도 긱 잡(임시 노동)은 보다 발전, 세분화, 전문화할 것이라는 예상이다.

HR 회사 사람인이 2022년 말 종전 단기 알바, 재능 거래 플랫폼 등을 통합, '사람인 긱'으로 확대 재편한 것도 이런 맥락이다. 이경희 사람인 긱 총괄 실장은 "전업 또는 N잡을 추구하는 프리랜서나 긱 워커들이 사람인 긱에서 자신에 맞는 프로젝트와 쉽고 편하게 연결되고, 경험을 쌓으며 커리어를 성장시킬 수 있도록 확대했다"고 설명했다.

잡코리아 역시 종전 알바 앱 '알바몬' 외에 단기 알바 앱 '알바나우', 긱 잡을 위한 '긱몬' 등

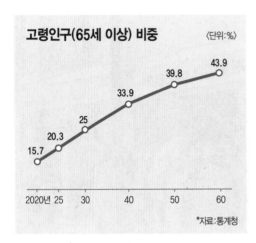

고령인구(65세 이상) 비중 〈단위:%〉

15.7 20.3 25 33.9 39.8 43.9

2020년 25 30 40 50 60

*자료:통계청

을 잇따라 선보였다.

김석집 네모파트너즈POC 대표는 "2023년부터는 대규모 베이비부머 퇴직이 이어지면서 중장년층, 이른바 '그레이 긱 워커'의 긱 이코노미 시장 편입을 예상할 수 있다. 이들을 잡기 위한 HR 플랫폼 간의 경쟁도 그만큼 치열해질 수 있다"고 전망했다.

### ② 흔들리는 플랫폼 경제
#### 강화되는 규제, 돈맥경화로 희비 엇갈릴 듯

2022년 말 미국 정부는 플랫폼 노동자를 임시직이 아니라 정직원으로 채용해야 한다는 법을 추진했다. 이 때문에 도어대시, 우버 등 공유 플랫폼 주가가 일제히 폭락했다. 이 법대로라면 플랫폼 사업자는 정규직 고용을 위해 막대한 비용을 들여야 한다.

한국 역시 이런 플랫폼 규제법이 속속 전개되고 있다. 특히 카카오 데이터센터 사고로 인

한 먹통 사건 등이 불거지면서 플랫폼 사업자의 사회적 책임이 도마 위에 올랐다. 따라서 플랫폼 사업자가 오픈마켓처럼 시장 조성에만 관여하고 플랫폼 참여 기업 자율성에 대해서는 책임지지 않는다는 종전 방식 접근법에 일대 변화가 있을 것이라는 예상이 많다.

이는 결과적으로 2023년 플랫폼 시장 종사자, 참여자 역시 많은 변화에 대비해야 한다는 의미가 된다. 당장 플랫폼 사업자 상당수는 보다 많은 사회적 비용을 지급해야 할 것이며 여기에 부합하지 못하는 기업은 도태될 수밖에 없는 상황도 벌어질 가능성이 높다.

여기에 더해 돈맥경화까지 겹칠 가능성이 농후하기 때문에 플랫폼 업체 간 희비가 엇갈릴 한 해가 될 수 있다.

### ③ 그래도 오프라인
#### 단순 맛집 넘어 K푸드가 글로벌 대세

엔데믹 이후 가장 기대되는 부문이 오프라인 업종이다. 위드 코로나 이후 2022년 하반기부터 서울 명동이 서서히 부활의 시동을 걸고 있는가 하면 침체됐던 서울 신림동, 종로 등도 점차 활기를 찾아가는 분위기다. 2023년이면 '실내 노 마스크 시대'도 열릴 것으로 예상된다.

다만 전문가들은 코로나19 이전처럼 국가 경제활동인구 대비 지나치게 많은 자영업자의 난립 현상이 재현되지는 않을 것이라고 내다본다.

이혜원 스타로드자산운용 대표는 "팬데믹 시

절 저금리에 힘입어 많은 자산운용사들이 부동산을 매입했다. 이들 운용사는 임대 수익이 건물 가치를 결정하기 때문에 아무 임차인이나 받지 않을 공산이 높다. 검증된 테넌트를 입주시키거나 아니면 차라리 대기업 신사업팀과 같은 안정적인 장기 테넌트를 원하기 때문에 경험 없는 자영업자 진입장벽은 오히려 더 높을 수 있다"고 분위기를 들려준다.

대신 상권이나 임차인 유치 전략이 보다 전문화, 국제화된 파트너를 찾는 쪽으로 진화할 것이라는 전망이다.

특히 코로나19 장기화로 다른 프랜차이즈, K푸드 사업자들이 힘겨워할 때 오히려 사업을 확장하고 신규 매장을 내며 고객을 줄 세운 업체가 엔데믹 이후 더 각광받기 시작할 것이라는 예상이 많다.

본촌치킨으로 일찌감치 해외 시장을 선점, 9개국 400여 매장까지 늘린 서진덕 본촌인터내셔널 창업자(현 크리츠버거 대표)는 "코로나19마저 버틴 K푸드 업체는 해외에서는 하나의 브랜드이자 IP(지식재산권)로 인식하는 분위기다. 따라서 항공길이 본격 열리는 2023년

긱 이코노미 세분화 · 전문화
플랫폼 독과점 시대 철퇴
'K푸드 = 글로벌 브랜드' 인식
메타버스 넘어 멀티버스 시대
달러 버는 기업, 재계 서열 바꾼다

부터는 한국으로 쏟아져 들어올 외국인들이 K푸드를 즐기는 원년이 될 것으로 보인다. 더불어 준비된 많은 K푸드 회사들이 해외 진출을 통해 보다 높은 몸값으로 M&A를 하거나 매각하는 사례가 생길 것으로 예상된다"고 말했다.

### ④ 메타버스 넘어 멀티 페르소나
### AI 기술 발전해 나만의 가상 인간 만들 수도

코로나19가 본격화됐을 때 많은 메타버스 기업이 각광받았다. 가상현실에서 또 다른 자아를 만들어 활동하고 소통한다는 측면에서 큰 호응을 얻었다. 새로운 생태계에서 거래도 하

**플랫폼 기업이 빠지는 전략의 함정**

| 구분 | 내용 |
|---|---|
| 멀티호밍 환경에서 양적 성장 고집 | 멀티호밍 환경에서 보조금 지급은 가격 경쟁만 자극 |
| 플랫폼 기능의 분산 | 기능별 조직의 지나친 분산으로 시너지 실종 |
| 전략적 트레이드오프 | '깊이'와 '확장' 전략의 동시 추구 땐 각 전략 이점 상쇄 |
| 대중시장과 틈새시장 동시 공략 추구 | 두 시장에서 생존을 위해 요구되는 역량이 서로 다름 |

고 함께 새로운 사업도 하는 등 또 다른 현실 세계를 만드는 듯했다. 하지만 엔데믹이 본격화되자 메타버스 관련주는 일제히 주가가 급락했다.

예상보다 몰입감이 떨어졌고 '너도나도 메타버스' '무늬만 메타버스'를 지향하는 플랫폼이 난무하면서 사람들이 점차 흥미를 잃어가기 시작했다.

그럼에도 불구하고 온·오프라인을 넘나들며 다양한 부캐를 만들고 운영하는 시대는 '진행형'이 될 것이라는 예상이 대세다. 나와 똑 닮은 혹은 비슷한 가상 인간 혹은 부캐를 만들어주는 스타트업(노블AI), 음성으로 대화까지 할 수 있게 만드는 스타트업(자이언트스텝)이 각광받는 이유도 여기에 있다.

'예전에도 이런 기술은 있었다'고 하지만 그때와 2023년은 완전 상황이 다르다. 문장을 입력하면 그림을 그려주는 'StabilityAI'가 2022년 말, 창업 1년여 만에 유니콘 기업이 됐는가 하면 한국에서도 특정 감정, 분위기를 입력하면

AI가 알아서 작곡해주는 포자랩스 같은 AI 회사가 속속 등장하고 있다.

이지철 자이언트스텝 대표는 "이런 인프라가 지원되는 시대에는 꼭 로블룩스 같은 특정 플랫폼에 가입해서 그 플랫폼 안에서 부캐를 만들고 살아가는 것이 아니라 내가 직접 만든 다양한 부캐로 여러 플랫폼 성격에 맞게 오가는 '멀티 페르소나' 시대를 사는 원년이 될 수 있다"고 전망했다.

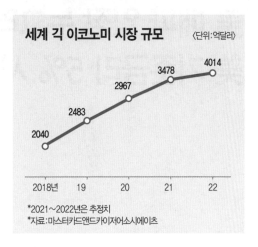

**세계 긱 이코노미 시장 규모** 〈단위:억달러〉

*2021~2022년은 추정치
*자료:마스터카드앤드카이저어소시에이츠

### ⑤ 재계 서열 요동친다
### 달러 버는 기업에 기회 온다

미래에셋그룹은 IMF 외환위기 이후 재테크에 눈을 뜬 일반인 투자자에게 펀드 투자 같은 간접 투자 시장을 어필하며 급성장했다. 메리츠금융지주는 2008년 글로벌 금융위기 이후 얼어붙은 부동산 금융 시장을 선점, 연 순이익 1조원 시대를 만들며 시장을 선도하고 있다.

이처럼 2023년에도 자본 시장에서는 차별화한 전략을 통해 사세를 확장하는 '뉴 스타' 기업이 등장할 가능성이 상당히 높다.

스타트업 혹한기, 자본 시장의 겨울 등 수많은 수식어가 2023년을 강타할 것이다. 이런 때 오히려 자기자본 혹은 자산운용액을 넉넉히 확보한 금융 회사, 사모펀드, VC들의 약진이 이어질 것으로 보인다. 또 현금 여력을 충분히 확보해두고 수출을 통해 달러를 벌어들이는 기업들이 갖춰진 자본력을 바탕으로 양질

의 스타트업, 중견·중소기업이지만 일시적으로 경쟁력이 떨어진 곳만 사들이는 시대가 될 것이다. 이른바 또 한 번의 재계 순위 급변 시대의 원년이 된다는 전망이 지배적이다.

오정석 서울대 경영학과 교수는 "이런 시대에 특히 ESG 등 사회적 가치를 강화하는 쪽으로 그룹 포트폴리오를 가져가려는 굴뚝 산업, 수출 기업들의 M&A가 많아질 수 있다. 이때 중요한 것은 네이버가 포쉬마크 인수 후 시장이 요동친 것처럼 얼마나 자본적으로 경영 역량 측면에서 감내할 수 있을지가 중요한 화두가 될 것"이라고 말했다. ■

# 美 매파 입장 누그러져도 지속
# 美 기준금리 5% 시대 올 수도

**박수호** 매경이코노미 기자

"미국 연방준비제도(이하 연준)가 내년(2023년)에도 기준금리를 내리는 방향으로는 움직이지 않을 것이다."

윤제성 뉴욕생명자산운용 최고투자책임자(CIO)가 2022년 9월에 열린 세계지식포럼에서 한 말이다. 2022년 말까지 여러 기관에서 미국이 기준금리를 4%대까지 끌어올릴 것이라는 전망이 나오던 시점이었다. 윤 CIO는 여기에 더해 2023년에도 연준이 이런 강한 긴축 기조를 이어나갈 것이라고 내다봤다. 그는 "일각에서는 2023년에 인플레이션이 다소 진정되면 비둘기파로 전환할 것이라는 주장을 제기하지만 그럴 가능성은 낮다. 2022년 말까지 금리 인상을 단행한 뒤 연준이 2023년에 더

이상 금리를 올리지 않는 것만으로도 다행일 것"이라고 말했다.

이런 시각에 동의하는 전문가가 다수다. 미국 외 국가 입장에서는 머리를 싸맬 수밖에 없는 상황이 된다는 말이 된다.

**미국 매파 입장 번복 어려울 듯**

이런 기조는 미국 현지 경기와 물가 상황을 빼놓고 얘기하기 힘들다.

2022년 연말에 가까워지고 있는 요즘도 미국에서는 사람을 못 구해 사업에 차질을 빚는다는 기사가 계속 나온다. CPI 등 각종 지표를 봐도 소비자물가 역시 떨어질 기미를 찾기 힘들다. 약간의 변화가 있기는 해도 고물가, 완전고용 등 지표상 극적인 숫자 바뀜 현상이 보이지 않는다. 그러다 보니 연준 고민도 그만

폴 크루그먼 뉴욕시립대 교수는 금리 인상이 피크를 친 뒤 점진적으로 내릴 것으로 전망했다. (매경DB)

큼 깊어진 듯하다. 제롬 파월 연준 의장은 2022년 초만 해도 인플레이션을 일시적인 현상으로 치부하는 듯한 발언을 했다.

이는 미국 내에서 많은 비판을 받았다. 정책 실기를 했다는 평가가 지배적이었다. 당시 미국 현지 상황은 경기 회복으로 인해 물동량은 증가하는데 글로벌 공급망에 차질을 빚으면서 곳곳에서 병목 현상이 나타나던 시점이었다. 사람은 부족한데 수요는 살아나니 결과적으로 물가가 상승 압력을 받을 수밖에 없었다.

그럼에도 연준은 '괜찮다'는 메시지만 날렸다가 각종 지표가 '과열' 양상을 빚고 나서야 급

격히 입장을 바꾸게 됐다.

이른바 '자이언트스텝'이라는 용어가 2022년을 달군 단어로 뛰어오른 것도 이 때문이다. 미국이 이렇게 움직이자 다급해진 것은 미국 외 국가들이다. 미국이 단숨에 기준금리를 4%대 가까이 올려버리자 유럽, 일본은 물론 한국을 비롯한 신흥국에도 여파가 크게 미칠 수밖에 없었다.

급기야 한국 역시 한번에 0.5%포인트 인상을 단행하는 등 미국 기준금리 인상에 발맞춰나가려 안간힘을 써야 했다. 이런 분위기는 다른 국가에도 영향을 미쳤다. 하지만 미국 기준금리가 워낙 높다 보니 어쩔 수 없이 달러는

**기대인플레이션율 여전히 높아
폴 크루그먼 "4% 간다"
신흥국 美 국채 팔면 '강달러' 도래
스태그플레이션 시대 현실 될 수도
경기 침체 조짐 보이면 금리 인하**

미국으로 흘러갈 수밖에 없었다. 달러인덱스가 110을 넘는 등 '킹달러' 시대가 열린 것은 이런 기준금리 인상과 연결을 안 지으려야 안 지을 수 없다.

문제는 이런 연준의 매파적인 입장이 2023년에도 계속될 것으로 보는 시각이 비등하다는 사실이다.

존 테일러 스탠퍼드대 교수는 "고물가 시대가 지속되는 상황에서 미국 연준은 미국 기준금리를 5%까지 올려야 할 것"이라고 주장하기도 했다. 그는 "현재 시장금리가 코로나19 이전 수준까지 올라가고 있지만 아직 충분하지 않다. 중앙은행들이 테일러 준칙이 말하는 금리에 더 가깝게 금리를 책정한다면 세계 경제 상황은 더 낮은 인플레이션과 더 빠른 성장으로 개선될 것"이라고 말했다.

참고로 테일러 준칙이란 '중앙은행이 금리를 결정할 때 경제성장률과 물가 상승률을 균형 있게 고려하는 것이 경제 안정에 가장 중요하다'는 내용이 골자다. 테일러 교수가 1993년 발표한 통화 정책 준칙으로 미 연준을 비롯한 각국 중앙은행이 통화 정책에서 명목 기준금리를 설정하는 지표로 활용한다.

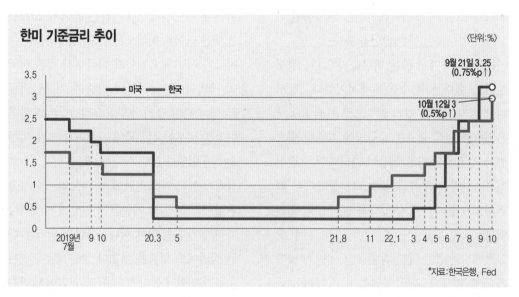

**한미 기준금리 추이**  〈단위:%〉

*자료:한국은행, Fed

윤 CIO 역시 "파월 의장은 연준의 인플레이션 목표치를 2%로 명확히 제시했다. 2022년 말 8%대 수준에서 물가는 2023년 5%대로 점차 낮아지겠지만, 2%대를 달성하려면 더 공격적으로 긴축할 수밖에 없다"고 설명했다.

## 미국 국채 금리도 오른다?

오건영 신한은행 WM컨설팅센터 부부장 역시 "미국 연준이 가장 우려하는 면이 고물가를 '고질병'으로 놔둔다는 비판이다. 그래서 기준금리를 대폭 높일 수밖에 없다. 이런 기조는 내년 2023년 상반기까지 계속 이어나갈 수밖에 없는 상황"이라고 말했다.

더불어 그가 우려하는 것은 미국 국채금리다. 한국 등 신흥 국가들은 미국 기준금리 역전 현상에 직면하면 결국 환율 방어를 해야한다. 이때 쓸 카드 중 하나가 이제까지 사뒀던 미국 국채를 팔아 달러를 확보하려는 전략이다.

오 부부장은 "미국 국채를 팔아 그렇게 받은 달러 현금을 환율 방어를 위해 사용하려 하면 할수록 미국 국채 금리 상승세가 더욱 심해질 수 있다. 그렇게 미국 국채 금리가 올라가면 다른 나라 금리보다 높아지니 달러 강세 역시 더 심화될 수 있다. 이것이 2023년에 가장 큰 변수가 될 수 있다"며 우려했다.

이런 상황이 계속되다 보면 일부 신흥국은 모라토리엄을 선언할 수 있다. 상황이 악화될

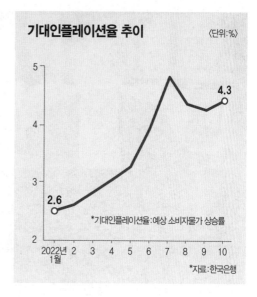

기대인플레이션율 추이 〈단위:%〉

*기대인플레이션율:예상 소비자물가 상승률

2022년 1월 부터 10까지

*자료:한국은행

수 있다는 말이다.

높은 미국의 기준금리 기조가 2023년 실물경제까지 타격을 입힐 것이라는 전망은 다른 경제 전문가에게서도 계속 나오고 있다.

세계 최대 헤지펀드 '브리지워터'의 레이 달리오 창립자는 세계지식포럼에 참석해 "금리 상승은 주식과 채권 등 다른 모든 자산에 대한 약세를 초래한다. 이는 2022년 9월부터 스태그플레이션(고물가·저성장)을 불러오는 요인이 될 수 있다"는 비관적인 전망을 내놨다.

## 경제지표 뭘 봐야 할까

이런 때 참고해봐야 할 주요 경제지표는 뭐가 있을까.

많은 경제 전문가는 해당 국가 기대인플레이

2022 세계지식포럼에서 레이 달리오는 스태그플레이션이 올 수 있다고 예상했다. (매경DB)

선율(BEI · 손익분기인플레이션율)을 보라고 권한다. 저성장 국면에 직면해 있던 유럽이 2022년 기준금리 인상을 단행한 배경도 이 수치 때문이다.

BEI를 이해하려면 우선 기대인플레이션부터 알아야 한다. 기대인플레이션은 각 경제 주체가 예상하는 미래의 물가 상승률이다. 이를 추정하려면 설문조사를 하는 방법도 있겠지만 편의상 채권 시장금리 정보를 이용하는 것이 정설이다. 이때 쓰는 지표가 BEI다. BEI는 채권 시장에서 거래되는 동일 만기 명목 국채와 물가연동국채 간 수익률 차이를 뜻한다.

예를 들어 10년물 BEI가 3%를 밑돈다면 시장이 향후 10년간 매년 3% 미만 인플레를 예상한다는 뜻이다.

그런데 만약 현재 0%대 인플레이션을 보이던 일본의 10년물 BEI가 2022년 말 3%라고 한다면 체감 물가 부담이 크지 않더라도 일본 소비자들이 '앞으로 물가가 오를 것'으로 보고 사재기를 하면서 물가가 올라갈 수 있다. 유럽이 기준금리 인상을 한 이유도 5~10년물 BEI가 3%를 초과하면서다.

레이 달리오 창립자는 세계지식포럼에 참석해 "금리 상승은 주식과 채권 등 다른 모든 자산에 대한 약세를 초래한다. 2022년에도 미국 외 유럽, 일본 등은 경기를 부양하기 위해 통화량을 늘렸는데, 통화 긴축 필요성이 계속 제기되고 있다. 2023년이 되면 전 세계 주요 통화 상황이 긴축으로 전환하면서 요동칠 것이다. 이는 18개월(2022년 9월부터)간의 스태그플레이션을 불러올 것"이라는 비관적인 전망을 내놨다.

## "기준금리 내릴 것" 반론도

비관론이 대세지만 한편에서는 이런 금리 인상 기조는 오래가지 못할 것이라는 인식도 있다. 노벨경제학상 수상자 폴 크루그먼 뉴욕시립대 교수는 전 세계적 경기 침체가 올 수는 있겠지만 그 기간이 1~2년 정도로 제한적일 것이라는 입장을 내놨다. 그는 2022년 세계지식포럼에서 "미국 연준이 2023년 초 기준금리 인상을 멈추더라도 놀라지 않을 것"이라고 주장했다.

그 이유로 크루그먼 교수는 미국 경기가 생각보다 굳건하게 잘 버틸 것으로 보기 때문이라고 전했다. 그는 "미국의 침체 가능성은 생각보다 낮으며, 지금의 경기 침체 위기가 1~2년 갈 수도 있겠지만 이보다 짧을 수 있다. 연준은 통제력을 잃지 않았고, 지금 상황은 코로나19 초기와 올해 초 우크라이나 전쟁 발발 당시 사람들이 우려했던 것보다는 덜 심각해 보인다. 우크라이나 전쟁이 시작될 때 원유와

식량 등 가격이 치솟았지만 금세 안정되지 않았나. 전쟁으로 인한 파괴적 모습이 그만큼 제한적"이라고 낙관론의 근거를 댔다.

한편 2023년 세계적인 경기 침체가 심화돼 어쩔 수 없이 기준금리를 조정할 수 있다는 주장도 나온다.

서정훈 하나은행 자금시장영업부 전문위원은 "2023년 하반기 전 세계적인 경기 침체가 가시화되면 미국이 공격적으로 올리던 기준금리를 어떤 식으로든 조정할 수밖에 없을 것"이라며 "이는 한국에도 영향을 미칠 것으로 보인다. 경기 둔화 가능성, 물가 안정 기대, 부동산 시장 경착륙 우려 등으로 2023년 하반기에는 기준금리 속도 조절에 나설 수 있다"고 예상했다. ■

# 제2르네상스? 돈 되는 원천기술 취약
# 다시 '트랙 레코드' 확보하려면 최소 10년

**배준희** 매경이코노미 기자

문재인정부의 탈원전 5년 암흑기를 견뎌야 했던 한국 원전 산업이 윤석열정부에서 제2르네상스를 노린다. 바라카 원전 수주 이후 13년 만에 한국수력원자력(한수원)이 2022년 8월 이집트 엘다바 원전 건설 프로젝트 수주에 성공했다. 대규모 원전 사업 수주는 2009년 UAE 바라카 원전 이후 13년 만이다.

한수원이 계약한 주체는 러시아 국영 원전 기업 로사톰의 원전 건설 담당 자회사인 ASE JSC사다. 한수원은 이 회사와 이집트 엘다바 원전에 기자재를 공급하고 터빈 건물을 시공하는 계약을 체결했다. 엘다바 원전 사업은 ASE JSC사가 2017년 이집트 원자력청(NPPA)에서 수주해 1200MW(메가와트)급 원전 4기

(VVER-1200)를 카이로 북서쪽 300㎞ 지점 엘다바에 건설하는 게 뼈대다. 총 사업비는 300억달러(약 40조원)에 달한다. 2022년 7월 1호기 원자로 건물 콘크리트 타설에 들어갔으며 2028년 1호기의 상업 운전을 목표로 하고 있다. 한수원은 이번 계약으로 원전 4기와 관련된 80여개 건물과 구조물을 건설하고 기자재를 공급한다.

아쉬운 대목도 있다. 2009년 UAE 수주는 한국형 원자로인 'APR1400' 수출이 뼈대였지만 이번 이집트 수주는 건설과 시공 등에 국한됐다. 그럼에도 한동안 침체됐던 국내 원전 업계 분위기를 반전시키기에는 충분하다는 평가다. 원전 부활에 드라이브를 건 한국은 체코와 사우디아라비아 등지에서 원전 수주전에 적극 참여 중이다.

### 원전, 경기 변동 비탄력적…산업 연관 효과 커

원전 산업은 다른 산업과 구분되는 몇 가지 특징이 있다.

첫째, 원전 산업은 전후방 산업 연관 효과가 크고 장기간 기술 개발과 대규모 시설 투자가 이뤄진다. 이런 이유로 대부분 국가에서 국가 기간 산업 혹은 수출 전략 산업으로 육성된다.

둘째, 원전 산업은 계획부터 완공까지 10년 이상 소요되는 장기적인 사업으로 단기 경기 변동에 비탄력적인 특성을 보인다. 국가별 중장기 관점 에너지 계획에 따라 원전 건설이 결정되므로 경기 변동보다는 개별 환경 요인에 좌우된다. 전반적인 경기 상황, 정부의 사회간접자본 투자 정책, 기업의 설비 투자 동향 등에 따라 원전 수요와 공급이 결정된다는 게 전문가 진단이다. 거시경제 요인 중에서는 유가와 상관관계가 높은 편이다. 지금처럼 고유가 시대에서 원전 수요는 증가하는 패턴을 보였다.

셋째, 원전은 경제 효과가 원전 건설에 국한되지 않고 건설부터 해체까지 전체 프로세스를 관통한다. 가령, 원전은 건설 이후에도 발전소 운영·유지보수, 자산관리 등 발전 서비스 산업에 대한 수요가 지속적으로 발생한다. 원전 산업이 단기 경기 변동에 비탄력적인 이유 중 하나다.

무엇보다 원전 시장은 고부가가치 산업으로

'한국형 원전(APR1400)' 기술이 적용된 신한울 1호기 등 한울 원전. (한주형 기자)

**세계 원자력 시장 규모** 단위:원

| 구분 | 규모 |
|---|---|
| 대형 원전 95기(2035년까지) | 800조 |
| 소형모듈형원전 | 640조 |
| 해체 시장 | 135조 |
| 사용후핵연료 저장시설 사업 | 60조 |
| 합계 | 1635조 |

*자료:세계원자력협회(WNA)와 에너지경제연구원 추산

**이집트 원전 사업 수주 프로젝트 개요**

| | |
|---|---|
| 사업 내용 | VVER-1200 4기(4800MW) |
| 총 사업비 | 300억달러 |
| 사업 기간 | 2022~2030년 |
| 사업주 | 이집트 원자력청 |
| 주계약자 | 러시아 ASE |
| 부지 | 카이로 북서쪽 300km |
| **한국 참여 내용** | |
| 참여 범위 | 기자재 공급, 터빈 건물 시공 등 |
| 사업지 | 3조원 규모 |
| 사업 기간 | 2023~2029년 |

변모 중이다. 한국전력공사 경제경영연구소에 따르면 원전 1기를 수주할 경우 50억달러(약 5조3000억원) 규모 수익이 기대된다. 중형차 25만대 또는 스마트폰 500만개 수출 효과와 맞먹는다. 세계원자력협회(WNA)와 에너지경제연구원은 현재 계획 중인 전 세계 대형 원전 95기(2035년까지 800조원)를 비롯해 소형모듈형원전(SMR·640조원), 해체 시장(135조원), 사용후핵연료 저장시설 사업(60조원)을 합친 글로벌 원전 시장 규모가 1635조원에 이른다고 추산했다.

정책 일관성을 확보한 덕에 세계 시장에서 국내 기업의 원전 수주 기대감이 높다. 체코와는 8조원 규모 원전 프로젝트를 추진 중이다. 최종 사업자는 2024년 말 결정된다. 체코 원전 수주전은 한수원을 비롯해 미국 웨스팅하우스, 프랑스 전력공사(EDF) 등 3파전 구도다. 사우디아라비아 원전 수출 가능성도 제기된다.

### 한국 원전, '온 타임 온 버짓' 최고

국내 원전 산업 경쟁력은 어느 정도 수준일까. '세계 최고 수준'이라는 장밋빛 진단이 나오지만 속을 들여다보면 아직 갈 길이 멀다는 우려도 제기된다. 이를 이해하려면 원전 산업의 큰 구조부터 그려봐야 한다.

관련 업계에 따르면 원전 산업은 크게 두 가지 층위로 구분된다. 첫째는 미국과 유럽 등 일부 선진국이 주도하는 상위 시장이다. 여기에는 3대 핵심 기술의 개발·통제, 해외 시장 독자 개척, 금융 조달, 핵연료 조달 경쟁 등이 포함된다. 하위 시장은 각종 원자재 설비 기자재 제작·조달, 건설 부문과 완공 후 유지·보수 등이다. 이 가운데 한국이 세계에서 경쟁력을 인정받는 분야는 상위 시장이 아니라 하위 시장에 해당한다는 진단이다. 주어진 예산 범위 내에서 납기일에 맞춰 시공을 완성하는 '온 타임 온 버짓' 역량은 세계 최고 수준이라는 데 이견이 없다.

이는 객관적인 통계로도 확인된다. 세계원자력협회에 따르면 한국의 kW당 원전 건설단가는 3571달러(약 476만원)로 프랑스(7931달러), 러시아(6250달러), 미국(5833달러) 등 원전 선진국뿐 아니라 중국(4147달러)보다 낮다. 수백 개 국내 기자재 업체로 이뤄진 공급망도 경쟁력으로 평가된다.

하지만 원전 핵심 역량이 결집된 상위 시장 부문 경쟁력을 놓고 보면 애매하다.

무엇보다 한국이 가장 취약하다고 평가받는 부문은 원천 기술이다. 원전 산업에서 3대 핵심 기술로 꼽히는 것은 원전설계핵심코드, 냉각재 펌프, 원전계측제어시스템(MMIS) 등이다. 설계코드는 원자로 중심부를 설계하는 데 필요한 컴퓨터 프로그램이다. MMIS는 원전 전체를 총괄 지휘하고 냉각재 펌프는 원자로를 식히는 냉각재를 공급한다. 사람으로 치면 MMIS는 뇌에, 냉각재 펌프는 심장에 해당한다. 원자로 원천 기술을 보유하고 독자적인 기술 수출로 로열티 수취가 가능한 곳은 미국의 웨스팅하우스와 GE, 러시아 ASE, 캐나다 AECL, 프랑스 아레바 정도뿐이다. 이들 기업

윤석열 대통령이 지난 2022년 6월 22일 경남 창원 두산에너빌리티 원자력 공장을 방문해 김종두 전무의 안내를 받으며 건설이 중단돼 있는 신한울 3·4호기 원자로 주단 소재를 둘러보고 있다. (이승환 기자)

시스템 수출 역량 중요
3대 핵심 기술 자립 속도
'한국형 원전' 잇따라 인증
핵심 기술 단독 수출 먼 길
트랙 레코드 확보 험로

이 장악한 원자로 설비 부문이 전체 원전 공사비에서 차지하는 비중은 대략 10% 안팎 수준으로 알려진다.

상위 시장에서 경쟁력이 확보되지 않는다면 공들여 수주한 원전 사업에서 자칫 제동이 걸릴 상황도 배제할 수 없다. 가령, 한국형 원전인 'APR1400'은 미국 웨스팅하우스 원천 기술을 기반으로 개발됐다. 미국 원자력법 123조는 미국 원자력 기술을 제공받은 나라는 우라늄 농축 등을 할 때 미국 정부와 의회의 사전 동의를 받도록 했다. 우리가 사우디 등에 APR1400을 수출하려 해도 미국 측이 핵심 기술 사용 문제로 원전 수출에 제동을 걸면 수출에 차질을 빚을 수 있다.

결국 원자력 산업은 설계, 시공, 기자재, 시운전, 운영 등 여러 분야가 합쳐진 전체 시스템의 수출 역량으로 경쟁력이 판가름 난다. 이 가운데 국내 원전 산업 핵심 역량은 아직 상위 시장보다 하위 시장에 집중된 측면이 강

하다는 게 전문가들의 대체적인 평가다. 원전 업계 관계자는 "삼성이 반도체 설계 역량이 부족해도 세계 1등 기업이 된 것처럼 원전도 설계 부문 역량만으로 경쟁력을 판가름할 수 없지만 장기적으로는 원천 기술 개발에 속도를 내야 하는 것이 엄연한 현실"이라고 짚었다.

이에 따라, 국내 원전 업계에서도 2000년 중반 이후 줄곧 3대 핵심 기술의 자립에 속도를 내왔다. 한국형 원전인 APR1400은 2017년 유럽사업자요건(EUR) 인증 심사를 통과한 데 이어 2019년 미국 원자력규제위원회(NRC) 인증을 받았다.

그렇다 해도 과제가 적지 않다. 해외에서 트랙 레코드를 확보하고 안전성을 검증받아야 하기 때문이다. 이 기간이 최소 10년 이상 걸린다는 게 원전 업계 시각이다. 더욱이 APR1400보다 기술 자립도가 더 높은 APR플러스(천지 1·2호기)에 국산 MMIS와 냉각재 펌프를 적용하려던 계획은 문재인정부의 신규 원전 백지화 공약으로 차일피일 미뤄졌다. APR플러스는 현재 한국형 원전인 APR1400을 대체할 차세대 원전으로 평가된다. 원자력 업계 관계자는 "현재 한국형 원전인 APR1400은 아직 트랙 레코드가 부족해 설계와 시공까지 모두 책임지는 턴키 사업이 아니면 별도 수출은 힘든 상황"이라며 "독자적인 기술 개발을 추진하되 설계 역량이 탁월한 해외 업체와 기

술 제휴, 협력을 강화하는 투트랙 전략을 펴는 것이 현실적 대안"이라고 진단했다.

## 금융 역량 업그레이드 시급

원전 시스템을 뒷받침할 국내 금융 인프라 역량을 끌어올리는 것도 시급한 과제다. 원전 건설 같은 대규모 프로젝트는 대부분 프로젝트파이낸싱(PF)으로 자금 조달이 이뤄진다. 리스크 정도에 따라 정부 지급 보증이 뒤따르지만 기본적으로는 PF 역량이 뒷받침돼야 한다. 2009년 UAE 원전 수출 당시 UAE 측은 원전 건설 과정에서 세계 50위권 은행의 지급보증을 요구했는데 국내에는 이 조건에 맞는 은행이 없어 난항을 겪었다.

종합하면, 국내 원전 산업의 질적 도약을 위해서는 연구개발에 아낌없는 투자를 하는 한편, 금융 인프라 개선이 병행돼야 한다는 지적이다. 특히 추격형 기술 개발을 넘어서는 선두 기술 전략 마련이 시급하다. 한국은 아직 자체 개발한 원전의 트랙 레코드도 쌓지 못하고 있지만 미국 등에서는 소형모듈형원자로인 SMR 개발이 실용화 단계에 진입했기 때문이다.

최기련 아주대 에너지학과 명예교수는 "원전의 양적 수출보다는 미래 원전 기술 확보가 가능한 원전 수출을 적극 지원하는 선택과 집중이 필요한 시점"이라고 강조했다. 조홍종 단국대 경제학과 교수는 "기존 원자력 발전 확대와 더불어 새로운 원전 기술을 위한 연구개발이 필요하며 이를 산업화하고 수출 주력 품목으로 성장시켜야 한다"며 "연구개발 재원 확보 방안으로는 요율 증가, 수입원 다양화를 고려해볼 수 있으며 장기적으로는 목적세 형태로 재원을 조달하는 방법도 고려할 수 있을 것"이라 진단한다. ■

# 美 공급망 좇다 'K-제조' 공동화될라
# 대만 둘러싼 군사적 긴장감도 우려

**하건형** 신한투자증권 매크로팀장

미국 트럼프 행정부부터 본격화한 미국과 중국 간 갈등은 무역을 넘어 기술, 외교, 안보 등으로 확산됐다. 미국과 중국 국가 간 갈등 성격이 짙었던 무역 분쟁은 어느덧 진영 대 진영 싸움으로 번지는 양상이다.

싸움의 판은 미국이 주도하고 있다. 미국은 2021년 3월 '쿼드(Quad · 미국과 미국의 인도 · 태평양 지역 핵심 동맹국 일본, 호주, 인도를 합한 4개국 안보 회담)', 2021년 9월 '오커스(AUKUS · 미국과 영국, 호주 3개국이 결성한 군사 동맹)' 등을 통해 대중국 군사 · 안보 동맹을 강화했다.

2022년 들어서는 군사 · 안보 동맹을 경제 분야로 확장시켰다. 5월 경제 안보 협의체인 '인도 · 태평양 경제프레임워크(IPEF)'가 출범했다. 중국 중심의 공급망에서 벗어나 새로운 공급망 체계를 형성하는 것이 주 목적인 IPEF는 기존 군사 동맹국뿐 아니라 한국 등 총 13개국이 참여한다.

중국은 미국 주도 고립 정책에 맞서 2022년 1월 '역내포괄적경제동반자협정(RCEP)'을 발효했다. 동남아시아 연합 회원국 10개국과 한국, 중국, 일본, 호주, 뉴질랜드가 참여하는 자유무역협정으로 아시아에서 중국 중심의 공급망 구조를 강화하는 효과를 얻게 됐다.

무역 분쟁 양상도 복잡해졌다. 기존의 관세 부과 일변도에서 벗어나 반도체 등 특정 분야와 기술에 초점을 둔 규제를 강화하고 있다. 미국 상무부 산업안보국(BIS)은 미국 안보에 해가 되는 외국 기관에 대한 수출 통제 리스트

(Entity List)를 만들어 수출을 제한했다. 주 대
상은 중국이 생산 공급망에서 절반 이상 차지
하는 반도체다. 초기 화웨이, SMIC 등 특정
기업 제재에서 그치지 않고 반도체 기술 장비
전반으로 수출 규제를 확대했다.

미국은 중국이 민감하게 생각하는 인권과 하
나의 중국 등의 문제에도 적극적으로 개입한
다. 위구르강제노동방지법(UFLPA)을 제정
해 신장 위구르 지역 내 인권탄압 관련 제재를
2022년에 무역 분야로 확장시켰다. 이를 통해
태양광 모듈 설비를 압류하는 등 조치가 이뤄
졌다. 대만을 둘러싼 군사적 긴장감 역시 높
아졌다. 미국은 원칙적으로 '하나의 중국' 정
책을 고수하나 중국이 대만을 군사적으로 침
공할 시 미국이 중국 공격에서 대만을 방어할
것을 예고했다.

## 미국 · 중국 간 갈등 증폭될 수밖에 없어…
## 다만 '점진적'인 변화

미국과 중국 간 갈등은 시간이 갈수록 증폭될
수밖에 없다. 갈등 이면에는 세계 질서를 주
도하는 미국의 성장 전략 변화가 자리한다.
1994년 중국의 WTO 가입 이후 세계화, 자유
무역 기조 확산을 등에 업고 제2의 패권국으
로 부상 중인 중국을 차단코자 하는 목적이 크
다. 미국은 독자적 공급망 구축, 기술 보호,
군사적 긴장감 고조 등을 전략으로 내세운다.
지난 30년 넘게 구축된 공급망은 하루아침에

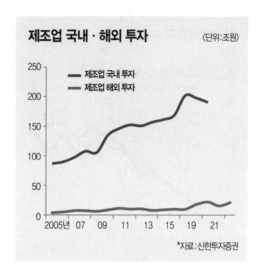

제조업 국내 · 해외 투자  〈단위:조원〉
*자료:신한투자증권

바뀌지 않는다. 여전히 미국과 중국은 상호
간 최대 교역국이다. 그렇기에 변화는 매우
점진적으로 나타날 것이다. 미국은 중국에 대
한 전면 관세 부과의 결과, 여타 국가가 대체
하기 어려운 저가 생활필수품 등을 중심으로
물가 상승 압력에 노출됐다. 중국 역시 미국
을 대체할 시장이 마땅치 않다는 점이 문제지
만 방향은 이미 정해졌다. 미국과 중국 간 탈
동조화는 시간이 지날수록 확대될 수밖에 없
다. 2022년 미국의 인플레이션 감축법(IRA)
통과로 이런 흐름은 가속화될 것으로 판단한
다. 인플레이션 감축법은 부유층과 대기업 증
세, 에너지 안보와 기후변화 대응에 골자를
뒀다. 구체적으로 보면 세액 공제를 적용받기
위해서는 미국 내 생산 비중이 높아야 한다.
신재생 산업 지원 법안이지만 사실상 공급망
재구축을 지원하기 위한 법안이다.

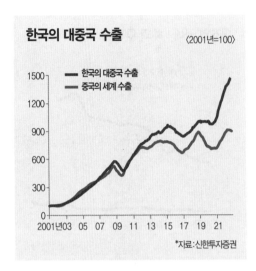

**한국의 대중국 수출** 〈2001년=100〉

— 한국의 대중국 수출
— 중국의 세계 수출

*자료:신한투자증권

미국의 대중국 무역 적자는 2018년 이후 지속적으로 감소세를 보인다. 반면 아세안 국가로부터의 무역 적자는 커졌다. 미국과 중국 간 분쟁이 장기화하며 기업들이 선제적으로 공급망 다변화를 꾀한 까닭이다.

첨단 기술이 요구되는 품목은 미국이 자국 내 공급망을 구축하는 중이다. 다만 공급망 구축 초기인 만큼 당장 교역 변화는 미미하다. 미국 내 외국인 직접 투자 유입은 중국에 이어 단일 국가 2위로 올라온 지 오래전이기 때문이다.

### 중국도 대응책 마련…
### 인공지능, 5G 등 신기술 강화하고 내수 집중

미국의 脫중국화에 중국은 어떤 전략을 취할까. 미국의 공급망 다변화와 기술 수출 제한 조치는 중국으로 하여금 내수 진작과 산업 구조 고도화를 자극했다. 기술 통제가 강화된 중국은 중진국 함정에서 벗어나고자 연구개발에 더 많은 자원을 투입하는 중이다. 코로나 사태로 인한 경제 충격에 대응해 중국 정부는 인공지능(AI), 5G, 사물인터넷(IoT) 등 신산업 육성을 위한 신형 인프라 투자를 강화했다.

이와 함께 미국과 버금가는 구매력을 확보하기 위한 내수 진작에도 공을 들이는 분위기다. 세계의 공장으로서 매력도가 떨어진 대신 세계의 시장으로서 매력도를 유지해 외국 자본과 기술을 유치해야 하기 때문이다. 이를 위해 중국은 2020년 5월 내수 중심 경제 발전 모델인 '쌍순환 전략'을 제시했다. 코로나 바이러스 확산, 부동산 대출 부실화 등에 따라 내수 진작책이 속도 조절에 들어섰으나 2023년부터 '쌍순환 전략'에 근거한 내수 중심 경제 성장이 본격화될 것이다.

### 대만을 둘러싼 군사적 긴장감 더 심해진다

대만을 중심으로 고조되는 군사적 긴장감은 추후 빈번히 발생될 수밖에 없을 듯 보인다. 20차 당대회에서 시진핑 국가주석의 3연임이 확정되면 중국은 대만을 '하나의 중국'에 편입하기 위한 움직임을 본격화할 것으로 판단된다. 이에 미국은 군사적 긴장감을 높여 중국과 본격적 군비 경쟁에 나설 것이다. 미국은 과거 구소련과 냉전 시대에서 군비 경쟁을 통해 패권을 확립한 바 있다. 국제전략연구소(IISS)에 따르면 2022년 미국 국방비 지출은 7조7800억달러로 1위다. GDP의 3.7%를 국방비로 지출한다. 2위는 중국으로 2조5200억달러로 GDP 대비 1.7%다. 대만 지역에서 군사적 긴장감이 높아질 경우 중국의 군사비 지출 확대가 불가피하며 이 과정에서 중국의 기술 개발, 경제 성장 지원에 대한 자원 배분을 저해할 수 있다.

### 중국에 의존한 한국의 중간재 교역은 타격

미국과 중국 간 갈등은 세계 경제의 판이 바뀌는 것을 의미한다. 기존 중국을 중심으로 발달한 글로벌 공급망에 편승해 이익을 향유했던 한국에는 위협이 될 수밖에 없다.

먼저, 중국에 의존한 한국의 중간재 교역 타격이 우려된다. 2021년 한국의 대중국 수출에서 중간재 비중이 79%에 달하는 등 한국의 대중국 수출은 중간재로 채워졌다. 한국이 중국에 중간재를 공급하면 중국이 이를 가공·조립해 미국에 수출했다. 하지만 세계의 공장으로서 중국 역할이 약화하는 만큼, 이런 수출 공식은 더 이상 유효하지 않다. 중국 역시 산업 구조 고도화로 한국산 중간재를 자국산으로 대체하고 있다.

금융위기 전까지 한국의 중국향 수출과 중국

의 대외 수출은 비슷한 속도로 늘었다. 하지만 미국의 보호무역주의 속에 중국 산업 구조 고도화와 중간재 국산화가 이뤄지며 대중국 수출 수혜는 지속적으로 축소됐다. 코로나 직후 비대면 수요가 폭증하며 반도체 수출은 역대 최고치를 경신해 이런 문제가 가려진 듯 보였다. 그러나 '포스트 코로나' 시대에는 수출 감소가 눈에 띄게 나타날 수 있다. 미국 내 IT 재고가 쌓이면서 중간재 수출국으로서 한국 경제 타격이 2023년에 집중될 가능성이 높다.

### 美 주도 공급망에 포함되려 해외 진출 속도··· 한국 제조업 공동화 우려

한국 기업은 2022년 인플레이션 감축법 시행 이후 미국 주도로 구축되는 공급망에 편승하기 위한 해외 진출을 확대할 것이다. 금융위기 이후 한국의 해외 직접 투자에서 중국이 차지하는 비중은 지속적으로 축소됐다. 대신 미국을 중심으로 한 북미 지역 비중은 높아졌다. 이런 해외 투자 흐름의 쏠림이 더욱 심화될 것으로 판단된다.

이 과정에서 한국의 제조업 공동화 문제가 동반될 수밖에 없다. 중국 중심으로 글로벌 공급망이 구축됐을 때는 지리적으로 중국과 가까워 모든 공급망이 중국으로 이전되지 않아도 됐다. 하지만 지리적으로 먼 미국 공급망에 편승하기 위해서는 대부분 공급망을 미국으로 이전해야 하는 상황이다.

시장 개척이 이뤄지더라도 국내 제조업의 반사 수혜는 과거보다 적어진다. 제조업 생산

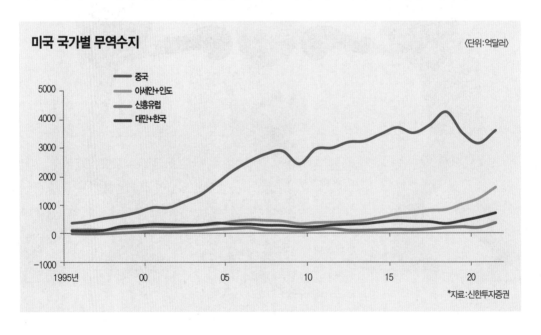

**미국 국가별 무역수지**  〈단위:억달러〉

중국
아세안+인도
신흥유럽
대만+한국

*자료:신한투자증권

여력 축소는 이미 관찰된다. 제조업 전체 투자에서 해외 투자 비율은 한 자릿수 중반에 불과했다. 하지만 G2 분쟁이 본격화된 2018년부터 해외 투자가 급증하며 2019년 전체 투자의 10%를 웃돈다. 국내 제조업 공동화 속에 한국 기업과 경제 간 탈동조화가 심화될 수밖에 없다.

2010년 초반부터 수출이 증가해도 제조업 생산 확대 정도는 약해지기 시작했다. 원래 수출 호조가 제조업 생산 증가로 이어져 가동률 상승, 투자 확대, 고용 창출 등으로 연결돼야 내수까지 긍정적 영향을 끼친다. 하지만 이런 연결고리가 끊어지거나 약해지는 양상이 뚜렷하다.

대만해협을 둘러싼 미국과 중국 간 군사적 충돌 긴장감은 한국의 지정학적 위험을 증대시켜 군비 확장 필요성을 자극할 것으로 판단된다. 한국의 대외 신인도 측면에서 북한 이슈와 함께 불안 요인으로 인식될 수밖에 없다.

일부 미국과 중국 간 갈등은 일부 산업에 기회 요인이 된다. 중국 내수 수요 확대와 미국 공급망 재구축 과정에서의 수혜다. 중국 내수는 코로나 사태로 억눌렸으나 다시 증가할 것이기 때문이다. 미국 신규 투자 수요는 정책 집행이 시작되는 2023 회계연도(2022년 10월 ~2023년 9월)에 유입되기 때문에 기대해볼 만하다. 양국 모두 공급망 구조 전환 속도전에 나서는 만큼 관련 수요 유입이 이뤄질 경우

**일부 미국과 중국 간 갈등은 일부 산업에 기회 요인이 된다 중국 내수 수요 확대와 미국 공급망 재구축 과정에서의 수혜다**

한국의 소비재, 자본재 업체에 일부 기회를 제공해줄 듯하다. 다만 전체 산업에서 해당 산업 비중이 미미한 만큼 해당 업종의 선전이 한국 경제 전체에 미치는 악영향을 상쇄하기에는 부족하다. ■

# 유럽, 러시아 가스 대안 찾기 '올인'
# 한국, 에너지發 인플레이션 본격화

**신지윤** 다올투자증권 상무(동북아학박사)

글로벌 에너지 시장은 거대한 변화를 겪고 있다. 시계를 1년 전 2021년 11월로 돌려보자. 2021년 늦가을 외신의 주요 헤드라인은 미국, 중국 등의 잇단 탄소중립(Net Zero) 선언을 위시한 제26차 기후변화당사국 회의(COP26) 소식, 그리고, 5550억달러의 에너지·기후 부문 지원을 담은 미국의 '더 나은 재건(Build Back Better·BBB)' 법안의 하원 통과 소식이 수를 놓고 있었다. 이런 분위기 속에 글로벌 에너지 시장은 '재생에너지 확대와 화석연료 축소' '최종에너지에서 전기에너지의 비중 확대'라는 메가급 목표를 향해 빠르게 재편될 것이라는 기대가 주를 이뤘다.

하지만 이런 와중에도 묘한 변화가 감지됐다.

미국 BBB 법안은 조 맨친(Joe Manchin) 상원의원 반대로 입안에 난항을 겪었다. 유럽에서는 천연가스와 전력 가격이 서너 달 사이 두 배 이상 급등하고 있었는데, 이는 러시아 천연가스 의존을 줄이지 못한 유럽의 에너지 안보 취약성을 적나라하게 드러내는 사건이었다. 유럽의 가스 가격 급등은 나비 효과를 일으켜 동절기 아시아에서는 LNG 스폿(Spot) 가격 폭등을 야기했다. 글로벌 금융 시장이 하락세에 접어든 와중에 2022년 2월 24일 마침내 러시아가 우크라이나를 침공했다. 미국은 예정대로 지난 3월부터 기준금리를 0.25% 포인트 올렸고 금리 인상 사이클이 시작됐다. "러시아 가스의 대안을 찾아라(Find Alternatives to Russia Gas)."

러시아의 우크라이나 침공 이래 유럽에 떨어

2022년 글로벌 에너지 가격이 급등했다. 2023년 한국도 에너지발 인플레이션이 우려된다. (매경DB)

진 숙제다. 2021년 유럽의 에너지 소비(Primary Energy Consumption) 구성은 석유 33%, 석탄 12%, 천연가스 25%, 원자력은 10%, 재생에너지 12%였다. 한편 에너지 소비에서 러시아에 대한 의존도는 석유 27%, 석탄 47%, 천연가스 41%였다. 천연가스만 보면 러시아 의존도가 독일 49%, 이탈리아 46%, 폴란드 40%, 오스트리아는 64%에 달했다. 유럽에 재생에너지 강국이 모여 있지만 재생에너지 비율은 12%에 불과했다. 화석연료 공급은 러시아 비중이 매우 높은 환경이었다.

러시아는 서방의 경제 제재에 대응하며 에너지 무기화 강도를 높여왔다. 2021년 3월 31일 러시아 가스 대금 루블화 결제 시행, 6월 14일

가즈프롬(Gazprom)의 노드 스트림 통과 가스 공급 축소, 급기야 9월 3일 노드 스트림 통과 가스 공급 전면 중단을 결정했다. 국가별로 대응에는 다소 차이가 있으나 유럽 각국은 산업용 위주 가스 소비 축소 유도와 가스 수입선 교체, LNG 수입 확대로 동절기 재앙을 막고자 대응해왔다.

다행스럽게도 9월 말 기준 유럽의 러시아 가스 의존이 41%에서 9%로 줄어들었다. 가스 저장 비율은 87%로 전년 동일 시점과 EU의 동절기 진입 시점 권고 비율(80%)을 훌쩍 넘어섰다. 하지만, 수요 대응과 재고 확보 과정에서 가격 급등은 불가피했다. 2022년 유럽의 가스 가격은 8월 고점에서 절반 이상 낮아졌

지만, 여전히 2021년 같은 시점 대비 두 배(네덜란드 TTF 기준) 이상이다. 국제에너지기구(IEA)는 2022년 기준 전년 대비 10% 감소한 유럽 가스 소비가 2023년에도 줄어들 것이라 전망하면서도, 벤치마크 가스 가격은 2022년 3분기 수준(170~200유로/MWh)이 유지될 것으로 예상한다.

### 2023년 에너지 불안 해소…결국 푸틴에 달렸다

2022년 10월 기준, 짧게 끝날 것 같던 전쟁은 여전히 진행 중이다. 푸틴은 급기야 핵무기 사용까지 검토하고 있다. 예측 불가 러시아 행보로 글로벌 에너지 시장 불안정성도 상당 기간 지속될 전망이다. 한편 미국과 이를 추종하는 주요 국가의 잇단 기준금리 인상 속에

경기 침체는 가까이 다가오고 있다. 정리하면, 1년 전 에너지 시장은 겉으로는 긍정적인 변화의 기대가 컸지만, 속으로는 불안 요인이 감지되고 있었다. 반면 2023년은 대놓고 온통 불안 요인으로 가득하다. 모든 분석의 시선이 푸틴 러시아 대통령에게 쏠려 있다고 봐도 무방할 정도다. 2022년 유가는 80달러로 시작해 상반기에 약 50% 상승했다가 하반기 30% 하락하는 변동성을 보였다. 2023년에도 글로벌 에너지 시장은 2022년 못지않은 변동성이 불가피해 보인다.

### 글로벌 에너지 소비 전망은 잇따라 하향 조정

글로벌 에너지 소비는 경제성장률 하향 전망과 함께 하향 조정 중이다. 2022년 7월 IEA는

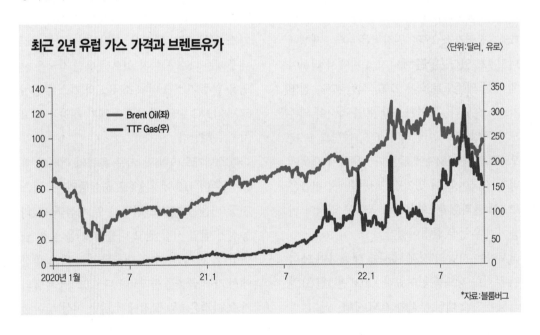

**최근 2년 유럽 가스 가격과 브렌트유가**  〈단위:달러, 유로〉

— Brent Oil(좌)
— TTF Gas(우)

*자료:블룸버그

2022년 글로벌 전력 수요 증가율을 2.4%로 제시했다. 이는 1월 전망 3%에서 하향 조정된 수치다.

수요는 줄어드는데 사우디아라비아가 주도하는 OPEC+는 지난 10월 일산 200만배럴(2mb/d · 전 세계 공급의 약 2%) 감산을 결정했다. 브렌트유는 7월 초 배럴당 120달러에서 9월 말 82달러까지 하락하다 OPEC+의 감산 분위기가 감지되며 상승세로 전환, 보름 만에 96달러까지 치고 올라갔다. 11월 중간선거를 앞둔 미국은 인플레이션을 억제하고 러시아를 압박하고자 OPEC+의 감산을 제지하려 했으나 실패하고 말았다. 미국은 75년간 동맹관계를 유지해온 사우디아라비아가 사실상 러시아 편에 선 결정을 내렸다고 크게 반발했

다. 하지만 정작 미국 셰일오일 업체들도 과거 공급 과잉 폐해를 의식하며 '증산과 투자'보다 생산 효율성 개선과 같은 '비용 감소'와 자사주 매입 같은 '주주환원'에 좀 더 공을 들이는 분위기다. OPEC+와 미국 셰일오일 업체의 움직임은 2023년에도 공급 조절을 통해 유가 하락을 억제할 요인으로 작용할 공산이 크다.

### 전쟁으로 재생에너지 정책 위축될까

재생에너지 역시 에너지 가격 급등과 그 배후 요인인 지정학적 변화로 셈법이 복잡해졌다. 에너지 전환은 정책이 주도한다(Policy Driven). 좌우 정치 세력 간, 지난한 갈등과 조정의 과정을 밟을 수밖에 없다는 의미다.

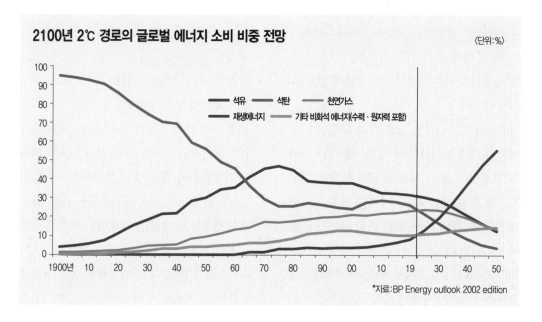

2100년 2℃ 경로의 글로벌 에너지 소비 비중 전망 〈단위:%〉

*자료:BP Energy outlook 2002 edition

## "러시아 가스의 대안을 찾아라 (Find Alternatives to Russia Gas)" 러시아의 우크라이나 침공 이래 유럽에 떨어진 숙제다

러시아-우크라이나 전쟁으로 인한 에너지 가격 상승과 인플레이션 압박은 극우 포퓰리즘 정치 세력 등장에 좋은 촉매제가 됐다.

프랑스 총선에서는 풍력발전을 반대하는 르펜이 이끄는 극우 정치 세력이 약진했다. 2021년 COP26 의장국이었던 영국은 신임 총리가 전임 총리의 '야심 찬' 기후변화 대응계획을 대폭 축소하려는 움직임을 보인다. 이탈리아에서는 100년 만에 극우 총리가 탄생했다. 이런 정치 지형의 변화는 재생에너지 확대에 결코 유리하지 않다.

그러나 현실적으로는 탄소 감축 수단인 탄소배출권 가격 하락도 가볍게 받아들이기 어려운 상징성이 있다. 배출량 규제 강화로 고공행진을 하던 탄소배출권 가격은 전쟁과 인플레이션 여파로 기업에 대한 배출 규제가 주춤해질 수 있다는 전망 아래 연초 이래 17%나 하락했다(EU ETS 기준). 이렇듯 재생에너지 확대가 인플레이션 환경에서 큰 도전을 받고 있는 것은 사실이지만, 당장 재생에너지 확대 기조가 결정적인 변화를 맞을 가능성은 낮아 보인다.

### 2040~2060년 '넷 제로' 달성이라는 큰 목표

그 이유는 다음과 같다.

첫째, 재생에너지 확대는 각국이 2040~2060년 약속한 '넷 제로' 달성을 위한 해결책이다. 투자 환경 변화 등으로 단기적으로 확산 속도가 느려질 수 있으나, 넷 제로를 철회하지 않은 이상 재생에너지 확대 목표는 변화가 없다.

둘째, 전쟁으로 촉발된 에너지 자립 의지를 재생에너지 확대 촉진의 계기로 삼으려는 움직임도 포착된다. EU는 기존 Fit for 55보다 강화된 RepowerEU 계획을 발표했다. 미국은 비록 BBB보다 축소되기는 했으나 재생에너지에 대한 3690억달러의 세액 공제를 담은 인플레이션 감축법안(Inflation Reduction Act · IRA)을 통과시켰다.

셋째, 재생에너지 확대 이유인 기후변화와 관련한 과학적인 증거가 늘어나는 추세다. 2018년 기후변화에 관한 정부 간 협의체(IPCC)의 '1.5℃ 특별보고서'가 기후변화에 대한 총체적인 행동을 끌어내는 데 혁혁한 기여를 했다는 사실을 기억할 필요가 있다. 2022년 중 기후변화로 인한 국가 간 경제적 득실을 최초로 입증한 연구 역시 화제가 됐다. COP27의 주요 논제 중 하나가 바로 기후변화로 인한 개발도상국의 손실과 피해(Loss and Damage) 보상 내용이었다.

## 한국은 2023년 본격적인 에너지發 인플레이션

정리하면 2023년은 인플레이션과 경기 침체로 인해 글로벌 에너지는 소비 둔화가 예상된다. 하지만 가격(화석연료, 전력)은 높은 수준에서 변동성이 예상된다. 러시아의 에너지 무기화가 촉발한 에너지 공급 측면의 불확실성이 크기 때문이다. 화석연료 생산 기업들은 증산에 신중하고, OPEC+는 감산으로 미국에 반기를 든 형국이다.

재생에너지 산업은 정치경제학적 불확실성이 커졌다. 하지만 넷 제로를 향한 각국 여정에서 재생에너지 위상은 변함이 없다. 비용 상승, 전력 가격 상한제 등으로 재생에너지 투자에 대한 인센티브가 줄어든 환경에서 탄소포집(CCS), 저탄소 수소(Low Carbon Hydrogen) 생산 등에서 기술 혁신이 이뤄질지가 관심 포인트다.

한국은 유럽 같은 표면적인 에너지 공급 위기는 없었다. LNG와 석탄 가격이 9월 연료비 기준으로 전년 대비 각각 140%, 114%씩 상승했지만 이제까지는 가격 상승 요인을 에너지 공기업이 흡수했다. 하지만 에너지 공기업의 요금 인상도 시작됐다. 한국은 2023년 본격적인 에너지발 인플레이션을 겪게 될 수 있다. 한국의 또 다른 이슈는 재생에너지 확대에 드리워진 먹구름이다. 에너지 효율성 향상, 전 세계에서 가장 높은 재생에너지 생산비용 하락, 민간 기업의 RE100 대처 지원, 관련한 정책 조율과 같은 시급한 과제가 산적해 있다. 정책 입안자는 조금 더 대국적인 견지에서 재생에너지 산업 육성을 접근해야 한다. ∎

# 정상급 회담 기점 '그랜드 바겐' 가능
(줄 것은 주고 받을 것은 받는다)
# 종국에는 일본 협상 테이블 나올 것

**김유영** 동덕여대 일본어과 교수

'한일 관계의 개선이 왜 필요한가'라는 근본적인 물음에 대한 대답은 여러 관점에서 찾을 수 있겠지만, 우선 국제 정세라는 차원에서의 관점이 가장 먼저 고려될 수 있을 것이다. 북한의 핵개발과 잇따른 미사일 시험발사, 미국과 중국의 전략 경쟁에 따른 동북아 긴장 고조에 더해 장기화하는 우크라이나 사태 속에서 동아시아에서 민주주의 가치를 공유하는 국가들 간 연대의 필요성이 강화될 전망이다. 한국이 원하지 않더라도 베트남 전쟁 당시 중국과 북한 등 공산권의 위협이라는 국제 정세를 배경으로 한일기본조약이 체결됐듯, 중국 위협에 대응하기 위해서라도 미국은 한국에 일본과 가까워지는 선택을 강요할 가능성이 높

다. 그리고 한일 관계 악화로 인해 많은 한국과 일본 기업은 수출입 절차의 복잡성 증대와 인적 왕래의 어려움을 호소하고 있으며, 무엇보다 소재, 부품, 장비 등 원자재 수출입 차질 문제로 수급·매출 감소 등의 고충을 겪고 있다. 당연히 경제적 관점에서도 한일 관계 개선을 바라는 목소리가 적지 않다.

그러나 이처럼 모두가 원할 것만 같은 한일 관계 개선을 위한 길은 그렇게 녹록지 않은 것이 사실이다. 그 원인은 무엇일까.

모든 국가 간 갈등이 그러하듯 한일 관계에도 다양한 변수가 작용한다. 그럼에도 불구하고, '과거사 부정 문제' '독도 영유권' '한일 무역 분쟁' '일본 해상초계기 저공위협 비행 사건' 등 한일 관계를 둘러싼 개별 사안에 대한 단기 처방을 거듭해온 양국의 과거가 더 이상

서로 물러설 곳을 없애버린 결과라고 하겠다. '강제징용 동원 피해자 배상 문제'가 일본의 '과거사 부정'과 무관할 수 없고 이와 같은 '역사'가 없었다면 '한일 무역 분쟁'과 '일본 해상 초계기 저공위협 비행 사건'이 대두되지도 않았을 것이며 '독도 영유권' 사안 또한 이렇게 평행선을 달리지도 않았을 것이다. 따라서 한일 관계 개선을 위해서는 한일 관계를 바라보는 근본적인 역사 인식의 차이와 이에 따른 한일 양국의 입장 차이가 존재하고 있다는 점에 대한 상호 이해가 먼저 해결돼야 한다.

## 양국 간 역사 인식 차이 상호 이해 전제될 필요

우선 역사 인식에 있어 일본은 고이즈미 정권 이후 자민당 내 헌법 개정에 적극적인 강경 보수 파벌의 득세라는 역학 관계 변화에 따라 눈에 띄게 우경화의 길로 나아가는 중이다. 이에 따라 일본 정부의 역사 인식 부족을 넘어선 역사 왜곡이 한일 관계 개선의 가장 큰 걸림돌이 되고 있다. 이와 같은 일본의 변화에 대해 한국은 소위 일본이 지속적으로 주장하는 '신뢰' '합리적' '글로벌 스탠더드' 같은 키워드에 주목해야 한다. 일본은 식민 지배 아래서 많은 희생을 겪었다는 것에 대한 한국의 분노, 그리고 한일병탄이 원래부터 무력으로 강제된 것이기 때문에 애초부터 조약이 무효며 일본은 한국에 배상해야 한다는 한국의 입장을 이해하는 것은 고사하고, 아베 정권 이후 한일병탄을 합법이라고 주장하는 한일기본조약(1965년)의 입장으로 퇴행하고 있다.

한국은 1990년 식민지 지배를 사과한 일본 자민당, 사회당, 조선노동당의 3당 공동선

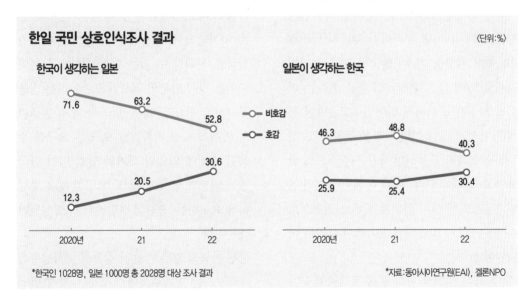

한일 국민 상호인식조사 결과 〈단위:%〉

한국이 생각하는 일본

- 비호감
- 호감

71.6  63.2  52.8
12.3  20.5  30.6
2020년  21  22

일본이 생각하는 한국

46.3  48.8  40.3
25.9  25.4  30.4
2020년  21  22

*한국인 1028명, 일본 1000명 총 2028명 대상 조사 결과

*자료:동아시아연구원(EAI), 겔론NPO

윤석열 대통령이 2022년 10월 6일 서울 용산 대통령실 청사에서 기시다 후미오 일본 총리와 통화를 하고 있다. (청와대 제공)

언, 위안부에 대해 국가의 관여를 인정하고 사과한 1993년 고노 요헤이(河野洋平) 관방장관 담화, 1995년 무라야마 토미시(村山富市) 총리 담화를 거쳐 "한국 국민에 식민지 지배로 인해 많은 손해와 고통을 줬다는 역사적 사실을 겸허하게 받아들이고, 반면 통절한 반성과 진심 어린 사과를 전한다"고 하는 1998년 한일공동선언 등을 전략적으로 활용할 수 있어야 한다. 이를 통해 1965년의 한일기본조약이 이미 일본에 의해 실질적으로 수정됐다는 사실에 대한 지속적인 환기가 이뤄져야 한다.

즉, 한국이 '위안부 합의' 등을 둘러싸고 국가 간 약속을 손바닥 뒤집듯 한다는 일본의 논리를 그대로 적용할 수 있기 때문에, 이와 같은 자가당착에 빠진 일본의 태도뿐 아니라 한국을 신뢰할 수 없는 협상 대상으로 몰아붙이는 것이 일본의 외교적 오판이라는 점을 자각시킬 필요가 있다. 반공과 경제 원조라는 미끼에 울며 겨자 먹기로 일본 요구를 수용할 수밖에 없었던 과거와 달리 이미 한국에는 일본과 협력하면서도 요구할 것을 당당하게 요구하는 '중견국 멘탈리티'가 형성됐기 때문이다.

한편 한국의 경우 한일 간 갈등이 격화될수록 국익보다는 민족주의에 호소하는 강경 발언을 통한 인기몰이로 재미를 보고자 하는 정치인 구태가 눈에 띈다. 미온적인 대일본 외교 정책 혹은 일본과 대립각을 세우며 국민적 지지를 얻고자 한다면 한일 관계 개선을 위한 각계 전문가들의 지속적인 의견 표출이 어려워지고 건전한 논의는 고사하고 모든 이슈가 친일 프레임에 갇힐 우려가 있다. 따라서 한국은 명분보다는 실용주의적 관점에서 일본 정부의 현 상황을 고려한 외교적 노력을 기울여야 한다.

앞서 이야기한 바와 같이 일본 집권 자민당은 고이즈미 정권에 이어 아베 신조 전 총리 이후 급격하게 우경화된 모습을 보이면서 한국에 대해서도 강경 일변도로 선회했다. 그러나 2021년 보수 본류 즉, 온건파에 가까운 기시다 후미오(岸田文雄) 씨가 총리로 선출되는 등 일본에 약간의 변화의 흐름이 감지된다. 이것이 첫 번째 실마리가 될 것이다. 사실 기시다 총리는 취임한 지 이제 1년, 게다가 2022년 7월에 실시된 참의원 선거 승리를 통해 한동안 원하는 정책을 마음껏 실행할 더할 나위 없이 좋은 기회를 맞이하게 됐다.

### 안팎으로 시련 직면한 일본 정부

2022년 10월 일본은 안팎으로 큰 시련에 직면해 있다.

우선, 내부적으로는 전 정권의 핵심 공약이었던 아베노믹스 허상이 드러나기 시작했다. 그

**'위안부 합의' 등 둘러싸고 논란**
**자가당착 빠진 일본, 외교적 오판**
**한국은 '중견국 멘탈리티' 형성**
**일본 논리 그대로 적용해 역습**
**협력하면서도 요구엔 당당해야**

러면서 정권에 대한 비판적인 여론이 점차 증가하는 상황이다. 결정적으로 코로나19 팬데믹 사태에 대처하는 정부의 무능, 예산 낭비 등에 대한 일본 국민의 분노와 실망이 극에 달했다. 게다가 아베 전 수상 피살 사건을 통해 드러난 자민당과 세계평화통일가정연합(구 통일교)의 선거 유착 관계, 아베 전 수상의 국장 문제, 엔화 가치 폭락으로 인한 물가 급등 등 연이은 악재로 기시다 정권 지지율은 급락 중이다. 또, 외부적으로는 미중 갈등 심화, 우크라이나 사태를 배경으로 한 러시아와의 갈등, 북한 핵개발과 일본 영공을 향한 미사일 발사 같은 안보 위협 요인 속에서 정권의 외교 능력이 시험대에 오른 상황이다. 이것이 두 번째 실마리가 될 것이라 생각된다.

기시다 정권은 이후 안정적인 국정 운영과 이를 바탕으로 한 장기 집권 기반을 마련하기 위해 어떤 수단과 방법을 동원해서라도 지지율 회복에 사활을 걸 것이다. 특히 그중에서도

도쿄 한국 총영사관 앞에 관광비자를 신청하려는 일본인 등이 긴 줄을 서 있다. (김규식 특파원)

자민당 최후의 보루인 보수층 이탈을 막기 위한 정책을 취할 것으로 보여진다. 이는 그만큼 현재 일본 정부의 운신의 폭이 좁다는 것을 의미한다. 게다가 자민당 내에서도 아직까지 강경 보수파의 입김이 살아 있는 상황 속에서 보수층 기대를 저버리고 기시다 정권이 한국과의 '강제동원 피해자 문제(칭용공 문제)' '위안부 합의' 등의 사안에 양보 혹은 유화적 태도를 보이는 것은 매우 어렵다. 때문에 일본 정부는 먼저 한국 정부의 의미 있는 제스처를 요구하는 것으로 볼 수 있다.

모양새는 그리 좋지 않았으나 어찌 됐든 2022년 9월 21일, 간담이라고 하는 형식이라도 일본 정부에 한국의 의욕을 인정하는 형태로 관계 개선 스타트를 끊은 점은 평가할 만하다. 한국은 2015년 12월 위안부 합의 당시, 합의 내용과 결과는 차치하더라도 한일 외무장관급 회담 후, 당시 아베 신조 총리로 하여금 '위안부로 수많은 고통을 겪고 몸과 마음 모두 치유하기 어려운 상처를 입은 모든 분들에게 진심으로 사과와 반성의 마음을 표명한다'는 발언을 이끌어낸 것이 당시 외무상이었던 기시다 후미오 현 일본 총리였다는 점을 상기할 필요가 있다.

따라서 일본 내부 사정을 감안해 참을성 있는 자세를 기반으로 시기를 기다린다면 앞으로 정상급 회담을 기점으로 '그랜드 바겐(서로 줄 것은 주고 받을 것은 받는 것을 이르는 말)'이

**한일 갈등, 민족주의 호소 지양**
**강경 발언 인기몰이, 정치 구태**
**친일 프레임, 건전한 논의 방해**
**명분보다 실용주의 관점 중요**
**日 현 상황 고려한 전략적 판단**

는 국익을 우선해 감정적이고 즉흥적인 대응을 자제하는 것이 필요하다. 국내외 정치경제적 상황에 따라 순발력 있는 대응이 요구되고 있는 지금, 한국이 신중하게 속도를 조절하며 일본 내부 사정을 고려한 정중한 대응과 논리적이고 무게 있는 인내로 때를 기다린다면 종국에는 일본을 협상 테이블로 끌어낼 수 있을 것이다. ■

가능할 수도 있을 것이라 판단된다. 일본 경제 보복의 명분이 어떠하든 본질적으로는 과거사 문제와 얽혀 있어 현 상황에서 일본도 제 살 깎아먹기를 하며 한국과 긴장 관계를 유지할 뿐이다. 앞서 언급한 역사 인식과 이에 따른 양국 입장 차에 대한 인식이 해결되면 한일관계는 매우 빠르게 풀릴 가능성이 높다.

한 가지 첨언하면 북한의 핵위협 속에서 작금의 경제 위기를 헤쳐나가고자 한다면, 민주주의 가치를 공유하는 외부적인 요소를 지렛대 삼아 한일 양국은 관계 개선을 도모해야 한다.

따라서 지금 상황에서 한국은 시기 조절 등의 방안을 통해 독도 주변 해양 조사를 실시하는 등의 불필요한 마찰을 줄이되 일본의 논리를 역이용하는 현명함이 요구된다. 즉, 민주주의라는 공통의 가치를 지킨다는 신뢰를 기반으로 건설적인 라이벌 관계 정립을 명분 삼아 일본을 협상 테이블로 끌어내되, 현실적으로

# 메모리 '주춤' 파운드리 '각광'
# 반도체 수출 감소에 무역수지 적자 전환

**배준희** 매경이코노미 기자

우리나라 무역수지 적자가 장기화하고 있다. 산업통상자원부에 따르면 2022년 9월 수출은 574억6000만달러, 수입은 612억3000만달러를 기록했다. 무역수지는 37억7000만달러 적자다. 2022년 4월 이후 6개월 연속 적자다. 누적 무역수지 적자는 288억7600만달러까지 불어났다. 1996년 기록한 최대 적자 206억달러보다 82억달러가량 많다. 에너지 가격 급등에 따른 수입 증가가 무역수지 적자를 심화한 일차적인 원인이다.

하지만 진짜 원인은 따로 있다. 무역수지가 적자로 전환된 또 다른 이유는 수출 증가율 감소다. 그중에서도 지금까지 우리 경제를 떠받쳐온 반도체 수출 감소가 핵심 원인이다.

2022년 8월 반도체 수출은 1년 전보다 7.8% 줄어 26개월 만에 처음 감소하더니 같은 해 9월에도 114억8900만달러 수출을 기록하며 전년 동기 대비 5.7% 줄었다.

우리 반도체의 앞날을 조망하려면 결국 삼성전자와 SK하이닉스 등 반도체 '투톱' 이야기로 귀결된다. 현재까지는 순항 중이다. 세계 메모리 반도체 1위 삼성전자는 2022년 2분기 글로벌 D램·낸드플래시 시장에서 점유율 기준 1위 자리를 지켰다. 시장조사기관 옴디아에 따르면 삼성전자의 2022년 2분기 글로벌 D램 시장점유율은 43.4%다. 삼성전자 D램 시장 점유율은 2021년 4분기 41.9%를 기록한 이후 2개 분기 연속 소폭 상승세를 보이며 세계 1위 자리를 유지했다. 2위 SK하이닉스(28.1%), 3위 마이크론(23.6%)의 두 배 가까운 점유율이다. 낸드플래시 시장에서도 삼성전자의 영향력은 건재했다. 글로벌 시장점유율은 2022년 1분기(35.5%)보다 2.2%포인트 하락한 33.3% 수준으로 나타났지만, SK하이닉스(2위, 20.4%)와 키옥시아(3위, 16%), 미국 웨스턴디지털과 마이크론(공동 4위, 13%)의 점유율을 크게 앞질렀다.

## 메모리 가격 하락, 2023년에도 이어질 듯

문제는 앞으로다. 이들 업체는 반도체 시장 침체에도 불구하고 호실적을 기록했지만 속은 편치 못하다. 전망에 앞서 반도체 산업 큰 줄기부터 그려보자.

우선, 반도체는 크게 메모리와 시스템, 두 종류로 나뉜다. 메모리는 정보를 저장하는 역할을 맡는다. 시스템 반도체는 연산 처리를 맡는다. 반도체 시장은 3가지 카테고리로 분류된다. 팹리스와 파운드리, 종합반도체(IDM)다. 팹리스는 반도체 설계만으로 먹고사는 기업이다. 영국 ARM이 대표적이다. 삼성 '엑시노스'나 퀄컴 '스냅드래곤' 등은 모두 ARM의 아키텍처를 기반으로 한 시스템 반도체다. 파운드리는 대만 TSMC가 대표적으로, 반도체 위탁생산을 뜻한다. 위탁생산이지만 제조업의 단순 OEM 수준으로 보면 큰 착각이다. 반도체 설계도만 받아 이를 양산 가능한 수준으로 제조하려면 고객사별 특화된 제조 공정 수립과 이에 걸맞은 기술력이 필수적이다. 팹리

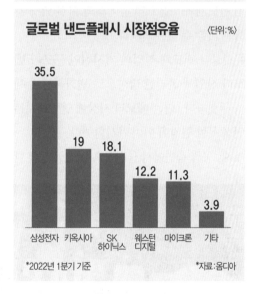

**주요 기업 낸드플래시 개발 동향**

**삼성전자**
· 8세대(200단 이상) V낸드 연내 양산
· 2024년 9세대 양산, 2030년 1000단 양산

**SK하이닉스**
· 238단 낸드플래시 2023년 상반기 양산

**마이크론**
· 232단 낸드플래시 양산 시작

**YMTC**
· 192단 낸드플래시 시제품 고객사에 전달

**글로벌 낸드플래시 시장점유율** 〈단위:%〉

삼성전자 35.5
키옥시아 19
SK하이닉스 18.1
웨스턴디지털 12.2
마이크론 11.3
기타 3.9

*2022년 1분기 기준  *자료:옴디아

스와 파운드리 등을 모두 아우르는 종합반도체 기업은 삼성전자와 인텔 등이 해당한다.

메모리 시장에서 삼성전자와 SK하이닉스 위상은 여전히 독보적이다. 하지만 메모리 시장 전망은 그리 밝지 못하다. 시장조사 업체인 트렌드포스는 2022년 3분기 D램과 낸드플래시 가격은 전분기 대비 각각 15%, 28% 하락

했다고 밝혔다. 월스트리트저널(WSJ)은 "D램과 낸드플래시 모두 재고가 쌓이고 있다"며 "가격 하락은 2023년 말까지 이어질 것"으로 전망했다. 메모리 사업 비중이 압도적으로 큰 SK하이닉스와 삼성전자에는 악재가 될 수 있다는 우려가 나온다. 삼성전자는 반도체 사업의 70% 정도가 메모리에 쏠려 있다. SK하이닉스 역시 높은 메모리 의존도가 고질적인 약점으로 지목된다. 결국 이를 보완하려면 시스템 반도체와 파운드리 등에서의 혁신 역량 강화는 피할 수 없는 과제다.

무엇보다 반도체 산업의 거시적인 구조가 메모리 산업에 불리한 방향으로 변화하는 추세가 뚜렷하다. 더는 메모리 시장에 안주해서는 안심 못할 환경이 이미 가시화했다.

첫째, 공급 측면에서 물리적으로 공정 기술 한계에 직면했다는 목소리가 적지 않다. 삼성은 미세화 공정으로 집적도를 높여 성능과 수익성이라는 두 마리 토끼를 좇아왔다. 반도체 집적은 단위면적에 보다 많은 트랜지스터를 집어넣는 작업이다. 제한된 면적에 트랜지스터를 많이 담으면 성능이 좋아질 뿐 아니라 수익성이 개선된다. 삼성이 피 말리는 집적도 경쟁을 벌여온 배경이다. 이제 아무리 집적도를 높여도 비용 회수가 녹록지 않다. 미세 공정 고도화로 공정비용은 갈수록 치솟고 있다. 가령, 미세 공정에 필수적인 극자외선(EUV) 장비는 대당 수천억원을 호가한다. 무작정 집적도를 높여봐야 '사업적으로' 의미가 없다는 의미다.

특히 스마트폰에서는 반도체 미세화가 난제 중 난제다. 고성능 시스템 반도체가 들어가는 플래그십 스마트폰에는 7나노에 이어 최근에

삼성전자가 반도체 경기 위축으로 부진한 영업이익을 올렸다. 실적에 대한 위기의식이 높아진 가운데 직원들이 삼성전자 서초사옥을 나서고 있다. (이충우 기자)

는 5나노 미세 공정이 활용되기 시작했다. 7나노 이하부터는 물리적 선폭이 워낙 좁아 상호간섭(Cross-talk) 현상이 빚어질 수 있다. 더 큰 문제는 발열이다. 집적도가 높아지면 열이 흩어지지 않을 뿐 아니라 개별 트랜지스터에서 나오는 열도 증가한다. 삼성이 발열 잡기에 사활을 건 이유다.

둘째, 수요 측면에서 반도체 호황기를 뜻하는 '빅사이클' 주기가 점차 짧아지고 있다. PC 수요가 폭발적으로 늘었던 초창기 빅사이클은 4년 주기였다. 2000년대 후반 들어 파운드리 생산이 늘며 이 주기는 3년 안팎으로 짧아졌다. 스마트폰과 데이터센터 수요가 급성장한 2010년 후반 이후 빅사이클 주기는 2년으로 줄었다. 최근 이 주기가 1년 정도로 확 줄었다. 김선우 메리츠증권 애널리스트는 "최근에는 판가 상승기와 하락기의 교차 주기가 짧아지고 있다"고 말했다.

업계는 반도체 수요처가 다변화하며 재고 구매 불확실성이 커진 결과로 분석한다. 기존 반도체 시장은 기업·소비자 간 거래(B2C)가 주를 이뤘지만 최근에는 기업 간 거래(B2B) 중심으로 재편됐다. 전 세계적으로 데이터 처리 용량이 늘며 서버 업체가 반도체 시장 주 고객으로 부상했다. 문제는 이들의 반도체 구매 계획 예측 가능성이 현저히 떨어진다는 데 있다. 서버 업체는 반도체 가격이 오를 것으로 전망되면 대량 구매를 서두르고, 내릴 것 같으면 구

**파운드리 업계 시장점유율** 〈단위:%〉

SMIC 대만 5.6
글로벌파운드리 미국 5.9
UMC 대만 7.2
삼성전자 한국 16.5
TSMC 대만 53.4

*2022년 2분기 기준   *자료:트렌드포스

매를 한없이 미루는 식의 패턴을 보인다.

최근 반도체 산업 환경이 점차 삼성 같은 종합 반도체 회사에 불리하게 돌아가고 있다는 점도 우려 요인이다. 과거에는 PC와 서버용 메모리 반도체만으로도 '슈퍼 사이클'을 누렸지만 작금의 반도체 산업은 상황이 판이하게 달라졌다. 요약하자면 종합주의 조직보다는 전문주의 조직이 생존에 더욱 유리한 환경으로 변하고 있다. 특히 반도체가 적용되는 각종 IT 기기의 스펙트럼이 넓어지면서 표준화된 생산 능력으로는 특정 용도와 목적에 맞게 특화한 수요에 대응하기 힘들어졌다.

가령, 자율주행이나 인공지능(AI) 등의 영역에 쓰이는 반도체는 설계와 디자인이 모두 제각각이고 설계와 공정 난도가 무척 높다. 이에 따라 반도체 산업은 종합반도체 중심의

**공정 기술 물리적 한계 직면
성능 · 수익성, 미세화 난제
집적도 높여 비용 회수 의문
미세 공정 고도화 비용 급등
극자외선 장비 대당 수천억**

IDM 모델에서 팹리스 또는 팹라이트(Fablite) 모델로 점차 변모 중이다. 팹라이트는 종합반도체 회사에서 추가 설비 투자를 포기하고 팹리스 기능을 더욱 강조한 사실상 팹리스 회사로 최근에 두드러진 현상이다. 팹리스는 팹(제조 시설) 없이 설계만 집중하는 영국의 ARM 같은 기업을 떠올리면 된다.

### TSMC vs 삼성, 피 말리는 경쟁

이런 이유로 최근 글로벌 반도체 시장에서 각광받는 분야가 파운드리다.

대만 TSMC는 2022년 3분기에 이어 2023년에도 실리콘밸리 원조인 인텔과 메모리 반도체 1위 삼성전자를 제치고 세계 반도체 최강자에 오를 것이 확실시된다. 이에 따라, 파운드리가 반도체 산업의 핵심 성장동력으로 더욱 주목받는다. IC인사이츠는 세계 파운드리 시장 규모가 2020년 873억달러에서 2025년 1512억달러(약 215조원)에 달할 것으로 예상한다. 국

제반도체장비재료협회(SEMI)는 최근 보고서에서 2022년 반도체 기업의 장비 투자 비중은 파운드리 분야가 53%, 메모리 분야가 32%라고 밝혔다. 이승우 유진투자증권 리서치센터장은 "반도체 미세화가 진행되면서 제조 기술 난도는 높아지고 투자 부담은 더욱 커졌다"며 "파운드리 역시 기본적으로는 반도체 경기에 좌우되겠지만 메모리 산업보다는 성장성이 더 높은 비즈니스 모델"이라고 진단했다.

다만, 메모리 외 분야에서 삼성과 하이닉스 등이 처한 상황은 녹록지 않다. 현재 글로벌 빅6 팹리스 회사(애플, 인텔, AMD, 엔비디아, 퀄컴, 미디어텍) 중 애플과 미디어텍은 TSMC에 전적으로 의존하고 있다. 삼성전자는 2024년부터 인텔과 AMD의 물량 일부를 수주받지만 대부분 물량은 TSMC가 가져가는 게 현실이다.

메모리와 비메모리에서 요구되는 혁신 역량이 서로 다르다는 점도 삼성을 괴롭히는 딜레마다. 삼성은 메모리 시장에서 익숙한 혁신에 몰두하며 탁월한 성과를 거둬왔다. 표준화한 대량생산 체제를 기반으로 한 메모리 산업에서는 중앙 집중적인 개발 방식이 요구된다. 반면, 비메모리 산업에서는 반도체 밑그림을 설계하고 이를 고객 요구에 맞춰 양산 가능하도록 세부적인 공정 프로세스를 재규정하는 등 고도의 설계 역량이 요구된다. 반도체 업계 관계자는 "엄밀히 말해 현재 삼성 파운드

리는 시스템LSI 사업부의 내부 거래를 제외하면 TSMC가 케파 초과로 받지 못하는 물량을 겨우 받고 있는 상황"이라며 "TSMC 말고 5나노 이하 선단 공정이 가능한 회사는 사실상 삼성이 유일하다고 볼 수 있지만 삼성 내부에서는 '언제까지 TSMC가 못 받은 걸 수주하는 데 만족해야 하느냐'는 자조적 반응이 적지 않다"고 토로했다.

## 파운드리 기술 초격차 속도전

다행인 점은 윤석열정부 들어 이재용 삼성전자 회장의 경영 보폭이 점차 확대되고 있다는 사실이다. 최근 이 회장은 차세대 메모리, 팹리스(반도체 설계), 파운드리(반도체 위탁생산), PC · 모바일 등 다양한 분야에서 M&A를 검토 중인 것으로 알려진다. SK하이닉스 역시 중장기적으로 메모리 의존도가 높은 현 사업 구조의 변동성을 완화하기 위해 질적 도약을 위한 인수합병을 적극 검토 중이다.

당장 삼성은 2023년 파운드리에서 기술 초격차 전략에 속도를 낸다. 일부 성과가 나타나고 있다. 최근 삼성전자는 3㎚ 공정 기술인 게이트올어라운드(GAA) 2세대 공정으로 복수 고객사를 확보했다고 밝혔다. 파운드리 글로벌 1위인 대만 TSMC가 기존 공정인 '핀펫(FinFET)'으로 하반기 3나노 제품을 생산하겠다고 밝히자 삼성전자는 GAA 2세대 공정 기술로 신규 고객을 선점하겠다며 나선 것이다.

GAA는 반도체에서 전류를 흐르게 하는 트랜지스터와 연관된 기술이다. 트랜지스터에서는 전류를 통제하는 '게이트'와 게이트와 맞닿는 '채널'이 서로 접촉하는 면적이 커야 전력 효율성이 높다. 과거에는 '평판' 트랜지스터를 많이 썼으나 반도체 미세화로 트랜지스터 게이트와 채널이 서로 닿는 면적이 줄어 전력 효율성이 떨어졌다. 이를 보완하기 위해 등장한 기술이 핀펫이다. 채널 모양이 지느러미(Fin)를 닮았다고 핀펫이라 부른다. 핀펫 구조는 5㎚ 공정까지는 활용할 수 있으나 더 미세한 3㎚ 공정에서는 한계가 발생한다. 그래서 삼성전자가 개발한 기술이 GAA다. 핀펫 구조가 3면에서 채널과 게이트가 접했다면, GAA는 게이트가 채널 4면을 둘러싼다. 접촉 면적이 넓어 전력 효율이 개선됐다. 삼성전자는 GAA 2세대 공정을 도입해 기존 구조 대비 전력은 50% 절감하고 성능은 30% 향상하는 것을 목표로 한다.

중장기적으로는 파운드리 사업부 분사를 포함한 경쟁력 강화 방안도 논의될 것으로 보인다. 유승민 삼성증권 글로벌투자팀장과 황민성 테크팀장은 "파운드리의 경우 고객과의 접점이 더욱 중요하므로 현재 삼성전자가 미국에 공장을 추가적으로 설립하는 것처럼 적극적인 현지화가 필요하다"며 "유럽에 파운드리 공장을 설립하는 것도 적극적으로 검토할 필요가 있다"고 강조했다. ∎

# 경제 위기 극복하면 지지율 오르겠지만…
# 팬덤 없는 대통령 일정 수준 유지도 어려워

**신율** 명지대 정치학과 교수

2023년은 윤 대통령에게 대박의 해가 될까. 2023년은 선거가 없는 해다. 재·보궐선거 외에 전국 단위 선거가 없다. 정권 차원에서 자신들이 추진하고자 하는 것을 비교적 '소신껏' 추진할 수 있는 환경임을 의미한다. 소신껏 추진할 수 있다는 것은 여론 추이에서 비교적 자유로울 수 있다는 말도 된다. 다만 대통령 지지율이 낮을 때는, 선거가 없는 해의 장점을 마음껏 누리기 힘들다. 결국 지지율이 어느 정도 수준은 돼야 소신을 발휘할 수 있다는 결론에 다다른다. 때문에 대통령 지지율을 올리는 것이 시급하다. 2023년에는 대통령의 지지율 상승이 가능할까?

이를 검토하기 위해 두 가지 차원에서 해답을 찾아야 한다. 가장 먼저 생각할 수 있는 측면은, 윤 대통령의 특성이다.

### SNS 약한 윤 대통령…팬덤 정치 어려울 듯

윤 대통령과 문재인 전 대통령을 비교할 때 나타나는 가장 큰 차이점은, 윤 대통령은 팬덤이 없다는 사실이다. 일반적으로 정치인 팬덤은 SNS를 적절히 잘 이용하는 정치인에게서 나타난다. SNS와 팬덤 형성이 관련이 있는 이유가 있다. SNS가 메아리 방(Echo Chamber) 기능을 하기 때문이다. SNS에서는 유사한 정치적 성향을 가진 이들이 모인다. SNS에서 의견을 교환한다는 것은 곧바로 자신의 정치적 의견이나 식견에 대해 확신하게 됨을 의미한다. 유사한 생각을 가진 이들이 서로 의견을 교환하면, 그 의견이 '여론의 주류'라고 착각하기 쉽다. 이런 '주관적 확신'을 갖게 되면, 자신과 유사한 주장을 하는 정치인이 절대적으로 옳다는 생각을 하게 되고, 해당 정치인에 대한 절대적인 선호가 발생한다.

또한 SNS는 정치인과 유권자 사이 간극을 좁히는 특성을 가진 매체다. SNS가 활성화되기 이전 시대에는 정치인과 유권자 사이 간극이 매우 컸다. 이전에는 유권자가 정치인에게 자신의 의견을 직접 제시하고 그에 대한 답을 들을 수 있는 기회가 거의 없었다. 그러나 SNS가 정치판에 등장하면서 유권자와 정치인 사이에 직접적인 대화가 가능해졌다. 그렇기에 정치인과 유권자 사이 간극이 과거에 비해 매우 좁아졌다.

이때 유권자가 특정 정치인에게 갖는 친밀도는 매우 높아진다. 이런 친밀감과 선호는 팬덤 형성을 가능하게 한다. 정치인 팬덤과 SNS의 관계는 트럼프 미국 전 대통령을 보면 확실히 알 수 있다. 역대 미국 대통령 그 누구보다도 트럼프 전 대통령은 SNS에 열중했다. 트럼프가 역대 다른 대통령보다 확실한 팬덤을 갖고 있다는 사실은, SNS 이용과 팬덤 형성 사이의 함수관계를 짐작하게 한다.

그런데 팬덤이 없는 정치인은 지지율을 일정 수준으로 유지하기가 힘들다. 팬덤이 지지율 유지에 기여하는 이유가 있다. 팬덤 규모 때문이 아니라, 팬덤이 큰 울림을 만들어 여론을 창조할 수 있기 때문이다. 소수라도 큰 목소리를 내면 침묵하는 다수는 이들 소수의 목소리가 곧 여론이라 착각하기 십상이다. 그렇게 되면 다수 대중은 침묵의 나선에 빠져들고, 팬덤의 목소리가 진짜 여론이 될 수 있다. 따라서 지지율을 일정 수준으로 유지하는 데 팬덤 역할은 상당히 중요하다.

이런 측면에서 보면 윤 대통령은 지지율을 일정 수준으로 유지하기 힘든 상황이다.

**보수 기반 확실히 다져야**

그렇다면 윤 대통령은 어떻게 해야 할까.

일각에서는 윤 대통령도 팬덤을 만들면 된다고 생각할지 모르겠다. 그러나 팬덤은 쉽게 만들어지지 않는다. 상당한 시간이 걸린다. 다른 방법을 생각할 수밖에 없다. 지지 기반을 탄탄하게 하는 것이다. 현재 윤 대통령 지지 기반은 보수층이다. 따라서 일단 보수의 지지 기반을 확실히 다지는 것이 절대적으로 필요하다. 보수로부터 절대적인 지지를 받은 이후에는 중도층으로의 외연 확장이 가능하다. 그러나 보수층의 확고한 지지가 없는 상황에서 섣불리 지지층 외연 확장에 나섰다가는, 오히려 지지율이 하락할 수도 있다. 보수와 중도 모두에게서 외면받을 수 있기 때문이다.

결과적으로 보수층의 확실한 지지를 받을 수 있을지가 2023년 윤 대통령 지지율을 예상하는 중요한 요인이다.

윤 대통령 특성과 관련해 지적할 부분이 또 있

다. 바로 윤 대통령의 '실수'다. 윤 대통령은 역대 다른 대통령보다 실수를 많이 하고 있다. 과거 대통령보다 언론 노출 빈도가 높기 때문이다. 과거 대통령들은 청와대에서 머물고 집무했기 때문에 일거수일투족이 노출되지 않았던 반면, 윤 대통령은 '출퇴근하는 대통령'이라 언론에 많이 노출된다. 더구나 윤 대통령은 역대 어떤 정권도 시도하지 않았던 도어스테핑을 하고 있다. 도어스테핑은 매우 바람직하다. 단순히 국민과의 소통을 의미하는 것이 아니라, 정부 운영의 투명성 제고도 의미하기 때문이다.

하지만 모든 제도가 그렇듯 장점이 있으면 단점도 있다. 단점은 바로 실수의 잦은 노출이다. 때문에 실수도 줄여야 하겠지만, 실수를 했을 때 어떻게 대응하느냐도 중요하다.

예를 들어 윤 대통령의 영국 여왕 조문과 유엔총회 연설 직후에서 발생한 '비속어 논란'의 수습 과정을 보면, 대응 능력이 얼마나 중요한지 알 수 있다. 15시간이 경과한 이후에야 입장을 낸 것이나, 국민의힘이 언론사를 고소한 것 등은 대응 능력에 의구심을 갖게 한다. 국민의힘이 비속어 논란을 가장 먼저 보도한 언론사를 고소한 것은, 자칫 언론 모두를 등지게 만들 수 있는 행위였다. 억울하거나 잘못을 바로잡아야겠다고 생각했으면, 언론중재위원회에 제소하는 방법을 선택했어야 한다. 종합하면, 윤석열 정권의 돌발 사태에 대한 대응력은 그다지 좋지 않다. 이런 것을 시정하지 않는다면, 2023년에도 지지율 상승을 기대하기 쉽지 않아 보인다.

지금까지 언급한 내용이 윤 대통령 고유의 특

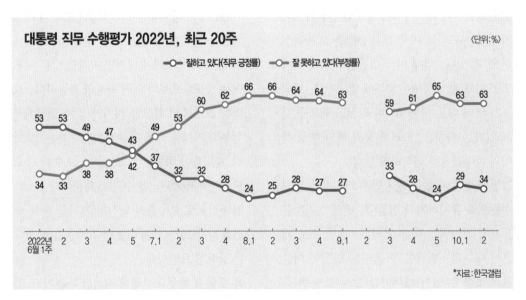

대통령 직무 수행평가 2022년, 최근 20주 〈단위:%〉

*자료:한국갤럽

성에 기반한 분석이라면, 이제 구조적 차원의 분석을 논할 필요가 있다.

## 여야 협치 정치 도모해야

2022년 10월 현재 전 세계를 덮친 경제 위기는 설명이 따로 필요 없다. 고환율이 상당 기간 지속될 것이라는 의견이 압도적이다. 또 미국의 급속한 금리 인상 때문에 한국도 금리를 올릴 수밖에 없어, 서민의 삶은 절체절명 위기에 몰릴 수도 있다. 이 같은 위기 상황이 우리나라에만 국한되는 것이 아니라는 점이 심각성을 더한다. 영국도 국제통화기금, 즉 IMF 구제 금융을 받을지 모른다는 우려가 나오고 있고, 짐 오닐 골드만삭스 전 수석 통화 전략가는 엔화가 달러당 150엔을 돌파하면 1997년 같은 아시아 외환위기가 올 수 있다고 진단했다. 과거 우리가 겪은 IMF 외환위기 당시는 중국 경제가 버텨줬지만, 지금은 중국 경제 상황도 심각하다. 다시 말해서 전 세계적 차원의 경제 위기다.

위기를 얼마나 잘 극복하는가에 따라 윤 대통령 지지율이 결정될 테다. 일반적으로 사회, 경제적 위기가 닥쳤을 때, 민주주의와 정치가 제 역할을 하지 못하면 극단적인 이념 성향을 보이는 정치 세력이 국민적 지지를 받게 된다. 이번 이탈리아 총선에서 극우 성향 여성 총리가 탄생한 것도 같은 맥락이다. 따라서 위기 상황을 잘 돌파하지 않으면, 지지율 관리는 물론이고 정권의 위기 상황이 심화될 수 있다.

여기서 윤 대통령이 역사에서 찾아야 하는 교훈이 있다. 1997년 IMF 외환위기 당시의 정치 상황을 반면교사로 삼아야 한다. IMF에 구제 금융을 신청하기 불과 일주일 전인 1997년 11월 15일까지만 하더라도, 당시 김영삼정부는 위기기는 하지만 극복이 가능하다는 입장을 견지했다. 정부 입장을 정치권이 과신했는지는 몰라도, 정치권은 투쟁에 몰두하고 있었다. 당시는 대선을 앞둔 시점이었기 때문에 이해할 수 있는 측면이 있기는 하다. 하지만 건국 이후 최대의 위기를 앞두고 정치권이 투쟁에 전념했었다는 사실은 어떤 이유에서도 정당화되기는 힘들다.

당시 정치권이 투쟁을 멈추고 금융 개혁에 합의했거나 노조 문제를 합심해 해결하려는 노력을 보였더라면, 위기의 정도를 낮출 수 있었을지도 모른다. 윤 대통령은 이 같은 과거사를 반면교사 삼아야 한다. 야당을 달래서라도, 현재의 위기 상황을 타개하는 데 정치권이 힘을 합치도록 만들어야 한다.

물론 이번 경제 위기를 단시간 내 극복하기는 쉽지 않아 보인다. 최소한 2024년 이후에나 터널의 끝이 보일 것이라는 의견이 지배적이다. 그럴수록 윤 대통령은 인내심을 보이며 작금의 위기에 잘 대응해야 한다. 만일 이런 위기에 잘 대응하지 못할 경우, 임기 내내 상당한 어려움을 겪게 될 것이다. ■

# III

## 2023
## 매경 아웃룩

# 지표로 보는
# 한국 경제

# 경기 불확실한데 무슨 소비?
# 높은 가계부채로 소비 여력 '뚝'

**김천구** 대한상공회의소 SGI 연구위원

2022년 소비는 회복세를 보였다. 코로나 방역 조치가 해제되고 가계소득 여건이 개선된 것이 주된 원인이다. 코로나19 이후 처음으로 주요 방역 조치들이 전면 해제됨에 따라 단체 모임, 국내 여행 등 팬데믹 기간 중 억눌렸던 부문을 중심으로 펜트업(Pent-up) 효과(억눌렸던 수요가 급속도로 살아나는 현상)가 나타났다. 비대면으로 전환됐던 생활 방식이 점차 정상화되며 경제 주체들의 외식, 숙박, 예술·스포츠 등 여가 생활이 늘어나는 모습을 보였다.

소비를 결정하는 중요한 요소 중 하나인 가계소득 여건도 우호적이었다. 가계소득이 늘어나기 위해서는 최대한 많은 인구가 일하고 그

들이 받는 급여 수준이 높아져야 한다. 2022년 고용 시장을 살펴보면 신규 취업자 증가폭이 1월 113.5만명, 2월 103.7만명으로 100만명대를 넘어섰는데 이것은 2000년 5월(103.4만명) 이래 처음이다. 하반기에도 높은 고용률과 낮은 실업률 상황이 이어지는 모습이다. 취업 시장을 연령별로 살펴보면 소비 주력층인 30~50대뿐 아니라 청년층, 고령층 등 전 연령대에서 호조를 보이는 모습이다. 임금 측면에서도 2021년 경기 호황을 기록했던 IT, 금융 그리고 수출 확대 영향으로 제조업에서 높은 임금 상승률을 보였다.

### 2022년 소비, '펜트업 효과' 덕 회복세

그렇다면 2023년의 소비도 호조를 보일 수 있을까.

결론부터 이야기하면 2023년 소비 증가율은 2022년보다 둔화할 가능성이 크다. 가계소비를 결정짓는 여러 가지 지표들이 부정적으로 예측되기 때문이다.

우선 높은 인플레이션이 소비 발목을 잡을 것이다. 물가 상승률이 가계소득 증가율보다 높은 경우 가계의 실질소득은 낮아질 수밖에 없다. 가계가 미래를 바라보는 시각도 낙관적이기 어려울 것이다. 2022년의 거시적 충격이 2023년에도 지속할 가능성이 크기 때문이다. 통상적으로 가계가 느끼는 미래 불확실성이 커지면 소비를 연기하고 저축을 늘리는 경향이 있다.

임금 상승률 역시 2023년에 높은 증가세를 기대하기는 어렵다. 향후 경기 여건 악화가 기업의 수익성 저하로 나타나면 성과급 감소와 임금 상승폭 제약 역시 나타날 것으로 보인다. 2022년부터 시작된 경기 위축의 영향으로 기업들은 이미 투자 연기·취소, 비용 감축, 구조조정 등 허리띠를 조여 매는 보수적인 경영 계획으로 돌아서고 있다. 2021~2022년 동안 과거보다 높았던 임금 상승률은 고용 상태를 유지한 가계들의 소비 확대에는 도움을 줬으나 2023년에는 이런 효과를 기대하기 어려워 보인다.

자산 시장도 소비에 우호적이지 못하다. 가계 자산 중 가장 큰 비중을 차지하는 부동산의 경우 시장에 풀린 풍부한 유동성이 2022년에 본격적으로 회수되기 시작하며 투자자 심리가 얼어붙기 시작했다. 그 결과 수년간 급등세를 보였던 부동산이 2022년에 꺾이고 있다. 정부의 경우 2023년 주택 시장이 과도하게 위축된다고 판단되면 부동산 시장을 연착륙시키기 위해 노력할 것이나 가격 하락 속도를 제어하기 어려울 수도 있다. 주식 시장도 외국인 투자자금이 미국 등 리스크가 낮고 수익률이 더 높을 것으로 예상하는 지역으로 이동할 가능성이 있다. 미국, 중국, 유럽 등 주요국 경기가 2023년 부진해 수입 수요가 줄어든다면 국내 주력 산업 매출도 타격을 받을 것이다.

정부 재정도 소비에 긍정적이지 못하다. 고인플레이션에 시달리는 국내 경제 상황상 섣불리 경기 부양책을 시행하기 어려워 보인다. 재정당국이 물가보다 경기를 우선하는 정책을 펼치면 금리 인상으로 내외금리 격차 축소, 물가 안정 등을 추구하는 통화당국과 엇박자를 낼 수 있다. 국내 재정을 바라보는 현 정부의 철학도 재정을 확장적으로 운용하기보다는 재정의 지속 가능성 측면에서 건전재정에 무게를 싣고 있다. 실제 재정지출 증가율은 2018~2022년 8.7%였으나 2023년은 5.2%로 낮아질 전망이다.

우리나라는 여기에 더해 높은 가계부채 수준이 가계소비를 제약하는 요인으로 지적받는다. 2022년부터 가파르게 오르기 시작한 기준

금리 수준은 가계부채 문제를 더욱 심각하게 만들 것이다.

## 사회구조적 변화도 소비 위축 요인

인구구조 등 구조적인 변화도 소비 위축 요인이다. 결혼 적령기 남녀들은 육아 · 주거 부담과 불확실한 경기 전망 등으로 결혼과 출산을 꺼리고 있다. 2021년 합계출산율(가임기 여성 1명이 평생 낳을 것으로 기대되는 아이의 수)은 0.81명까지 떨어졌다. 사상 최저치임은 물론 전 세계에서 가장 낮은 수준이다. 저출산 문제가 커지며 출산 · 육아 그리고 교육 등 인구구조 변화에 영향을 많이 받는 품목은 가계소비 지출이 더욱 줄어들 가능성이 있다. 주력 소비 연령층인 30~40대 인구가 지속해서 줄어들고 있다는 점도 우려스럽다. 음식료

품, 주거비 등에 많은 부분을 지출하는 고령층과 달리 30~40대 연령층은 소득 수준이 높아 자동차, 전자제품 등 내구재를 중심으로 한 소비 규모가 크며 소비 시장 추세를 이끌어가는 주축이다. 주력 소비 계층의 감소는 앞으로의 소비재 시장을 어둡게 하는 요인이다. 결론적으로 2023년 민간 소비는 2022년보다는 위축될 가능성이 크다. 경제 주체들이 소비에 적극적으로 나서기에는 경기 여건이 좋지 않고 구조적 제약 요인이 많기 때문이다. 그렇다면 민간 소비에 활력을 불어넣기 위해서는 어떤 노력을 해야 할까. 결국, 가계가 소비를 늘리기 위해서는 쓸 돈이 많아져야 한다. 경제 내에 유휴 노동력이 줄어들고 취업자의 실질임금이 오르면 소비는 자연스럽게 회복될 것이다. 이런 선순환 구조를 만들기

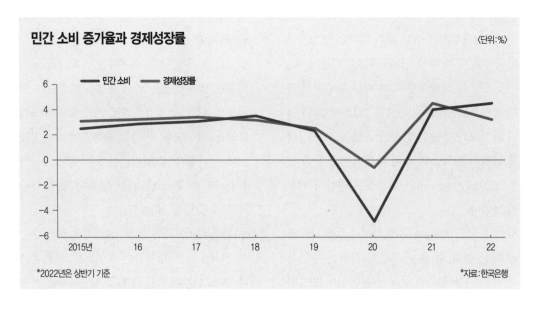

**민간 소비 증가율과 경제성장률** 〈단위:%〉

민간 소비　경제성장률

*2022년은 상반기 기준

*자료:한국은행

위해서 민간 활력이 중요하다. 정부가 노인·저소득층 등 취약계층 일자리를 직접 만들어 일자리 총량을 늘리는 정책도 중요하지만 결국 고용은 민간에서 창출돼야 한다. 민간 부문 성장동력 강화를 바탕으로 양질의 일자리가 창출돼야 소비의 원천인 가계소득이 늘어날 수 있다.

가계부채에 대한 안정적인 관리와 주거비 부담 완화 등도 정부가 계속해서 신경 써야 할 부분이다. 채무상환 부담 증가로 위험 가구의 채무불이행이 늘어날 때 가계 부실이 전반적인 소비 위축으로 이어지므로 이에 대한 제도적 지원 방안 마련이 필요하다.

마지막으로 가구의 소비 심리가 회복되도록 적극적인 경기 대응에 대한 일관된 메시지를 가계에 주는 것이 중요하다. 고용과 소득 개선을 통해 소비 여력을 확충하는 것도 시급한 사안이지만, 유효 수요를 확충하고 경기의 회복력을 강화함으로써 가구의 소비 심리를 개선하는 방안도 필요하다. 특히 불확실성 확대는 가구의 자산 가치·소득 리스크를 확대함으로써 가구의 예비적 저축(Precautionary Savings) 성향을 높일 수 있다. 따라서 민간 소비의 회복을 위해서는 정책 불확실성을 미리 방지해야 할 필요성이 있다. ■

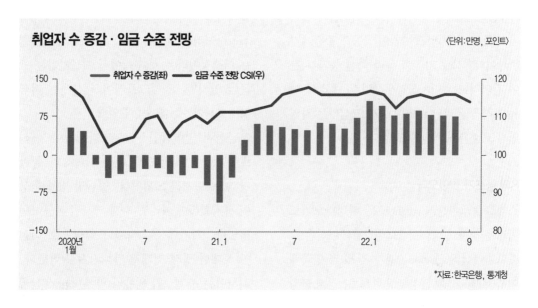

**취업자 수 증감 · 임금 수준 전망**  〈단위:만명, 포인트〉

취업자 수 증감(좌)　　임금 수준 전망 CSI(우)

*자료:한국은행, 통계청

# 피크아웃 끝났지만, 여전히 고물가
# 정부 인플레이션 쇼크 적극 대응해야

**김광석** 한국경제산업연구원 경제연구실장

2022년 하반기부터 한국 경제를 향한 물가의 역습이 시작됐다. 시멘트나 철근 같은 건축 자잿값이 치솟아 공사가 중단되는 일이 벌어지고 있다. 국제펄프 가격이 급등해 출판계가 비상이다. 사료 가격이 올라 축산 농가 시름이 깊어지고 있다. 식자잿값이 다 올라도 메뉴 가격을 올리면 손님이 줄까 고심하는 자영업자 고충은 헤아릴 수도 없다.

## S의 공포가 찾아오다

스태그플레이션(Stagflation)은 빠져나오기도 어려운 경제 현상이다. 스태그플레이션은 스태그네이션(Stagnation · 경기 침체)과 인플레이션(Inflation)을 합성한 표현으로, 경제 불황 속에서 물가 상승이 동시에 발생하고 있는 상태를 가리킨다. 즉, 경제 활동이 침체되고 있음에도 불구하고 지속적으로 물가가 상승하는 저성장 · 고물가 상태를 의미한다. 흔히 인플레이션 시대에는 고물가라는 채찍 속에서 고성장이라는 당근이 있고, 경기 침체 국면에는 저성장이라는 채찍 속에서 저물가라는 당근이 있지만, 스태그플레이션 시대는 저성장 · 고물가, 즉 채찍밖에 없다.

지금까지 밀어닥친 어려운 과제들이 '변신로봇'처럼 합체되면서, 가장 위협적인 '끝판왕' 앞에 던져진 느낌이다. 공급망 병목 현상이 장기화함에 따라 원자재 가격이 폭등하던 터였다. 거기에 우크라이나 침공으로 러시아에 대한 경제 제재가 가해지기 시작했다. 러시아는 세계 2위 원유와 알루미늄 생산국이다. 유럽은 가스 소비량의 3분의 1을 러시아에 의존해왔다. 러시아로부터 원유, 천연가스, 니켈, 알루미늄, 밀 등과 같은 자원 수급이 막히자 원자재 가격이 추가로 폭등했다. 전쟁과 경제 제재로 인해 고물가와 저성장이 같이 찾아오는 경제, 스태그플레이션의 시대다.

최근 세계은행도 경제 전망 보고서를 발표하며 "스태그플레이션 리스크가 고조(Stagflation risk rises…)"되고 있음을 경고했다. 세계 경제의 물가 상승 압력은 여전한데, 동시에 경기 침체 국면에 내몰리고 있다고 판단했다. 미 연준은 2022년 미국 경제성장률을 기존의 2.8%에서 1.7%로 대폭 하향 조정했다.

글로벌 인플레이션 쇼크가 이어지고 있다. 미국이 41년 만에 최고치를 기록하더니, 영국도 40년 만에 최고 수준인 10%대를 기록했다. 장기 디플레의 늪에 빠졌던 일본마저 7년 만에 가장 큰 폭의 물가 상승세를 기록했다. 한국도 예외가 아니다. 세계 어느 나라보다 한국은 국제유가와 원자재 가격 상승에 취약한 구조로 돼 있다. 한국은행은 2021년 8월까지만 해도 소비자물가 상승률 전망치를 2022년 1.5%, 2023년 1.7%로 저물가를 전망했다. 목표물가 2%를 밑도는 저물가를 전망했었다. 이후 수차례 상향 조정하면서 2022년 8월 들어 2022년과 2023년 물가 상승률 전망치를 각각 5.2%, 3.7%로 제시했고, 상당한 수준

의 고물가가 유지되는 경제 국면에 놓일 것으로 진단했다.

## 고물가 언제까지 지속될까?

2022년에 이어 2023년에도 한국 경제의 고물가 기조가 유지될 것이라는 판단은 기정사실이 됐다. 물가 상승률이 정점을 지났는지, 정점을 지났음에도 고물가 기조가 왜 유지되는지를 살펴봐야 한다. 위협의 성격을 이해해야 어떻게 대응할지를 모색할 수 있기 때문이다. 고물가 기조가 지속되는 원인은 다음과 같다.

첫째, 수입물가 상승이다. 2020년 4월 원자재지수(CRB index)가 저점을 기록한 이후 2022년 중반까지 상승세를 지속했다. 다소 안정화하는 흐름이지만, 2023~2024년까지도 식량 위기 현상이 지속되면서 식료품 원자재 가격이 크게 떨어질 것으로 보이지는 않는다. 국제유가나 각종 원자재 가격의 추이도 유사하다. 실제, 수입물가 상승률이 약 3개월 정도 선행해서 소비자물가에 영향을 주고 있음을 확인할 수 있다(그래프 참조). 물가가 정점을 찍었지만, 이후에도 3%대 이상의 고물가 기조가 유지될 것이라는 판단을 할 수 있다.

다음으로 전쟁 대가로 인한 에너지 위기(Energy Crisis)다. 러시아가 서방 경제 제재에 대한 보복으로 가스관을 잠그는 결정을 내렸다. 러시아가 에너지를 무기화한 것이다. 이

른바 '가스 전쟁'이다. 러시아 국영 천연가스 회사 가스프롬(Gazprom)은 러시아의 국영 에너지 기업이다. 러시아 국내총생산(GDP)의 25%를 차지하며, 전 세계 천연가스 생산량의 20%를, 전 세계 천연가스 매장량의 17%를 차지하는 세계 최대 규모의 천연가스 회사다. 러시아는 유럽으로 향하는 송유관 노르드스트림-1을 봉쇄해 독일, 이탈리아, 슬로바키아 공급량을 50% 이상 차단하거나 프랑스, 폴란드, 불가리아, 라트비아에 공급을 중단하는 결정을 내렸다. 천연가스 수입량의 45.3%(2021년 기준)를 러시아로부터 수입하는 EU(유럽연합) 입장에서는 비상 상황이 아닐 수 없다. 러·우 전쟁은 여전히 끝날 기미가 보이지 않는다. 당장 전쟁이 끝나더라도 러시아가 에너지 수출을 재개할 것이라는 장담도 없다. 자체

발전원이 적어 에너지 수입이 많은 한국으로서는 에너지 위기가 끝나지 않는 한 고물가 기조는 계속될 수밖에 없다.

### 인플레이션에 대응하는 정부 역할 중요해져

2020~2021년은 코로나19에 얼마나 신속하게 대응했는지가 정부 능력의 평가 기준이었다면, 2022~2023년은 인플레이션 쇼크에 얼마나 잘 대응했는지가 그 기준이 될 것이다. 물가 관리는 가장 중요한 정책 과제라 해도 과언이 아니다. 중앙은행도 물가를 잡기 위해 기준금리 인상과 같은 긴축적 통화 정책을 적극 도입해나가고 있지만, 재정 정책도 장·단기적 대응책을 강구해야 한다.

첫째, 단기적으로 긴급한 대응이 요구되는 것은 수급 관리다. 홍수나 한파 후에는 식료

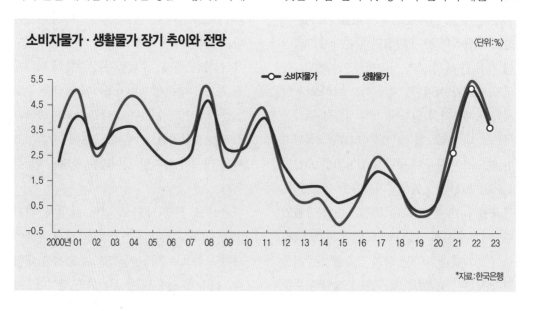

소비자물가·생활물가 장기 추이와 전망 〈단위:%〉

소비자물가　생활물가

2000년 01 02 03 04 05 06 07 08 09 10 11 12 13 14 15 16 17 18 19 20 21 22 23

*자료:한국은행

품 물가가 치솟아, 해외 농산물을 긴급하게 조달하는 정책을 도입하고는 한다. 그러나 글로벌 인플레이션 쇼크 상황에는 다르다. 인도네시아가 팜유 수출을 차단하고 인도가 밀 수출을 차단하듯, 급등하는 품목들에 대한 보호무역 조치가 강화되고 있다. 외교적 노력을 기울여 자원 수급 안정에 만전을 기해야 한다. 특히, FAO의 권장 재고율에도 못 미치는 콩, 옥수수 등과 같은 식량 자원의 경우 우선해 적정 비축량을 확보할 필요가 있다. 위기 상황인 만큼 원료 구매자금을 확대하는 것도 중요하다.

둘째, 취약계층 보호 대책이 필요하다. 소득이 늘어도 소비는 감소하는 분위기다. 물가 상승분을 반영한 실질소득이 감소하고 있기 때문이다. 2022년 1분기 가계 동향조사 결과, 처분 가능 소득은 늘었지만 소비로 연결되지 않았다. 즉, 평균 소비 성향이 하락했다. 특히, 1분위 저소득층일수록 평균 소비 성향이 더 많이 감소했음을 주목해야 한다. 인플레이션 쇼크가 계속되면 저소득층 삶이 질이 크게 악화할 수 있기 때문에, 취약계층 지원책을 시급히 마련해야 한다. 식료품 바우처 사업이나 필수품 구매 지원금 등과 같은 대책을 고려할 수 있다.

셋째, '비용 전가 능력'이 약한 중소기업과 소상공인 지원책을 마련해야 한다. 고객사인 대기업을 대상으로 부품을 공급하거나 서비스를 제공하기로 장기 계약을 체결한 공급사들은 납품가는 1년 전에 정해놨지만 그동안 비용이 폭등해 수익성이 떨어진다. 협상력이 떨어지는 영세 공급사들이 사업을 중단하는 일이 없도록 정책 지원을 제공해야 한다. 비용 상승 부담을 공급사와 구매사가 합리적으로 분담하는 기업 상생 생태계를 조성하는 노력도 필요한 시점이다.

넷째, 장기적으로 자원 개발 사업을 확대하는 정책 방향을 구축해야 한다. 식료품 원자재나 광물 자원이 부족한 나라는 인플레이션 쇼크에 더 취약할 수밖에 없다. 인도네시아나 인도처럼 수출 금지를 통해 자국 물가를 보호할 수도 없지 않나. 해외 원자재를 안정적으로 조달받을 수 있는 사업을 국가적으로 추진하거나, 민간 기업의 자원 개발 사업 진출을 촉진해야 한다. ■

# 세계 경기 둔화로 설비 투자 위축
# 미래 경쟁력 직결 R&D 투자는 '쭉~'

**박용정** 현대경제연구원 산업혁신팀장

2022년 상반기 투자(총 고정 자본 형성)는 전년 동기 대비 3.2% 감소했다. 2021년 상반기 4.2%, 하반기 1.4% 증가를 기록한 것과 대조적이다.

2022년 상반기 투자 감소의 가장 큰 이유는 글로벌 공급망 불안과 경기 불확실성 확대 등으로 인한 민간·정부 부문의 투자 감소다. 민간 부문 총 투자는 2020년 이후 증가세를 지속했으나 2022년 상반기 1.8% 감소했다. 정부 부문은 2021년 상반기 −7.6%에서 2022년 상반기 −10.1%로 감소폭이 확대됐다. 2022년 하반기 투자는 글로벌 경기 둔화, 자본 조달 비용 상승 등의 영향으로 불안한 흐름을 지속하고 있다. 코로나19 영향에서 여전히 벗어나지 못하고 있고, 대외 여건의 부정적인 흐름과 기업 수익성과 체감경기 악화는 투자 계획 추진을 제한하는 요인으로 작용하고 있다.

### 2023년 설비 투자 2%대 제한적 증가 전망

2022년 상반기 설비 투자는 전년 동기 대비 6.4% 줄어들었다. 2021년 상반기 14.1% 증가 대비 큰 폭의 감소세를 나타냈다. 반도체 산업 호황에 따른 기저 효과가 어느 정도 조정 국면에 접어든 영향이 크다. 2023년 설비 투자는 2%대 제한적 증가세로 전환할 것으로 전망된다.

기업 투자를 둘러싼 환경은 여전히 녹록지 않다.

우선 세계 경기 둔화다. 통화 긴축, 우크라이나 사태, 원자재 수급과 공급망 불안 등은 세계 경기의 불확실성을 더욱 심화시키는 요인이다. 국제통화기금(IMF)의 세계 경제 전망(7월)에 따르면 2023년 세계 경제성장률은 2.9%로 2022년 3.2%보다 낮아졌다. 특히나 2022년 4월 전망 대비 0.7%포인트나 낮은 전망치를 제시하면서 세계 경기의 부진한 흐름이 예상된다. 대외 여건 악화는 반도체 등 특정 산업에 대한 수출 의존도가 높은 한국 경제의 구조적 측면을 고려해볼 때 분명 부정적인 요인이다.

두 번째로 기업 자본 조달 비용 상승이다. 코로나19 이후 위기 극복 과정에서 불어난 유동성이 국내외 주요국 물가 수준을 지속적으로 상승시키고 있는 가운데 각국은 정책금리 인상 등의 통화 정책 수단을 동원해 과감한 긴축 정책을 펼치고 있다. 한국 기준금리는 2022년에만 다섯 번의 조정을 통해 연초 1%에서 10월 3%까지 인상 기조를 유지하고 있다.

일반적으로 기업은 자금 구조 변화와 투자자금 확보를 위해 회사채를 발행한다. 하지만 불확실성 확대로 회사채 시장이 크게 경색되는 모습이다. 회사채(3년, AA-)와 국고채(3년)의 차이를 의미하는 신용스프레드는 2022년 1월 말 58bp에서 9월 말 109bp까지 확대됐다. 단기 자금 조달 창구인 기업어음(CP) 역시 연초 1.6%에서 9월 말 3.3%까지 증가하며 기업의 자금 조달 형편이 어려워진 상황이다. 신용등급 하락 기업이 계속 늘어나면 이는 기

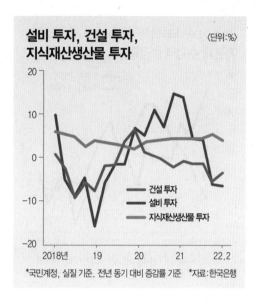

**설비 투자, 건설 투자, 지식재산생산물 투자** 〈단위:%〉

건설 투자
설비 투자
지식재산생산물 투자

*국민계정, 실질 기준. 전년 동기 대비 증감률 기준  *자료:한국은행

업의 조달 금리 상승으로 이어지고 결과적으로 자금 조달 시장을 더욱 경색시키는 악순환을 야기할 우려가 있다.

또한, 최근 위험 기피 현상이 심화하면서 달러화 가치가 급등한 점은 기업의 대외 부채 리스크를 확대시키는 요인이 되고 있다. 원달러 환율은 2022년 연초 1186원에서 9월 말 1437원까지 치솟으면서 21% 이상 상승했다. 2009년 글로벌 금융위기 이후 가장 높은 수준이다. 환율 상승은 기업에 외채 부담을 가중시킬 수 있는 요인이다. 국내 민간 기업 대외 채무는 글로벌 금융위기 당시 2008년 4분기 말 671억달러에서 2022년 4분기 말 1491억달러까지 56% 이상 증가했다. 환율 상승은 기업의 늘어난 부채의 원리금 상환 부담으로 작용해 투자자금 확보에 어려움을 줄 수 있다.

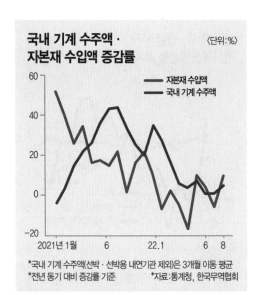

**국내 기계 수주액 · 자본재 수입액 증감률** 〈단위:%〉

— 자본재 수입액
— 국내 기계 수주액

*국내 기계 수주액(선박 · 선박용 내연기관 제외)은 3개월 이동 평균
*전년 동기 대비 증감률 기준        *자료:통계청, 한국무역협회

마지막으로 불확실성 확대에 따른 기업의 전반적인 투자 심리 위축이다. 기업 활동 위축은 가계소득과 소비 감소로 이어져 기업 수익이 감소하는 악순환에 빠지게 한다. 그 결과 기업은 중장기적인 투자 여력이 감소하고 국가 경제의 활력 또한 저하된다. 고물가 · 고환율 충격으로 기업 심리는 급격히 위축되는 모양새다. 특히나 제조업은 반도체 수요 둔화, 환율 상승 등으로 인한 수입 원자재 가격 상승의 영향이 크게 작용하면서 낙폭이 컸다.

그렇다고 부정적인 요인만 산적해 있는 것은 아니다. 코로나19 이후 우리 생활은 비대면화가 심화하고 디지털화가 가속화됐다. 정보기술(IT) 산업 중요성 확대는 반도체 시장을 선도하는 국내 경제에 분명 긍정적 요인이다. 또한 디지털 전환 수요 대응과 세계 시장

주도를 위한 설비 투자 확대 흐름은 분명 고무적이다.

다만, 중장기적으로는 설비 투자의 구조적 불안 요인을 극복하는 것은 우리 경제의 중요한 과제다. 글로벌 금융위기 이후 설비 투자의 경기 동행성이 심화하는 상황에서 크고 작은 이슈로 인해 불확실성이 더욱 확대되는 흐름이다. 정부도 보호무역주의 강화, 글로벌 공급망 대립 등의 파고 속에서 국내외 기업 투자 유치를 위한 세제 지원, 규제 완화 등을 통해 투자 생태계 조성에 힘써야 할 것이다.

### 건설 투자 반등 기대

건설 투자는 2022년 상반기 전년 동기 대비 4.5% 감소했다. 2020년 하반기부터 이어진 감소세가 지속되는 모습이다. 2022년 들어 감소폭이 크게 확대됐다. 공급망 차질에 따른 건설 자재 수급 불안정과 원자재 가격 급등이라는 하방 요인이 작용한 결과다. 다만, 건설 경기 동행과 선행지표인 건설 수주가 최근 들어 증가세를 보이는 점은 긍정적인 신호다.

2023년 건설 투자는 증가세로 전환될 것으로 전망된다. 건설 자재 가격 증가세 둔화, 분양 물량 증가, 정부의 주택 공급 확대 정책 등은 회복세를 뒷받침할 요인이다. 정부는 2023년부터 향후 5년간 전국에 270만호 건설 계획을 수립했으며, 수도권에만 2023년 26만호를 공급할 계획이다. 토목 부문은 정부의 SOC 예

산 감축에 따라 부진이 예상되나 민간 부문을 중심으로 플랜트 건설, 반도체 클러스터 조성 등의 사업이 본격화돼 증가 흐름을 보일 것으로 전망된다. 종합해보면, 2023년 건설 투자는 전년 대비 2%대 증가에 이를 것이라는 예상이다.

## 지식재산생산물 투자 증가 지속

2022년 상반기 지식재산생산물 투자는 전년 동기 대비 4.6%로 2021년 상반기 4.4%와 비슷한 증가세를 유지했다. 세계 경기 둔화 우려에 따른 불확실성 확대에도 불구하고 반도체, 전기차 등을 중심으로 미래 경쟁력 강화를 위한 R&D 투자 확대를 지속하고 있다. 특히나 혁신 기술 개발을 위한 경쟁이 치열한 상황에서 정부의 정책 지원과 투자가 활발하게 진행되고 있으며, 소프트웨어 부문 역시 클라우드 도입 확대 등을 통해 지식재산생산물 투자 증가를 이끌고 있다. 2023년 지식재산생산물 투자는 3%대 성장으로 긍정적이다. ■

현대중공업 도크 전경.

# 3.75~4%까지는 무조건 'GO GO~'
<sub>(기준금리)</sub>
# 2024 이후에나 완만한 금리 인하

**허문종** 우리금융경영연구소 경제 · 글로벌연구실 실장

2022년 3분기 들어 전 세계 금융 시장이 요동치고 있다. 인플레이션이 잡힐 기미가 보이지 않으면서 주요국 중앙은행이 경기 둔화 우려에도 불구하고 물가를 안정시키겠다는 의지를 분명히 하고 공격적인 금리 인상으로 대응하고 있다. 전 세계 인플레이션이 장기화된 것은 2022년 2월에 시작된 러시아의 우크라이나 침공 영향도 크지만, 그간 주요국 중앙은행이 과잉 유동성 흡수에 선제적으로 나서지 않는 등 물가 대응에 너무 안이했기 때문이다. 뒤늦게 미 연준 등이 공격적으로 금리 인상에 나서면서 전 세계 국채 금리가 급등하고 주가가 하락세를 거듭하는 가운데 안전자산으로 인식되는 달러화는 2022년 9월까지 20%

가까운 초강세를 나타내고 있다.

향후 국내외 금리 방향을 결정하는 키(Key)는 인플레이션이다. 주요 기관 전망을 보면 앞으로도 물가가 빠르게 안정되기는 힘들어 보인다. 더불어 금융 시장 변동성은 높은 수준을 나타낼 것으로 평가된다.

국제통화기금(IMF, 2022년 7월)은 2023년 글로벌 물가 상승률을 5.7%로 전망했다. 2022년 전망치인 8.3%보다는 낮지만 코로나19 이전 10년간(2010~2019년) 평균인 3.5%에 비하면 여전히 크게 높은 수준이다. 경제협력개발기구(OECD, 2022년 9월)도 2023년 G20 국가 물가 상승률을 6.6%로 높게 전망하고 있다.

그나마 한때 배럴당 120달러를 웃돌았던 국제 유가가 2022년 6월 이후 하락세로 돌아서 70

달러대까지 낮아지는 등 상품 가격이 안정되고 있는 것은 긍정적이다. 하지만 달러화 초강세로 전 세계가 원자재 가격 하락 효과를 온전히 누리지 못하고 있다. 우크라이나 전쟁의 불확실성이 여전히 남아 있고 글로벌 공급망 교란이 충분히 해소되지 못한 것도 부담이다. 특히 코로나19 상흔으로 전 세계적으로 구인난이 지속되면서 임금 상승 압력이 크고 소비자 기대인플레이션도 빠르게 안정되지 않고 있다.

이창용 한국은행 총재도 2022년 9월에 열린 국회 기획재정위원회에서 "국내 물가 정점을 2022년 10월로 보고 있고, 2023년 상반기까지는 5% 내외의 높은 물가가 유지될 것"으로 전망했다. 2022년 8월 경제 전망 당시보다 물가에 대한 우려가 커진 톤이다. 이렇게

물가 피크아웃(Peak-out) 시점이 지연된다면 2023년 국내 소비자물가 상승률은 한국은행이 8월에 전망했던 3.7%보다 더 높아질 가능성이 크다. 즉 글로벌 물가와 마찬가지로 국내 물가도 적어도 2023년까지는 목표 수준(2%)까지 빠르게 안정되기는 힘들다는 판단이다.

### 이창용 총재 "2023년 상반기까지 물가 5%대"

국내 시장금리는 한국은행 통화 정책에 가장 직접적인 영향권에 있지만, 미 연준 등 주요국 통화 정책과 국채 금리 움직임에도 민감하게 반응하고 있다. 2022년 9월 미 연준 FOMC에서 연달아 3번 연속 자이언트스텝(75bp)의 금리 인상이 단행된 이후 이창용 총재는 "미 연준의 최종금리에 대한 시장 기대치가 4%

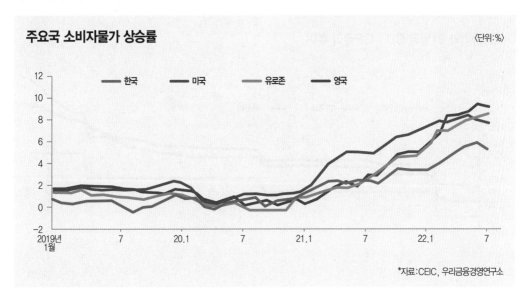

주요국 소비자물가 상승률 〈단위:%〉

*자료:CEIC, 우리금융경영연구소

**한국은행 4%대 인상 가능**
**국고채 3년물도 4% 웃돌 듯**
**부동산 시장 경착륙 가능성 높아**
**미국 경제성장률 둔화 가능성 有**
**인플레이션 2023 한국에도 타격**

이상으로 상당폭 높아져 기존 포워드가이던스(매 회의에서 25bp씩 인상)의 전제조건이 많이 바뀌었다"고 언급하며 향후 50bp씩 금리 인상 가능성을 시사했다.

2022년 9월 FOMC에서 제시한 점도표대로라면 미 연준은 2022년 말까지 기준금리를 4.5%(상단)까지 빠르게 올리는 대신 2023년에는 한 차례(4.5% → 4.75%) 인상으로 속도를 조절할 것으로 보인다. 물론 이는 연준이 의도하는 대로 물가가 비교적 순탄하게 안정(PCE 물가 상승률 기준 2022년 5.4% → 2023년 2.8%)될 것이라는 전제가 깔린 예측이다. 앞서 언급한 여러 불확실성을 감안하면 2023년에도 연준의 금리 인상이 한 번에 그치지 않을 가능성이 있다. 2022년 중 단행된 공격적인 금리 인상(1월 0.25% → 12월 4.5% 예상)은 경제 전반의 수요를 둔화시키고 실업률을 높이는 쪽으로 작용할 것이다. 주요 기관이 예상하는 대로 2023년 미국 경제성장률이 0.5% 정도까지 낮아지는 완만한 경기 침체 상황에서는 2022년과 같이 공격적인 통화 긴축을 지속하기는 힘들어 보인다.

따라서 한국은행도 높아진 국내 물가 압력과

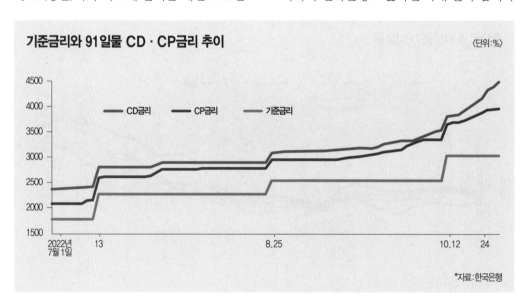

**기준금리와 91일물 CD · CP금리 추이**                    〈단위:%〉

CD금리  CP금리  기준금리

4500
4000
3500
3000
2500
2000
1500

2022년
7월 1일    13                    8.25              10.12    24

*자료:한국은행

이창용 한국은행 총재는 2023년 물가 상승률이 5%대에 달할 수 있다고 설명했다. (매경DB)

미 연준 등 주요국의 통화 긴축 기조, 강달러 추세에 대한 대응 필요성 등을 종합적으로 고려해 2022년 남은 두 차례 회의(10 · 11월)에서 기준금리를 각각 50bp씩 연속 올릴(2022년 9월 2.5% → 12월 3.5%) 것으로 예상한다. 다만 미 연준과 마찬가지로 한국은행도 경기 둔화 가능성, 물가 안정 기대, 부동산 시장 경착륙 우려 등을 감안해 2023년에는 기준금리를 1~2차례 인상(3.75~4% 예상)하는 식으로 속도 조절을 할 것으로 보인다. 중기적으로 2024년 이후에는 물가 상승률이 2%대로 더욱 안정되고, 경제성장률도 잠재성장률 수준으로 낮아지면서 기준금리를 완만하게 인하할 가능성이 점쳐진다.

### 국고채 3년물 2023년 4% 예상

국내 국고채 금리는 한국은행의 기준금리 추가 인상 기대와 미 연준의 공격적인 통화 긴축 등을 반영해 2022년까지는 높은 수준을 유지할 것으로 전망된다. 통상적으로 시장금리가 기준금리 사이클에 1년 정도 선행해 움직이기 때문에 국고채 금리는 2022년 말까지 상승 흐름을 유지하다 2023년에는 오히려 완만하게 낮아질 것으로 예상한다. 다만 국내 물가가 한국은행 전망대로 2023년 상반기까지 5%대 상승세를 지속하고 연간으로도 4% 내외에서 점진적으로 둔화될 것으로 보여 2023년 금리 하락폭은 제한적인 수준에 그칠 것으로 예측한다. ■

# 원화 강세로 돌아설 모멘텀 없어
# 경기 침체 언급될 때마다 '킹달러'

**서정훈** 하나은행 자금시장영업부 수석연구위원

1200원 하단에서 출발한 2022년 원달러 환율은 달러 강세(원화 약세) 흐름이 뚜렷했다. 특히 미국 연방준비제도(이하 연준)가 2022년 들어 처음으로 75bp(0.75%)의 자이언트스텝을 결정했다. 이후 인플레이션 대응 가능 시점까지 금리 인상을 이어갈 것이라는 매파 기조에 시장이 충격을 받았다. 이는 원달러 환율이 1300원대로 진입하는 배경이 됐다. 달러인덱스는 2022년 한때 110까지 급등했고, 2022년 하반기 원달러 환율은 고공행진을 벌였다.

원달러 환율 고공행진의 주요한 배경은 2022년 하반기 미국 CPI(소비자물가지수)지수다. CPI가 시장 예상치를 웃돌며 '킹달러' 전망이 우세해졌고, 2022년 하반기 원달러 환율은 1400원까지 치솟았다.

유로존과 중국, 일본 등 주요국 통화 약세도 '킹달러'에 탄력을 붙였다. 영국이 대규모 감세 정책을 발표한 후 이에 따른 파운드화 초약세까지 가세했다. 여기에 글로벌 금융 시장

**2023년 원달러 환율 전망**  단위:원

|  | 1분기 | 2분기 | 3분기 | 4분기 | 연간 |
|---|---|---|---|---|---|
| 2022년 | 1195 | 1259 | 1340 | 1420(F) | 1310(F) |
| 2023년 | 1410(F) | 1350(F) | 1390(F) | 1340(F) | 1190(F) |

*(F)는 전망치

위험 회피 확산이 더해지며 달러 초강세 속에 원달러 환율은 2022년 10월 말 기준 1450원 진입까지 눈앞에 두게 됐다.

'1400원대 고착화'는 2008년 글로벌 금융위기 이후 처음 나타난 현상이다. 연준의 인플레이션 대응 수위가 높아졌기 때문에, 달러 강세 현상은 2023년 초반까지 이어질 가능성이 높다. 원화는 주요 통화와 비교해 약세 현상이 두드러진다. 원화의 기초체력 근간이 됐던 수출이 감소 추세로 돌아서며 경제 체질 평판도가 낮아진 영향이 컸기 때문으로 풀이된다.

## 1분기 인플레이션 잡히면 킹달러 진정

2023년은 원화 약세에 따른 대내적 외환 시장 우려가 이어질 수 있다. 연준은 1분기까지 긴축 기조를 유지할 듯 보인다. 이 경우 원달러 환율이 1400원 전후 수준을 유지할 것이고, 2분기 이후 인플레이션이 잦아드는 걸 숫자로 확인한다면 1300원대 중반까지 내려올 수 있다.

하지만 이후에도 원화 약세를 감내해야만 한다. 인플레이션에 대응하다 보면 경기 침체 가능성이 높아질 수 있어서다. 이는 신흥국 부채 위기로 이어질 수 있어 역시 글로벌 경제 불안 요소로 작용한다. 이런 불안한 상황에서는 여전히 달러 선호 현상이 나타나기 때문이다. 또한 원화 약세를 탈피하기 위한 한

원달러 환율은 2023년에도 1300원대를 오르내릴 것으로 예상된다. (매경DB)

국 경제 체력 회복에도 상당 기간이 소요될 것으로 예상돼 1300원 후반 전후에서 환율은 다소 고착화 양상을 보일 가능성을 배제할 수 없다.

분기별로 구체적으로 따져보면 2023년 1분기를 지나며 달러 초강세는 다소 약화될 전망이다.

연준이 1분기에도 '베이비스텝(25bp)'을 적어도 2차례는 단행할 것으로 예상된다. 금리 인상 기조를 꺾은 것은 아니지만 인플레이션을 완화시킬 것이라는 신호로 시장이 인식할 수 있다. 다시 말해 금리 인상을 더 이상 하지 않

**연준 위원 예상 정책금리 중간값 4%대**
**세계 3대 주축국 경제 활력 후퇴**
**2023년 위험 회피 심리 강해질 듯**
**원화 약세 선제적 리스크 필요**
**2022년 장단기 금리차 이미 역전**

을지 모른다는 시그널을 던지는 것으로 이전의 달러 강세가 일시적으로 진정될 수 있는 포인트다. 이때 일시적인 '위험자산' 선호 움직임이 나타나며 원달러 환율도 1300원대 진입이 가능할 것으로 예상된다. 하지만 그런 달러 약세 시차는 오래가지는 못할 것으로 보인다. 결국 인플레이션과 경기 침체를 조율하는

과정에서 환율은 움직이고 언제라도 킹달러 시대가 다시 연출될 수 있다.

### 경기 침체 신호 나오면 다시 킹달러 시대로

연준은 이미 강한 인플레이션에 대한 매파적 대응 기조를 보여왔다. 2022년 8월 잭슨홀 미팅 이후 이전보다 더욱 강경한 태도를 보였고 향후 경기 침체 가능성을 크게 부인하지 않는 자세를 보였다.

2022년 9월 FOMC에서 제시된 점도표로부터도 연준 위원들이 향후 경기 상황을 어떻게 보는지 추론할 수 있다.

점도표상에서 연준 위원들이 예상한 2022년과 2023년 정책금리의 중간값은 각각 4.375%와 4.625%로, 금리 인상을 강하게 시사한다. 그럼에도 불구하고 연준은 미국 경기 상황에

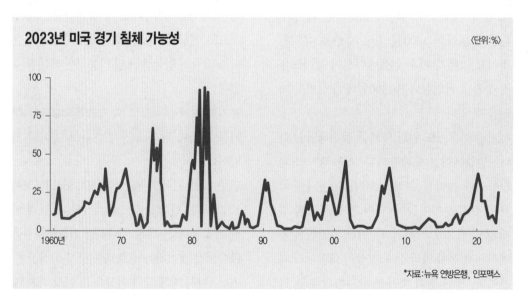

**2023년 미국 경기 침체 가능성** 〈단위:%〉

*자료:뉴욕 연방은행, 인포맥스

최적화된 중립금리 수준은 2.5%를 제시했다. 중립금리 수준을 크게 웃돌 정도로 점도표가 큰 갭을 보인다는 점을 감안하면, 연준 위원들도 경기 침체 가능성을 충분히 인식하고 있음을 엿볼 수 있다.

여기에 우크라이나 전쟁 관련 러시아가 전술핵을 사용할 경우를 배제하더라도 이미 천연가스 가격 급등 속에 유로존은 경기 둔화 국면에 진입했다. 높은 금리 인상을 단행한 유로존 경제와 '제로 코로나' 정책에 의한 도시 봉쇄 영향으로 성장률이 크게 후퇴한 중국 경제가 정상화하기에는 상당한 기간이 소요될 것으로 보인다. 이에 세계 3대 경제 주축국의 활력은 크게 후퇴했다. 또한 전 세계 교역량은 감소하는 등 글로벌 경제가 침체 국면을 보인다. 이런 상황은 2023년 중반 이후 위험 회피 심리를 강하게 이끌 수밖에 없고, 원화 강세 모멘텀은 쉽게 나타나지 않을 것이다. 또한 글로벌 인플레이션에 따른 긴축 영향과 세계 경기 침체는 금융 취약 신흥국의 부채 위기로의 전이 가능성을 부각시킨다. 이 경우 달러는 다시 강세로 돌아설 수 있다.

미국 경제 침체 가능성을 좀 더 객관적으로 판단해보기 위해 미국 2년과 10년 국채 수익률 스프레드 차이 추이를 보면, 이미 2022년 7월 역전된 이후 그 흐름이 이어지고 있다. 뉴욕 연방은행이 미 국채 수익률 곡선에 내재된 경기 침체 확률을 분석해보니, 2023년 미국 경기 침체 확률은 최근 25% 수준을 넘어섰다. 통상 이 국채 수익률 곡선에 내재된 정보로부터 추정된 침체 확률이 20%를 넘어서면 사후적으로 미국 경제는 반드시 침체를 보였음을 상기할 필요가 있다.

2023년도 대내적으로 원화가 약세에서 벗어날 수 있는 모멘텀은 있을까. 2022년도 7월 이후 세계 경제 둔화가 나타났고, 반도체 수출 부진, 무역수지 6개월 연속 적자, 외국인 증시 자금의 월간 순유출 등으로 원화는 약세를 면치 못했다. 이런 약세 기조는 2023년 세계 경기 침체 가능성으로 쉽게 회복되지는 않을 것으로 판단된다. 또한, 한국 역시 높은 물가가 고민거리다. 이에 대응한 한은의 긴축적 통화 정책은 소비에 상당히 부정적 영향을 미칠 수밖에 없다. '위드 코로나' 이후로도 외국인 투자자들이 국내 경제 회복에 대해 부정적으로 인식함으로써 2023년에도 원화 약세가 이어질 듯 보인다.

2023년은 원화 약세가 국내 경제에 미칠 부작용에 대한 선제적 리스크 관리가 필요하다. 통화 시장에 대한 모니터링 강화를 여느 해보다 면밀하게 신경 써야 한다. ■

# 경상수지 힘겹게 힘겹게 흑자 전망
# 중국 경착륙 우려 커져 부담

**홍준표** 현대경제연구원 수석연구위원

국제수지는 일정 기간 한 나라의 거주자와 비거주자 사이에 발생한 모든 경제적 거래를 체계적으로 기록한 표다. 한 가정, 가계 입장에서 매월, 매년 벌어들이는 소득과 지출을 기록한 가계부(家計簿)가 있듯, 국제수지는 국가 단위에서 다른 국가와의 거래인 소득과 지출을 기록한 '국계부(國計簿)'인 셈이다.

국제수지 흐름의 핵심은 다른 국가와의 교역과 투자다. 교역은 다른 국가와의 상품과 서비스 수출입에서 실적이 나타나기 때문에 이 부문에서 수출이 수입보다 많을수록 흑자가 더 많이 발생한다. 투자는 지금 당장의 실적보다 미래 기대에 근거한 행위다. 다시 말해, 지금 당장은 국내 경제 상황이 변변치 않아도

잠재력이 보여 투자에 대한 수익을 기대한다면 외국인은 우리나라로 투자를 할 것이다. 즉, 국가 경제 기초체력이 견고해 해외에서 국내로 유입되는 자금이 많을수록 국제수지 흑자폭이 커진다. 반면 국가 경제 기초체력이 취약할수록 자금이 국내에서 해외로 빠지며 국제수지 흑자폭이 축소되거나 그 정도가 심하면 적자가 발생한다. 국제수지는 분야별로 보면 크게 경상수지, 자본수지, 금융계정 세 부분으로 나눠진다. 그러나 자본수지가 차지하는 비중은 미약하기 때문에 여기서는 경상수지와 금융계정만 다루기로 한다.

경상수지는 2022년에는 2021년 대비 흑자 규모가 대폭 축소됐다. 대외 교역이 크게 위축되면서 상품수지 흑자가 급감한 영향이 컸다. 대외 교역 위축은 국제 교역 자체가 활발

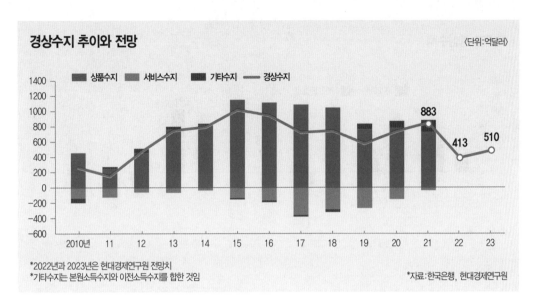

**경상수지 추이와 전망** 〈단위:억달러〉

■ 상품수지  ■ 서비스수지  ■ 기타수지  ― 경상수지

*2022년과 2023년은 현대경제연구원 전망치
*기타수지는 본원소득수지와 이전소득수지를 합한 것임

*자료:한국은행, 현대경제연구원

히 이뤄지지 않았던 점에도 영향을 받았지만, 그보다는 러시아-우크라이나 전쟁 등 시장 외부 요인에 따른 국제유가 상승 영향이 더 컸다. 원유를 수입에만 의존하는 우리나라의 경우 국제유가 상승의 영향을 고스란히 받았다. 서비스수지는 그 하위 항목인 여행수지 적자를 운송수지와 건설수지 부문에서 만회하면서 흑자전환할 수 있었다. 금융계정의 경우 외국인의 국내 투자는 정체되는 경향을 보였지만, 내국인의 해외 투자가 증가하면서 투자금이 국내에서 해외로 이동하는 방향성을 보였다.

### 중국 경제 하방 리스크…한국에도 악영향

2023년 국제수지를 전망하면 경상수지는 2022년에 비해 흑자가 확대되지만, 소폭에 그치는 수준이 될 것이다. 또 다른 항목인 금융계정은 2022년에 비해 순대외금융자산이 확대되지만, 이 역시 소폭 수준일 것으로 보인다.

먼저 2021년에 비해 2022년 대폭 축소된 경상수지 흑자는 2023년에는 2022년 대비 미미하지만 흑자폭이 확대될 것으로 전망된다. 2023년 경상수지 흑자를 이끌어내는 가장 큰 요인은 상품수지 개선이 될 것이다. 물론 그 밑바탕에는 2022년 상품수지 흑자가 2021년에 비해 대폭 적었던 것에 대한 기저 효과가 작용할 것이다. 그러나 기본적으로 2022년에 고공행진했던 국제유가 흐름이 2023년에는 어느 정도 안정화되면서 우리나라 수입 단가 역시 2022년 대비 2023년에 안정화돼 상품수지 역시 흑자폭이 개선될 것으로 예상된다.

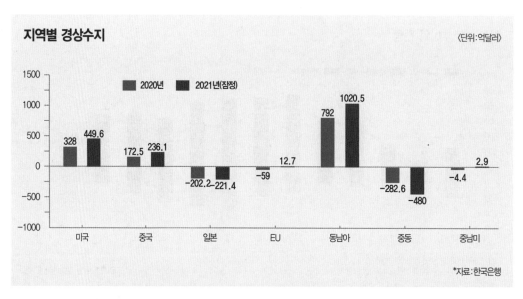

**지역별 경상수지**  〈단위 : 억달러〉

- 2020년
- 2021년(잠정)

| | 미국 | 중국 | 일본 | EU | 동남아 | 중동 | 중남미 |
|---|---|---|---|---|---|---|---|
| 2020년 | 328 | 172.5 | -202.2 | -59 | 792 | -282.6 | -4.4 |
| 2021년(잠정) | 449.6 | 236.1 | -221.4 | 12.7 | 1020.5 | -480 | 2.9 |

*자료 : 한국은행

여기서 주목할 사항은 상품수지를 좌우하는 요인인 대외 교역과 그 근간인 세계 경제 흐름, 그중에서도 한국의 최대 수출 시장인 중국 경제 향방이다. 또 하나의 큰 결정 요인은 2022년에 러시아-우크라이나 전쟁이라는 외부적이고도 비정상적인 요인에 의해 좌우됐던 국제유가 향방이 2023년에는 정상적인 수급 요인에 의해 결정될 것인지다.

먼저 중국 경제의 향방을 살펴보자.

중국 경제 성장세가 낮아질 것이라는 전망은 예전부터 있었지만, 이제는 그 하향 경로를 이탈하는 정도가 훨씬 강해지고 있다. 중국 경기 사이클에 대한 불확실성이 커지고 있으며 2022년 중국 경제성장률이 코로나 팬데믹 이후 가장 낮을 것으로 전망된다. 문제는 그 이후에도 성장률 반등이 매우 어려울 것이라

는 점이다. 즉, 중국이 중진국에서 선진국으로 도약하지 못하는 소위 '중진국 함정'에 빠지면서 경제성장률 수준이 한 단계 낮아질 우려가 크다는 사실이다.

2000년대의 고성장에서 2010년 중반 이후 과잉 투자 해결을 위한 구조조정 여파, 미-중 갈등 등에 따른 중성장 국면으로 내려앉은 중국 경제가 이번에는 한층 더 낮은 저성장 국면으로 진입할 가능성이 커진다는 적신호가 감지되고 있다. 중국 경제 추락이 예상하지 못한 속도로 전개될 경우, 지리적으로 그리고 산업 가치사슬 측면에서 매우 인접한 우리나라의 수출 경기, 그에 따른 경상수지 측면에서도 부정적인 여파가 있을 것이다.

다음은 국제유가 향방이다. 결론적으로 보면, 2023년 국제유가는 서서히 낮아질 것으로

예상한다. 이런 예상의 배경에는 글로벌 경기 침체에 따르는 원유 수요 부족이 자리한다. 유가 향방 원인이 2022년에는 공급 차질이었다면, 2023년에는 수요 부족인 셈이다. 코로나 팬데믹으로 인해 발생했던 글로벌 공급망 병목 현상이 2022년에는 해소될 것으로 기대했지만, 글로벌 공급망 정상화가 예상보다 더디게 진행되면서 미국 인플레이션 상승도 예상보다 심하게 장기간 지속되고 있다. 이로 인해 미국 연준 금리 인상 속도가 빠르게 진행되면서 전 세계적으로 통화 정책 긴축 강도가 강해지고 투자 심리나 경제 회복에 걸림돌이 되고 있다. 미국은 금리를 올려도 될 만큼 자국 경제가 버텨주겠지만, 미국을 제외한 거의 모든 국가는 미국 금리 인상 여파로 자국 경제가 위축되는 부작용이 발생했다. 그 결과 산업 에너지원인 원유에 대한 수요는 위축될 것으로 보이며, 2023년 국제유가는 2022년에 비해 하락 추세로 전환될 것으로 예상한다.

경상수지를 구성하는 또 다른 큰 축인 서비스수지 적자폭은 확대될 것으로 예측한다. 서비스수지는 여행, 건설, 운송, 기타 사업, 지식재산권사용료, 금융, 보험, 통신·컴퓨터·정보, 개인·문화·여가, 정부, 유지보수, 가공 등 총 12개 부문으로 분류된다. 이 중 한국의 서비스 교역 규모가 큰 여행 부문을 위주로 언급해본다.

2023년 여행수지 적자폭은 2022년 대비 확대될 것으로 예상된다. 코로나 팬데믹으로 멈췄던 해외여행이 본격적으로 재개될 것이기 때문이다. 건설이나 운송, 기타 사업 등 서비스 교역 다른 부분에서 흑자가 발생해도 여행수지 부문에서의 적자가 훨씬 더 크게 발생할 테다.

국제수지를 구성하는 금융계정에서는 순대외금융자산이 증가할 것으로 보인다. 우선, 2023년 직접 투자 부문에서 국내로 들어오는 외국 자금은 2022년과 비슷하거나 소폭 증가하는 반면, 외국으로 나가는 국내 자금은 더 큰 폭으로 늘어날 가능성이 있다. 각종 기업 규제와 노동 시장 경직성 등으로 기업의 국내 경영 환경이 외국에 비해 여전히 쉽지 않기 때문이다. 증권 투자에서도 국내에서 해외로 유출되는 자금은 늘어나는 반면, 국내로 들어오는 외국인 자금 흐름은 크게 늘기 어려워 보인다.

결론적으로 2023년 경상수지는 2022년에 비해서는 소폭 증가, 금융계정상 자금 흐름 전체로는 해외로 나가는 것이 국내로 들어오는 것보다 더 많다는 정도로 정리가 가능하다. 다만 그 유출 규모는 그리 크지 않을 것으로 예상한다. ▪

# 2023 하반기부터 조금씩 '흔들흔들' 당분간 고용 시장 최고 관심사는 '고물가'

**이진영** 강원대 경제 · 정보통계학부 교수

2022년 우리나라 노동 시장은 그동안의 침체에 대한 기저 효과, 사회적 거리두기 완화에 힘입어 상반기 고용지표가 기대 이상으로 선전했다. 고용률과 취업자 수가 전년 동기 대비 큰 폭으로 상승하며 코로나 시대 침체를 완전히 벗어난 모습을 보였다.

2022년 상반기 고용 시장 회복세는 대부분 업종에서 공통적으로 나타났다. 이는 2021년 고용 회복세가 업종별로 큰 차이를 보였다는 점과 대조된다.

2021년을 기준으로 전년 대비 취업자 수 감소폭이 컸던 상위 3개 업종은 협회 · 단체, 수리 · 기타 개인 서비스업(한국표준산업분류 10차 개정 기준 대분류 S를 지칭), 도매 · 소매업(대분류 G), 숙박 · 음식점업(대분류 I) 순이다. 이들 업종의 2022년 전년 동월 대비 취업자 수 감소폭은 2021년 전년 동월 대비 취업자 수 감소폭에 비해 크게 줄었다. 특히 도매 · 소매업의 경우 2021년 취업자 수 감소폭은 매월 10만명대를 기록했으나 2022년에는 감소폭이 매월 1만명대로 떨어진 것으로 나타나 코로나 사태로 인해 악화한 고용 상황이 크게 개선됐다는 것을 알 수 있다.

2022년 고용 부진 업종의 월별 취업자 수가 전년에 비해 감소폭이 크게 줄었고 증가세로 전환한 업종도 있다는 점에서 고용 시장이 전반적으로 개선됐음을 알려준다. 다만 6월 이후 도매 · 소매업 취업자 수 감소폭이 다시 커지고 있다는 점에는 주목할 필요가 있다. 세계적 고물가 현상이 지속되고 있는 2022년 하반기 상황을 고려할 때 경기 불황을 알리는 신호일 수 있다.

## 코로나 이후에도 보건, 운수 · 창고업 선전

2021년을 기준으로 전년 대비 취업자 수 증가폭이 컸던 상위 3개 업종은 보건업 · 사회복지 서비스업(대분류 Q), 운수 · 창고업(대분류 H), 전문, 과학 · 기술 서비스업(대분류 M) 순이다. 이런 업종의 고용 개선 흐름은 2022년에도 이어졌다. 보건업 · 사회복지 서비스업의 취업자 수는 2021년 3월 이후 2022년 8월까지 전년 동월 대비 10만명대 이상의 증가세를 유지하며 2분기 전체 취업자 수 증가를 이끌었다.

운수 · 창고업과 전문, 과학 · 기술 서비스업은 월별 취업자 증가폭이 시간이 지나도 대체

로 유지되며 고용 개선 흐름을 이어갔다. 2022년 고용 개선 업종의 월별 취업자 수가 전년과 비슷한 증가폭을 유지했다는 사실은 이들 업종 고용 호황이 당분간 지속될 수 있음을 보여준다.

2022년 상반기 실업자 수는 코로나 사태 이전인 2019년보다 떨어진 100만명 이하를 기록했다. 2022년 1분기 실업자 수는 전년 동기 대비 39만명 감소한 99만명이었고, 2분기 실업자 수는 전년 동기 대비 25만명 감소한 88만명이었다. 2022년 1분기 실업률은 3.5%, 2분기 실업률은 3%였는데, 특히 2분기 실업률은 최근 3년 동안의 최저치인 2021년 3분기 실업률 2.8%에 근접한 수준이다. 고용보조지표3의 추이를 살펴봐도 2022년 고용 상황이 이전에 비해 크게 개선됐음을 알 수 있다.

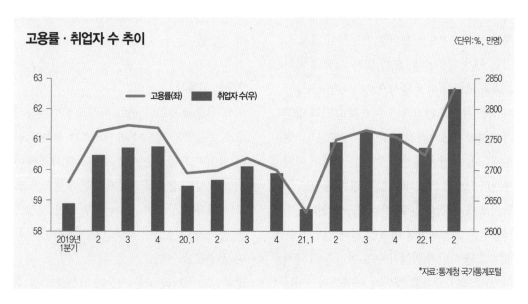

고용률 · 취업자 수 추이 〈단위:%, 만명〉

*자료:통계청 국가통계포털

## 실업자 수 · 실업률 추이

<단위:%, 만명>

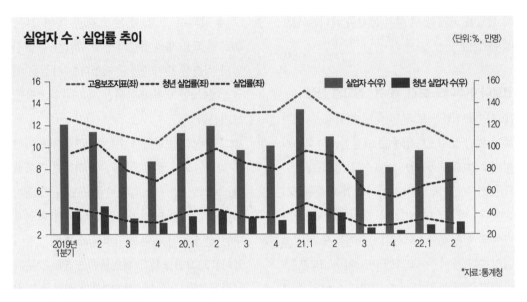

*자료:통계청

## 2022년 하반기부터 흔들

2022년 하반기에는 상반기의 고용 시장 개선 흐름이 지속하기 어려울 것으로 예상된다. 세계적 고물가 현상과 미국 달러 강세가 상반기에 이어 하반기에도 지속되면서 세계 경제가 경기 침체 국면으로 돌아설 가능성이 점점 커지고 있기 때문이다. 또한 고용 시장의 기저효과와 코로나 이전 일상으로의 복귀 등 상반기 고용 시장을 견인했던 두 가지 요인의 영향력이 하반기에 사라질 예정이다. 2022년 10월 현재 고용 시장을 개선할 수 있는 요인이 아직 뚜렷한 모습을 드러내고 있지 않다는 점도 하반기 고용 시장의 둔화 가능성을 높인다. 한국은행은 2022년 8월 발표한 경제 전망을 통해 2022년 하반기 취업자 수가 전년 동기 대비 약 53만명이 증가할 것이라 예측했다. 이는 상반기 증가폭인 94만명의 절반을 조금 넘는 수치다. 또한 한국은행은 2022년 연간 취업자 수가 전년 대비 약 74만명 증가하고, 고용률은 전년 대비 약 1.6%포인트 증가하며, 실업률은 전년 대비 약 0.6%포인트 감소할 것이라 전망했다.

## 변수는 고물가

비록 새로운 코로나 변이 바이러스가 지속적으로 등장하고 있으나 바이러스 치사율이 점점 떨어지고 있고 변이 바이러스에 대항하는 개량 백신도 개발되고 있기 때문에 앞으로 코로나 대유행 상황이 2020년처럼 고용 시장에 큰 충격을 주는 일이 재현되지는 않을 것이라 예상된다.

당분간 우리나라 고용 시장에 영향을 미칠 주

요 요인은 고물가 현상이다. 최근 2년간 실업률과 근원인플레이션율 관계를 그래프로 그려보면, 둘 간 음(-)의 상관관계가 뚜렷하게 나타난다. 근원인플레이션율은 곡물을 제외한 농산물과 석유류에 해당하는 품목을 제외하고 집계한 물가지수 변동률이다. 필립스 곡선이라고 불리는 실업률과 인플레이션율 간 관계는 일반적으로 단기에 한해 음(-)의 상관관계, 즉 실업률이 낮을수록 인플레이션율이 높고, 실업률이 높을수록 인플레이션율이 낮다고 알려져 있다.

최근 2년간 자료를 토대로 그린 우리나라의 단기 필립스 곡선에 비춰볼 때, 2023년에도 고물가 현상이 지속될 경우 저실업률 현상 역시 지속될 가능성이 크다. 다만, 경기가 침체 국면으로 접어들면 저실업률 추이도 결국은 꺾일 수밖에 없다. 한국은행은 2022년 상반기 경제성장률은 2.9%, 하반기 경제성장률은 2.4% 2023년 상반기 경제성장률은 1.7%라 예측하며 2022년 상반기부터 2023년 상반기까지 지속적인 경기 둔화세가 이어질 것이라 전망했다.

세계 경제에 대한 전망도 비교적 어둡다. 2022년 7월 국제통화기금(IMF)은 2022년 세계 경제성장률 전망치를 3.2%, 2023년 세계 경제성장률 전망치를 2.9%라 발표했다. 이는 4월에 발표한 수치보다 각각 0.4%포인트, 0.7%포인트 낮은 수치다.

2023년 세계 경제 성장이 둔화할 것이라는 예측은 2023년 우리나라의 경제 성장과 고용 시장 회복세도 둔화할 가능성이 높다는 것을 의미한다.

2023년 고용 시장이 둔화할 것이라 예측하는 또 다른 이유는 세계 경제 성장을 둔화시키는 위험 요인이 빠른 시일 내에 제거되기 어려워 보이기 때문이다. 미국과 영국이 2022년 상반기에 최근 40년 이래 최고 인플레이션율을 기록하는 등 선진국 중심으로 고물가 현상이 지속되고 있는 가운데, IMF는 이런 고물가 현상이 2024년 말쯤이 돼야 팬데믹 이전 수준으로 회복될 것이라 내다본다. 따라서 고물가에 대응하기 위한 정책이 적어도 2024년까지 지속적으로 시행될 가능성이 크다. 이런 정책 시행에 따른 부정적 파급 효과 역시 2024년까지 지속될 수 있다.

또한 국제 정세를 불안정하게 만드는 요인도 상존한다. 러시아와 우크라이나 간 전쟁이 2023년에 종료될지가 불확실하다. 이는 러시아산 자원 수급에 대한 전망을 어둡게 만든다. 코로나로 인한 중국의 지역 봉쇄와 이에 따른 중국 경제 둔화 등도 해소하기 어려운 위험 요인이다.

대내외 여건을 종합, 고려해볼 때 2023년 고용 시장은 고물가 현상, 고환율 현상과 세계 경제의 둔화로 인해 2022년에 비해 개선될 여지가 희박할 것이라 예측된다. ∎

# '근로시간 유연화 정책' 핵이슈 부상
# 2024 총선 앞두고 '노정 갈등' 심화 가능성

**정흥준** 서울과학기술대 경영학과 교수

2022년 노사 관계를 이해하려면 정치 리더십 변화가 노사 관계에 어떻게 영향을 미치는지를 파악해야 한다. 앞서 문재인정부는 2017년 촛불시민혁명을 통해 선거에서 당선됐기 때문에 정부 초기부터 노동 친화적인 정책을 강조했고 이는 노동 존중 사회와 소득 주도 성장이라는 국정 과제로 대변됐다. 따라서 2017~2022년 초 5년 동안 노동조합과 정부 간 대립은 거의 없었고, 노동조합은 정부의 공공 부문 정규직화 정책과 노동 존중이라는 사회적 분위기 덕분에 조합원 수를 늘릴 수 있었다.

2022년 3월에는 보수 정부를 지향하는 윤석열 정부가 집권에 성공하면서 노동 친화적인 정책은 멈췄고 노동조합도 정부에 대한 기대를 접은 채 하반기로 접어들었다. 노사 관계에 있어 큰 변화는 없었으나 2022년 파업 건수가 우상향 추세를 보였다. 고용률은 올해 들어 크게 개선돼 코로나19 직전이었던 2019년 (66.8%) 수준을 뛰어넘었다.

2022년 노사 관계를 평가하면 첫째, 서로 다른 생각을 가진 정부와 노동조합이 서로 대치 전선을 형성하고 있지만 다행히 전면전을 하지 않고 있기 때문에 대립도 협력도 존재하지 않는 긴장 상황이 이어졌다. 노동조합은 보수 정부에 대한 기대감을 낮춘 대신 경계심을 늦추지 않고 있으며 정부 역시 조직된 힘을 가진 노동조합과의 전면전을 피하고 있다. 정부 입장에서 거대 야당인 민주당과의 정치 전선을 팽팽하게 유지하고 있는데 자칫 노사 갈등으로 인해 균열이 생기면 치명상을 입을 수도 있다. 따라서 노동조합에 대한 적극적인 공격은 자제하고 있는 것으로 보인다.

둘째, 노사 관계 쟁점이 해결되지 않고 임시방편으로 넘어가고 있어 불만이 축적된다면 대립이 격화될 가능성을 배제할 수 없다. 화물연대의 안전운임제 요구가 깔끔하게 마무리되지 않았고 조선소 사내하청노동조합의 파업에 대한 손해배상청구도 여전히 쟁점이다. 하반기에는 공공 부문 공무직(무기계약직) 노동자의 처우 개선 요구가 거세질 가능성이 큰데, 막상 노정 협의기구인 공무직위원회는 활동이 중단될 예정이다. 이처럼 논쟁적인 사안들이 근본 해결 대신 임시방편으로 넘어가고 있어 후속 논의 과정에서 갈등과 대립이 발생할 수 있다.

셋째, 정부의 근로시간 유연화와 공공 부문 직무성과급 추진은 휴전 중인 노정 관계를 급속하게 악화시킬 가능성이 있다. 고용노동부는 미래노동시장연구회라는 전문가 중심 연구회를 통해 주 12시간 연장 근로 정산 단위를 현행 주간에서 월간 또는 분기로 변경하려고 계획하고 있다. 또한 근로시간저축계좌제와 같은 근로시간 유연화 정책을 검토하고 있다. 공공 부문 직무성과급제 도입에도 적극적이다. 문제는 근로시간 유연화나 공공 부문 임금 체계 개편에 대해 노동조합 반대가 강해 노동조합의 동의를 얻기가 쉽지 않다는 점이다.

특히, 연장 근로시간 정산 단위 변경은 야당인 민주당 협조 없이는 입법이 불가능하기 때문에 도입 실효성도 크지 않다. 따라서 근로시간 유연화와 공공 부문 임금 체계 변경은 원만한 합의로 추진이 어려운 상황이며 정부가 일방적으로 추진하게 되면 노정 간 극심한 대립이 예상된다.

## 인플레發 실질소득 감소에 노사 갈등 '복잡'

2023년 노사 관계는 2022년보다 더 복잡하고 갈등이 산재할 가능성이 높다. 경제적인 상황과 정치적인 상황이 모두 대립적인 노사 관계에 영향을 미칠 것으로 예상되기 때문이다.

먼저, 2023년 경제 상황은 올해보다 더 어려울 것으로 보이고 국지적이며 단기적인 경제 위기도 발생할 수 있다. 고물가로 인한 인플레이션과 실질소득 감소에 따른 소비 축소는 스태그플레이션으로 이어질 가능성이 크기 때문이다. 여기에 더해 대중국 무역 적자가 사상 최대폭이 될 전망이고 달러 강세도 당분간 지속될 가능성이 커 수출을 중심으로 하는 기업이 어려움이 가중될 것이다. 즉, 노동자는 물가 인상에 따른 임금 인상을 요구하겠지만 기업 지불 능력은 줄어들어 노사 교섭 간극이 커질 것이고 이는 결국 노사 갈등으로 이어질 수 있다.

정치 상황도 녹록지 않다. 차기 총선이 2024년 4월로 다가옴에 따라 2023년은 주요 정당의 선명성 경쟁을 벌이는 해가 될 것이며 2023년 하반기부터는 모든 이슈가 총선에 맞춰질 가능성이 크다. 이런 상황에서 여당은 보수 진영 표를 의식해 노동조합에 양보를 요구할 수 있다. 그러나 총선 결과를 예측하기 어려운 상황에서 노동조합이 현 정부에 협력할 가능성은 높지 않다. 오히려 노동조합은 국회 다수 의석을 갖고 있는 야당과 협력해 노동권 관련 법 개정을 시도하거나 총선 시기 정치 활동을 앞당겨 할 가능성도 있다. 따라서 2023년 노정 관계는 2022년과 크게 다르지 않게 이어지거나 특정 사안을 계기로 갈등이 심화될 수 있다.

2023년 노사 관계 갈등이 2022년보다 더 커질 가능성까지 점치는 이유는 크게 두 가지다.

첫째, 2023년 상반기 미래노동시장연구회가 제안하려고 계획 중인 근로시간 유연화 정책이 노정 간 대립과 대화 단절을 유발할 수 있기 때문이다. 노동운동 진영은 미래노동시장연구회 활동을 예의 주시하면서 2022년 말이나 2023년 초 개악적인 정책을 제시할 경우 이에 대한 반대 투쟁을 조직한다는 계획을 갖고 있다. 따라서 정부가 계획대로 근로시간 유연화를 추진한다면 노동조합은 이를 계기로 정부와 대화를 중단하고 정부의 반(反)노동 정책에 맞설 가능성이 크다.

둘째, 사회적 대화 등 조정 기능이 약화된 것도 불안 요인 중 하나다. 일반적으로 노사는 이해관계가 달라 영원한 평화는 기대하기 어렵다. 그래서 노사가 대화와 타협을 통해 주기적으로 갈등을 해소해야 하는데 이때 정부가 중심이 된 사회적 대화는 노사 갈등 완충재 역할을 하고 미래 과제를 도출하는 데 기여할 수 있다.

실제, 2023년처럼 경제 위기가 예상되는 상황에서는 노사정의 사회적 대타협이 위기를 극복하는 동력이 될 수 있다. 또 크고 작은 쟁점이 있더라도 꾸준하게 논의하다 보면 조금씩 양보를 해서 타협점에 이를 수도 있다. 특히, 한국노총은 민주노총과 달리 사회적 대화에 적극적이며 이를 통해 한국노총만의 사회적 정당성을 확보하고 있다. 따라서 정부가 이를 잘 활용한다면 정부로서는 큰 힘이 될 수 있다.

그러나 지금처럼 김문수 경제사회노동위원장이 정치적 행보를 이어가고 정부가 색깔론을 전면으로 내세울 경우 한국노총은 경제사회노동위원회의 사회적 대화에 독자적으로 참여할 수 있는 입지가 점점 줄어들고, 이는 사회적 대화를 통한 갈등 해소 기회를 놓치는 경과로 이어질 것이다.

## 부문별 · 고용 형태별 노사 관계

부문별 노사 관계를 전망해보면, 민간 부문보다는 공공 부문 노사 관계가 더 첨예하게 대립할 가능성이 크다.

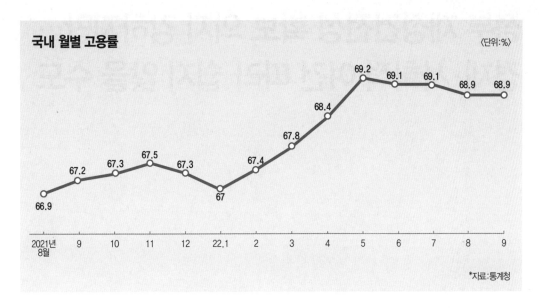

**국내 월별 고용률**

〈단위:%〉

- 2021년 8월: 66.9
- 9: 67.2
- 10: 67.3
- 11: 67.5
- 12: 67.3
- 22.1: 67
- 2: 67.4
- 3: 67.8
- 4: 68.4
- 5: 69.2
- 6: 69.1
- 7: 69.1
- 8: 68.9
- 9: 68.9

*자료:통계청

정치 리더십 변화로 사용자는 발언력이 커지고 반대로 노동조합 교섭력은 오히려 약화될 가능성이 크다. 그러나 공공 부문 상황은 다소 다르다. 공공 부문 노조 조직률은 70%에 이르고 있으며 정부도 공공 부문에 대해 정원 축소와 자율 구조조정 그리고 직무성과급을 강조하는 임금 체계 개편을 요구하고 있어 공공 부문 노동조합과의 갈등이 예상된다. 정부 공세 조치에 따라 한국노총과 민주노총의 공공 부문 노동조합은 양 노총 공공 부문 노동조합 대책 회의를 가동하기 시작했다. 공공기관만이 아니라 중앙·지방자치단체 공무직 그리고 학교 비정규직(급식 노동자 등)도 정부에 차별 개선을 요구하지만 정부는 오히려 무기계약직 축소를 주장하고 있어 공무원 노사 관계 역시 험난한 상황이 예상된다.

고용 형태별로 살펴보면, 정규직 노동조합보다 특수고용, 간접고용 등 비정규직 노동자의 투쟁과 이로 인한 노사 갈등이 예상된다. 교섭력을 갖고 있는 정규직 노동조합은 요구 사항이 관철되지 않는다 해도 전면적인 투쟁보다 부분적인 양보를 해서라도 현재의 불리한 상황을 넘기려고 할 것이다. 이에 비해 특수고용 노동자와 간접고용 노동자들은 고용 안정 등 생존권과 직결된 요구 사항을 갖고 있기 때문에 투쟁을 통해 사용자 양보를 이끌어내려고 할 것이다. 실제, 2022년만 해도 화물연대, 택배노조, 대우조선 사내하청지회가 주요 갈등 사례였는데 모두 특수고용이거나 간접고용 노동자였다. 따라서 2023년 부문별 노사 갈등은 공공 부문과 비정규직이 주도할 것으로 보인다. ■

# 정부 재정건전성 확보 의지 강하지만…
# 경제·사회적 여건 따라 쉽지 않을 수도

**주원** 현대경제연구원 이사대우(경제연구실장)

우리나라 가계부채 규모(한국은행에서 발표하는 가계신용 통계를 의미)는 2021년 말 약 1862조9000억원에서 2022년에는 전년 대비 3%가량(2022년 상반기 전년 동기 대비 3.2%) 증가해 1900조 규모가 될 것으로 추정된다. 증가율을 기준으로 하면, 코로나 이후 2020년 8.1%와 2021년 7.7%에서 크게 낮아지는 모습을 보이고 있다. 부문별로는 주택담보대출 등 부동산 관련 대출이 여전히 가계부채 증가를 견인했다. 주택담보대출은 2021년 말 985조원에서 2022년 상반기 1001조원으로 증가한 반면, 기타 대출은 같은 기간 773조원에서 757조원으로 감소했다.

2022년 재정수지는 2021년보다 개선됐다. 2022년에도 코로나 바이러스에 따른 불황이 지속됐고 이에 따른 경제 위기 극복과 취약계층 지원에 대한 대규모 재정 수요가 있었다. 본예산 기준으로 재정지출 규모는 2021년 558조원에서 2022년 607조7000억원으로 8.9%의 증가율이 계획됐으나, 2022년 두 차례 추경이 국회를 통과하면서 실제 2022년도 재정지출은 679조5000억원에 달했다. 또한, 2차 추경의 최종 재정수입도 당초 본예산에서 계획됐던 553조6000억원을 훨씬 넘어서는 609조1000억원에 달했다. 이에 따라 2022년 2차 추경까지의 통합재정수지는 70조4000억원 적자를 기록했다. 2021년 2차 추경까지의 90조3000억원 적자는 물론, 2021년 본예산의 75조4000억원 적자보다 개선된 결과다.

2023년 가계부채에 가장 결정적으로 영향을

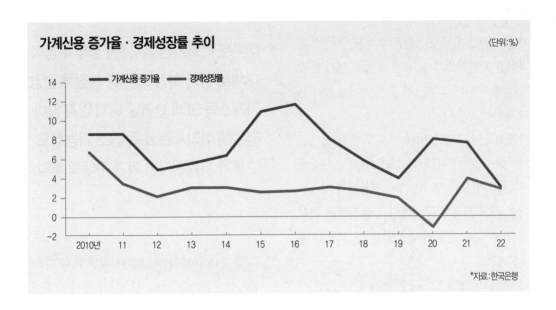

**가계신용 증가율 · 경제성장률 추이** 〈단위:%〉

— 가계신용 증가율　— 경제성장률

*자료:한국은행

미칠 요인은 금리다. 2022년 미국 중앙은행인 연준의 빠른 금리 인상이 진행됐고 한국은행도 그 정도 속도까지는 아니지만 금리를 높여왔다. 문제는 미 연준의 인플레이션 타기팅이 2%의 물가 상승률임을 감안하면 2023년에도 고금리가 유지될 가능성이 높고 이는 우리나라에도 해당된다는 사실이다. 가계 입장에서는 자금 조달 비용이 크게 높아지는 것이기 때문에 가계부채 증가세가 약화될 것은 분명하다. 다만, 명목 경제지표인 가계부채가 감소할 가능성은 높지 않다. 실제 2002년 이후 연간 통계를 보면, 가계신용이 전년 대비 감소율을 기록한 경우는 없다.

### 2023년 가계부채 결정적 팩터는 금리

두 번째 요인은 부동산 시장이다. 지금의 시장 상황으로는 부동산은 투자 대상이 아니다. 거래 절벽이 나타나고 있는 가운데 금리마저 높아지고 있기 때문에 시장 조정이 불가피하다. 물론 정부의 부동산 거래 활성화 정책이 조기에 성과를 보일 수 있다면 이야기가 달라지겠지만, 현재의 국회 내 정치 구도 아래서 시장 관련 법안 통과가 쉽지 않을 것이기에 시장 내 거래는 위축될 가능성이 높다. 특히, 그동안 과도한 빚을 내 투자한 자금의 이자 상환 부담이 급증할 것인 만큼 부동산 시장 약세는 불가피해 보인다. 우리 대출 시장에서 부동산 관련 대출 비중이 절대적이기 때문에 부동산 시장 침체는 가계부채가 크게 증가하지 못하게 하는 결정적인 요인으로 작용할 전망이다.

세 번째 요인은 경제 상황이다. 대부분 예측

기관의 2023년 경제 상황은 부정적이다. 아직 확실한 컨센서스가 없지만 대체로 경기 하강 또는 경기 침체 국면으로 들어갈 가능성이 높다고 입을 모은다.

가계소득이 크게 늘어날 여지가 많지 않다는 의미다. 경우에 따라서는 소득 감소도 생각해야 한다. 더구나 상반기까지 고물가가 지속된다면 실제 가계의 구매력이 절대적으로 취약해져 부채에 대한 이자 부담은 큰 고통이 될 수도 있다.

마지막으로 신용카드나 자동차 할부 관련 가계신용은 오히려 빠르게 증가할 여지가 있어 보인다. 아주 예외적으로 심각한 불황이 아니라면 소비와 관련된 대출이 위축되는 사례는 드물다. 특히 코로나로 인해 억눌렸던 보복 소비 심리가 여전히 유효하다. 다만, 이는 취약계층이 아니라 중산층과 고소득층에 해당되는 이야기다. 또한, 예상 외로 경기 침체 강도가 심각하다면 직접 소비를 위한 신용 규모는 오히려 급격히 위축될 가능성도 있다.

### 2023년 재정수지 전망은

정부 재정수지는 재정지출 수요, 세수입 여건에 의해 결정된다. 최근 기획재정부가 국회에 제출한 2023년 예산안(단, 이는 정부가 국회에 제출한 예산안으로 국회의 심의 과정에서 삭감 또는 증액되는 경우가 많음)의 2023년 총지출 규모는 639조원이다. 2022년 본예산

**대부분 예측기관 2023년 경제 부정적**
**대체로 경기 하강 또는 경기 침체 전망**
**가계소득 크게 늘어날 여지 많지 않아**
**경우에 따라서는 소득 감소 가능성도**
**고물가 지속된다면 가계 구매력 취약**

의 총지출 규모인 607조7000억원 대비 5.2% 증가한 규모이나, 2022년 2차 추경 예산 즉 최종 예산(679조5000억원)의 총지출 대비로는 6% 감소한 수준이다.

주목할 점은 총지출 증가율이 낮아졌다는 것이다. 이는 분명한 재정 정책 기조 변화로 받아들일 수 있다.

한편, 재정 지출 재원이 되는 재정수입(총수입)은 2023년 625조9000억원으로 2022년 본예산의 총수입 규모 553조6000억원 대비 13.1%, 2022년 2차 추경 예산의 총수입(609조1000억원) 대비 2.8% 증가한 규모다. 코로나 경제 위기 기간 본예산 기준 총수입 증가율을 보면, 2020년(전년 대비 1.2%)과 2021년(0.3%)에는 경기 침체로 세입 여건이 좋지 않았다. 그러나 2022년 총수입은 2021년 대비 14.7% 늘어난 553조6000억원으로 편성했다. 이에 따라 정부는 2023년 재정수입도 전년도 본예산 대비 두 자릿수로 증가율로 계획하고

금리가 급등하면서 가계부채 우려가 확산 중이다. (매경DB)

있다.

총지출과 총수입 계획대로라면 통합재정수지 규모는 2022년 54조1000억원 적자(2차 추경 기준 70조4000억원 적자)에서 2023년에는 13조1000억원 적자로 대폭 축소된다. 이에 따라 재정수지 적자의 GDP 대비 비율은 본예산 기준으로 2022년 ▲2.5%에서 2023년 ▲0.6%로 축소된다. 2023년 정부 재정수지 계획치를 고려한다면 여전히 확장적 재정이다. 즉, 재정수입보다 재정지출이 많은 구조로 경기 진작을 위해 적자폭만큼 정부의 재원을 시장에 푼다는 의미다. 다만, 재정적자폭이 감소하는 것이기 때문에 확장 강도는 약해짐을 알 수

있다.

또 하나의 포인트는 세입 여건이다. 실제 2022년 2차 추경 총수입은 본예산에서 계획했던 것(553조6000억원)보다 훨씬 증가한 609조1000억원으로 55조5000억원이 급증했다. 이는 인플레이션이 세수입을 늘리는 효과로도 작용한 것으로 보인다. 다만, 경기 침체가 전방위적으로 발생하고 자산 시장 거래가 크게 위축된다면 세수입이 충분히 확보되지 못할 가능성도 상존한다. 정부의 재정건전성을 확보하려는 의지가 강한 것은 분명하지만, 과연 경제·사회적 여건이 이를 뒷받침할 수 있을지는 여전히 불확실하다. ∎

# 조선·자동차 든든한 동남권 굳건
# 디스플레이·철강 부진에 충청권 눈물

**반진욱** 매경이코노미 기자

2022년 3분기 지역 경제는 글로벌 경기 둔화 등의 영향으로 제조업 생산이 소폭 감소했으나 서비스업 생산이 일상 회복 지속에 힘입어 일정 부분 증가하면서 대체로 2022년 2분기 수준을 유지했다.

한국은행이 작성한 지역 경제 동향 보고서에 따르면 2023년 지역 경제는 제조업과 서비스업 생산 모두 2022년 3분기 수준에 머물면서 성장 흐름이 다소 약화될 것으로 보인다. 지정학적 불안, 주요국 금리 인상 가속화 등 대외 여건과 관련된 불확실성이 높은 상황이다.

주요 권역별로 경제 상황 전망을 분석해봤다.

## 동남권(부산·울산·경남)
## 조선·자동차 제조업 든든

동남권 제조업은 지역 핵심 산업인 조선과 자동차를 중심으로 생산액이 늘어날 것으로 예상된다. 자동차·부품은 탄탄한 수요에 힘입어 차량용 반도체 등 공급망 차질이 점차 완화되면서 생산이 증가할 것으로 보인다. 철강·금속가공 또한 양호한 전방 산업(조선 산업)에 힘입어 성장세가 지속될 전망이다. 조선은 친환경·고부가가치 선박 수요 확대로 수주잔량이 증가하며 생산이 확대될 것이다. 다만 탄탄대로만 열린 것은 아니다. 조선 업계 인력난과 높은 원자재 가격 등이 위험 요인으로 작용할 가능성이 있다. 석유정제는 글로벌 유가 하락에 따른 수익성 저하로 생산량이 감소할 것으로 보인다. 기계 장비와 석유화학의 경우도 중국의 수요 둔화 등으로 생산이 줄어들 것으로 조사됐다.

동남권 내 서비스업은 코로나19 유행 여파에서 본격적으로 벗어나는 모습이다. 숙박·음식점업과 도소매업은 대면 서비스 소비 회복세가 지속되며 판매액이 늘어나고 있다. 2023년 지역 내 대규모 행사 개최 등이 본격화되면 소매 판매액은 더 증가할 것으로 보인다. 운수업은 해외여행 수요가 회복되며 항공 운송을 중심으로 회복세를 나타낼 전망이다. 다만 글로벌 경기 침체 우려로 인한 교역량 감소 가능성 등이 상승폭을 제한할 것으로 예상된다. 부동산업은 분양 물량 증가에도 불구하고 가계대출 금리 상승세 지속에 따른 매수 심리 둔화로 전분기에 비해 소폭 감소할 것으로 전망됐다.

### 충청권(대전·세종·충남·충북)
### 반도체·디스플레이 부진 아쉬워

충청권은 업종별로 희비가 엇갈리는 모습이다. 자동차는 전기차 양산이 본격화되며 증가할 전망이다.

현대차 아산공장은 2022년 8월 넷째 주부터 차세대 전기차 아이오닉6 양산을 본격화했다. 아이오닉의 폭발적인 인기에 아산공장은 휴일특근 등을 재개하며 생산 물량을 극대화하는 데 집중하고 있다. 2차전지 등 전기 장비는 글로벌 친환경차 수요 지속, 스마트팩토리 등에 대한 수주 증가에 힘입어 생산량이 늘어

**동남권은 자동차·조선 선방에 성장**
**충청권은 반도체 부진 살짝 아쉬워**
**대경권은 IT·섬유 성장세 둔화 움직임**
**호남권은 석유화학 부진에 울상**
**강원권은 농축산물 생산량 소폭 감소**

날 것으로 보인다. 의약품은 전문·일반의약품, 건강기능식품을 중심으로 생산지수가 증가할 것으로 조사됐다.

반면 반도체는 경기 둔화에 따른 수요 감소, 메모리 반도체 가격 하락과 공급 초과 지속으로 위축될 전망이다. 디스플레이는 소비자용 IT 제품의 글로벌 판매 부진이 계속되는 가운데 신형 스마트폰 출시 효과가 줄어들며 생산량이 감소한다. 철강 생산은 자동차, 선박 등 전방 산업에서의 수요가 이어지겠으나 중국 경제 회복세 지연, 일부 업체의 설비 보수 가능성으로 소폭 감소할 것으로 예상된다.

### 호남권(광주·전남·전북)
### 석유화학 산업 부진 다소 아쉬워

호남권 산업은 석유화학 업종을 빼고 전체적으로 활기를 띤다. 호남권 내 전자 부품 업종 생산지수는 시스템 반도체 시장 호조에 힘입어 증가할 것으로 예상된다. 지역 내 자동차

생산은 부품 수급 차질이 완화되고 신제품 생산이 늘어나면서 소폭 증가할 것으로 보인다. 철강은 자동차, 조선 등 전방 산업 업황 개선으로 수요가 다소 회복하는 모습이다. 이에 힘입어 생산이 증가할 전망이다. 조선은 수주 호조 등에 힘입어 증가세를 이어갈 것으로 보인다. 석유정제는 정제마진 개선이 지연될 것으로 전망되는 가운데 가동률도 이미 높은 수준에 도달했다. 2023년에도 2022년 3분기와 유사한 수준을 보일 전망이다.

다만, 석유화학 업종은 수익성 개선이 지연되고 있다. 업체들의 가동률 추가 조정 가능성이 크다. 여수산단 내 업체들은 재고 증가와 수익성 악화 문제에서 좀처럼 해법을 찾지 못하고 있다. 획기적인 개선이 일어나지 않는한 석유화학 업종은 생산 회복이 어려울 수밖에 없다.

### 대경권(대구·경북)
### 섬유·휴대폰 성장세 둔화

대경권 내 자동차 부품은 레저용 자동차·친환경차를 중심으로 신모델·신차 출시 효과의 수혜를 받는다. 관련 부품 생산 업체가 많은 만큼 향후 생산량이 늘어날 것으로 예상된다.

섬유는 글로벌 경기 침체에 따른 수출 부진으로 당분간 현 수준의 생산액을 유지할 전망이다. 생산 성장세는 당분간 나타나지 않을 확

자동차 수출이 크게 늘면서, 지방 자동차 공장의 생산량도 늘어났다. 사진은 울산 현대차 공장 수출 선적 부두. (매경DB)

률이 높다.

휴대폰은 글로벌 수요 약화에도 불구하고 신제품 출시 영향이 지속된다. 완제품과 부품 모두 2022년 수준을 유지할 전망이다. 기계장비 생산도 2022년 수준을 유지할 것으로 보인다. 철강은 포항제철소 수해 피해에 따른 생산 차질 등으로 추후 생산량이 감소할 것으로 보인다. 디스플레이는 주력 상품군이 OLED 패널로 전환되면서 LCD 패널 생산 비중이 축소됨에 따라 전분기보다 소폭 감소할 것이다.

대경권 내 서비스업은 전망이 다소 불투명하다. 도·소매업은 외부 활동 정상화에 따른 대면 소비 증가 요인을 물가 상승에 따른 소비 심리 위축이 상쇄한다. 운수업은 중국, 일본 등 수요가 많은 국제선 운항 재개가 불투명하다. 숙박·음식점업은 대면과 외부 활동 정상화에도 불구하고 광역 단위 행사 종료 등의 영향으로 2022년보다 소폭 감소할 것으로 전망된다. 부동산업은 대구를 중심으로 매수 심리 약화가 지속됨에 따라 감소세를 이어나갈 것으로 보인다.

## 강원권(강원)
### 농·축산물 생산량 대폭 감소

강원권 전선 산업은 미국, 동남아 등으로의 수출 대상국 다변화, 대만으로의 공급 재개 등의 호재를 맞았다. 2023년 생산량은 2022

**자동차·조선 산업은 선방했지만
IT 반도체 디스플레이는 부진 우려
주력 산업 따라 지방 경제 희비 갈려
경제 회복세 펼치는 지방 경제지만
수도권 편중 문제는 해결이 필요**

년 대비 증가할 것으로 예상된다. 의료 기기는 신제품 판매, 해외 마케팅 강화 등에 따른 수출 증가세 지속에 힘입어 양호한 흐름을 이어갈 전망이다. 자동차 부품은 글로벌 긴축 등 제약 요인에도 불구하고 완성차 업체의 친환경차 생산이 늘어나며 생산 증가세를 이어갈 전망이다.

반면, 의약품은 국내외 코로나19 확산세 진정으로, 시멘트는 국내외 건설 경기 둔화와 유연탄 가격 상승 지속 영향으로 2022년 대비 생산이 감소할 전망이다. 합금철 역시 주요국 수요 둔화 등으로 수출이 줄어들며 감소세가 지속될 것으로 예상된다.

도내 농산물 출하량은 엽근채소의 가을·겨울 재배 의향 면적 감소 등으로 2022년 동기보다 소폭 감소할 것으로 예상된다. 축산물은 소가 사육·도축 물량이 늘면서 증가하는 반면 돼지는 전분기 수준을 유지할 것으로 나타났다. ■

# "중국 안녕"…신흥 시장 FTA가 살길
# 아세안·라틴아메리카 새로운 황금밭

**이유진** 한국무역협회 수석연구원

2022년 한국은 '무역 적자국'이 됐다. 2022년 8월까지 한국의 누적 무역 적자는 250억달러를 넘어섰다. 수출이 22개월 연속 전년 동기 대비 증가세를 지속하고 있음에도, 월별 수입 증가율이 20~30%를 넘나들며 두 자릿수를 이어가면서 무역 적자가 확대됐다. 2008년 이후 14년 만에 연간 무역수지가 적자를 기록할 것으로 예측되는 상황이다.

러-우 전쟁과 미-중 갈등을 비롯한 지정학적 리스크 고조에 따른 글로벌 경기 불안, 공급망 리스크 확대에 따른 원자재 가격 급등, 중국의 제로 코로나 정책으로 인한 중국 수요 둔화 등이 무역 적자 원인으로 꼽힌다. 특히 우리나라는 2021년 기준 전체 수출에서 중국이

차지하는 비중이 25%를 넘어서고, 대(對)세계 무역 흑자 중 대중국 무역 흑자 비중이 83%에 달하는 등 중국 의존도가 높다. 당연히 중국 경기 둔화에 따른 타격이 크다. 중국 수출이 마이너스로 전환되는 한편, 전기차 배터리에 쓰이는 리튬을 비롯한 중국으로부터의 수입이 크게 늘어나면서 우리나라 무역 흑자를 견인해온 대중국 무역수지는 28년 만에 적자를 기록했다.

## 너무 높은 중국 의존도
## 멕시코 등 신흥 시장과 FTA 협상 중

중국에 대해 지나치게 높은 무역 의존도 문제는 이전부터 제기돼왔다. 2022년 지정학적 리스크 고조와 중국의 코로나 봉쇄 조치 등이 복합적으로 작용하면서 무역 다변화 필요성이

국내 무역 적자의 원인으로 지나치게 높은 중국 의존도가 문제라고 지적받는다. (매경DB)

## 2022년 우리나라 무역 통계

단위:억달러, %

| | | 1월 | 2월 | 3월 | 4월 | 5월 | 6월 | 7월 | 8월 | 1~8월 |
|---|---|---|---|---|---|---|---|---|---|---|
| 수출 | | 555 | 542 | 638 | 578 | 616 | 577 | 603 | 567 | 4675 |
| | | (15.5) | (21.1) | (18.8) | (12.9) | (21.4) | (5.3) | (8.7) | (6.6) | (13.5) |
| 수입 | | 604 | 533 | 637 | 603 | 632 | 602 | 653 | 661 | 4926 |
| | | (35.8) | (25.8) | (28) | (18.5) | (31.9) | (19.4) | (21.7) | (28.2) | (25.9) |
| 무역수지 | | −49 | 9 | 1 | −25 | −16 | −25 | −50 | −94 | −251 |

*괄호 안은 전년 동기 대비 증감률을 의미

더욱 강조되는 분위기다.

이에 한국 정부는 신규 FTA 협상을 통해 무역 다변화를 위한 신규 수출 시장 발굴에 힘쓰고 있다.

2022년 3월 멕시코와 GCC(걸프협력회의)와의 FTA 협상이 각각 14년, 13년 만에 재개됐다. 에콰도르와도 14개월 만에 협상을 재개했다. 또한 칠레를 비롯한 5개국과 개선 협상을 진행 중이고, 10월 협정문이 공개된 필리핀 FTA는 국민 의견 수렴 중에 있다. 그 밖에 이스라엘과 캄보디아와 체결한 FTA가 2022년 9월 국회 비준 완료 후 발효 시점 논의 중에 있다. 인도네시아와의 협정도 오랜 지연 끝에 8월 인도네시아 국회에서 비준이 완료됨에 따라 조만간 발효 절차에 들어갈 것으로 예상된다.

최근 추진 중인 FTA에서 아세안과 라틴 아메리카를 비롯한 신흥 시장이 주목할 만하다. 미국의 탈중국 공급망 재편 시도가 지속되고 있는 데다, 중국의 강력한 제로 코로나 정책으로 고강도 봉쇄와 생산 차질이 반복되면서 중국을 대체할 생산기지로 신흥국이 떠오르고 있어서다. 실제 미국은 생산기지를 자국 내로 이전하는 '리쇼어링'과 북미 지역을 비롯해 인접 국가로 이전하는 '니어쇼어링', 동맹국 중심으로 공급망을 재편하는 '프렌즈쇼어

**무역 흑자 중 중국 비중이 83%인데
경기 침체에 중국 수요 둔화 더해져
14년 만에 연간 무역수지 적자 기록
신흥국 FTA로 수출 구조 개선 기대**

링' 등 다양한 전략을 추진 중이다.

이런 상황에서 멕시코와의 FTA 협상이 재개됨에 따라 향후 멕시코 수출 시장 확대와 투자 원활화를 통해 공급망 재편에 효과적으로 대응할 수 있을 것으로 기대된다. 세계 리튬 매장량 1위이자 2위 생산국인 칠레와의 개선 협상은 리튬 광물 수입선 다변화에 일조할 수 있을 것으로 보인다. 특히 미국의 '인플레이션 감축법(IRA)' 시행으로 2023년부터 리튬을 포함한 전기차 배터리 핵심 광물을 중국에서 조달하면 우리 기업이 미국 정부의 전기차 보조금 지급에서 배제될 수 있다. 이는 칠레와의 협력을 통해 돌파구를 마련할 수 있을 것으로

기대된다.

한–캄보디아 FTA는 2022년 12월부터 발효될 예정이다. 자동차, 건설 중장비, 농수산물 등 대캄보디아 주요 수출 품목 관세가 철폐된다. 한–인도네시아 CEPA(포괄적 경제동반자 협정)는 명확한 발효 시점이 나오지는 않았으나, 2022년 7월 조코 위도도 인도네시아 대통령 방한을 계기로 FTA 절차가 속도를 내면서 멀지 않은 시점에 발효 가능할 것으로 예측된다. CEPA가 발효되면 대인도네시아 수출 비중이 큰 플라스틱과 고무 제품, 자동차 부품에 대한 관세가 즉시 철폐된다. 또 철강 제품에서도 단계적으로 관세가 철폐될 전망이다. 이 밖에 필리핀과의 FTA에서는 자동차와 자동차 부품의 단기 관세 철폐로 수출 여건 개선이 예상된다. 이처럼 전반적으로 아세안 시장으로의 수출 확대가 기대된다.

수출 시장 다변화 외에도 아세안으로의 투자 확대를 통한 공급망 재편 대응, 천연자원 개발 등 경제 협력 확대를 통해 중국으로 편중된 우리 수출 구조를 개선하는 효과도 기대할 수

**한국의 FTA 추진 현황**

| 발효(18건, 58개국) | 서명·타결 (5건) | 협상 중 | | |
|---|---|---|---|---|
| | | 신규·재개(8건) | 개선(5건) | 여건 조성(4건) |
| 칠레, 싱가포르, EFTA(4), ASEAN(10), 인도, EU(27), 페루, 미국(개정), 터키, 호주, 캐나다, 중국, 뉴질랜드, 베트남, 콜롬비아, 중미(5), 영국, RCEP | 인도네시아, 이스라엘, 캄보디아, 필리핀, 싱가포르 DPA | 한중일, 에콰도르, 메르코수르(4), 러시아, 말레이시아, 우즈베키스탄, 멕시코, GCC | 칠레, ASEAN, 인도, 중국, 영국 | PA 가입 협상, EAEU, UAE, CPTPP |

*주: 괄호 안은 국가 수
*자료: 산업통상자원부, 한국무역협회

## 2022년 우리나라 對중국 무역 통계

단위 : 억달러, %

| | 1월 | 2월 | 3월 | 4월 | 5월 | 6월 | 7월 | 8월 | 1~8월 |
|---|---|---|---|---|---|---|---|---|---|
| 수출 | 134 | 130 | 156 | 129 | 134 | 130 | 132 | 131 | 1077 |
| | (13.4) | (16.3) | (16.7) | (−3.4) | (1.3) | (−0.8) | (−2.7) | (−5.4) | (4) |
| 수입 | 132 | 104 | 126 | 123 | 145 | 142 | 138 | 135 | 1045 |
| | (22.4) | (15.3) | (16) | (7.1) | (33.5) | (24.1) | (19.9) | (15.1) | (19.1) |
| 무역수지 | 2 | 26 | 30 | 6 | −11 | −12 | −6 | −4 | 32 |

*괄호 안은 전년 동기 대비 증감률을 의미

있다.

한편 우리나라는 IPEF(인도태평양 경제 프레임워크)에 참여해 2022년 9월부터 협상에 나서고 있다. 미국 주도로 2022년 5월 출범한 IPEF는 일본, 아세안 7개국, 인도, 호주, 뉴질랜드, 피지 등 14개국이 참여한 경제협력체다. 인도태평양 지역 경제 협력을 내세우고 있으나 인도태평양 지역 주요국 중 한 곳인 중국을 배제했다는 점에서 사실상 중국 견제가 목적이다. 기존 FTA와 달리 관세 인하 등의 시장 개방은 전혀 다루고 있지 않으며, 공급망 협력 강화, 디지털·환경 등 신통상 규범 정립 등을 논의할 예정이다.

미국은 APEC(아시아태평양 경제협력체) 회의에서 IPEF 최종 합의안을 발표하기 위해 회의가 개최되는 2023년 11월을 기한으로 합의를 이뤄내고자 한다. 그러나 부족한 시간적 여유와 관세 인하 등 인센티브 결여로 높은 수준의 합의는 다소 어려울 전망이다. 그럼에도 디지털, 환경 등의 분야에서 규범과 기준이 마련되면 새로운 무역 장벽으로 작용할 우려가 있다. 따라서 한국에 유리한 방향으로 논의가 진행될 수 있도록 한국 정부도 적극적으로 협상에 참여하고 있다.

2023년도 시장 상황은 녹록지 않을 전망이다. 러-우 전쟁 장기화에 따른 원자재 가격 불안, 인플레이션 대응을 위한 각국의 금리 인상 등으로 글로벌 경기 회복에 부담이 가중되고 있다. 또한 우리나라 최대 수출 시장인 중국이 제로 코로나 정책을 포기한다 해도 미-중 갈등, 수출 둔화, 부동산 경기 위축 등으로 이전의 높은 경제성장률을 이어가기 힘들 전망이다.

이에 따라 2023년 우리 수출 여건도 어려운 상황이 이어질 것으로 예상된다. 다만, FTA를 통한 수입선 다변화, 신규 수출 시장 발굴을 통해 중국에 대한 높은 의존도 문제를 해결할 수 있을 것이다. 2017년 사드 갈등으로 한국 수출이 타격을 입었지만 한편으로 대중국 수출 비중을 낮추는 계기가 됐던 것처럼, 2022년 무역 적자가 우리나라 수출 구조를 개선할 수 있는 기회가 되기를 기대한다. ▪

# IV

## 2023
## 매경 아웃룩

# 세계 경제 어디로

# '킹달러' 2023년 2분기는 돼야 진정
# 미국 경제 연착륙 실패하면 도로 '킹달러'

**오건영** 신한은행 WM컨설팅센터 부부장

2023년을 전망하기 이전에 2022년 외환 시장의 핵심이었던 '킹달러'에 대한 점검으로 글을 시작해보겠다.

미국의 물가 상승세가 예사롭지 않기에 연준은 '일시적'이라는 단어로 일관했던 기존 스탠스에서 벗어나 2021년 연내 테이퍼링을 시행하고, 2022년 3월부터 기준금리 인상에 돌입했다. 대내외 평가는 이미 연준이 인플레이션을 제압할 적기를 실기(失期)했다고 보고 있었다. 그러기에 연준의 금리 인상 속도는 시장 예상보다 훨씬 빨랐다. 2022년 3월 25bp(0.25%)를 시작으로, 5월에는 50bp, 그리고 6·7·9월 연거푸 75bp의 이른바 자이언트스텝 금리 인상을 단행한다. 그리고 2022

년 연말 4.5%까지의 추가적인 금리 인상의 가능성을 시사한 바 단기 금리 인상 속도로만 보면 1980년대 초반 볼커 Fed 전 의장의 인플레이션 파이팅 시기 이후 가장 빠른 행보를 이어가는 셈이다. 참고로 파월 의장은 긴축 의지를 밝히기 위해 'Keep At It'이라는 표현을 썼다. 이는 볼커 전 의장이 썼던 말이다. 볼커 전 의장은 경기 침체 우려와 반발에도 22%대까지 가혹한 금리 인상을 이어갔던 인물이다. 이런 상황의 가장 큰 피해자는 당연히 미국 외국가다.

자국 성장세가 미국만큼 강하지 않기에 이렇게 빠른 미국의 금리 인상 속도를 따라가지 못하기 때문이다. 금리 인상 속도 차이로 인해 미국과의 금리차가 벌어지면서, 달러 대비 자국 통화 매력이 낮아지는데 이로 인해 원달러

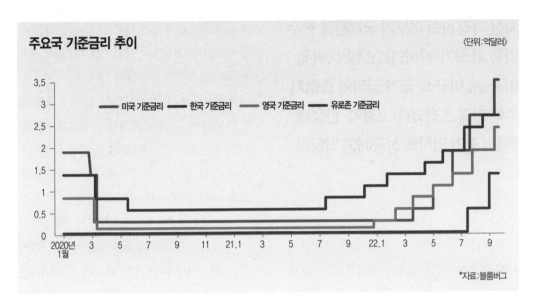

**주요국 기준금리 추이** 〈단위:억달러〉

*자료:블룸버그

환율은 1400원 선을 돌파하면서 2009년 금융 위기 이후 가장 높은 수준을 기록하기도 했다. 엔화 역시 1998년 이후 가장 약한 흐름을, 유로화는 2002년 이후, 위안화는 2008년 이후 가장 약세를 기록하고 있다.

특히 정책 대응 미숙함을 드러냈던 영국 파운드화는 1985년 이후 가장 낮은 수준으로 하락하면서 미국과의 금리차로 인한 통화 가치 하락 우려까지 나왔다. 영국은 준기축 통화국으로 분류된다. 파운드화가 그만큼 견고하다는 의미인데, 이번 사건을 계기로 예외가 아님을 보여줬다. 이렇게 빠른 약세를 보이는 'Non-US(비미국)' 국가 통화 약세를 '킹달러'라는 단어로 압축할 수 있다. 그리고 이런 킹달러 현상은 자산 가격 조정과 글로벌 경기 둔화 우려 점증으로 인한 안전자산 선호 현상과 맞물

리면서 대표적 글로벌 안전자산에 해당되는 달러로의 자금 쏠림을 더욱 부채질하는 요인이 된다.

### 킹달러 언제 진정될까

킹달러 현상은 내년에도 유효할까.

핵심은 미국과의 금리차를 어느 정도 좁힐 수 있느냐에 달려 있다.

앞서 언급한 것처럼 미국은 실기를 했기 때문에 이른바 프런트 로딩(Front-Loading) 전략, 즉 선제적으로 빠르게 기준금리를 인상하는 전략을 택하고 있다. 그래서 미국 금리 인상 속도를 다른 국가가 따라가기는 매우 어렵다. 그러나 미국이 목표로 하는 금리 레벨에 도달하면, 미국은 다른 어떤 국가보다 빠르게 기준금리 인상을 멈출 수 있다. 실제 연방기금

## 자산 가격 하락 여부가 국제환율 변수
## 미국 외 국가 '자이언트스텝' 어려워
## 미국 vs 미국 외 국가 금리차 좁혀져
## 주택 가격 조정되면 '고물가' 진정세
## 연준, 경기 연착륙 성공해야 약달러

선물 시장 참가자들은 2023년 상반기까지 4.75~5%까지 기준금리를 인상할 것으로 보고 있다.

반면 다른 국가의 경우는 미국 인상 속도를 따라가지 못했던 만큼 뒤늦게 기준금리 인상을 이어가면서 따라갈 수 있다. 한국은행의 경우, 가계부채 리스크가 크기에 기준금리 인상의 폭을 미국과 같은 '자이언트스텝' 레벨로 가져가기 어렵다. 실제 2022년 7월 금융통화위원회에서 사상 최초로 50bp(0.5%) 기준금리 인상을 단행한 이후에도 이례적인 인상폭이었음을 한은 총재가 수차례 강조했던 바 있다. 2022년 연내 기준금리 인상 속도가 떨어지기에 단기적으로는 미국과의 금리차가 벌어질 수 있지만, 미국 금리 인상이 선제적으로 종료된다면 이후 진행되는 Non-US 국가들의 추가적인 금리 인상으로 미국과의 금리차를 조금씩 좁혀나갈 수 있을 것이다. 미국의 Front-Loading 금리 인상 종료와 뒤따른 Non-US의 금리 인상으로 금리차가 일정 수준 좁혀지는 2023년 2분기 정도에 달러 강세 현상이 주춤해질 가능성이 있다.

아울러 미국의 인플레이션이 압력에 대한 고민이 필요하다. 인플레이션이 빠르게 둔화된다면 추가적인 금리 인상 경로 역시 탄력적으로 수정될 수 있다. 미국의 인플레이션은 수요와 공급 측면에서 동시에 진행됐다. 러시아-우크라이나 전쟁으로 대변되는 에너지 가격 상승 등 공급 측면 물가 상승 압력은 일정 수준 완화되면서 미국의 헤드라인 소비자물가지수 상승세는 소폭 둔화되는 모습을 보이고 있다. 물론 러시아-우크라이나 전쟁의 확전이라는 예측하기 어려운 악재에 재차 봉착할 가능성은 상존한다.

문제는 여전히 탄탄한 미국의 소비에 기반한 수요 측면 물가 상승 압력이다. 우선적으로 고려할 것은 미국의 빠른 기준금리 인상으로 인한 이자 비용 증가다. 미국 가계의 이자 부담 확대뿐 아니라 올라버린 금리로 인해 추가적인 대출을 통한 소비에 제약이 발생하게 된다. 기존에 비해 크게 오른 물가 역시 소비를 둔화시키는 요인으로 작용할 수 있다. 2022년 1년여간 하락세를 보인 자산 가격을 감안하면 시차를 두고 소비를 위축시키며 수요 측면 물가 상승 압력을 다소나마 둔화시킬 것으로 판단된다.

자산 가격 하락에는 주택 시장 역시 포함될 수

매경DB

있는데, 지난 2022년 9월 FOMC에서 파월 연준 의장은 이례적으로 주택 가격이 너무 높아 일정 수준 조정을 거쳐야 할 것이라고 말했다. 주택 가격 상승이 미국인의 주거비 부담을 높이고, 주거비 비중이 높은 미국 소비자 물가지수를 높은 수준에 머물도록 하는 바, 주택 가격 조정은 인플레이션 완화로 직결될 수 있다. 물론 약간의 인플레이션 완화에 1970년대와 같은 'Stop & Go(멈췄다가 다시 출발)'의 실수를 반복하지 않겠다고 강조하는 연준이 즉각 반응하지는 않겠지만, 완화 추세가 뚜렷하게 확인된다면 금리 인상의 조기 종료 가능성이 충분히 있다.

## 변수는 글로벌 경기 침체

다만 여기서의 변수는 글로벌 경기 침체 우려다. 인플레이션을 제압하기 위한 연준의 금리 인상이 미국뿐 아니라 전 세계 경제 성장에 타격을 주게 된다면 안전자산 선호 현상 영향으로 앞서 언급했던 달러 강세 기조가 연장될 가능성 역시 상존한다.

40년 만에 찾아온 강한 인플레이션과 이를 제압하기 위한 연준의 시도로 미국 경제가 연착륙에 성공하면 킹달러 현상의 완만한 둔화를 점쳐볼 수 있을 것이다. 그러나 인플레 제압 과정에서 미국 경제가 연착륙에 실패하며 경기 침체 우려가 현실화된다면 안전자산 선호 현상으로 인한 달러 강세 기조는 더 심화될 수 있다.

인플레이션과 디플레이션, 예상 밖 금리 인상 등 '수십년 만의 ○○○'과 같은 표현이 일상화된 상황이다. 글로벌 외환 시장 전망에 있어서도 극단적인 예외적 변수들이 영향을 줄 수 있는 바, 인플레이션 제압 과정과 그로 인한 연착륙과 경기 침체 등의 향후 흐름을 예의 주시할 필요가 있다. ■

# 美 국채 2023 하반기 2%대 진정세
(10년물)
# 기준금리 5% 근접 후 점차 속도 조절

**윤여삼** 메리츠증권 채권 연구위원

2022년은 전 세계적으로 금리가 오른 한 해였다.

2021년만 해도 이 정도는 아니었다. 2020년 8월 미국채 10년 0.5% 바닥을 확인한 이후 2021년 연말까지 100bp(bp=0.01%p)가량 올라 1.5%대를 기록했다. 팬데믹 이전 미국채 10년물 금리는 1.7% 정도에 불과했다. 블룸버그채권지수 기준 글로벌 평균 국채 금리는 0.5% 바닥에서 2021년 말 0.9%까지 오른 정도가 전부였다.

경기와 물가 여건에 맞춰 움직이는 금리가 2021년까지 위기를 극복하고 적정한 속도로 올라오는 동안 주식과 부동산, 가상화폐 등 전반적인 자산 시장 강세가 지속됐다. 그렇지

만 2022년에 들어와 주요국 금리 상승 속도는 시장 예상과 달리 역사적 금리 저점 기록에 상응하는 듯 급등하기 시작했고 금융 시장의 불확실성과 변동성이 커지기 시작했다.

2022년 초 1.5%였던 미국채 10년물은 9월 말까지 4%대까지 상단을 높이면서 250bp가량 급등했다. 마이너스 금리에서 출발한 독일채 중심 유럽 금리 역시 240bp 이상 급등하면서 대부분 2%대 이상을 기록했다. 한국채 10년물은 2021년 선제적 기준금리 인상을 반영해 2022년 210bp가량 상승한 4.3%대를 기록했는데 이는 2008년 금융위기 이래 가장 큰 폭의 금리 상승이었다. 결국 블룸버그 글로벌 평균 국채 금리는 2022년에만 0.94%에서 3.02%로 치솟으면서, 채권 시장은 전년 대비 −11%의 수익률을 기록했다.

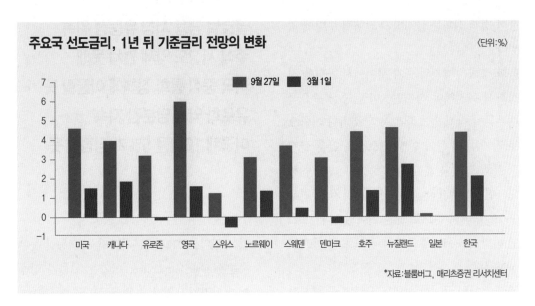

**주요국 선도금리, 1년 뒤 기준금리 전망의 변화** 〈단위:%〉

(막대그래프: 9월 27일, 3월 1일)

미국 캐나다 유로존 영국 스위스 노르웨이 스웨덴 덴마크 호주 뉴질랜드 일본 한국

*자료:블룸버그, 매리츠증권 리서치센터

## 예상치 못한 인플레이션의 불길

2023년 전망을 위해서는 2022년 글로벌 금리가 왜 급등했는지 원인 분석이 중요하다.

많은 투자자가 알고 있듯, 현재 금리 상승을 주도한 원인은 1980년 이후 40년 만에 찾아온 강력한 인플레이션이 핵심이다. 2021년 하반기만 해도 파월 의장을 중심으로 글로벌 중앙은행 수장과 학계, 금융 전문가들은 물가 상승이 '일시적(Temporary)'일 것으로 예상했다. 금융위기 이후 뉴노멀로 칭해지는 '저성장·저물가·저금리'라는 환경이 구조적이라는 평가가 우세했기 때문이다.

그렇지만 팬데믹 위기는 주요국 정책당국으로 하여금 과도한 정책 대응을 유도했고, 제로금리와 양적 완화 같은 통화 정책 이외에 GDP의 10%가 넘는 재정적자를 용인하면서 과잉 유동성을 창출했다.

가계와 기업에 과도한 돈이 풀리자 재화 중심 수요가 급증했고, 기업들은 생산을 위해 고용을 늘렸지만 전염병 공포로 사람을 구하기 어려워졌다.

그렇게 재화 가격과 임금이 올랐고, 리오프닝으로 후행적 서비스물가가 오르기 시작했다. 여기에 결정적으로 러시아-우크라이나 전쟁이라는 공급 충격, 천연가스 같은 에너지 가격이 급등하면서 물가 상승은 일시적이지 않게 됐다. 미국은 2022년 6월 소비자물가(CPI)가 전년 대비 9%대를 기록했고, 유럽과 영국은 에너지 문제로 2022년 9월 기준 10%가 넘는 CPI를 기록 중이다. 주요국 물가목표, 즉 적정물가가 2% 수준이라는 점에서 인플레이션 열기를 식히기 위한 중앙은행들의 통화 정책 선회는 급격하게 진행될 수밖에 없었다.

통화 정책은 경기와 물가 사이에서 균형을 적정하게 유지해야 하지만, 미국 중심 주요국 대부분이 아직 양호한 고용과 소비를 기반으로 경기 대비 물가 안정에 초점을 맞춘 급진적 통화 정책 선회가 진행 중이다. 3월만 해도 1년 뒤 주요국 기준금리 전망치의 경우 0~2% 내외 수준으로 낮은 편이었으나, 2022년 하반기 3~5%에 육박할 정도로 큰 폭으로 상향됐다.

통화 정책의 급격한 선회는 글로벌 금융 시장 유동성 위축으로 연결되면서 글로벌 주식 시장 약세로 이어졌다. 아직 경기 체력이 가장 견고하다고 보는 미국 중심 통화 정책 긴축 선회는 달러 강세를 촉발했고, 상대적으로 경제가 취약한 유럽은 시장금리가 미국만큼 올랐음에도 절대금리 수준이 낮아 유로화 약세 등 금융 불확실성을 높이는 계기가 됐다.

### 글로벌 금리 안전 선호로 하락 전환 예상

강력한 통화 정책 긴축과 이에 따른 금융 시장 불안으로 실물경제 둔화를 넘어 침체까지 확산될 위험이 2023년 글로벌 금리의 주요한 환경이다.

2023년 상반기까지 물가가 적어도 안정 수준으로 여겨지는 4%대까지 하락할 수 있을지 의문이 많아 통화 정책당국의 긴장이 풀리지

## 글로벌 금융 시장 유동성 위축
## 주식 시장도 약세 면치 못해
## 미국 중심 통화 정책에 이끌릴 듯
## 유로화 약세 당분간 지속
## 미국채 10년물 5%가 정점일 듯

않고 있다. 2022년 2분기까지 '오랫동안 높은 수준(Higher For Longer)'이라는 고물가 상징어가 사라지지 않을 경우 글로벌 금리 상승 기조가 꺾이지 않을 것이라는 분석이다.

미국의 경우 양호한 고용과 과잉 저축 여파로 소비가 견실한 듯 보이나 고물가·고금리·고달러 여파로 기업 활동 위축 부담이 커지고 있다.

실제 2022년 9월 ISM 제조업지수는 확장 기준선인 50pt까지 내려와 팬데믹 이후 가장 낮은 수치를 기록하고 있다. 그리고 자산 시장의 중심인 주택 경기 냉각이 급격하게 진행되고 있어 2023년 중 주택 가격이 2년간 고공행진을 뒤로하고 전년 대비 마이너스까지 기록할 수 있다는 전망이 제기된다. 현 미국 CPI 상승을 주도하는 분야가 렌트를 중심으로 한 주거비라는 점에서 주택 경기 둔화는 물가 안정에도 중요한 변수다.

가장 양호하다는 미국 경제 대비 이미 침체 국

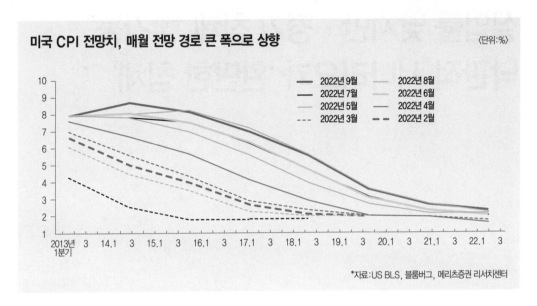

**미국 CPI 전망치, 매월 전망 경로 큰 폭으로 상향**

〈단위:%〉

범례:
- 2022년 9월
- 2022년 8월
- 2022년 7월
- 2022년 6월
- 2022년 5월
- 2022년 4월
- 2022년 3월
- 2022년 2월

*자료:US BLS, 블룸버그, 메리츠증권 리서치센터

면으로 평가받는 중국과 2023년 연간으로 0% 내외 성장률을 걱정하는 유럽의 사정 등을 따져보면 인플레이션 과열로 인한 통화 긴축과 금리 상승만을 걱정할 단계는 지나고 있다는 판단이다.

물론 러-우 전쟁과 중국과 대만(미국) 갈등 같은 지정학적 리스크가 공급물가 충격을 야기할 수 있지만, 경제가 감내 가능한 영역을 지나고 있어 점차 물가에서 경기로 정책의 초점이 옮겨 갈 것으로 전망된다.

금리는 조달자 입장에서 비용이라는 측면에서 적절한 수익(소득)이 감당되지 않으면 지속적으로 오르기 쉽지 않다. 때문에 현재 1980년대 이후 가장 높은 물가 사정에도 미국 연방금리 전망이 과거 20%대까지 올렸던 것 대비 5% 내외 정도에서 정점을 기록할 것이

라는 전망이 설득력을 얻는다. 물론 2022년 연초 예상했던 2%가량 되는 연방금리 수준 대비 매우 높은 정책금리기는 하다.

물가 안정을 위해 2022년부터 성장성 대비 높은 금리를 용인했던 결과가 2023년 임계치를 기록하고 점차 되돌려질 가능성도 따져야 한다.

미국은 경제학에서 적정하다고 보는 중립금리(자연이자율)를 2% 중반 내외로 평가한다. 유럽은 1% 중반 정도로 여겨진다는 점에서 현재 중립을 넘어선 채권 금리는 유지 가능한 금리가 아니다. 우리는 미국 기준으로 연방금리가 5% 근처까지 오르더라도 과거 사례에 비춰볼 때, 2023년 미국채 10년물이 3%대 등락 이후 경기 하강 강도에 맞춰 중립금리 수준인 2%대까지 안정될 것으로 전망한다. ■

# 실업률 낮지만…경기 침체 '빨간불'
# 낙관적 시나리오가 '완만한 침체'

**정민** 법무법인 지평 기업경영연구소 수석연구위원

2023년 미국 경제 상황은 녹록지 않을 것이다. 국제통화기금(IMF), 경제협력개발기구(OECD) 등 주요 기관이 이미 2023년 글로벌 경제 성장 전망치를 속속 하향 조정한 바 있다. 크리스탈리나 게오르기에바 IMF 총재 역시 "2022년은 힘든 해가 될 것이다. 하지만 2023년은 더 어려워질 것이다"라고 전망했다. 글로벌 인플레이션과 공격적 통화 긴축 영향으로 2022년에 이어 2023년에도 '피할 수 없는 하강'이 엄습하고 있다는 점에서 세계는 두려워하고 있다.

세계 1위 경제 대국 미국도 예외가 아닐 수 없다. 고물가 장기화 가능성에 따라 연준의 긴축 강도 역시 강화될 수밖에 없어, 2023년 미국 경제는 불경기를 벗어나기 힘들 것으로 보인다. 통화 긴축 정책으로 소비와 투자는 감소하고, 실업률은 상승할 것이다.

### 고용 견고하지만…침체 진입 가능성 높아

미국 경제는 2022년 1~2분기에 2분기 연속 역성장하면서 기술적 경기 침체 국면에 접어들었다고 판단된다. 2022년 2분기 경제성장률은 −0.6%(전기 대비 연율)로, 1분기 −1.6%에 이어 2분기 연속 마이너스 성장률을 기록했다. 통화 긴축과 경기 불확실성 확대로 민간 투자가 급감하면서 역성장을 견인했다. 지식재산물 투자를 제외하고 주택, 구조물, 설비 투자 등이 모두 부진하면서 민간 투자 증가율은 2022년 2분기에 −14.1%를 기록했다. 한편 개인소비는 서비스를 중심으로

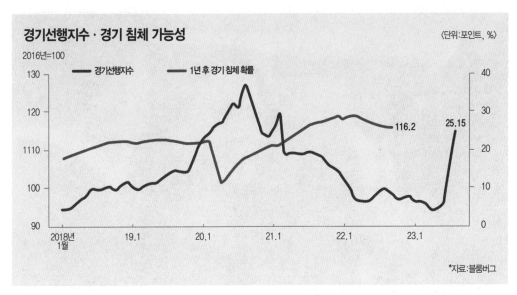

**경기선행지수 · 경기 침체 가능성**  〈단위:포인트, %〉

2016년=100

— 경기선행지수  — 1년 후 경기 침체 확률

116.2

25.15

2018년
1월   19.1   20.1   21.1   22.1   23.1

*자료:블룸버그

다소 증가하며 2분기에 2%의 성장률을 기록했으나 코로나19 이전인 2017~2019년 수준인 2.5%를 밑돌았다. 미국 경제의 85% 이상을 차지하는 민간 투자와 민간 소비에서 전반적인 성장 모멘텀 둔화가 뚜렷해졌다.

과거 경기 사이클을 보면, 경제성장률이 2분기 연속 위축됐을 때 미국 경제는 대체로 침체 국면에 진입했다. 그런데 지금 상황은 성장률 외 다른 실물지표가 대체로 잘 버티고 있는 등 '경제 활동의 광범위한 위축'이 없기 때문에 정책당국은 경기 침체가 아닌 경기 둔화로 보고 있다. 공식적으로 미국의 경기 순환 주기를 결정하는 전미경제연구소(NBER)는 경기 침체를 '경제 전반에 걸쳐 몇 개월 이상 지속되는 경제 활동의 상당한 위축'으로 정의한다. 더욱이 이곳은 GDP보다 고용, 개인소비 지출, 도

소매 판매, 생산 활동 등 월간 실물지표를 통해 경기 사이클을 진단하고 있다. 따라서 공식적인 '경기 침체' 판정 가능성은 적다.

그러나 최근 실물지표에서도 성장 모멘텀 약화가 감지되고 있다. 여기에 연준의 고강도 통화 긴축이 지속되고 이에 따른 영향이 본격화되면서 경기 침체가 현실화될 가능성이 점차 커지고 있다.

우선 소비 동력이 점차 둔화되는 추세다. 미국 소매 판매 증가율은 2022년 8월 전월 대비 0.3%로 2022년 1월 2.7%를 기록한 뒤 추세적으로 완만하게 둔화하고 있다. 근로소득 증가세가 유지되며 가계 구매력 증대에 도움을 주고 있지만, 문제는 근로소득 상승이 소비의 원동력인 동시에 인플레이션 압력으로 작용하고 있다는 것이다. 물가 안정을 위해서는

카멀라 해리스 미국 부통령이 29일 오전 경기도 평택시 오산 공군기지에 도착하고 있다. (사진공동취재단)

임금 상승률 둔화가 필수적이며, 이는 가계 구매력 약화로 이어져 소비에 부정적 영향을 끼칠 수밖에 없다. 미국의 소비력을 보여주는 소매 판매 지표는 인플레이션이 반영되며 추세적으로 하락할 것이다.

산업 경기 성장동력도 약화 흐름이 이어지고 있다. ISM 제조업지수(미국 제조 업체의 경기 지수)는 2022년 1월 57.6을 기록했으나 9월 50.9로 대폭 하락했다. 특히 세부 지표 중 신규 주문과 고용이 모두 기준점인 50을 밑돌면서 경기 수축 가능성이 감지되고 있다. 비제조업지수는 같은 기간 59.9에서 56.7로 상대적으로 소폭 감소했지만, 추세적으로 둔화되는 양상이다.

한편 미국 고용 시장은 여전히 견고해 여러 악재에도 불구하고 미국 경제가 침체에 진입하지 않으리라 전망하는 시각도 존재한다. 실제 미국의 2022년 9월 비농업 부문 신규 고용자 수는 26만3000명으로 시장 예상치인 25만명을 웃돌며, 대부분 업종에서 고르게 취업자 수가 늘어났다. 2022년 9월 실업률 역시 3.5%를 기록해 1969년 이후 53년 만에 가장 낮았던 2022년 7월과 같은 수준이다.

그러나 구인 수요 약화가 확인되고 있다는 점

이 부담 요인이다. 고용 증가세 둔화, 구인 · 구직 비율 하락, 신규 채용과 임금 인상에 대한 기업들의 적극성 약화 등은 구인 수요의 정점을 시사한다. 향후 기업의 비용 부담 가중, 임금 상승세 둔화에 따른 구매력 약화, 연준 긴축 지속 등은 모두 경기 하방 압력을 높이는 요인이 될 것이다.

미국 경제는 코로나19 이후 기술적으로 이미 경기 하강 국면에 진입했고 고물가, 거듭된 연준의 통화 긴축 등의 여파가 실물경제에도 파급되고 있다고 판단된다. 경제성장률과 월별 실물경제지표 부진은 미국 경기의 본격적인 둔화 가능성을 사전적으로 시사하는 신호로 보여진다.

### '경기 침체' 빨간불 켜진 각종 지표들

견고한 노동 시장을 고려할 때 단기적으로 미국 경제 침체 가능성은 크지 않다. 그러나 연준의 고강도 긴축과 실업률 증가로 2023년 경기 침체 위험이 커질 전망이다.

2022년 9월 소비자물가 상승률은 8.2%로 3개월 연속 하락했지만, 근원 CPI 상승률은 6.6%로 주거비 등 서비스물가가 전반적으로 상승해 2개월 연속 상승세를 이어갔다. 이에 따라 미국의 통화 긴축 강화가 더욱 강화될 수밖에 없는 상황이다. 2022년 9월 미국 연방 공개시장위원회(FOMC)는 2022년 말까지 100~125bp 추가 금리 인상 가능성을 언급하

| 미국 주요 기관 전망치 | | 단위:% |
| --- | --- | --- |
| 구 분 | 2022년 | 2023년 |
| IMF(10월) | 1.6 | 1 |
| FOMC(9월) | 0.2 | 1.2 |
| OECD(9월) | 1.5 | 0.5 |
| IB 평균<br>(2022년 9월 말 기준) | 1.7 | 0.3 |

*자료:IMF, FOMC,OECD, 블룸버그

며 최종금리(상단 4.75%) 도달 시기를 2023년에서 2022년 말로 앞당길 가능성이 높아졌다. 이후 '충분히 제약적인(Sufficiently Restrictive)' 수준의 장기화를 선택할지, 혹은 최종금리 수준을 웃돌는 불확실한 상황이다. 따라서 경기 침체 위험 확대에 따른 연준의 정책 전환 기대감이 유입되지 않는 한 금융시장 불안은 이어질 것이며, 상당 기간 잠재수준 이하 성장세가 지속될 것으로 전망된다. 물가가 좀처럼 잡히지 않는다면 정책금리 인상과 경기 위축 속도는 더욱 빨라질 수 있다.

심리지표와 선행지표는 경기 침체 진입 가능성을 시사한다. 미국 경제조사기관 컨퍼런스보드의 '금융상황에 대한 단기전망' 심리지표는 8월 107에서 9월 105로 하락해 불확실성을 나타냈다. 향후 경기 향방을 나타내는 경기선행지수는 2022년 2월 119.4포인트에서 8월 116.2포인트로 6개월 연속 하락하면서 경기침체 우려를 증폭시켰다. 또한 뉴욕 연방은행의 향후 12개월 경기 침체 확률은 2023년 8월 25.1%로 상승했다. 경기 침체 진입에 대한

실업률 낮고 고용 견고하지만
소비 둔화로 경기 침체 못 피해
산업 경기도 위축되고 있어
2023년 1% 내외 성장할 듯
정치 · 환경 · 부동산 시장은 변수

강력한 선행지표로 여겨지는 장단기 금리차
(10년물 국채−2년물 국채)가 역전된 후
−50bp에 육박하며 경기 침체가 임박했음을
강력히 시사하고 있다.

**1% 내외 성장 예상…미국 경제 둘러싼 이슈는**

이에 따라 2023년 미국 경제성장률은 2022년
보다 낮은 1% 안팎 성장이 예상된다. 경기 침
체 강도, 정치적 리스크, 부동산 시장의 침체
가능성에 따라 미국의 예상되는 성장 경로가
다르게 나타날 수 있다. 2023년 미국 경제 전
망을 가르는 여러 이슈를 함께 살펴보자.

첫 번째 이슈는 '완만한 경기 침체(Mild
Recession)'와 '극심한 경기 침체(Deep
Recession)' 중 어느 쪽에 가깝냐는 논쟁이다.
필자는 미국 경제가 전자, '완만한 경기 침체'
에 가깝다고 본다. 견고한 노동 시장(Tight
Labor Market · 노동 수요 과잉과 임금 상승이
발생하는 노동 시장), 특히 사상 최고를 기록

중인 구인·구직 비율 등을 감안하면 경제의
위축 강도가 완만하다고 판단한다. 2020년의
예외적인 상황을 제외하고 1960년 이후 미국
경기 침체는 평균적으로 11.6개월간 지속됐
고, 이 기간 GDP가 1.34%포인트 위축되고 실
업률은 2.4%포인트 상승했다. 2023년 미국
경제성장률을 마이너스 성장을 예상한 기관
도 존재하지만, 대부분의 주요 기관은 잠재성
장률(2%)을 밑도는 1% 정도 수준으로 전망
했다. 또한 2022년 9월 미국 연방 공개시장위
원회의 전망치에 따르면 실업률도 1%포인트
정도로 상승이 예상돼 과거 침체기 평균치인
2.4%포인트보다 낮다. 이에 따라 완만한 경
기 침체가 예상되고 침체 기간도 상대적으로
짧을 가능성이 클 것으로 예상한다. 다만 고
(高)인플레이션 지속과 이에 대응한 통화 긴
축 강화 여파로 극심한 경기 침체가 올 가능성
을 아예 배제할 수는 없다.

두 번째 이슈는 '양분화된 의회(Divied
Congress)'다. 2022년 11월 중간선거에서 공화
당이 하원 또는 상 · 하원 모두 승리할 경우,
입법부와 민주당 · 백악관, 또는 분열된 의회
가 교착 상태에 머무르며 바이든 정부의 정책
추진력이 약화될 가능성이 존재한다. 미국 상
원은 국가 전략과 대외 정책을 다루고, 하원
은 연방정부 예산과 국내 경제를 주로 다룬다
는 관점에서 바이든 정부가 추진하는 대내외
정책 추진이 힘들어질 수 있다. 또한 공화당

2022년 9월 서울 여의도 KB국민은행에서 한 직원이 미국 달러를 비롯한 외환 지폐를 정리하고 있는 모습. (매경DB)

은 바이든 정부가 잘못된 경제·에너지 정책으로 인플레이션을 유발시켰다며 비판하고 있다. 따라서 바이든 행정부가 추진하는 '메이드 인 아메리카(Made In America)' 공약에 제동이 걸릴 수도 있다.

세 번째 이슈는 미국 부동산 가격 조정이다. 미국 주택 시장은 금리 인상에 따른 모기지 금리 상승, 경기 둔화 우려 등으로 주택 판매와 주택 착공 등이 부진하면서 주택 시장 둔화가 이어지고 있다. 한편 미국 S&P/CS 20대 도시 주택가격지수 증가율은 전월 대비 2022년 2월 2.4%까지 상승한 후 7월부터 마이너스로 전환되면서 주택 가격 조정기 진입 가능성을 암시한다. 주택 가격 조정은 주택 경기를 비롯해 금융 시장 등을 통해 경기 침체와

밀접하게 연관돼 있어 주택 시장에 주목할 필요가 있다. 향후 주택 시장을 전망하는 주택건설협회에서 발표하는 주택시장지수(HMI)는 2022년 1월 83포인트에서 9월 46포인트로 크게 하락하며 기준치인 50포인트보다 낮아져 부동산 시장의 침체 가능성에 힘을 싣고 있다.

글로벌 경제 위기 경고음이 커졌다. 긴축적 금융 여건이 지속되는 가운데 고물가에 따른 소비 심리 약화, 고금리로 인한 투자 감소, 고비용, 강달러의 산업 부문 영향 등으로 미국 경제도 2023년 경기 침체가 예상된다. 다만 정치적 불확실성 등으로 예상 경로를 벗어날 가능성 또한 배제할 수 없는 만큼 대비책 마련이 필요하다. ■

# 냉혹한 겨울 거치고 조금은 살아날까
# '시진핑 3.0' 시대 新인프라 투자 주목

**박승찬** 중국경영연구소 소장 · 용인대 중국학과 교수

2022년 중국 경제는 냉혹한 겨울의 시절을 거쳤다. 중국 정부의 엄격한 제로 코로나 정책으로 경제의 핵심적 역할을 했던 상하이, 선전 등 1선 도시를 포함해 전국적으로 50개 넘는 도시가 봉쇄됐다. 그로 인해 수출 · 소비가 급격히 하락하면서 중국 경제에 대한 비관적 전망이 쏟아졌다. 2022년 2월 베이징 동계올림픽 개최를 앞두고 진행된 지역 봉쇄와 오미크론 확산이 겹치면서, 중국 경제 성장의 1등 공신인 소비와 서비스 산업이 멈췄다. 여기에 원자재 가격 상승과 우크라이나 사태 등 외부 악재까지 몰려오자 글로벌 기관들은 줄줄이 중국 경제성장률을 하향 조정했다. 세계은행은 2022년 중국 경제성장률을 상반기 5% 전망치에서 2.8%로 하향 조정했고, 국제통화기금(IMF)은 4월 4.4%에서 7월 3.3%, 골드만삭스는 기존 3.3%에서 3%, 노무라증권은 기존 2.8%에서 2.7%로 낮췄다.

## 2023년 성장률 4.5~5% 달성할 듯

중국 경제성장률이 동아시아 · 태평양 지역 평균 성장률보다 낮아지는 것은 1990년 이후 처음이다. 중국 경제 침체는 글로벌 경제 침체로 이어질 가능성이 크다. 그러나 2022년 10월 개최된 20차 당대회를 통해 시진핑 주석 3연임이 결정되면서 2023년 중국 내부 정치의 불확실성이 해소되고, 제로 코로나 정책이 완화되면서 중국 경제는 조금씩 회복될 가능성이 크다. 2023년은 상반기 중국의 엄격한 제로 코로나 정책은 전환기를 맞을 것으로 보인다. 시민

서울 중구 KEB하나은행 본점에서 은행 관계자가 중국 위안화를 살펴보고 있는 모습. (매경DB)

여론의 강력한 반발과 경제적 한계에 부딪치면서다. 2023년 3월 양회를 기준으로 제로 코로나 정책은 점차 완화될 가능성이 높다. 이에 따라 2023년 중국 경제성장률은 상반기에는 3~4%, 하반기에는 내수 시장이 본격 활성화되며 6% 이상 성장할 것으로 보인다. 전체적으로는 4.5~5% 성장이 가능할 것으로 전망한다.

무엇보다 2022년 경기 하락에 따른 기저 효과와 2022년 하반기 진행된 경기 부양책이 2023년에 본격화되면서 완만한 U자형 성장이 기대된다. 그러나 미국·유럽 등 글로벌 경기 침체와 위축된 중국 내수가 생각보다 개선되지 않을 가능성도 배제할 수 없기 때문에 매우 제한적인 성장 곡선이 그려질 가능성이 높다. 한편 대내외 여건의 불확실성이 확대되면서, 중국 정부는 경기 부양을 위해 재정 정책과 통화 정책을 적극적으로 활용할 것으로 보인다.

재정 정책 관련 재정수입 확대를 통해 경기 부양에 적극적으로 나설 것으로 보인다. 통화 정책의 경우 코로나19로 심각한 타격을 받은 중소 영세 기업 등 취약 부문의 자금난 완화를 지원하고, 인민은행이 재대출 중심의 통화 정책 수단을 보다 적극적으로 운용할 것이라는 예측이다.

### 신형 인프라 투자가 2023년 중국 경제의 핵심

2023년은 투자와 수출이 중국 경제 성장의 핵심이 될 것으로 예상된다. 중국 정부는 2022년 하반기부터 각종 소비 촉진 정책을 쏟아내고 있지만 위축된 중국인 소비 심리와 제로 코로나 정책에 대한 불신이 좀처럼 해소되지 않고 있다. 이에 따라 과거처럼 소비와 서비스 중심, 소비가 견인하는 경제 성장을 하기는 쉽지 않은 상황이다. 제로 코로나 정책과 글로벌 공급망 이슈로 인해 무너진 2022년 경제

**이젠 동아시아보다 성장률 낮아
중국판 양적 완화 '대수만관'으로
유동성 공급 확대할 가능성 높아
부동산보다 제조업·인프라 집중할 듯**

성장률을 견인하기 위해서는 결국 투자를 통한 경기 부양밖에 없다.

중국 실물경제를 판단하는 기준으로는 고정자산 투자, 산업 생산, 소매 판매 등의 3대 경제지표가 있다. 그동안 중국 정부는 대량의 유동성을 푸는 고정자산 투자를 줄이고 산업 생산과 소매 판매 비중을 높이는 방식으로 경제를 견인했다. 그러나 2022년부터 고정자산 투자를 통한 경기 부양이 유일한 대안으로 여겨지는 분위기다. 실제 2022년 상반기 기준 수출, 투자, 소비의 3대 요소 중 정부의 고정자산 투자가 전년 동기 대비 4.2%로 가장 높은 증가율을 보이며 중국 경제를 지탱하고 있다.

중국 고정자산 투자의 방향은 제조업·부동산·SOC 인프라 투자 등 3대 영역으로 요약된다. 2023년에는 2022년과 같이 고정자산 투자 확대, 즉 유동성을 풀어 경기를 부양할 가능성이 높다. 중국 정부는 양적 완화 즉, 대수만관(大水漫灌·대량의 유동성 공급을 통한 경기 부양)을 하지 않겠다고 꾸준히 강조해왔지만, 2021년 중국 인민은행 3분기 보고서에서부터 대수만관 얘기가 사라졌다. 그만큼 유동성 공급을 통한 투자 확대의 필요성이 커졌다는 의미다. 2023년 역시 중앙정부와 지방정부의 지속적인 고정자산 투자가 이어질 가능성이 높다.

고정자산 투자 중에서는 부동산보다 제조업과 인프라 투자에 더욱 집중될 것으로 예측된다. 시진핑 주석은 2022년 4월 개최된 중앙재경위원회 제11차 회의에서 '인프라는 경제 사회 발전의 중요한 버팀목이다. 인프라 건설 강화를 위한 전면적인 노력을 해야 한다'고 강조한 바 있다.

부동산 투자는 상당 기간 시장 활력을 찾지 못할 가능성이 높다. 대출 규제 완화 등 정부의 부동산 시장 활성화 정책에도 불구하고 투자 심리가 악화된 상황인 데다, 시진핑 주석 3연임 이후 부동산 규제 가능성이 부각됐기 때문이다. 제조업 투자는 첨단기술 제조업을 중심으로 증가하겠지만, 원자재 가격 상승에 따른 수익성 악화, 해외 수요 둔화 등으로 증가세는 완만할 것으로 보인다. 반면 인프라 투자는 과거의 철도, 고속도로, 부동산 등 전통 인프라 대신 식량·에너지 안보, 첨단제조 인프라, 5G 인터넷 통신 등의 디지털 인프라와 서민 주택, 스마트 도시 등의 도시화 분야 위주로 돈이 풀릴 것으로 전망된다.

## 시진핑 3.0 시대, 경제 정책 핵심 방향은

2022년 10월 20차 당대회를 통해 시진핑 주석 3연임이 확정됐다. 2023년 중국 경제를 예측하기 위해서는 시진핑 3.0 시대의 특성과 방향을 이해하는 것이 매우 중요하다.

시진핑 3.0 시대 정치경제 핵심 방향은 크게 4가지 관점에서 그 변화를 전망할 수 있다.

첫 번째로 기울어진 대외 이미지를 회복하고 글로벌 리더십을 부각하기 위한 글로벌 경제 외교의 본격화다. 시 주석은 침체된 중국 경제 활로를 모색하고 미중 간 패권 전쟁에서 우군 확보를 위해 대외 행보를 더욱 강화할 것으로 보인다. 시 주석은 2022년 9월 우즈베키스탄에서 개최된 상하이협력기구(SCO) 정상회의 참석을 시작으로 11월 인도네시아 발리에서 개최되는 G20 정상회의 그리고 APEC 정상회의까지 참석한 바 있다. 2020년 이후 코로나 확산, 내부 정치 이슈 등의 이유로 멈춘 시 주석의 글로벌 경제 외교가 본격화된 셈이다. 이런 행보가 2023년과 그 이후에도 이어지면서 시 주석은 적극적인 글로벌 경제 리더십 구축에 집중할 가능성이 높다. 또한 미국 내 지지도가 흔들리고 있는 바이든 대통령과의 세기적인 대면 정상회담이 개최될 가능성이 높다. 그에 따라 글로벌 경제 방향도 요동칠 가능성이 크다.

두 번째로, 공동부유론(분배 강조 정책)과 쌍순환(수출 의존도를 줄이고 내수 비중을 높이는 경제 기조) 정책이 확산될 가능성이다. 공동부유론은 부의 재분배, 양극화 해결, 불평등 해소로 요약된다. 중국 정부는 부의 양극화가 공산당의 당위성과 권위에 위협을 주고 있다고 판단한다. 크레디트스위스는 중국 지니계수가 2000년 0.599에서 2020년 0.704로 확대되면서 심각한 사회 불평등이 진행되고 있다고 발표한 바 있다. 이에 따라 공동부유는 2023년에도 중요한 의제로 자리 잡을 것이다. 또한 미중 패권 경쟁 장기화에 따라 쌍순환 정책을 심화시켜나갈 가능성이 높다. 2022년 4월부터 본격화되고 있는 전국 통일 대시장 건설 또한 쌍순환 전략 중 하나인 국내 대순환을 구체화하기 위한 정책이다.

셋째로 '위드 코로나'로의 전환을 통해 소비 활성화를 본격화할 것으로 전망된다. 중국은 2022년부터 오미크론 확산에 따른 제로 코로나 정책인 '동태적 칭링'을 고수하고 있다. 그러나 경제 하방의 심각성과 그로 인해 실업률 상승, 악화된 여론을 감안해 2023년은 위드 코로나 형태의 '사회적 칭링'으로 전환할 듯싶다. 사회적 칭링은 코로나 감염이 없는 음성 사회와 감염된 환자를 격리하는 격리 사회로 구분하는 시스템이다. 감염이 없는 음성 사회에서 더 이상 코로나 확진자가 나오지 않으면 봉쇄를 풀어 경제 활동을 정상화시키는 것을 의미한다. 2023년 하반기부터는 중국 내 위드 코로나 정책인 사회적 칭링이 본격화되면서

**경제 위축시킨 엄격한 '제로 코로나'
2023년엔 전환 가능성 높아
신형 인프라 투자 강화하고
2022년 기저 효과 더해지면서
2023년은 4.5~5% 성장 예상**

경제가 활성화될 것으로 전망된다.

마지막으로 미중 간 협력과 경쟁의 새로운 모멘텀이 생겨날 수 있다. 2018년부터 시작된 미중 간 전략 경쟁은 시 주석에게 자국민을 똘똘 뭉치게 만드는 긍정적 계기를 제공했지만, 이슈가 장기화된다면 시 주석 리더십에 결코 도움이 되지 않는다. 중국 기업과 국민의 피로감이 극대화되면서 시 주석 리더십에 타격을 줄 수 있기 때문이다. 이에 따라 중국 정부가 좀 더 유연한 미중 관계를 설정하고 협력을 확대하는 방향으로 나아갈 가능성도 크다.

### 한국 정부는 어떻게 해야 할까

향후 한중 간 경제 구조는 미중 간 첨단기술 탈동조화와 중국의 산업 고도화에 따른 협력과 경쟁 메커니즘이 혼재되면서 빠르게 재편될 가능성이 높다. 따라서 한국 정부와 기업 차원의 철저한 대응이 필요해 보인다. 무엇보다 대내외적인 변수와 불확실성이 혼합돼 있어 정부의 역할이 매우 중요하게 대두되는 시점이다.

그렇다면 한국 정부는 어떻게 해야 할까?

먼저 기존 공급망 중심 대중 교역 패턴을 점차 '가치망'과 '산업망' 방향으로 전환해야 한다. 공급망 중심 교역이란 제조 기업 입장에서 '어떻게 공급 원가를 절감할 것인가?'의 관점이다. 그러나 중국 시장과 소비자가 변화하면서 그에 발맞춰 공급망 구조를 유연하게 다시 짜야 할 필요가 있다.

### 한중 개방형 공급망 협력 중요

소재·장비의 공급망 생태계가 파편화·다양화되면서, 한국은 부가가치 높은 영역으로 선택과 집중을 해야 한다. 이와 함께 정부 차원의 일관된 방향성과 촘촘한 기업 지원이 수반돼야 한다. 미래 성장 산업 분야의 경우 양국 간 공급망 구조가 쌍방향으로 상호 작동될 수 있도록 하는 산업망 토대를 마련해야 한다. 산업망은 산업 간 융합을 통해 새로운 부가가치를 창출하는 것을 의미한다. 바이오 헬스, 친환경 산업, 자율주행 등 미래 성장 산업에서 향후 한국과 중국이 산업 협력을 할 여지가 매우 크다.

또한 한국 정부는 제품과 서비스를 연계한 중국 진출을 강화해야 한다. 중국은 2013년을 기점으로 서비스 산업이 2차 제조업을 추월하며 중국 GDP에서 가장 높은 비중을 차지하고 있다. 2021년 기준 3차 서비스 산업의 GDP에

윤석열 대통령이 2022년 9월 16일 서울 용산 대통령실 청사에서 리잔수 중국 전국인민대표회의 상무위원장과 악수를 나누고 있다. (대통령실 사진기자단)

서 차지하는 비중이 54.9%로, 2차 제조업의 39.4%를 월등히 앞섰다. 따라서 한국의 경쟁력과 경제적 효과에 기반해 한중 FTA 2단계 협상인 서비스 투자 논의가 진행돼야 한다. 한국 기업 또한 개방의 폭이 커져가는 중국 서비스 시장에 진출하기 위한 현지화 경영, 현지 파트너십 강화 등 차별화된 접근 방식을 모색해야 한다.

마지막으로 한국 정부는 미중 간 신냉전 심화에 따른 경제적 나비 효과에 선제적으로 대응하는 시스템을 구축해야 한다. 미중 신냉전의 영역은 반도체, 희토류 등 전략물자를 넘어 태양광, AI, 기술표준 등으로까지 점차 확대되는 양상이다. 이에 따라 한국 기업들은 미국의 가치 규범과 중국의 시장 실용주의 사이에서 선택의 기로에 서게 될 가능성이 더욱 커져가고 있다. 미국 중심 제조 역량 강화와 한국, 일본 등 동맹국과의 협력 강화는 결국 중국과의 공급망 협력을 차단하고 미국과의 공급망을 더욱 확대해야 한다는 것을 의미한다. 막혀 있는 정부·민간 차원의 경제 협력 소통 채널 복원을 통해 한중 간 개방형 공급망 협력을 더욱 강화하려는 노력이 시급하다. ■

# 기시다 내각 '새로운 자본주의' 무얼까
# 엔저 변수 뚫고 경기 부양 가능할까

**이지평** 한국외대 특임교수

2022년 일본 경제는 글로벌 경제 둔화에도 불구하고 상대적으로 내수 성장세가 유지됐다. 그렇다면 2023년은 어떨까? 미국의 인플레이션 억제를 위한 금리 인상 정책, 중국의 제로 코로나 정책에 따른 공급망 혼란 등으로 2023년 초반까지는 대기업과 제조 업체의 체감경기도 악화될 것으로 보인다. 그러나 엔저로 인한 '환율 효과', 중국의 봉쇄 정책 전환 등이 예상됨에 따라 2023년 전체적으로는 다른 나라보다 미약하게나마 나은 성장세를 나타낼 것으로 예상한다. 민간 소비 등 내수 성장세는 상대적으로 꾸준한 회복세를 유지할 전망이다.

일본 기업은 원자재 가격 상승과 엔저로 인해 비용 상승 압박을 받고 있지만, 이와 함께 엔저에 따라 수익이 늘어나는 환율 효과도 보고 있다. 기업 체감경기를 나타내는 대표적 지표인 일본은행 단기경제관측조사에 따르면 전 산업, 전체 기업 기준 체감경기지수가 2022년 6월 0%포인트에서 9월 2%포인트로 오히려 개선됐다. 중국의 코로나19 관련 도시 봉쇄에 따른 공급망 혼란 영향도 어느 정도 완화돼 기업 체감경기도 점차 개선될 수 있을 것으로 보인다. 또한 기업들은 극심한 노동력 부족으로 자동화, 디지털화 투자를 확대해 생산성 향상에 주력할 계획이다.

### 기업은 경기 개선 기대, 소비 역시 회복세

개인소비 지출은 꾸준한 회복세를 이어갈 수 있을 것으로 보인다. 사회적 거리두기 규제 완화, 일본 정부의 자국 내 여행 경비 지원책

일본 정부는 여행 촉진 정책을 쏟아내며 내수 부흥에 앞장서고 있다. 사진은 일본 정부의 비자 면제 조치가 재개된 2022년 10월 11일 김포국제공항에서 탑승객들이 일본행 비행기를 타는 모습. (매경DB)

강화, 외국인 여행객 유치 정책 선회 등의 파급 효과가 이어질 전망이다. 일본은 한국과 미국에 비해 코로나19 회복 국면에서의 반등세가 미약하고 소비 회복세도 더뎠다. 때문에 뒤늦게 소비 진작 효과가 나타나는 셈이다. 다만 원자재 가격 고공행진과 엔저로 인해 일본 소비자물가종합지수가 상승세를 보이면서 실질임금이 감소하고 있다는 점은 변수다. 다만 이는 세계 각국의 급격한 물가 상승 수준에 비해서는 양호한 편이기 때문에, 소비 지출 회복세에는 지장이 없을 것으로 판단한다. 일본 정부는 해외 경제의 불확실성을 고려해 소비를 진작해 내수 성장을 촉진하려는 입장이다. 일본인의 일본 내 여행 경비를 보조하

**2022년은 비교적 내수 성장세 유지**
**원자재가 상승으로 비용 늘었지만**
**엔저로 인한 환율 효과도 톡톡히 봐**
**여행 활성화로 민간 소비도 늘 듯**
**소비자물가 상승은 여전히 변수**

는 여행 장려책을 재개하는 한편, 엔저를 활용해 외국인 관광객 유치에도 주력하고 있다. 2022년 10월부터 일본을 방문하는 단기 여행객에 대한 비자를 면제하고, 하루 입국자 수 제한을 없앴으며, 3번의 백신 접종 증명서를

엔화 가치가 점차 하락하면서 일본 경제의 불투명성도 커지는 분위기다.
(매경DB)

## 日 내 여행 지원책 등으로
## 민간 소비는 활성화 기대감
## 기업은 엔저로 수출 증대 효과도
## 기시다 내각 '새로운 자본주의'
## 경기 부양 성공할지 귀추 주목돼

제출한 외국인에게는 코로나19 PCR 검사도 면제하기 시작했다. 이에 따른 외국인 여행객 수요의 급격한 확대가 기대된다.

### '사람'에 초점 맞춘 일본의 '새로운 자본주의'

기시다 내각의 '새로운 자본주의' 정책은 2023년 일본 경제를 좌우할 큰 변수 중 하나다. 기시다 후미오 일본 총리는 2021년 10월 취임한 뒤 첫 기자회견에서부터 "'새로운 자본주의'를 실현하겠다"고 강조한 바 있다. 이후 '새로운 자본주의'는 현 정권의 대표적인 경제 정책 슬로건으로 자리 잡았다. 당초 새로운 자본주의 정책은 분배에 방점이 찍힌 '기시다식 소득 주도 성장'으로 알려졌지만, 올해 드러난 구체적인 실행 계획에는 대규모 인력 투자가 핵심 내용으로 담겼다.

새로운 자본주의는 내수 주도 성장 강화, 엔저·고물가 대응, 근로자 재교육(리스킬링) 등 사람에 대한 투자를 골자로 한다. 비정규직을 포함해 약 100만명을 대상으로 능력 개발과 재취업을 지원하고, IT 등 성장 산업으로의 인력 이동을 촉진하기 위해 3년간 4000억엔(약 4조원)을 투입하는 등의 내용이다. 리스킬링이 임금 인상으로 이어지는 '선순환'이 만들어지는 것을 기대한다.

일본 정부는 이 같은 인력 개발 정책으로 최종적으로는 산업·경제의 디지털 전환(DX), 그린 전환(GX)을 주도할 수 있는 인재를 확충하려고 한다. 전기차 생산·보급 기반 강화, 수소·암모니아 공급망 구축, 재생에너지 확대, 차세대 원전 기술 개발 등에 주력할 것으로 보인다.

기시다 내각 경제 대책은 세계 경제 침체를 충분히 고려하면서도 경기 부양에 계속 주력하겠다는 것이 큰 틀이다. 엔저와 물가 급등 대책으로는 각종 물가 안정화 대책과 함께 실질 임금 감소를 최소화하기 위한 임금 인상 지원

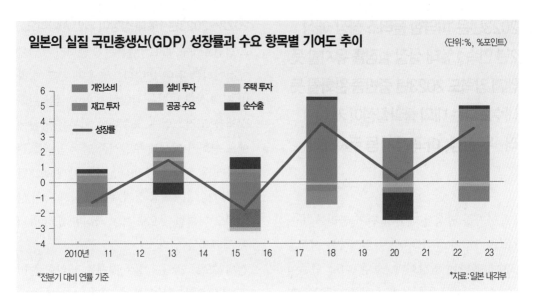

**일본의 실질 국민총생산(GDP) 성장률과 수요 항목별 기여도 추이** 〈단위:%, %포인트〉

범례: 개인소비, 설비 투자, 주택 투자, 재고 투자, 공공 수요, 순수출, 성장률

*전분기 대비 연률 기준    *자료:일본 내각부

에 주력할 것으로 보인다. 이를 위해 고용 기반이 되고 있는 중소기업 납품 단가 인상, 대기업과의 협상력 제고 등에도 방점을 찍을 것으로 보인다.

중장기적으로는 화석연료에 대한 의존도를 낮추고 에너지 위기에 강한 경제 구조를 모색할 것으로 전망된다. 일본 정부는 해상풍력 등 재생에너지와 이를 활용한 전력 인프라 기반 확충, 그리고 차세대 원자력 개발에 주력할 방침이다.

한편 기시다 내각은 엔저 '환율 효과'를 활용한 지역 경제 회복책도 모색 중이다. 지역 농산물의 해외 수출 확대를 지원하는 식이다. 이와 함께 화학비료 등 수입 자재 의존도를 낮추면서 차세대 친환경 농업 생산 기술의 개발에도 나서고 있다.

## 부작용 심화된 엔저 압력 전환 가능성

일본 경제의 악재에는 뭐가 있을까?

단연 '엔저 가속화'가 꼽힌다. 엔저로 인한 물가 상승이 기업의 원가 부담을 확대하고 근로자 실질임금을 떨어뜨리는 효과가 계속 이어지고 있다. 일본 정부는 2022년 9월, 24년 만에 외환 시장에서 달러화를 매각하고 엔화를 매입하는 시장 개입에 나섰다. 2022년 초 1달러당 115엔을 기록했던 엔화 환율이 하반기 140엔을 돌파하는 약세를 보이자 시장 개입에 나서 엔저 압력 완화에 주력하기 시작한 것이다.

일본 중앙은행의 '초저금리 정책' 고수가 엔저 가속화 배경이다. 쿠로다 일본은행 총재는 일본 물가 상승률이 높아졌으나 이는 원자재 가격 상승에 따른 일시적인 현상이라고 본다. 쿠로다 총재는 또 일본 경제가 구조적으로

## 2023년은 '미약한 플러스 성장' 예상
## 2년 연속 1%대 실질 성장률 유지할 듯
## 엔저 압력도 2023년 중반쯤 완화될 듯
## 내수보다는 대외 불확실성이 커
## 러-우 전쟁, 미국 경기 등 주시해야

2% 물가를 달성할 때까지 단기 금리를 마이너스로, 장기 금리를 0%로 억제하는 정책을 고수하겠다는 입장이다. 물론 미국 연준이 4%대로 정책금리를 올리고 일본은행이 금리를 동결한다는 것이 외환 시장에 이미 상당히 반영된 데다, 실질실효환율 기준으로 엔화가 1970년대 수준으로 하락한 비정상적인 상태에 있어 일본 정부의 외환 시장 개입 강화가 심화되고 있는 만큼 추가적인 엔저에는 한계도 있다.

### 2022~2023년 1%대 성장이 메인 시나리오

2023년 4월에 새로운 일본은행 총재가 부임할 예정이라는 점이 변수다. 새 총재 부임에 따라 경제 상황 변화를 감안하지 않고 금융 완화 정책을 고집스럽게 고수했던 일본은행 자세에도 변화가 발생해 무질서한 엔저 압력을 견제하게 될 가능성이 있다. 이와 함께 2023년 상반기 중에는 미국 경기 둔화와 함께 금리 상승세도 더뎌질 것으로 보여 극심한 엔저 압력이 전환될 수 있다.

전체적으로 2023년 일본 경제는 '미약한 플러스 성장'으로 예상해볼 수 있다. 2022년에 이어 2023년 역시 2년 연속 1%대 실질 성장률을 유지할 것으로 예상된다. 대외 환경의 불확실성, 엔저와 물가 상승에 따른 실질임금 감소 효과 등에도 불구하고 어느 정도 성장률이 기대되는 셈이다. 이는 민간 소비가 꾸준히 확대되고 일본 정부의 경제 대책 효과도 기대되

### 일본 주요 경제지표 성장률

단위:%

| 구분 | 2021년 | 2022년 | | 2023년 | |
| --- | --- | --- | --- | --- | --- |
| | 실적치 | 일본경제연구센터 | 노무라증권 | 일본경제연구센터 | 노무라증권 |
| 실질 GDP | 1.7 | 1.5 | 1.2 | 1.5 | 1.5 |
| 민간 소비 | 1.3 | 2.9 | 3 | 1.8 | 1.8 |
| 민간 주택 투자 | −1.9 | −3.5 | −3.9 | 1.7 | 0.6 |
| 민간 설비 투자 | −0.9 | 1.3 | 1.1 | 3.3 | 3.7 |
| 공적부문 투자 | −2.6 | −6.7 | −7.4 | 1.5 | −1.1 |
| 수출 | 11.8 | 3.1 | 3 | 1.5 | 1.5 |
| 소비자물가 | −0.2 | 1.7 | 2.1 | 1.3 | 1.2 |

*자료:각사

일본 경제의 악재로 오랜 엔저가 꼽히는 가운데, 2023년 4월 일본은행의 새 총재가 부임한 이후 일본 통화 정책의 향방에 관심이 모인다. 사진은 명동 환전소. (매경DB)

는 데다, 2023년 중반쯤에는 엔저 압력도 완화될 것으로 보이기 때문이다.

실제 주요 연구기관 의견도 그렇다. 일본경제연구센터가 주요 연구기관 담당자 37명을 대상으로 집계한 결과, 이들이 예상한 평균 실질 GDP 성장률 전망치는 2022년 1.93%, 2023년 1.28%로 나타났다. 소비자물가 상승률 전망치는 2022년 2.38%, 2023년 1.18%다. 그 밖에 일본경제연구센터나 노무라증권 금융경제연구소도 일본 경제의 2023년 성장률을 1%대로 예상한다.

물론 이런 전망치는 우크라이나 사태나 유럽 에너지 위기의 극단적인 악화, 미국 인플레이션의 예상 밖 악화나 미국 경기의 극심한 추락, 신흥국발 경제·국제 금융위기 발생 등 상황이 극단적으로 악화되지 않을 것이라는 것을 전제로 한다.

정리하면, 2023년 일본 경제는 내수 요인보다 대외 요인의 불확실성이 클 것으로 보인다. 일본 정부 경제 대책은 이처럼 불확실한 대외 요인에 대응해 일본 내수 경기를 어느 정도 뒷받침할 수 있을 것이다. 그러나 글로벌 경기가 크게 불안정한 상황이기 때문에 대외 요인이 예상 밖으로 크게 악화될 경우 2023년 일본 경제의 성장세 역시 0%대 후반으로 위축될 가능성이 있다. ■

# 스태그플레이션에 다가선 EU 경제
# 성장률 1% 안 돼도 놀라지 마~

**강유덕** 한국외대 LT학부 교수

2022년 초 유럽 경제는 낙관적인 전망과 함께 출발했다. 팬데믹 충격에서 벗어나면서 2021년 한 해 동안 빠른 경기 회복을 이뤄낸 덕분이다. 재정 투입을 통한 대규모 경기 부양과 양적 완화 조치는 경기 회복을 위한 숨통을 마련해줬다. 팬데믹 확산도 통제할 수 있는 수준으로 감소하면서 경제 활동이 재개되고 움츠렸던 수요는 빠르게 회복했다. 2021년 유로 지역과 영국은 각각 4.2%와 5%의 경제성장률을 기록했다. 유로 지역은 2021년 4분기에 이미 코로나19 사태 이전의 GDP 수준을 회복했다. 영국도 2022년 1분기에는 팬데믹 이전의 경제 상황을 회복할 것으로 전망됐다. 팬데믹 피해가 가장 심했던 이탈리아, 스페인 등 남유럽 국가도 내수와 여행 산업 호황에 힘입어 탄탄한 성장이 기대됐다. 그러나 러시아의 우크라이나 침공은 유럽 경제 상황을 180도 바꿔놨다.

에너지 가격이 급등하면서 경제 전반에 걸쳐 고물가 현상이 발생했고 모든 유럽 국가들은 정치와 경제 양면에서 불확실한 미래에 직면했다. 전 세계 모든 국가가 고물가에 시달리고 있지만 가장 큰 충격에 직면한 지역은 유럽이다.

2021년 말 유럽연합(EU) 집행위원회는 2022년 EU 경제가 4.3% 성장할 것으로 전망했다. 그러나 2022년 5월에는 전망치를 2.7%로 낮췄고, 불과 2개월 후인 2023년 전망을 재차 하향 조정했다. 모든 국가 상황이 비슷하지만, 독일의 성장률 하락폭이 가장 크다. 2022년 2

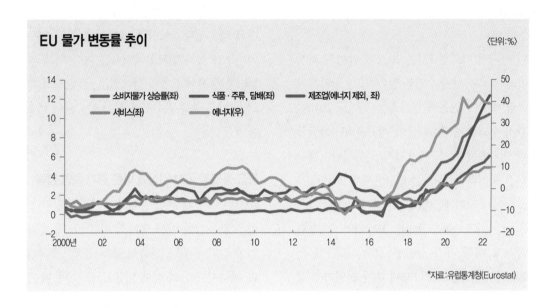

## EU 물가 변동률 추이

〈단위:%〉

소비자물가 상승률(좌)　식품·주류, 담배(좌)　제조업(에너지 제외, 좌)
서비스(좌)　에너지(우)

*자료:유럽통계청(Eurostat)

분기 독일 분기별 성장률은 0%를 기록했고, 에너지 공급과 물가에 따라 향후 더 낮아질 가능성도 있다. 영국은 아예 마이너스(-) 성장을 기록했다. 리즈 트러스 영국 전 총리는 취임 직후 대규모 감세를 바탕으로 한 경제 활성화 계획을 발표했지만, 파운드화 급락과 영국 국채 투매 현상이 발생하자 감세 정책을 철회했다. 이 사례는 금융 시장에 퍼진 불안 심리를 보여주는 단적인 예다.

### 유럽이 겪는 에너지 공급 충격

유럽은 에너지를 중심으로 러시아와 특수 관계에 있다. 유럽은 에너지 자급도가 낮은 지역이다. EU의 에너지 의존도는 60% 미만으로 전체 에너지 수요의 40% 이상을 외부로부터 수입해야 한다. 러시아는 EU의 에너지 수요 중 25%를 공급해왔다. 특히 파이프라인을 통해 수입하는 러시아산 천연가스는 전체 수입의 40%를 웃돌며, 생산과 운반의 특성상 대체가 어렵다. 러시아로서도 유럽은 놓칠 수 없는 시장이다. 따라서 불가분의 수요자-공급자 관계가 훼손될 것이라고는 상상할 수 없었다. 수십 년간 당연한 것으로 인식된 이 관계에 균열이 생겼고 이미 회복할 수 없는 지점을 통과했다.

EU는 여섯 차례에 걸쳐 강도 높은 대러시아 제재를 부과했다. 대부분 EU 회원국과 영국은 우크라이나에 대해 경제적 지원은 물론 군사 지원을 실시했다. 이 과정에서 EU는 탈(脫)러시아 에너지 전략, 'REPowerEU'를 발표했다. 러시아산 에너지와 결별하고 수입선 다변화와 친환경 에너지 전환을 가속화하겠다는 것이다.

이 전략에 따르면 EU는 2022년 말까지 러시아산 원유와 석탄 수입을 중단하고, 장기계약 물량이 남아 있는 천연가스는 늦어도 2030년까지 수입을 중단한다. 이 계획은 EU 회원국 간 이견으로 다소 변경되기도 했지만, 계속 추진 중이다. 러시아는 EU의 제재 조치와 우크라이나 지원에 반발했고, 러시아 국영 가스 회사인 가즈프롬은 독일, 이탈리아 등 유럽 국가에 대한 가스 공급을 감축, 중단했다. 2022년 8월 러시아의 EU에 대한 천연가스 공급은 전년 대비 3분의 1 수준으로 감소했다. 이후 가스 공급은 해저 가스관 노드스트림 (Nord Stream)의 기술적 문제와 손상 등을 이유로 더 줄어들었다. EU는 11월까지 가스 비축 용량의 80%를 채우는 것을 목표로 세웠고, 겨울이 오기 전에 비축량을 늘리기 위해 모든 노력을 기울였다.

이런 상황에서 천연가스 가격은 1년 동안 최대 10배까지 증가했다. 철강, 비료 · 화학 등 에너지 집약 산업은 이미 생산 차질을 겪었다. 에너지 가격의 상승은 모든 유럽 국가들을 전례 없는 고물가 상황으로 몰아넣었다. 유로 지역 물가 상승률은 2022년 9월에는 최초로 두 자리 숫자인 10%를 기록했다. 영국은 이보다 앞선 7월에 물가 상승률이 10%에 이르렀다. 일부 전망기관은 2023년 1월에는 영국의 물가 상승률이 18%까지 상승할 수 있

다고 경고했다. 식량과 에너지에 있어 외부 의존도가 높은 발트 3국에서는 이미 7월부터 물가 상승률이 20%를 넘어섰고, 폴란드와 체코 등 다른 중동부 유럽도 물가 상승률이 15%를 웃돈다.

## 공급 충격과 금리 인상에 따른 경기 하방 압력

2022년 말 현재 유럽 경제가 직면한 불황의 원인은 고물가에 따른 경제적 파급 효과, 물가 인상을 막기 위한 긴축적 통화 정책, 불확실한 에너지 전환과 이에 따른 공급 충격 세 가지로 요약할 수 있다.

첫째, 에너지 가격 급등에 따른 고물가 현상은 단기적으로 발생하는 공급 충격으로, 정책 대응 여지가 협소하다. 원자재와 에너지 부족 현상이 나타나면서 생산비용이 증가했기 때문이다. 높은 비용을 부담해도 공급량 확대가 어렵다는 게 더 문제다. 따라서 일정 부분 국가별로 고통을 감내할 수밖에 없다.

전년 대비 40% 이상 증가한 에너지 가격 인상은 공급 충격을 불러일으켜 생산자물가를 올리고, 결국 소비자물가에 전이되면서 가계 실소득은 크게 하락했다. 독일, 프랑스, 영국 등 주요국은 전기와 가스의 소매가격을 제한하고, 에너지 지원 패키지를 통해 가계에 전가되는 부담을 줄이고자 했다. 그러나 추운 겨울을 보내야 한다는 전망이 우세하다. 문제는 이런 고물가 현상이 일시적인 것이 아니라

는 사실이다. 2023~2024년 기간에도 고물가 현상이 계속되면서 유럽은 물론 전 세계 경제의 발목을 붙잡을 가능성이 높다. 국제통화기금(IMF)은 2022년 유로 지역과 영국의 물가 상승률을 각각 8.3%와 9.1%로 전망했다. 현재의 추이를 고려하면 2023년 초반에는 물가 상승률이 10%를 넘어설 가능성이 크다.

둘째, 유럽중앙은행(ECB)은 금리 인상을 통해 긴축적 통화 정책에 나서고 있다. ECB는 2022년 7월 기준금리를 0.5% 올림으로써 8년 간 지속해온 제로금리를 종료했다. 2022년 9월에는 0.75% 인상하는 '빅스텝'을 단행했다. 고물가와 미국 연방준비제도이사회(이하 美 연준)와의 금리 격차를 고려하면 향후 추가 인상이 확실하다. 영란은행(BOE)은 이보다 앞서 2021년 12월부터 금리 인상을 시작해 2022년 9월까지 총 7차례에 걸쳐 기준금리를 2.25%까지 인상했다.

그런데 미국의 경우와 달리 유럽은 정부와 기업, 가계 주체가 모두 장기간의 저금리와 양적 완화에 익숙해 있다. ECB는 2011년 이후 줄곧 기준금리를 인하했고, 최저 수준 금리를 유지했다. 이와 더불어 디플레이션 압력에 대응하기 위해 대규모 양적 완화를 실시했고, 코로나19 사태 기간에는 양적 완화 규모를 더 크게 늘렸다. 현재 유럽이 처한 고물가 상황은 과잉 수요에 의해 발생한 것이 아니며 공급 충격이 그 원인이다. 따라서 금리 인상은 경기 하강을 더욱 부추길 수밖에 없다.

ECB를 비롯한 유럽 중앙은행들이 금리를 올릴 수밖에 없는 또 다른 이유는 미국과의 기준금리 격차 때문이다. 달러 대비 유로화 가치는 20여년 만에 최저 수준으로 하락해 달러-유로 등가 관계 또는 역전 현상까지 나타났다. 영국 파운드화는 2022년 9~10월 중 더 심한 평가절하를 겪으면서 1990년대 초 파운드화 위기 재현 가능성까지 제기됐다. 유로화와 파운드화 약세는 유럽 물가 상승을 더욱 부추길 수 있다. 따라서 ECB와 BOE는 美 연준의 금리 인상을 일정 부분 따라갈 수밖에 없는 상황에 직면하는데, 결과적으로는 물가 억제를 위해 경기 회복을 일정 부분 맞바꾸는 구도가 형성된다고 할 수 있다.

셋째, EU의 에너지 전환 계획은 일종의 공급 충격으로 작용할 수 있다. EU는 유럽 그린딜 같은 중장기적 목표를 통해 화석연료 사용 비중을 줄여왔다. 그러나 에너지 안보 불안에 의해 촉발된 REpowerEU는 단기간에 추진되기 때문에 지속적인 공급 충격을 불러일으킬 수 있다. 이 충격을 받아낼 수 있는 여력은 국가별, 산업별, 사회집단별로 큰 차이가 있다. 다른 지역에 비해 비대칭적 충격에 직면할 회원국이 있기 마련이며, 한 국가 내 산업·사회집단 간에도 충격을 감내할 수 있는 여력에 큰 차이가 있다. 따라서 EU 차원에서 대규모 연대기금을 조성하지 못하면 에너지 전환 계획은 큰 어려움에 직면할 가능성이 높다.

2023년 유럽 경제 주요 이슈는 러시아-우크라이나 전쟁 향방과 고물가에 대한 대응이다. 첫째, 러시아-우크라이나 전쟁은 유럽 경제 회복에 가장 큰 영향을 미칠 것이다. 전쟁 발발 초기에는 우크라이나가 수세로 몰렸으나, 미국과 유럽 주요국의 적극적인 지원으로 점차 러시아의 우위가 사라지는 형국이다. 반면 어느 지점에서 종전을 위한 협상이 진행될 것인지에 대해서는 예측이 매우 어렵다. 유럽 내 국가 간 지정학적 관계는 과거 냉전을 연상케 하는 모습으로 변했다. 스웨덴과 핀란드는 70년 이상 유지해온 외교적 중립 노선을 포기하고, 2022년 5월에 북대서양조약기구(NATO) 가입을 신청했다. 우크라이나는 가입 신청 4개월 만에 EU 후보국 지위를 부여받았다. 헝가리와 불가리아를 제외한 모든 EU 회원국은 우크라이나를 군사적으로 지원했고, EU를 탈퇴한 영국은 더 적극적인 모습이다. 이와 더불어 유럽 각국은 군비를 증강 중이다. 독일은 수년간 미뤄왔던 GDP 대비 2% 국방비 지출을 결정했고, NATO는 신속 대응군 규모를 현 4만명에서 30만명까지 늘린다는 계획이다. 이런 안보 지형의 변화는 경제 정책에 안보 문제를 결합한 '경제 안보'를 정책의 우선순위로 격상시켰다.

둘째, 공급 충격으로 인한 고물가에 대응하는 과정에서 유럽 통합 프로젝트가 도전에 직면했다.

2022년 9월 프랑스 물가 상승률은 6.2%인 데 반해 독일은 10.9%, 발트 3국은 20%를 훌쩍 넘는다. 고물가 현상 속에서도 국가별 경제 여건과 산업 구조가 다르므로 국가별 차이를 감안한 세밀한 통화 정책을 선택하는 데 큰 어려움이 있다.

또한 현재의 공급 충격에 대응할 수 있는 국민경제 여력도 국가별로 차이가 크다. 이런 상황에서 ECB의 고민은 커질 수밖에 없다. 지난 10년간 ECB는 디플레이션 압력에 대응하기 위해 창의적인 비전통적 정책을 개발했다. 반대로 물가 상승에 대응하기 위해서는 어떤 정책을 쓸 것인지 깊은 고민에 빠질 수밖에 없는 상황이다.

기준금리 인상이라는 정답이 있더라도 다양한 통화 정책을 조합한 섬세한 접근이 필요하다. 어쩌면 물가 안정에 최우선을 두는 ECB의 협소한 정책 목표가 도전에 직면할 수도 있다. 유럽 경제의 분열이라는 해묵은 이슈가 다시 한 번 고개를 든다면, 구원투수로서의 ECB를 모두가 바라보는 상황이 전개될 수 있다.

2023년 유럽 경제는 어려운 시기를 통과할 것으로 예상된다. 러시아-우크라이나 전쟁이 장기화되면 에너지 외에도 여타 품목으로 가격 상승 압력이 확산되면서 고물가 현상이 지속될 수밖에 없다. 이에 따라 가계 실질소득

## EU의 에너지 의존도 완화 계획(REPowerEU)

| 정책 분야 | 중점 | Fit for 55를 통한 계획 (2030년) | REPowerEU 조치 | 2022년까지의 대체 계획 | 2030년까지 추가 중단 계획 |
|---|---|---|---|---|---|
| 천연가스 다원화 (Gas Diversification) | 비(非)러시아 천연가스 | − | LNG 전환 | 50bcm(예상) | 50bcm |
| | | − | 파이프 유입 다원화 | 10bcm | 10bcm |
| | 재생에너지원 가스 | 바이오가스 17bcm: 소비 절감 17bcm | 2030년까지 바이오가스 35bcm 생산 | 3.5bcm | 18bcm |
| | | 그린수소 5600만t 9~18.5bcm 절감 | 수소 생산 확대, 2030년까지 20mt 수입 | − | 25~50bcm |
| 전기 공급 (Electrify Europe) | 재생에너지원 가스 | 에너지 효율 조치: 38bcm 절감 | 난방 온도 1℃ 하향을 통한 에너지 절약: 10bcm | 14bcm | 10bcm |
| | | − | 지붕태양광 우선 설치: 연간 15TWh | 2.5bcm | 조기 집행 |
| | | 신규 열펌프 3000만기 설치: 2030년 36bcm 절감 | 향후 5년간 1000만기 설치 | 1.5bcm | 조기 집행 |
| | 전력 분야 | 풍력 480GW, 태양광 420GW: 170bcm 절감, 그린수소 5.6mt | 풍력, 태양광 20% 앞당기기: 가스 3bcm 절감, 2030년까지 80GW 증설 | 20bcm | 그린수소 사용을 통한 절감 |
| 사업 전환 (Transform Indrustry) | 에너지 집약 산업 | 에너지원의 조기 전력화, 그린수소 사용 | 혁신기금 활용 | 그린수소와 조기 목표 달성을 통해 가스 사용량 축소 | |

*bcm은 천연가스양을 나타내는 단위로 10억㎥(입방미터)를 의미함
*자료:European Commission(2022)

이 감소하고, 에너지 집약 산업의 생산 차질로 성장세가 약화될 가능성이 크다. 영국도 상황은 다르지 않다. 역내 무역·금융 거래가 많은 유럽에서는 경기가 하강 국면에 진입할 때 경기 동조화 현상이 두드러진다.

특히 유로 지역 경제의 29%를 차지하는 독일 경제 파급 효과가 크다. 2022년 10월에 발표된 IMF 전망에 따르면 2023년 독일 경제성장률은 2023년 0.4%에 불과할 것이며, 프랑스와 이탈리아 성장률도 각각 0.7%와 0.4%에 불과하다. 독일, 프랑스, 이탈리아는 유로 지역 경제의 65%를 차지한다. 따라서 다른 유럽 국가의 성장률 또한 낮을 수밖에 없다. 그 결과 유로 지역 성장률은 1%에 미치지 못할 가능성이 높다. 영국 또한 0.7%의 저조한 성장률을 기록할 전망이다. 이런 유럽 경제 둔화는 한국의 대유럽 수출에도 부정적인 영향을 끼칠 가능성이 높다. ■

# '중국 위상 이어받을까?' 관심 폭발
# 지정학 수혜 '톡톡' 6% 성장 가능할 듯

**김용식** 포스코경영연구원 수석연구원

2022년 인도 경제는 코로나19 초기 확진자 수를 안정적으로 유지하면서 고성장세를 이어 갈 것이라는 기대를 한 몸에 받았다. 무려 8.7%의 성장률을 달성했던 2021년 기록에 기대가 더해졌다. 하지만 러시아의 우크라이나 침략 전쟁으로 인한 국제상품 가격 상승과 글로벌 교역량 축소로 예상보다 미약한 성장세를 보이게 됐다. 2023년은 러-우 전쟁 지속 여파와 미국 우선주의 정책, 강달러 정책 고수, 물가 상승 억제를 위한 개별 국가들의 강력한 긴축 정책 실시 등으로 인한 민간 소비와 투자 감소 그리고 글로벌 수요 둔화로 인한 수출 위축 등으로 6% 후반대 경제성장률을 기록할 것으로 예상한다.

2022년 인도 경제성장률은 상고하저로 특징 지을 수 있다. 1분기는 4.1% 성장에 그쳤으나 2분기는 13.5% 성장으로 반등했다. 코로나19 확진자 수 감소로 일상생활과 대면 접촉 활동이 빠르게 회복되면서 서비스 부문이 17.6%로 성장을 주도했다. 농업 부문도 봄 작물 작황이 개선되며 9분기 만에 최고치인 4.5% 성장률을 기록했다. 한편 하반기는 물가 상승 억제를 위한 기준금리 인상과 강달러 정책, 그리고 물가 상승 압박 요인이 경제성장률 하방 요인으로 작용하면서 4% 중반대 성장세를 기록할 것으로 전망한다.

**2022년 '상고하저' 그린 인도 경제**
**정부 지출·외국인 투자 덕으로 대폭 성장**

2022년 인도 경제 성장 요인으로는 정부 지출

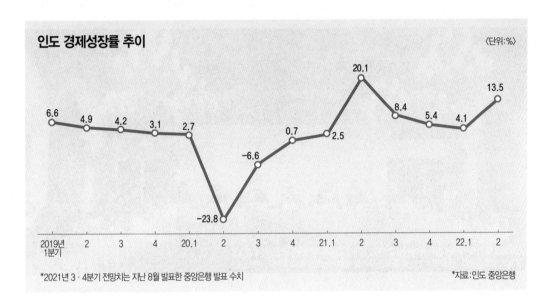

## 인도 경제성장률 추이

〈단위:%〉

- 2019년 1분기: 6.6
- 2: 4.9
- 3: 4.2
- 4: 3.1
- 20.1: 2.7
- 2: -23.8
- 3: -6.6
- 4: 0.7
- 21.1: 2.5
- 2: 20.1
- 3: 8.4
- 4: 5.4
- 22.1: 4.1
- 2: 13.5

*2021년 3·4분기 전망치는 지난 8월 발표한 중앙은행 발표 수치

*자료:인도 중앙은행

증가와 외국인 투자자금 유입을 들 수 있다. 먼저 정부의 적극적인 자본지출 확대가 성장 배경으로 꼽힌다. 인도 정부는 2022 회계연도 (2022년 4월~2023년 3월) 예산안에 배정된 정부의 CAPEX(자본지출) 총액(7조5000억루 피, 약 13조500억원)을 초과 지출하겠다는 계획을 밝힌 바 있다. 금리 상승으로 인한 민간 기업 투자 감소 가능성을 반영해 철도나 도로 등 인프라 부문에 투자를 확대함으로써 성장 률을 유지하려는 복안이다.

둘째는 외국인 투자 자금의 꾸준한 유입이다. 모디 정부의 제조업 부흥을 위한 일련의 정책 이 잇달아 발표되면서 인도는 입지 매력도가 새롭게 부각되고 있는 양상이다. 또한 인도 정부의 강력한 제조업 육성 의지와 각종 규제 완화 등으로 사업 여건이 개선되고 있다. 더

**2022년 4% 중반대 성장**
**2023년은 약간 더뎌질 듯**
**금리 인상·민간 투자 악화가 악재**
**그럼에도 지정학 수혜 입으며**
**6% 이상 견조한 성장률 예상**

불어 중국 대체가 가능하고 서남아와 아프리 카 생산기지로 인도가 재각광받으면서 제조 업 부문이 경제 성장 동력원으로 성장할 수 있 는 기반을 갖췄다.

인도 정부가 추진하는 제조업 육성책은 Make in India, 경제 자립화(Atmanirbhar Bharat), 14개 제조업 부문 생산연계인센티브(PLI·Produc

인도의 지정학적 가치는 점차 높아지는 중이다. 미국은 인도를 '쿼드'에 가입시키며 중국을 견제하는 데 힘쓴다. 한국 역시 인도를 중국을 대체할 새로운 시장으로 내다본다. (매경DB)

tion Linked Incentive, 인센티브와 보조금 지급, 소프트론, 세금 환급 등의 혜택 제공) 추진과 2021년 출범한 반도체 미션(India Semiconductor Mission · 반도체, 디스플레이 제조와 디자인 생태계 구축을 위해 투자하는 기업들에 자금 지원 등 혜택 제공, 총 100억달러의 인센티브 제공) 등이 있다. 이에 따라 대인도 해외직접투자(FDI)가 꾸준한 성장을 보이면서 경제성장률 제고 요인으로 작용할 것이라는 예상이다.

### 인도의 제조업 육성책

| 이름 | 내용 |
|---|---|
| Make in India | 가전제품의 국내 생산 장려 |
| 경제 자립화 | 공급망 등의 자립화 |
| PLI | 14개 제조업 부문의 생산 연계 인센티브 |
| 인도 반도체 미션 | 디스플레이 제조 · 디자인 생태계 구축을 위해 투자하는 기업에 자금 지원 등 총 100억 달러의 인센티브 제공 |

인도 경제는 14억명 이상 거대 인구를 지닌 내수 기반(전체 GDP의 70% 정도)이라는 점도 장점이다.

글로벌 시장의 불확실성이 증가하고 있는 상황에서, 장기적으로 소득 향상에 따른 시장 성장 가능성이 높다. 또 청년층 인구 비중이 가장 높은 인도 시장 특성은 투자자에게 매력적으로 비칠 수 있다.

마지막으로 농촌 지역 소득 증가다. 몬순 우기 강수량이 평균 이상으로 가을 작물 파종이 증가하면서 이로 인해 농가 소득이 증가했다. 농가 소득 증가에 따라 가전과 이륜차 · 소형 자동차 수요가 증가하면서 소비 증가로 이어질 수 있다는 분석이다.

### 금리 인상 등으로 2022년보다는 낮은 성장률

2023년 인도 경제는 2022년 대비 약간의 위축

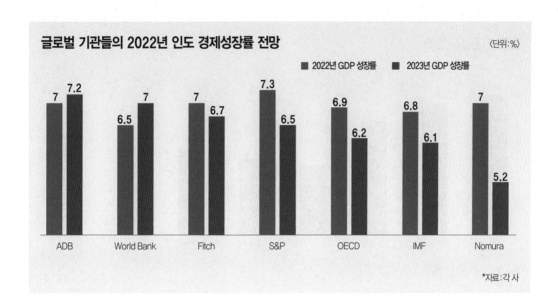

글로벌 기관들의 2022년 인도 경제성장률 전망

〈단위:%〉

■ 2022년 GDP 성장률　■ 2023년 GDP 성장률

| 기관 | 2022년 GDP 성장률 | 2023년 GDP 성장률 |
|---|---|---|
| ADB | 7 | 7.2 |
| World Bank | 6.5 | 7 |
| Fitch | 7 | 6.7 |
| S&P | 7.3 | 6.5 |
| OECD | 6.9 | 6.2 |
| IMF | 6.8 | 6.1 |
| Nomura | 7 | 5.2 |

*자료:각 사

## 14억명 이상 인구 지닌 '강한 내수' 인도 GDP의 약 70% 차지해 청년층 인구 비중 높은 점도 긍정적 2022년 강수량 많아 작황 좋으니 농가 소득 증가도 민간 소비 호재

을 겪을 것으로 시장은 전망한다. 글로벌 경제의 불확실성 지속, 고금리로 인한 금융비용 상승과 투자 지연, 고유가와 주요 상품 가격 상승 등으로 인한 고물가, 글로벌 수요 둔화로 인한 국제 교역량 축소 등이 요인이다. 그럼에도 불구하고 G20 국가 중 눈에 띄게 높

은 성장률인 6%대 중후반을 기록할 것으로 보인다.

인도 경제성장률의 전년 대비 하락 요인으로는 먼저 기준금리 인상을 들 수 있다.

인도 중앙은행의 최우선 정책 목표는 소비자물가 안정이다. 여기에 글로벌 고금리 정책 기조까지 더해지며, 중앙은행은 2022년 5월 근 2년 만에 처음으로 기준금리를 4%에서 0.4%포인트 인상했다. 이후 9월 30일까지 4회 연속 금리를 인상해 2019년 6월 이후 최고인 5.9%를 기록했다. 중앙은행은 2023년 초까지 금리 인상 기조를 유지함으로써 2023년 초에는 6% 이상 고금리를 유지할 것으로 전망된다. 이로 인한 금융 비용 급증으로 인해 대출을 일으켜 대형 가전제품과 고급 제품을

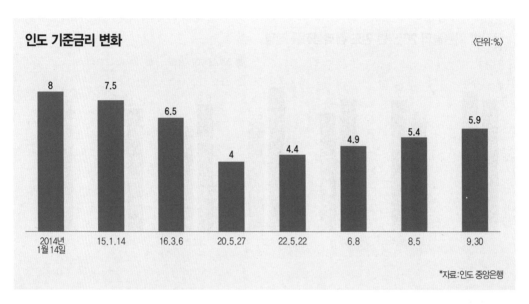

인도 기준금리 변화 〈단위:%〉

8  7.5  6.5  4  4.4  4.9  5.4  5.9

2014년 1월14일  15.1.14  16.3.6  20.5.27  22.5.22  6.8  8.5  9.30

*자료:인도 중앙은행

소비하는 개인 소비가 감소하면서 경제성장률 하락이 유발될 테다.

민간 투자 위축도 2022년보다 2023년 경제 성장이 더뎌지는 원인으로 예상된다. 대출 비용 증가와 수요 둔화에 대응하기 위해 기업은 장기 성장을 위한 투자를 제외한 설비 투자를 미루거나 축소할 것이기 때문이다. 코로나19 이후 회복기에 있던 민간 투자가 다시 위축되면 정부 지출만으로는 경제 성장을 뒷받침하기 어렵다.

### 지정학적 위상과 안정된 리더십으로 '선방'

다음은 수출 수요 감소다. 제조업 육성을 통한 고용 창출을 기대하는 인도 정부의 노력에도 불구하고 글로벌 수요 둔화로 인한 수출 감소는 경상수지 적자로 이어지고 정부 지출 억

제 요인으로 작용하면서 경제 활력을 떨어뜨릴 것이다.

한편 2023년 인도 경제가 2022년보다 플러스 성장을 한다는 일부 소수 의견도 존재한다. 세계은행과 아시아개발은행(ADB)은 2023년 인도 경제성장률이 전년 대비 소폭 상승할 것으로 전망했다. ADB는 인도 경제가 2023년 7.2% 성장률을 기록해, 2022년보다 0.2%포인트 더 성장할 것으로 전망했다. 중앙정부가 저소득층 주민을 위한 식량, 가스 · 비료 보조금 확대와 소비세 인하 조치 등을 시행하면서 물가 상승 압력 요인을 상쇄해 성장세를 이어갈 것이라는 분석이다. 세계은행 역시 2022년 인도 경제가 6.5% 성장해 2021년 8.7% 성장 대비 큰 폭의 하락세를 보일 것이지만, 2023년 성장률은 7%로 전년 대비 0.5%포인트 성

장할 것으로 전망했다.

2022년보다는 악재가 많은 한 해가 되겠지만 그럼에도 인도의 2023년 경제성장률은 6% 이상으로 견조한 수치를 기록할 것으로 보인다. 이런 안정적인 경제 성장의 배경은 뭘까?

먼저 지정학적 우위를 들 수 있다. 글로벌 공급망 위기와 미중 갈등 지속으로 중국을 대체할 수 있는 공급망 구축이 필요한 상황에서 유럽과 서남아 생산기지로 인도의 지정학적 중요성이 높아졌다. 인도는 서남아와 유럽과 아프리카 권역을 커버할 수 있는 지리적 매력을 갖추고 있기 때문이다.

둘째는 정치적 안정성이다. 2024년 총선을 앞두고 있으나 유일한 전국 야당인 국민회의당(INC)의 정치적 리더십 부재와 지역정당 연합이 모디 총리 인기를 뒤엎기는 불가능하다는 판단이다. 인도국민당(BJP)과 모디 총리에 대한 높은 지지도를 바탕으로 상대적으로 지속적인 정책 진행이 가능하며 이를 통해 기업의 장기 투자를 이끌어낼 수 있기 때문이다. 특히 최근에는 태양광과 풍력 등 풍부한 재생에너지 부문 경쟁 우위를 바탕으로 한 그린수소 생산기지로서의 매력도가 부상되면서 지속적인 투자 유입을 기대할 수 있게 됐다.

인도 경제 성장에는 모디 총리가 장기 집권하며 단행해온 각종 경제 부양책이 큰 역할을 했다. 2014년 5월 집권한 모디 정부는 인프라 투자 확대, 단일부가가치세(GST) 도입, 디지털

인도에서 장기 집권하며 경제 부양책을 펼치고 있는 나렌드라 모디 인도 총리. (매경DB)

인디아 등 일련의 개혁 조치로 인도 경제의 기초체력을 강화해왔다. 크리스티나 게오르기에바 국제통화기금(IMF) 총재는 2022년 10월 "주요 국가들이 역성장을 기록하는 어려움에 처한 가운데 인도 경제는 지난 수년간 진행된 구조적 개혁 조치 덕분에 고성장을 유지하면서 글로벌 경제의 희망을 주는 국가(A bright spot on this otherwise dark horizon)가 됐다"고 치켜세웠다. ■

# 재등장한 룰라…다시 '좌향좌' 분위기
# 한-메르코수르 협상은 기대 어려워

**오성주** 포스코경영연구원 수석연구원

2022년은 러시아-우크라이나 전쟁이라는 대형 악재가 여러 불확실성 요인과 겹쳐 글로벌 경기 침체가 현실화돼가는 과정이었다. 이런 시기에 브라질은 오히려 경제 리스크를 빠르게 잠재우며 괄목할 만한 성과를 이뤄냈다.

미 연준을 비롯한 각국 중앙은행이 그동안 풀어놓은 유동성 회수를 뒤늦게 시작했는데, 에너지·식량 수급 불안과 겹치면서 전 세계 물가가 가파르게 상승했다. 미국발 고강도 금리 인상으로 급등한 달러 가치는 자원 수입국에게 적잖은 고통을 줬다. 하지만 브라질 중앙은행은 미 연준보다 거의 1년 앞서 빠르고 과감하게 정책금리를 인상해온 덕분에 과거와 같은 신흥국의 고물가 악몽과 자본 유출 가능

성을 일찌감치 차단하고 소비 위축도 상대적으로 잘 방어했다.

이런 노력으로 브라질 경제는 2022년 연초 기대치를 크게 웃돌며 전년 대비 2.8% 성장할 것으로 예상된다. 2023년은 전 세계 경기 침체 가능성으로 이보다 다소 낮은 1.3%대 성장을 기록할 것으로 전망된다.

브라질 경제가 2022년을 순조롭게 보낼 수 있게 된 데는 금리, 환율 그리고 무역 부문이 각자 한몫했다.

우선 브라질 중앙은행은 2021년 초 2%에 머물던 기준금리를 3월부터 12차례 연속으로 인상, 13.75%까지 끌어올리다 2022년 9월이 돼서야 첫 동결 조치를 단행했다. 이런 과감하고 공격적인 금리 정책 덕분에 2022년 물가 전망치는 마침내 관리 상한 아래인 5.8%까지

하향 조정됐으며 이런 결과에 힘입어 국제 금융기관은 세계 주요국 경기 흐름과는 다르게 2022년 브라질 성장률 전망치를 연초 대비 상향시킬 수 있었다.

그러나 글로벌 경제가 여전히 인플레이션 불확실성이 높아 2023년에도 브라질의 이런 금리 완화 흐름을 이어갈 수 있을지는 더 지켜볼 필요가 있다. 브라질 중앙은행 역시 물가 상승 압력이 다시 증가할 경우 언제든지 긴축으로 전환할 가능성을 언급함으로써 기준금리 인하에 대한 기대는 어렵게 만들고 있다.

환율은 2022년 러시아–우크라이나 전쟁 여파로 동유럽, 신흥국 등에서 이탈한 해외 투자자금이 브라질 자본 시장으로 오히려 몰려들면서 세계적인 강달러 추세에도 불구하고 전 세계 주요국 중 가장 안정적인 모습을 보여줬다. 특히, 2022년 초부터 증시가 호황을 이어온 덕분에 헤알화·달러 환율이 연말 기준 5.1 수준으로 안정될 것으로 보인다. 2023년에도 교역 부문에서 대규모 흑자 추이가 지속될 것으로 전망됨에 따라 헤알화 환율은 안정적 절상 추세를 이어가면서 2020년 이전 수준인 '달러당 5헤알화 이하'를 기록할 수 있을 것으로 기대된다.

무역 부분에서는 러시아와 우크라이나 간 전쟁이 장기화되고, 이를 둘러싼 러시아와 EU 간 에너지 갈등이 심화되면서 에너지, 곡물 등 국제 원자재 가격이 크게 올라 이런 1차 산품을 주력으로 생산하는 브라질 수출에 날개를 달아줬다.

이에 따라 매년 사상 최대치를 경신해오던 브라질 무역수지는 2022년에는 전년 대비 거의 두 배 수준인 700억달러 이상 기록할 것으로 기대된다. 또한, 글로벌 공급망 불안이 당분간 지속되면서 2023년 무역 흑자 규모도 전년보다는 다소 낮아지겠지만 예년 수준보다는 크게 증가한 540억달러를 웃돌 것으로 전망된다.

### 룰라의 재등장…신용등급 전망 부정적
### 재정지출 증가로 정부 부채 부담 가중

2022년 브라질 대선은 사상 유례없는 박빙의 승부를 기록했다. 브라질 선거 제도가 안정화된 1994년 이후 지금까지 현직 대통령은 모두 재선에서 승리했지만 코로나19 후유증과 미국발 긴축에 따른 경기 침체 여파로 자이르 보우소나루 대통령은 다소 불운했다. 특히, 역대 중남미 정치인 중 가장 인지도가 높은 루이스 이나시오 룰라 다 실바 전 대통령을 경쟁상대로 만나 선거 막판 엄청난 추격 레이스를 펼쳤음에도 불구하고, 대선 결선 투표에서 막판까지 접전한 끝에 룰라에게 패배했다.

한편, 2022년 대선은 브라질이 1985년 군사정부가 종식된 이후 치른 선거 중 가장 심한 양극화 양상을 보였다는 점에 주목할 필요가 있다. 후보가 11명이나 출마한 1차 대선에서 이념적 스펙트럼상 양 극단에 있는 두 후보

**브라질 경제 전망**

단위:%

| 구분 | 2021년 | 2022년(e) | 2023년(f) |
|---|---|---|---|
| GDP(YoY) | 4.9 | 2.8 | 1.3 |
| 민간 소비 | 3.6 | 4 | 1.5 |
| 산업 생산 | 4.2 | 4 | 0.9 |
| 실업률(연평균) | 13.5 | 9.7 | 8.8 |
| 외환보유액(US억달러, 연말) | 3546 | 3600 | 3750 |

*(e)는 추정치, (f)는 전망치                          *자료:포스코경영연구원 종합

(보우소나루 · 룰라)가 합쳐 무려 91.5% 이상을 득표하면서 그 외 어느 후보도 5% 이상을 득표하지 못했다. 이는 2023년 출범하게 될 새 정부는 향후 갈등 요인이 있는 정책들을 추진할 때마다 과거보다 더 고통스러운 과정을 수반하게 될 것임이 우려된다.

현재 브라질의회는 상 · 하원 모두 어느 쪽도 과반 세력을 확보하지 못하고 있어 새로 출범하는 룰라 정부는 더 폭넓은 정치 연합과 다소 중도적인 정책 추진이 불가피할 것으로 보인다. 특히 이번 대선과 함께 치른 의회 선거에서 보우소나루 대통령(임기 2022년 12월 31일 종료)의 PL당이 크게 선전해 상 · 하원 모두 원내 1당이 되면서 2023년 룰라 정부가 출범하더라도 당장 큰 폭의 정책 변화 추진은 어려울 것으로 예상된다.

한편, 2022년 대선에서 두 후보 모두 정부 부채 증가에 제동을 거는 정책 제안이 부재했던 만큼 2023년 브라질 신용등급 전망에는 부정적인 영향을 줄 것으로 보인다. 특히, 룰라 당선인은 과거 재임 전성기에 강한 성장세를 바탕으로 빈곤율은 낮추면서도 재정적자와 공공 부채를 줄일 수 있었지만, 이번 대선에서는 이와 같이 핑크빛 전망과 구체적인 해법을 제시하지 못했다.

### 2023년 정권 교체 따른 정책 변화 시작 혼란스러워도 점차 차분해질 듯

또한 2023년 룰라 정부에서는 공공 분야에서 다양한 투자와 사회 프로그램 추진을 위해 정부 지출이 다시 증가할 가능성이 높다. 이를 위해 장기적으로 정부 지출 상한제를 폐지하려 할 것이며 재원 마련을 위해 고소득자와 금융 분야 대상으로 소득세를 높이는 조세 개혁을 시도하려 할 수 있다.

산업 관련해서는 대규모 인프라 투자 재개와 함께 다시 정부 주도로 산업화를 추진할 가능성이 있다. 특히 국영 금융기관을 적극적으로 활용해 기존 보우소나루 정부가 추진했던 공기업의 민영화를 되돌려놓으려 할 것이다.

ESG 관련해서는 정부 재정의 주 수입원인 원유와 가스 생산량은 되도록 유지하되 신재생

에너지로의 전환을 촉진하기 위해 화석연료 의존도는 줄이려는 다소 모순적인 정책이 나올 수도 있다. 아마존 지역 등에서는 산림 황폐화를 막기 위해 산업 활동에 대한 환경 규제를 더 강화하고자 할 테다.

## 한-메르코수르 협상 돌파구 찾아야

높은 인플레이션과 경기 침체 조짐으로 바이든 정부의 의회 장악력은 약해질 것으로 보이나, 미국의 대중(對中) 압박은 여야 구분 없이 초당적으로 진행되는 만큼 브라질은 중국의 저성장 장기화 가능성에도 대비할 필요가 있다. 또한, 미국이 바라는 대로 글로벌 공급망에서 중국이 점차 배제되기 시작한다면, 브라질은 중국발 원자재 수요 감소분을 대체할 새로운 시장을 찾아 나서야 할 것이다. 당장은 인근 중남미 국가들이 쉬운 대안으로 보이겠지만, 장기적으로는 중국을 넘어 인도-태평양 권역의 국가가 유망한 수출 시장이 될 수 있을 것이다.

2023년은 대외적으로도 여러 변화가 있을 것이다. 특히, 룰라 정부는 미국이 주도하는 민주주의 가치동맹 참여 압박에 맞서 양국 관계가 훼손되지 않는 범위 내에서 최대한 독자적으로 행동하려고 할 것이다. 이에 더해 최근 중남미 제2의 핑크 타이드를 활용해 인접국인 콜롬비아, 아르헨티나, 베네수엘라 등과 힘을 합쳐 대항하려고 할 수도 있다.

한편, 룰라 정부에서 한국과 메르코수르 간 무역협정(TA) 협상은 최종 협상 타결까지 더욱 난관이 예상된다. 브라질 신정부가 한국과 메르코수르 간 무역협정 협상 자체를 파기할 가능성은 낮지만, 메르코수르를 과거와 같이 대외 관세동맹의 역할로만 활용하려는 목적이 생긴다면 더욱 경계적으로 협상에 임하려 할 것이다. 그럼에도 불구하고 우리 정부 협상팀은 과거 다양한 어려움 속에서도 수차례 FTA 체결에 성공했고, 메르코수르 측과도 오랜 기간 협상을 이어온 만큼 다양한 방법을 통해 돌파구를 찾아야 한다.

한편, 포스트 코로나 시대에 이어 최근 경기 침체 국면에 대비해 우리 기업들은 수출 시장을 다시 다각화하려는 모습이다. 공급망 불안으로 희귀 광물 조달의 중요성이 부각되면서, 중남미 시장 가치도 재평가되고 있다. 과거 한국에 브라질은 물리적으로 너무 멀어 한쪽의 필요에 의해서만 교역이 이뤄졌으나, 최근 양국 경제 규모가 커지고 태양광, 2차전지, 그린수소 등 새로운 산업이 등장하면서 이제는 여러 분야에서 공통 관심사가 생기고 있다.

브라질 역시 한류 인기와 함께 코로나19 이후 위상이 크게 높아진 한국에 대해 관심이 증가하면서 양국이 머리를 맞대고 협력 기회를 찾는다면 상호 교역과 투자도 다시 반등할 수 있을 것으로 기대된다. ■

# 러시아, 성장은 2024년 이후에나
# 동유럽, 성장 둔화 속 인플레 압박

**러시아**

**이종문** 부산외대 러시아인도통상학부 교수

2022년 2월 24일 러시아의 우크라이나 침공은 원유와 곡물 가격 급등을 야기하며 코로나19 여파에서 아직 벗어나지 못하고 있던 세계 경제에 심각한 타격을 입혔다. 당사국인 러시아 또한 전쟁 수행과 서방의 대규모 제재로 경제가 큰 충격을 받을 것으로 예상됐다. 2022년 4월 기준 세계은행(WB)은 2022년 러시아 경제성장률을 −11.2%, 국제통화기금(IMF)은 −8.5%로 예상했다. 러시아 경제발전부 또한 2000년대 이후 가장 낙폭이 큰 −8%에 달할 것으로 전망했다. 2022년 5월까지 러시아의 우크라이나 침공으로 야기된 전쟁 리스크와

거래 시스템 · 공급망 충격이 내수 축소와 수출 물량 붕괴로 이어졌고, 루블화의 급격한 평가절하, 10% 이상 치솟은 물가 상승률로 실질임금이 하락하면서 민간 소비가 지속해서 감소했다. 여기에 외국인 투자자 이탈로 투자까지 감소하면서 경제가 마이너스 성장으로 진입했다.

그러나 2022년 하반기 들어서면서 그 영향은 당초 예상만큼 심각하지 않을 것으로 판명됐다. 2022년 10월 경제 전망에서 IMF는 2022년 러시아 경제성장률을 4월 예상치보다 훨씬 소폭인 3.4%, 세계은행은 4.5% 정도 축소될 것으로 전망했다. 러시아 경제성장률이 소폭 하락에 그친 것은 서방의 경제 제재에도 불구하고 러시아 상품 수출의 70% 이상을 차지하는 원유를 중심으로 한 글로벌 상품 가격 급등

| 러시아 경제 전망 | | | | 단위:% |
|---|---|---|---|---|
| 구분 | 2021년 | 2022년(e) | 2023년(f) | 2024년(f) |
| 경제 성장률 WB | 4.8 | -4.5 | -3.6 | 1.6 |
| 경제 성장률 IMF | 4.7 | -3.4 | -2.3 | 1.5 |
| 경제 성장률 BoR | 4.7 | -6~-4 | -4~-1 | 1.5~2.5 |
| 소비자 물가 상승률 WB | 6.7 | 13.9 | 5.9 | 4.5 |
| 소비자 물가 상승률 IMF | 6.7 | 13.8 | 5 | 4 |
| 소비자 물가 상승률 BoR | 6.7 | 13.5~14 | 4.3~7.5 | 4.1~4.9 |

*(e)는 추정치, (f)는 전망치
*자료:세계은행(WB), 국제통화기금(IMF), 러시아중앙은행(BoR)

에 따른 대규모 외화 유입에 따라 경상수지 흑자폭이 2배 이상 확대됐고, 연방 재정수지 또한 적자에서 흑자로 전환됐기 때문이다. 러시아 정부의 국내총생산(GDP)의 3%에 이르는 강력한 재정 대응과 자본 통제, 통화 긴축, 은행권 리스크를 막기 위한 신속한 조치 등의 정책 대응에 따른 국내 수요 진작이 충격을 완화했다. 소비자물가는 2022년 5월 전년 동기 대비 17.8% 급등하기도 했으나 루블화 반등과 러시아 국내 수요 감소로 9월까지 점진적으로 하락하며 13.7%까지 떨어졌다.

러시아 경제는 2023년에도 러시아-우크라이나 전쟁(이하 전쟁) 장기화에 따른 서방의 경제 제재 지속과 재정건전성 확보를 위한 재정 지원 확대 축소, 세계 경제의 심각한 저성장과 침체 국면 진입 가능성 등으로 마이너스 성장에서 벗어나지 못할 것으로 예상된다. IMF는 러시아 경제가 2.3% 축소될 것으로 예상하며, 세계은행은 3.6%, 러시아 중앙은행은

적게는 1%, 많게는 4% 감소할 것으로 전망한다. 대외적으로는 러시아 최대 교역국인 중국에서 심각한 코로나19 봉쇄와 부동산 가격 폭락 위기에 따른 경기 침체가 큰 영향을 미칠 요인이다. 2022년 말 발효되는 유럽연합(EU)의 부분적인 러시아산 원유 수입 금지와 유가 상한제를 포함한 경제 제재의 영향도 직접적으로 받게 될 테다. 무엇보다 러시아 경제는 에너지 원료와 원자재 상품에 대한 글로벌 수요·가격 변동에 취약하다. 이는 세계 경제 냉각기에 더욱 크게 노출된다. 대내적으로는 유가 하락에 따른 세수 기반 약화와 지출 증가로 일반 정부 재정수지 적자폭이 GDP 대비 2.1%로 확대되며 실질임금에서 약세가 유지되고, 세금 인상을 포함한 적자 규모를 억제하기 위해 정부의 추가적인 재정 부양책이 제한되면서 소비 회복은 미약할 것이다. 은행 부문이 대규모 손실과 불확실성에 직면해 있기 때문에 통화 정책 완화를 통한 신용 증가의 긍정적인 영향은 제한적일 것이다. 그리고 2022년 9월 발표한 부분적 군 동원령에 따른 추가적인 리스크 발생으로 내수가 위축되고 노동 시장과 금융 부문 압력이 커질 것이다. 소비자물가는 대규모 경상수지 흑자에 따른 환율 안정과 상품 수입의 확대, 통화당국의 통화·신용 정책에 힘입어 5%대로 떨어질 것으로 예상된다.

러시아 경제가 서방의 경제 제재 충격에서 벗

러시아, 전쟁 지속·경제 제재에
내수 위축·마이너스 성장 불가피
동유럽 주요국 1.3% 성장할 것
경기 부양·물가 관리가 최대 관건

어나 안정되고 내수와 수출이 점차 회복되면서 완만한 성장으로 진입하는 것은 2024년 이후에 가능할 것이다. 그러나 경제 제재로 인해 에너지·전략 산업 부문에서 신기술과 선진 기계 장비에 대한 접근과 외부 자금 조달이 제한되면서 러시아가 핵심 생산성 원천에 대한 접근성을 상당 부분 상실했기 때문에 중장기적인 측면에서 성장 잠재력은 매우 낮을 것으로 예상된다.

**동유럽**

**조양현** 한국외대 LT학부 특임교수

2022년 동유럽 경제는 전쟁, 스태그플레이션 우려 등으로 거시경제 여건이 2021년보다 악화됐다.

특히 러시아 원유·가스 의존도가 높은 동유럽에서는 미국·EU의 러시아 경제 제재, EU에 대한 러시아의 천연가스 공급 중단 조치 여파로 에너지와 생산재 가격이 급등했고, 이에 식품 등 소비재 가격과 서비스 요금도 연쇄 상승했다. 가계마다 구매력이 저하되며 경제성장률은 둔화됐다.

통계로 보면 동유럽 주요국(폴란드·헝가리·체코) 경제성장률은 2021년 평균 5.5%에서 2022년 평균 3.8%(추정치)로 낮아지는 추세다. 2023년에는 평균 1.3%로 경기가 더욱 둔화될 전망이다. 또 소비자물가 상승률은 2021년 평균 4.7%에서 2022년 평균 14.7%로 급등해 스태그플레이션이 현실화됐는데, 2023년에는 12.1%로 다소 둔화될 전망이기는 하지만 여전히 높은 수준을 유지할 것으로 보인다. 동유럽에서는 경기 부양과 물가 관리가 최대 경제 이슈로 대두되는 상황이다.

동유럽 주요국 가운데 폴란드의 경우 지속적인 재정지출로 가계 소비가 소폭 회복되지만 대외 경제 불확실성 확대, 기준금리 인상으로 소비보다는 저축 성향이 높아지는 추세다. 여기에 물가 상승에 따른 실질임금 하락, 구매력 저하로 가계소비 회복이 제한될 것으로 보인다. 또 원자재 가격 급등에 따른 생산 비용 증가, 긴축 기조 이후 경기 침체가 예상되면서 건설 산업 등에 대한 기업의 프로젝트 투자도 지연되고 있다. 특히 전쟁 이후 주요 무역 파트너인 독일 등 EU에 대한 수출 실적이 크게 위축되면서 수출의 경제 성장 기여도를 잠식하는 상황이다. 2023년에는 글로벌 공급 부족 사태가 점진적으로 해소되고 수출이 증가할 것이라는 기대감이 있지만 가계 실질임금 하락으로 인한 민간 소비 위축, 생산 비용 상승, 대출 원리금 상환 부담에 따른 기업의 고정자본 투자 둔화 등이 예상된다. 2023년 폴란드는 물가 상승 추세가 지속돼 전형적인 스태그플레이션 국면에 진입할 전망이다.

헝가리 역시 소비와 공공 투자를 부양하기 위한 정부의 강력한 재정 조치에 힘입어 2022년 경제 성장이 지속될 것으로 기대했다. 고용 증가, 임금 상승, 개인소득세 환급, 연금 지급 증가 등으로 가계 가처분소득이 회복되면서 소비 활동이 개선될 여건이 조성됐으며, 수입 수요 회복 등으로 수출도 일시적으로 호전됐다. 그러나 전쟁 여파로 산업 생산과 매출 실적이 부진했고, 역시 물가 상승으로 인한 실질임금 하락과 구매력 저하로 민간 소비가 위축됐으며, 기업 체감경기도 악화된 상태다. 특히 인플레이션 압박, 긴축 재정·통화 정책 시행, 무역 거래 위축 등에 따른 총수요 부족 현상이 겹친 탓에 2023년 경기 전망도 밝지 않다. 그나마 2022년까지는 거주자 공공요금을 동결해 에너지 가격을 유지했고, 자동차 연료 가격에 상한을 둬 물가 상승 추세를 억제했는데 2023년에는 자동차 연료 가격 상한 해제, 노동 시장의 고용 상황 등 물가를 끌어올릴 변수가 산적해 있다.

체코는 폴란드·헝가리보다도 상황이 안 좋

### 동유럽 주요국의 경제성장률 추이와 전망

단위:%

|  | 2020년 | 2021년 | 2022년(e) | 2023년(f) |
|---|---|---|---|---|
| 폴란드 | -2.2 | 5.9 | 3.8 | 0.5 |
| 헝가리 | -4.5 | 7.1 | 5.7 | 1.8 |
| 체코 | -5.5 | 3.5 | 1.9 | 1.5 |
| 평균 | -4.1 | 5.5 | 3.8 | 1.3 |

*(e)는 추정치, (f)는 전망치
*자료:국제통화기금(IMF)

았다. 2022년 들어 투자·수출 증가로 일시적인 경기 회복이 나타났지만 하반기 이후에는 자금 조달 비용 증가, 실질 국민 소득 감소로 경제 활동이 위축되면서 성장률이 다시 둔화 조짐을 나타냈다. 특히 체코 경제의 엔진 역할을 하는 자동차 산업의 경우 부품 공급 차질과 에너지 비용 상승, 에너지 공급 문제 등으로 생산 실적이 악화되고 있다. 2023년에도 거시경제 상황이 급격히 호전되기가 쉽지 않을 것으로 보여 경제성장률은 역사적으로 낮은 수준을 기록할 것으로 전망된다. 오히려 글로벌 경기 침체, 긴축 경제 정책 시행 영향으로 역성장할 가능성도 잠재돼 있다. 경기 부양 대책이 더더욱 필요한 상황이다. 또 체코는 예외적으로 높은 물가 상승 추세를 보였으며, 임금 상승 등 광범위한 분야에 걸쳐 지속적이고 심각한 수준의 물가 상승 국면에 진입했다. 2023년에는 실질소득 감소, 긴축 통화 정책 시행 효과에도 불구하고 생산비용 상승에 따른 물가 상승 추세가 지속될 것으로 예상된다. ■

# 베트남·필리핀 6.5% 이상 성장 거뜬
# 자원 부국 인니·말레이시아 5%대 '신나'

**정재완** 대외경제정책연구원 선임연구원

2022년 동남아 경제는 코로나 팬데믹 영향을 서서히 벗어나고 있다. 수출과 관광 중심으로 완연한 회복세를 보이는 중이다. 동남아 경제 성장동력 중 하나인 수출은 미국을 비롯한 선진국 수요 급증으로 큰 폭 증가하고 있다. 특히 미·중 통상 갈등 이후 미국 수입 시장에서 중국의 점유율 감소분을 대체할 정도다. 여기에 중국을 포함한 동아시아와 유럽연합(EU) 등으로도 수출이 늘어나는 중이다.

동남아 경제의 또 다른 성장동력인 외국인 직접 투자(FDI) 역시 2021년 평년 수준을 회복한 데 이어 2022년에는 더욱 빠르게 증가하고 있다. 미·중 갈등과 글로벌 공급망(GSC) 리스크 발생 이후 '탈(脫)중국' 트렌드가 활발해지면서 그 대안으로 동남아를 선택하고 있는 것도 원인 중 하나다. 다국적 기업의 동남아 진출, 특히 베트남·인도네시아·태국 진출이 활발하다. 동남아 경제의 한 축을 담당하고 있는 관광 분야는 각국 격리 제한 조치 해제와 코로나 확진 추세 급감 등을 배경으로 빠르게 회복 중이다.

### 2022년 5%대 성장률 전망
### 자원 부국 인도네시아 5%대 성장

이런 여러 긍정적인 요인을 바탕으로 동남아 경제는 2022년 5%대 성장률을 실현해 코로나 팬데믹 이전 성장률 수준을 회복할 것으로 전망된다. 국제통화기금(IMF)이 2022년 10월 예측한 2022년 세계 경제성장률 3.2%나 신흥국 경제성장률 3.7%과 비교하면 상당히 높은 수준이다. 동남아가 세계 경제 성장에 크게 기여하고 있음을 다시 한 번 확인할 수 있다. 소비자물가 상승률 역시 5%대를 기록할 것으로 예상된다. 다만 변수는 있다. 유가를 비롯한 글로벌 원자재 가격 상승과 이로 인한 식품 가격 급등은 세계는 물론 동남아 경제 회복 속도를 다소 둔화시킬 수도 있을 것으로 보인다. IMF도 긴축 정책에 따른 세계 경제 하방 가능성을 우려하면서도 고물가에 대한 공격적인 긴축 정책을 요구한다. 긴축과 고금리는 현지 통화 환율의 급상승(현지 통화 가치 급락)을 지속시키거나 악화시킬 수 있다.

같은 동남아 권역이지만 나라별로 다소 다른 성장률을 보일 것으로 전망된다.

대표적인 신흥 시장으로 성장한 '베트남'은 투자와 수출 호조, 그리고 거대한 내수 시장을 바탕으로 6.5~7%대 성장이 예상된다. 2010년대 이후 고성장을 구가해온 '필리핀' 역시 큰 내수 시장에 기반해 6.5%대 성장을 달성할 것으로 보인다.

'말레이시아'와 '인도네시아'는 자원 부국답게 원자재 가격 상승 혜택을 톡톡히 보고 있다. 여기에 각각 상대적으로 앞선 디지털 산업과 거대한 내수 시장을 바탕으로 5%대 중후반 성장률을 기록할 것으로 전망한다. 동남아 후발 주자인 '캄보디아'도 수출 · 관광 호조를 바탕으로 5% 정도 성장할 것으로 보인다.

반면 대외 개방도가 높아 글로벌 경제 환경 영향을 많이 받는 '싱가포르'와 2000년대 들어 성장동력이 크게 약화된 '태국'은 각각 3%대와 2% 후반 수준으로, 상대적으로 낮은 성장률을 기록할 것으로 예상된다.

## 2023년은 경제 정상화의 해
## 성장률 · 수출 증가율은 소폭 감소

2023년에도 동남아 경제는 코로나 팬데믹 이전 상황으로의 복귀와 관광 분야 성장 등으로 회복세가 지속될 것으로 보인다. 다만 세계 경제 성장 둔화, 수출 증가율 감소, 고금리와 긴축 등에 따른 내수 부진 등으로 성장률은 다소 낮아질 것으로 전망된다. 아시아개발은행(ADB)은 2023년 동남아 전체 경제성장률을 2022년보다 0.1%포인트 낮은 5%로 전망했다. IMF 역시 동남아에서 상대적으로 경제 규모가 큰 대부분 국가의 경제성장률을 2022년보다 낮게 예측했다.

나라별로는 베트남과 캄보디아가 6%대, 필리핀과 인도네시아가 5%대, 말레이시아는 4%대, 태국과 미얀마 등은 3%대 성장할 것으로 전망된다. 인구가 많아 내수 시장 규모가 큰 인도네시아, 필리핀, 베트남 등은 높은 성장률을 기록할 테지만 대외 개방도가 높은 싱가포르는 2%대 성장에 그칠 것으로 보인다. 2020년 하반기부터 증가세를 이어오는 동남아 수출은 세계 경제 둔화, 특히 최대 수출 대상국인 미국과 중국 등 성장률 저하에 따른 수요 감소로 2022년 대비 증가율이 다소 낮아질 전망이다. 하지만 증가세는 지속될 것이다. 동남아 수출을 주도하고 있는 다국적 기업의 동남아 진출이 여전히 활발한 덕분이다. 2022 년 발효된 역내포괄적경제동반자협정(RCEP) 도 수출 증대에 이바지할 것으로 보인다. 반면 동남아 수입은 경제 정상화에 따른 내수 확대로 증가율이 다소 높아질 것으로 보인다. 동남아 수출입 증가는 베트남이 주도하는 가운데 태국, 싱가포르, 말레이시아 등도 일정 부분 이바지할 것으로 보인다.

산업 측면에서는 활발한 외국인 투자를 바탕으로 제조업 생산이 본격 회복될 것으로 보이는 가운데 전통적인 서비스업, 특히 '대면형 서비스업'의 회복이 두드러질 것으로 예측된다. 2022년 중반부터 회복세를 보이는 관광과 식료품 분야가 대표적이다. 대면형 서비스업 회복은 고용 확대로 이어질 수도 있다. 제조업과 관광 산업이 상대적으로 발달한 태국, 말레이시아, 베트남, 싱가포르 등이 큰 혜택을 볼 것으로 분석된다.

세계여행관광협회(WTTC)에 따르면 코로나 팬데믹 직전 기준으로 관광 산업이 국내총생산(GDP)에서 차지하는 비중은 캄보디아 26.4%, 필리핀 25.3%, 태국 19.7%, 말레이시아 11.5%, 싱가포르 11.1% 등으로 높다. 식료품이 각국 제조업에서 차지하는 비중도 2021년 기준으로 필리핀 47.8%, 인도네시아 34.3%, 베트남 20.1%, 말레이시아 19.5% 등으로 높다. 관광 산업과 식료품 제조업이 본격적으로 회복되면 동남아 경제성장률이 크게 높아질 수도 있다는 것을 의미한다.

최근 동남아가 중점적으로 육성하는 전기자동차(EV) 분야 역시 주목받을 것으로 보인다. 비록 다국적 기업이 주도하지만 동남아 내에서도 EV 분야 가치사슬이 구축되고 있다. 니켈 광물과 관련해서는 인도네시아와 필리핀, 배터리 분야에서는 인도네시아, 말레이시아, 태국, EV 생산 측면에서는 인도네시아, 말레이시아, 필리핀, 싱가포르, 태국 등을 중심으로 공급망이 형성되는 중이다.

## 2023년 최대 이슈는
## 고금리, 공급망, 경제 안보, 미얀마 등

2023년 동남아 경제의 최대 이슈로는 금융 긴축과 고금리 지속 여부를 들 수 있다. 코로나 팬데믹 이후 저금리를 통해 경제 회복을 뒷받침해온 동남아 국가도 대부분 높아지고 있는 물가 상승률, 미국 금리 인상을 배경으로 한 자국 통화 약세 등에 대응해 2022년 2분기부터 금융 긴축과 함께 금리를 본격적으로 올리고 있기 때문이다. 동남아의 이런 금융 긴축 정책은 높은 인플레이션과 미국 금리 인상에 따른 자금 유출 압력이 지속되는 2023년 상반기까지는 이어질 것으로 보인다.

다음으로 중요한 이슈는 글로벌 공급망(GSC)

과 경제 안보다. 미·중 통상 마찰과 코로나 팬데믹 이후 글로벌 공급망 관련 리스크가 크게 높아지고 한편으로는 글로벌 공급망이 재편되고 있다. 최근에는 미국과 중국을 비롯한 많은 국가가 공급망 재편을 추구하고 있다. 특히 미국이 주도하는 인도태평양경제프레임워크(IPEF)는 글로벌 공급망 재편의 핵이 될 가능성이 큰 것으로 전망된다. 인도차이나반도에 있는 3개 국가(미얀마·캄보디아·라오스)를 제외한 동남아 7개 국가가 모든 분야(무역·공급망·청정 경제·공정 경제)의 협상에 참여하고 있다.

2022년 6월 출범한 다자협의체 '핵심 광물 안보 파트너십(MSP)'도 마찬가지다. MSP에는 한국은 물론 동남아 최대 경제 협력 파트너인 미국, 일본, EU, 호주 등이 참가하고 있다.

더 나아가 최근 주요국은 '경제 안보'를 특히 강조하고 있다. 이것 역시 동남아 산업과 수출입에 큰 영향을 미칠 것으로 보인다. 경제 안보는 공급망뿐 아니라 핵심 기술, 전략 광물 등을 망라하고 있는 데다 무엇보다 자국중심주의를 강조하기 때문이다. 미국이 2022년 들어 발표한 '반도체와 과학법'과 '국가 생명공학과 바이오 제조 이니셔티브', 일본이 2022년 초 제정한 경제안전보장법 등이 대표적이다. 동남아 국가들도 GSC 재편과 경제 안보 강화에 대응해 제조 능력 강화, 산업구조 고도화 등을 추진하고 있다. 공급망 재편과 경

**관광 회복…경제 정상화 눈앞**
**글로벌 기업 脫중국도 호재**
**거대한 내수 시장 힘입어**
**베트남, 필리핀 高성장 기대감**
**불안한 공급망·고금리는 리스크**

제 안보 강화는 단기적으로는 동남아 수출입과 투자에, 중장기적으로는 동남아 산업구조 변화와 고도화에 지대한 영향을 미칠 것으로 분석된다.

나라별로도 다양한 이슈가 있다. 그중 2023년 특히 중요한 의미를 부여할 수 있는 이슈로는 '미얀마 사태' 행방을 들 수 있다. 쿠데타를 통해 정권을 장악한 미얀마 군사정부는 2021년 8월 과도정부를 수립한 가운데 2023년 8월 총선과 이에 따른 정권 이양 일정을 발표한 상태다. 국제사회 제재나 동남아국가연합(아세안)의 중재 노력은 뚜렷한 성과가 없는 상태인 반면 미얀마 내에서는 군사정부와 민주 진영 간의 교착 상태가 지속되고 있고 경제는 침체된 상황이다. 미얀마 사태가 평화적으로 해결되거나 민주주의로 회귀할 가능성이 점차 희박해지는 상황에서 다시 아시아의 마지막 신흥 시장으로 부상할 수 있을지 지켜보는 것도 나름의 의미가 있다. ■

# 산유국 파워…계속 '활짝 맑음' 중동
# 러시아 전쟁 유탄에 '슬픈' 중앙亞

중동

## 사우디 · UAE '선방'
## 이란은 '빨간불'

**손성현** 대외경제정책연구원 아프리카중동팀 전문연구원

2022년 세계 경제는 공급망 차질, 높은 물가 상승률 등 다양한 어려움에 직면했지만, 중동 주요 산유국은 국제유가 상승에 힘입어 막대한 외화 자산을 확보할 수 있었다. 이를 바탕으로 공공 투자와 민간 소비도 증가하면서 양호한 경제성장률을 기록했으며, 주변 국가에 대한 지원도 확대했다. 한편, 최근 OPEC+의 감산 정책에도 불구하고 경기 둔화, 달러 강세 등으로 2023년 국제유가는 전년보다 낮은 수준에 머물 것으로 전망된다. 이 가정에 따라 중동 주요국의 2023년 성장률을 전망했다.

**2023년도 석유가 성장 견인할 사우디 · UAE**
**페그제 효과로 통화 가격 방어도 톡톡히**

먼저 사우디아라비아를 살펴보자.

2023년 국제유가 하락세에도 불구하고 경제 다각화를 위한 공공 투자를 지속하면서 사우디아라비아는 3%의 성장률을 달성할 것으로 예상된다. GDP와 수출, 재정수입 등에서 석유 부문이 차지하는 비중이 높은 사우디아라비아의 성장은 국제유가와 산유량에 크게 영향을 받는다. 2023년 국제유가는 하락하고 OPEC+의 감산 정책으로 산유량도 축소되면서 석유 부문 성장세는 전년보다 꺾일 것으로 보인다. 그러나 장기 국가 혁신과 개발 계획인 '사우디 비전 2030'의 목표 달성을 위해 네

옴시티, 홍해 관광단지 등 막대한 개발 프로젝트를 추진하고 있으며, 이와 관련한 국부펀드인 PIF(Public Investment Fund) 등의 공공 부문 투자는 늘어날 것이다. 이외에 신재생에너지, 제조업 등에 대한 투자도 확대하면서 2023년에 다른 신흥국과 달리 양호한 성장세를 이어갈 것으로 보인다.

사우디아라비아 통화도 다른 신흥국에 비해 강세를 보일 것으로 예상된다. 사우디아라비아는 달러에 자국 화폐 가치를 고정하는 페그 제도를 운용하고 있기 때문이다. 이에 따라 수입물가도 떨어져 2023년 소비자물가 상승률은 2.1%의 안정적인 수준을 유지할 수 있을 것으로 전망된다.

UAE 경제성장률은 2023년 원유 생산량 증가, 공공 부문과 외국인 투자 확대에 힘입어 3.5%를 기록할 것으로 예측한다. UAE는 2021년 기준 일일 272만7000배럴 수준이던 원유 생산량을 2025년까지 500만배럴로 확대할 예정이다. 또 가스전 개발과 EU에 대한 수출도 추진하고 있다. 이 같은 생산 증가가 국제유가 하락 효과를 상쇄해, 2023년 석유 부문은 안정적인 성장세를 보일 것이다. UAE는 2021년 7월 OPEC을 주도하는 사우디아라비아와 생산 할당량을 2022년 4월부터 일일 365만배럴로 확대하기로 합의했다. UAE의 2022년 상반기 생산량은 300만배럴에도 미치지 못했으나, 생산 확대 프로젝트 추진에 따라

2023년에 할당량을 충족할 수 있을 것이다. UAE도 국제유가 하락과 에너지 전환 등에 대비하고자 비석유와 민간 부문 비중을 늘리고 경제를 다각화하기 위한 다양한 정책을 발표했다. 이를 위해 가장 필요한 외국인 직접 투자 유입 확대와 관련한 다양한 개혁과 제도 개선을 함께 추진하고 있다. 또한 국부펀드를 통한 신재생에너지와 각종 인프라 투자, 자국민 고용 확대를 위한 지원 프로그램 추진 등도 2023년 비석유 부문 성장을 견인할 것이다. 에너지와 식료품 가격 상승에도 불구하고 달러 페그제를 통한 UAE 통화의 상대적 가치 상승, 금리 인상 효과로 소비자물가 상승률은 3.6%로 전년 대비 하락할 것으로 예상된다. 한편, 2023년 세계 경기 둔화폭이 커질 경우 역내 교역과 상업 중심지인 UAE의 부동산과 관광 부문 위축 가능성은 경제 성장의 주요 하방 리스크로 작용할 수 있다.

**불안하지만 국제기관 지원 덕 볼 이집트**
**이란은 핵합의 불발되면 위기 가속**

이집트는 천연가스 수출과 인프라 투자 확대에도 인플레이션과 환율 상승 여파로 2023년 3.6%의 성장률을 달성할 것으로 보인다. 이집트 회계연도는 7월 1일부터 이듬해 6월 30일까지다. 이집트는 IMF와 GCC 국가들의 금융 지원을 통해 경상수지 적자폭 확대, 환율 급등 등의 불안 요인을 일부 상쇄할 것이라는

예상이다. 이와 함께 EU를 비롯한 세계 주요 국가에 대한 LNG 수출이 전체 상품 수출 증가로 연결되며, 신(新)행정 수도 관련 인프라 프로젝트 추진에 따른 총고정자본형성 증가, 정부 지출 확대 등이 이집트의 성장에 일조할 것으로 보인다.

반면 민간 소비 성장은 다소 둔화될 것으로 예측한다. 2023년 이집트 파운드화의 약세, 높은 수준의 기준금리 등에 따라 가처분소득이 줄어들어 민간 소비 성장률은 1%대에 그칠 것이다. 이집트 외화 수입의 중요한 두 축인 관광 부문과 수에즈 운하 운임 모두 세계 경기 둔화 영향으로 2023년 내 코로나19 이전 수준으로 회복하기는 어려워 보인다. 또한 환율 약세로 인한 외화 자금 유출 가속화, 외화 부채 이자 지급 비용 증가에 따른 정부의 재정 상황 악화는 주요 리스크다.

이란의 경우 정치 이슈가 경제를 좌우할 것으로 보인다. 우선 핵합의가 문제다. 핵합의가 타결되지 않는 것을 가정하면, 이란의 2023년 성장은 2.3%에 그칠 것으로 전망된다. 핵합의는 바이든 미국 대통령 취임 이후 재협상을 위한 수차례의 회의에도 불구하고 핵심 이슈에 대한 이견으로 현재 교착 상태에 놓여 단기간 내 해결될 가능성이 적어 보인다. 합의가 불발된다면 이란이 직면한 환율 상승, 높은 인플레이션, 전력과 용수 부족, 만성적인 재정 적자 등의 문제는 쉽게 해결되지 않

을 것이다.

이와 함께 최근 히잡을 제대로 착용하지 않은 여성이 경찰의 단속 과정에서 사망한 사건을 계기로 수도인 테헤란을 비롯한 주요 도시에서 반정부 시위가 확산되고 있다. 한편 2023년에도 환율 상승세가 지속되면서 이란 소비자 물가 상승률은 30%를 넘어갈 것으로 보인다.

**중앙아시아**

# 러–우 전쟁 유탄은 계속

**조영관** 한국수출입은행 해외경제연구소 선임연구원

2022년 중앙아시아 각국들은 커다란 변동을 겪었다. 카자흐스탄, 투르크메니스탄에서는 권력 이동과 대통령 교체가 있었고, 아프가니스탄에서는 탈레반이 집권하며 지역 안보 위기가 닥쳤다. 역내 국가들 간의 국경 분쟁도 심화됐다. 복잡해진 지정학적 셈법에 글로벌 경기 둔화까지 겹치며 2022년 중앙아시아 지역 경제는 낮은 경제성장률을 기록했다. 중앙아시아 5개국의 평균 경제성장률은 2021년의 5.8%에서 2022년에는 3.6%로 하락했다. 이는 2022년의 신흥 지역 경제성장률 전망치인 3.7%에 미치지 못하는 수준이다. 5개국의 평균 물가 상승률은 러시아와 우크라이나 전쟁의 영향에 따른 공급망 위기로 무려 12.9%를 기록했다.

2023년의 중앙아시아 국가들의 경제는 2022년과 유사하게 경기 둔화가 지속될 전망이다. 세계 주요국의 대러시아 제재로 인한 러시아 경기 둔화는 중앙아시아 경기 회복의 걸림돌로 작용하겠지만, 카자흐스탄은 유전의 생산량 증대로 경제성장률이 상승할 것으로 예상된다. 2023년 중앙아시아 각국의 물가 상승률은 글로벌 인플레이션이 지속되면서 2022년에 비해서는 다소 하락하겠지만 여전히 높은 수준을 기록할 전망이다.

## 지속된 전쟁이 중앙亞에 주는 영향 3가지

2022년 2월 말 발생한 러시아의 우크라이나 침공은 중앙아시아 지역에 정치 · 경제 · 사회적 차원의 영향을 주고 있으며, 2023년에도 전쟁으로 인한 영향이 지속될 것으로 전망된다.

첫째로 경제에 대한 직접적 영향이다. 러시아 경제의 악화는 교역, 투자, 금융 부문에서 중앙아시아 각국에 부정적으로 작용하고, 러시아로 이주한 중앙아시아 노동자들의 송금이 크게 감소될 것으로 전망된다. 둘째, 러시아로부터 중앙아시아로의 이주민 유입이 있을 전망이다.

2022년 9월 말에 내려진 러시아의 부분 동원령을 피해 카자흐스탄, 우즈베키스탄, 키르기즈 등지로 이미 약 20만명의 러시아인들이 유입된 것으로 알려진다. 또한 서방의 대러시아 금융 제재로 러시아에서 사업 여건이 어려워진 기업들이 중앙아시아로 이전하고 있으며, 2023년에도 이런 추세가 지속될 가능성이 있다.

마지막으로 중앙아시아와 러시아의 관계 변화 가능성이다. 러시아에 대한 서방의 강력한 제재에 따라 중앙아시아 국가들이 러시아에 대한 정치적 의존에서 벗어나고자 할 가능성이 있다. 이와 관련된 주요 사건으로 2022년 6월 상트페테르부르크 국제경제포럼(SPIEF)에 참석한 토카예프 카자흐스탄 대통령은 푸틴 대통령 앞에서 우크라이나 동부 친러시아 세력인 도네츠크 공화국과 루한스크 공화국을 인정하지 않는다고 밝힌 바 있다. 이처럼 중앙아시아 국가들이 러시아의 영향력으로부터 벗어나고자 하는 경향이 지속될 것으로 보인다.

이외에도 2023년 중앙아시아 경제의 주요 이슈는 중국과의 경제 협력 확대, 대외 개방 추진 등이 될 것으로 전망된다. 중국은 중앙아시아와의 교역, 투자를 증대하는 동시에 위안화 결제망 확대 등 금융 부문에서도 협력을 강화할 것이다. 대외 개방에서는 우즈베키스탄과 투르크메니스탄의 WTO 가입 추진이 대표적이다. 이와 함께 중앙아시아 국가들이 정상회의 등을 통해 역내 국가들 간의 지역 안보, 노동 이주, 보건 부문에서의 협력이 추진될 것이다. ■

# 신흥국 평균보다 낮은 성장률에 '울상'
# 'IRA' 덕분에 멕시코, 생산기지로 부각

(미국 인플레이션 감축법)

**나건웅** 매경이코노미 기자

중남미는 코로나19 사태로 가장 큰 피해를 입은 지역 중 한 곳이다. 국제엠네스티에 따르면 2022년 중남미 인구가 전 세계 인구에서 차지하는 비중은 8.4% 정도지만 전 세계 코로나19 사망자 중 중남미 비중은 28%에 달한다.

중남미 경제도 직격탄을 맞았다. 2020년 -7% 성장률을 기록하며 지역 경제 전체가 휘청였다.

2021년에는 7% 성장을 기록하기는 했다. 하지만 기저 효과에 힘입은 바가 컸다. 포스트 코로나 시대가 본격화된 2022년에는 어땠을까. 성장세는 다소 둔화된 모습이다. 국제통화기금(IMF)이 전망한 2022년 중남미 지역 경제성장률은 3.5%. 전 세계 평균(3.2%)보다는 조금 높지만 여타 신흥국(3.7%)과 비교하면 부족한 수준이다.

본격적인 회복 국면에 진입하기에는 맞닥뜨린 악재가 많다는 것이 IMF의 진단이다. 일란 골드판 IMF 서반구 국장은 "중남미가 이제 코로나 팬데믹과 러시아의 우크라이나 침공에 더해 글로벌 금리 인상으로 '제3의 충격'에 직면했다"고 경고한 바 있다. 글로벌 금융위기로 안전자산 선호 현상이 나타나면 중남미 자본 유출이 우려되기 때문이다. 물론 중남미 지역 국가들도 선제적 금리 인상으로 지금까지는 '선방'하는 중이다. 하지만 안심할 상황은 아니다.

국가별로 살펴보면 지역 경제에 대한 우려가 더욱 깊어진다. 중남미 양대 경제 대국이자 지역 경제를 이끌어가는 브라질(2.8%)과 멕시코(2.1%)는 중남미는 물론 전 세계 평균에도 못 미치는 성장률을 기록할 전망이다. 코로나 팬데믹과 러-우 전쟁에 따른 물가 상승 압력이 경제 혼란을 부추겼다.

## 양대 경제 대국 브라질 · 멕시코 성장 둔화

2022년 멕시코 예상인플레이션은 8%다. 2022년 4분기로 한정하면 8.6%에 육박할 것으로 예상된다.

20여년 만에 최고 수준 인플레이션으로 애초 멕시코 중앙은행 목표였던 3%를 훌쩍 웃도는 수치다.

멕시코 중앙은행이 3번 연속 자이언트스텝(기준금리 0.75%포인트 인상)을 비롯해 11번째 연속 금리 인상을 단행했지만 물가 잡기에 힘겨운 기색이 역력하다. 2022년 11월 기준 멕시코 기준금리는 9.25%. 금리 인상으로 경기는 경기대로 위축되면서 물가도 못 낮추는 '진퇴양난' 형국이다.

멕시코보다도 못한 경제 성적표를 받아든 국가도 여럿이다. 세계에서 가장 많은 리튬이 매장돼 있는 국가이자 지역 경제 5위권으로 평가받는 '칠레'가 대표적이다. 글로벌 긴축 기조와 러-우 전쟁 등 혼란스러운 대외 환경에 더해 신정부 집권, 인플레이션 우려, 새 헌법 결정에 따른 혼란 지속 등 대내 요인으로 시장 불확실성이 확대되면서 2022년 경제성

| 중남미 국가 예상인플레이션 | | 단위:% |
|---|---|---|
| 국가 | 2022년 | 2023년 |
| 베네수엘라 | 210 | 195 |
| 아르헨티나 | 72.4 | 76.1 |
| 수리남 | 47.6 | 27.2 |
| 아이티 | 26.8 | 21.2 |
| 칠레 | 11.6 | 8.7 |
| 콜롬비아 | 9.7 | 7.1 |
| 파라과이 | 9.5 | 4.5 |
| 브라질 | 9.4 | 4.7 |
| 우루과이 | 9.1 | 7.8 |
| 코스타리카 | 8.9 | 6.4 |
| 온두라스 | 8.6 | 8.5 |
| 멕시코 | 8 | 6.3 |
| 페루 | 7.5 | 4.4 |
| 벨리즈 | 6.6 | 4.7 |
| 파나마 | 3.9 | 3.3 |
| 에콰도르 | 3.2 | 2.4 |
| 볼리비아 | 3.2 | 3.6 |

*자료:IMF

장률이 2%에 그칠 것으로 전망된다. 2021년 11.7%라는 고성장을 보였지만 기세를 이어가지 못하는 모습이다.

이 밖에도 넷플릭스 드라마로 이제는 우리에게도 잘 알려진 수리남(1.3%)과 파라과이(0.2%)도 낮은 성장률을 기록할 것으로 보인다. 최근 갱단 폭력 사태와 연료난에 따른 반정부 시위로 극심한 혼란을 겪는 카리브해 섬나라 아이티(-1.2%)는 중남미 지역에서 유일한 마이너스 성장률이 예상된다.

| IMF가 전망한 중남미 국가 경제성장률 | | 단위:% |
|---|---|---|
| 국가 | 2022년 | 2023년 |
| 콜롬비아 | 7.6 | 2.2 |
| 파나마 | 7.5 | 4 |
| 베네수엘라 | 6 | 6.5 |
| 도미니카 | 6 | 4.9 |
| 우루과이 | 5.3 | 3.6 |
| 도미니카공화국 | 6 | 4.5 |
| 아르헨티나 | 4 | 2 |
| 트리니다드토바고 | 4 | 3.5 |
| 니카라과 | 4 | 3 |
| 코스타리카 | 3.8 | 2.9 |
| 볼리비아 | 3.8 | 3.2 |
| 벨리즈 | 3.5 | 2 |
| 과테말라 | 3.4 | 3.2 |
| 온두라스 | 3.4 | 3.5 |
| 에콰도르 | 2.9 | 2.7 |
| 자메이카 | 2.8 | 3 |
| 브라질 | 2.8 | 1 |
| 페루 | 2.7 | 2.6 |
| 엘살바도르 | 2.6 | 1.7 |
| 멕시코 | 2.1 | 1.2 |
| 칠레 | 2 | -1 |
| 수리남 | 1.3 | 2.3 |
| 파라과이 | 0.2 | 4.3 |
| 아이티 | -1.2 | 0.5 |

*자료:IMF

2022년 높은 성장률을 기록할 것으로 전망되는 나라도 없잖다.

콜롬비아와 파나마가 대표적이다. 각각 7.6%, 7.5% 고성장을 나타낼 것으로 보인다. 2020년 -30%라는 최악의 경제 성적표를 받아든 베네수엘라도 2022년에는 6%대 성장률을 기록할 것으로 전망된다.

콜롬비아와 베네수엘라 사이에 반가운 소식도 있었다. 앙숙으로 유명한 양국은 2022년 9월 7년 만에 서로 국경을 개방하기로 합의했다. 2022년 5월 콜롬비아에 사상 첫 좌파 정부가 들어서면서 베네수엘라와 관계가 회복됐고 국경 육상 물류 운송 통로가 공식 재개됐다. 양국 경제에도 활력이 촉진될 것으로 기대된다. 콜롬비아 정부는 올해 양국 간 교역액이 6억달러 이상까지 회복할 것으로 내다봤다.

이 밖에도 도미니카공화국(6%), 우루과이(5.3%), 아르헨티나(4%) 등 국가는 2022년 상대적으로 양호한 경제성장률을 보일 것으로 전망된다.

### 2023년 1.7% 성장 그칠 듯…인플레 리스크

문제는 2023년이다. 미국을 비롯한 주요 선진국 중앙은행 금리 인상으로 중남미 지역 자금 조달이 점점 더 어려워지고 비용도 더 많이 필요하게 됐다.

중남미 국가도 너 나 할 것 없이 자이언트스

### 7년 만 국경 개방 콜롬비아-베네수엘라 고성장

중남미 지역 경제에 호재가 없는 것은 아니다. 주력 수출 품목인 원자재 가격이 치솟고 있고 관광 활성화도 기대된다. 여기 힘입어

템을 단행하고 있지만 부작용이 만만치 않다. 수출, 관광 등 지역 경제 주요 성장동력을 약화시킬 것으로 본다.

따라서 중남미 지역 성장률은 예상했던 것보다 더 빠르게 둔화될 것으로 전망된다. IMF가 전망하는 2023년 중남미 지역 경제성장률은 1.7%다. 같은 기간 전 세계 평균 기대경제성장률(2.7%)보다 1%포인트, 같은 신흥국 평균(3.7%)보다는 2%포인트나 낮은 수치다.

국가별로는 칠레(-1%), 브라질(1%), 멕시코(1.2%) 등 중남미 주요 수출국 경제성장률이 특히 더 둔화될 것으로 전망된다. 아이티(0.5%), 벨리즈(2%) 등 관광 의존도가 높은 카리브해 지역 국가 경제도 비관적이다. 2023년 코로나 이전보다 관광 수요가 줄어들 것으로 전망되며 더딘 회복세를 이어갈 예정이다. 반면 파나마(4%), 도미니카공화국(4.5%) 같은 중미 국가는 상황이 조금 낫다. 대미국 무역 감소로 경기가 침체될 수 있지만 원자재 가격 하락의 수혜를 보며 상대적으로 높은 경제 성장이 전망된다.

2023년 중남미 경제 가장 큰 리스크는 역시 인플레이션이다. 베네수엘라를 제외한 중남미 지역 인플레이션은 2023년 14.5%에 이를 것으로 전망된다. 지난 25년 동안 가장 높은 인플레이션율이다.

연금 조기 인출, 코로나 경제 지원금 제공 등

**코로나 직격탄 맞은 중남미**
**2022년 성장률 3.5% 수준**
**2023년에는 1.7% 성장 더 둔화**
**멕시코, 칠레 등 제조업 침체**
**관광 수요 회복도 더딜 듯**

으로 유동성이 워낙 확대된 데다 석유, 밀 등 원자재 가격 상승이 인플레이션을 더욱 부채질할 전망이다.

다만 기회도 있다. 중남미 국가의 비전을 수립하고 세제·예산 등 공공 분야 역량 강화를 돕는 '재정혁신협력기금(RST)' 모금 움직임이 계속 활성화되는 중이다. 한국 정부 역시 2012년 4000만달러를 출연한 이후 2021년 2000만달러를 추가 출연하기로 했다. 미국 인플레이션 감축법(IRA)도 호재가 될 수 있다.

멕시코에서 자동차를 생산하는 경우 북미 역내가치비율을 맞출 수 있어 보조금 대상이 된다. 감축법안을 통해 멕시코는 더 많은 전기차 분야 투자를 유치할 수 있을 것으로 전망된다. 자동차 생산 기업 입장에서는 북미 내에서 자동차 조립을 해야 하는 경우 북미 내에서 상대적으로 인건비와 물가가 저렴한 멕시코가 매력적인 거점이 될 것이기 때문이다. ■

# 불안한 남반구 '빅2' 경제…회복은 언제?
# 고물가·경기 침체 해법은 '리오프닝'

**반진욱** 매경이코노미 기자

2022년 호주 역시 여타 국가와 같은 어려움을 겪었다. 러시아·우크라이나 전쟁 여파로 인한 '인플레이션'이 겹친 탓이다. 호주의 6월 소비자물가 상승률은 6.1%를 기록, 21년 만에 최고치를 기록했다. 세계 주요 경제기관들은 고물가·고금리 여파 속에 호주 경제성장률이 예상치보다 둔화할 것으로 예상한다. 실제로 호주 연방정부는 2021~2022 회계연도에 4.25%의 성장률을 기록할 것이라 내다봤다. 그러나 실제 성장률은 3.75%에 그칠 것으로 보인다. OECD는 2022년 호주 경제성장률이 4.2%에서 4.1%로 내려갈 것이라고 전망한다.

2023년 역시 상황이 녹록지 않다. 고물가에

고금리까지 덮친 탓이다. 현지 일각에서는 호주가 '스태그플레이션'에 처할 가능성이 크다는 분석을 내놓는다. 짐 차머스 호주 재무장관은 호주 소비자물가지수(CPI)가 2022년 연말 7.75%까지 치솟을 것이라는 전망치를 제시했다. 고물가 현상에 호주 중앙은행은 지난 5월부터 7월까지 세 차례에 걸쳐 기준금리를 0.1%에서 1.35%로 1.25%포인트 인상했다. 전문가들은 호주 중앙은행이 8월에도 기준금리를 0.5%포인트 올리는 등 계속해서 인상 기조를 이어가 2022년 연말에는 기준금리가 2.6%에 이를 것으로 예상한다. 차머스 호주 재무장관은 "고금리 상황이 지속되면 호주 경제성장률이 둔화될 것"이라고 언급했다. 호주 재무당국은 2022~2023 회계연도와 2023~2024 회계연도의 성장률 전망치도 3%

호주는 자유당에서 노동당으로 정부 구성이 바뀌었다. 노동당 정부는 세계 경제 침체로 인한 '스태그플레이션'을 해결해야 하는 과제를 받게 됐다. 사진은 한-호주 정상회담 사진. (매경DB)

와 2%로 바꿨다. 처음 전망치보다 0.5%포인트씩 각각 하향 조정했다. 호주 재무당국은 호주 경제 상황 정상화 시기를 2024년 말로 내다본다. OECD는 2023년 호주 경제성장률 전망을 종전 2.5%에서 2%로 낮췄다.

## 고물가에 눈물짓는 뉴질랜드…
## 해법은 국경 '리오프닝'

뉴질랜드는 팬데믹 유행과 러·우 전쟁 여파에 좀처럼 벗어나지 못하는 모습이다. 당초 OECD는 뉴질랜드 2022년 경제성장률을 3%, 2023년에는 2%로 전망했다. 그러나 올해 1분기 경제성장률이 크게 부진하면서 3% 달성이 어려워졌다. 뉴질랜드 통계청 6월 발표에 따르면 2022년 1분기 뉴질랜드 국내총생산(GDP)은 전분기(2021년 4분기) 대비 0.2% 감소한 것으로 나타났다. 당초 뉴질랜

드 중앙은행은 올해 1분기 GDP가 0.7% 증가할 것이라 내다봤으며, ANZ, BNZ, Westpac 등 시중은행들은 경제 성장이 0%에 가까울 것이라 예상했으나 0.2% 감소한 것이다. 전문가들은 0.2% 성장률 감소는 뉴질랜드 경제가 불경기로 접어들 수 있는 가능성을 보여준다고 우려를 표한다. 경제는 침체되는데, 물가는 더욱 상승한다. 2022년 2분기 뉴질랜드 소비자물가 상승률은 전년 대비 7.3%로 1990년 2분기 7.6% 이후 32년 만에 최고치를 찍었다.

2023년에 그나마 희망적인 소식이 있다면 주력 산업인 관광 산업의 부활이다. 뉴질랜드는 7월 말부터 국경을 완전히 개방했다. 이로 인한 관광과 관련 서비스 산업의 회복이 기대된다. 현지 일부에서는 일명 '국경 리오프닝'을 경기 침체에 일말의 희망 요인으로 기대한다. ■

# 러-우 전쟁 후 에너지 투자 요충지 부상
# 세계 평균 웃도는 경제성장률 '쭈~욱'

**김명희** 코트라 아프리카 지역본부장

세계은행(WB)은 2023년 사하라이남아프리카(SSA·Sub Saharan Africa)의 국내총생산(GDP) 증가율을 3.5%로 전망한다. 이는 세계 평균(3%)보다 약간 높으며 2022년 SSA GDP 성장(3.3%)과 비슷한 수준이다. 유가와 원자재 가격 상승이 일부 자원 국가 경제 성장에 긍정적으로 작용하고 있다.

아프리카 경제 성장의 위험 요인으로는 세계 경제 침체와 러시아-우크라이나 전쟁으로 인한 에너지 가격 상승, 그리고 곡물 가격 상승 등에 따른 물가 폭등을 들 수 있다. 아프리카 수출의 20%를 차지하는 중국의 경기 둔화 전망은 코로나19 팬데믹 이후 아프리카 경기 회복에 장애물로 작용할 것이다.

러시아-우크라이나 전쟁으로 인한 곡물 공급 부족은 대부분의 밀을 수입에 의존(85%)하는 아프리카 식량 안보를 크게 위협할 수 있다. IMF에 따르면 2022년 기준, 코로나19와 러-우 전쟁 여파로 사하라이남아프리카 인구의 12%가 심한 영양실조를 겪고 있다. 아프리카연합(AU) 54개국이 참여하는 아프리카 자유무역협정(AfCFTA)이 2021년 1월 공식 시행됐는데 그 특혜 관세의 첫 면제 사례가 최근 나왔다. 2022년 9월 7만7000달러 상당 케냐산 배터리가 가나에 수출됐는데 그 관세가 철폐됐다. 총 12억명 넘는 인구와 GDP 약 3조달러 규모 초대형 단일 시장이라는 'AfCFTA' 목표를 향해 한 걸음 내디딘 것이다. 앞으로 해결해야 할 문제는 많겠지만, 아프리카 대륙 내 가치사슬 구성과 역내 무역 활성화의 플랫폼이 될 것으로 기대한다.

아프리카 대륙 디지털화 물결은 아프리카 경제를 긍정적으로 바라보는 또 다른 요인이다. 아프리카수출입은행과 AfCTFA 사무국이 협업으로 개발한 범아프리카 결제와 결제 시스템(PAPSS)은 아프리카 역내 무역 활성화를 위한 결제 시스템이다. 제3국을 거치지 않고 결제할 수 있어 결제 수수료 절감, 송금 시간 단축 등 많은 경제적 이점을 가져다준다. 아직은 서아프리카 6개국(나이지리아·가나·감비아·기니·라이베리아·시에라리온)의 중앙은행만 참여하는 파일럿 단계지만, 아프리카 내 모든 화폐 거래가 가능한 시점에는 아프리카 경제에 많은 활력을 불어넣을 것이다.

### 2023년 3.5% 성장 전망…세계 평균 웃돌아

아프리카 중앙은행의 디지털화폐(CBDC) 도입도 의미가 있다. 2022년 1월 e나이라(eNaira)를 도입한 나이지리아가 선두 주자다. 나이지리아 중앙은행은 이를 통해 송금 효율성을 높이고, 금융 투명성을 제고해 세수 증가를 꾀하고 있다. 나아가 은행 계좌 미보유자도 사용 가능해 일반인에 대한 금융 접근성을 높일 수 있다.

근래 서유럽 국가 고위 인사들의 아프리카 방문이 눈에 띄게 늘고 있다는 점도 주목할 만하다. 2022년 5월 숄츠 독일 총리는 세네갈, 남아프리카공화국, 니제르를 방문했다. 마크롱 프랑스 대통령은 7월 카메룬, 베냉, 기니비사

우, 알제리를, 9월에는 르완다, 콩고민주공화국 지도자들과 회담을 실시했다. 잇따른 EU 국가 고위급 인사들의 아프리카 방문은 러시아-우크라이나 전쟁으로 야기된 러시아발 에너지 공급 문제를 아프리카에서 해결하기 위한 것이다. 아프리카는 유럽과 지리적으로 가깝고 가스 공급과 에너지 개발 잠재력이 풍부하다는 점에서 러시아의 대체 공급원으로 고려될 수 있다. 지금까지 상대적으로 높은 개발 비용과 낙후한 재정 시스템 등으로 외면받던 아프리카 에너지 시장이 러-우 전쟁을 계기로 EU의 에너지 투자 전략처로 바뀌고 있는 셈이다. 최근 우리 기업과 정부 관계자의 아프리카 방문 또한 부쩍 늘고 있다. 이는 경제적인 측면보다는 우리 정부가 국정과제로 총력을 기울이고 있는 '2030 부산 엑스포' 유치를 위한 유세활동이 활발하게 펼쳐지고 있기 때문이다. 우리는 아프리카를, 말로는 '마지막 남은 유망 시장'이라고 하면서 실제로는 그 중요도 면에서는 늘 후순위에 놓아왔다.

이제 아프리카가 범접하기 어려운 먼 대륙이라는 관념에서 벗어나 적극적인 자세로 진출해야 될 때다. 아프리카 진출의 최후발 주자로서 눈앞의 경제적 이득에만 매달리지 말고 중장기적 관점에서 그들이 아쉬워하는 것을 우리의 경제 발전 경험을 바탕으로 같이 해결해주고 미래 지향적인 파트너의 자세로 다가가야 한다. ■

# V

## 2023
## 매경 아웃룩

# 원자재 가격

# 수요 대비 부족한 공급···고유가 기조 이어져
# 킹달러·지정학적 요인은 여전히 변수

**이달석** 에너지경제연구원 명예선임연구위원

아시아 원유 기준 가격이 되는 중동산 두바이유의 배럴당 가격은 2021년 4분기 78.37달러에서 급등해 2022년 1분기에 95.59달러, 2분기에 108.08달러, 3분기에 96.91달러를 기록했다. 2022년 1~3분기 두바이유 평균 가격은 100.19달러로 2021년 연평균 가격인 69.41달러에 비해 무려 43% 상승했다.

국제유가가 이처럼 가파르게 상승한 주요 원인으로는 러시아의 우크라이나 침공과 그에 대응한 서방국의 러시아 제재, OPEC+(OPEC과 러시아 등 일부 비OPEC 감산 참여국들)의 생산 목표(생산 한도)를 미달하는 생산 등을 들 수 있다. 코로나19 유행이 끝나고 세계 석유 수요가 회복되는 상황에서 공급이 충분하지 않았다.

러시아의 우크라이나 침공(2월 24일)에 대응해 서방 국가들은 러시아 에너지 부문에 대한 제재를 추진했다. 미국 정부는 3월 8일 러시아산 원유와 석유 제품, 액화천연가스(LNG), 석탄 수입을 금지하는 행정명령을 발동했다. 이어 미국 동맹국과 글로벌 석유 메이저의 자발적인 금수 조치 참여가 이뤄졌다. 이어 EU 27개국은 2022년 5월 30일 열린 EU 정상회의에서 러시아 석유에 대한 수입을 금지하기로 합의했다. 금수 조치 시행 시점은 원유는 2022년 12월 5일, 석유 제품은 2023년 2월 5일부터다. 이와 같은 서방 국가의 러시아 제재로, 주요 석유 수출국인 러시아의 원유와 석유 제품 수출선이 조정되는 등 국제 석유 시장 혼란이 야기되고 유가는 상승했다.

OPEC+의 생산은 나이지리아와 앙골라 등 일부 산유국의 생산 능력 부족으로 생산 목표에 미치지 못했다. OPEC+는 2022년 들어 매월 일정 규모 증산(감산량 축소)을 실시했지만 9월 기준으로 생산 목표는 하루 약 340만배럴을 밑돌고 있다. 서방 제재를 받는 러시아 생산이 목표 대비 하루 약 120만배럴 낮은 수준임을 감안해도 OPEC+ 생산은 목표보다 하루 220만배럴 적다.

이런 와중에도 세계 석유 수급은 2020년 3분기부터 시작된 수요 초과(공급 부족)가 2022년 1분기까지 지속되다 2분기와 3분기에는 수급 균형을 이룰 수 있었다. 중국의 '제로 코로나19 정책'으로 세계 석유 수요 증가를 주도해온 중국 수요가 20년 만에 감소했고, 우크라이나 전쟁이라는 비상 상황에 대응해 IEA(국제에너지기구) 회원국들이 비축유를 방출했기 때문이다. 미국과 유럽, 아시아 주요 석유 소비국은 2021년 11월 이후 2022년 10월까지 3억3000만배럴에 달하는 비축유를 석유 시장에 방출했다. 이 중 2022년 5월부터 10월까지 방출한 2억4000만배럴은 하루 130만배럴에 이르는 물량이다. 공급 증가와 수요 감소로 세계 석유 수급은 2분기와 3분기에 초과 수요에서 벗어날 수는 있었다. 그러나 낮은 수준의 세계 석유 재고와 우크라이나 전쟁으로 인한 '공포 프리미엄'은 2022년 2분기와 3분기에도 국제유가 강세를 지속시킨 요인이 됐다.

**가격에 가장 큰 변수는 수요와 공급**
**석유 수요는 회복세 지속 예상하는데**
**OPEC 감산 여부에 달린 공급량 향방**
**강달러 기조와 지정학적 변수도 고려**
**전반적으로 종합하면 고유가 기조**

한편 미국 연방준비제도(Fed·연준)가 양적완화를 종료하고 대폭적인 금리 인상을 시행해 달러화가 강세를 보이면서 유가의 추가 상승을 억제하는 요인이 됐다. 통상 원유 거래 화폐인 달러화 강세는 석유 수입국의 수요를 둔화시켜 유가 하락 요인으로 작용한다.

### 수요와 공급이 중요한 변수

2023년에도 국제 원유 가격은 세계 경제 상황과 석유 수급은 물론 달러화 가치, 지정학적 사건 등 다양한 요인에 의해 영향을 받을 것이다. 하지만 수요와 공급이 여전히 유가 향방을 결정하는 중요한 변수다.

세계 석유 수요는 글로벌 경기 침체 우려에도 불구하고 2023년에도 회복세를 지속할 것으로 예상된다. 국제통화기금(IMF)은 2022년 10월 전망에서 2022년 경제성장률을 2.7%로 예상했다. 양대 석유 소비국인 미국과 중국 성장률은 각각 1%와 4.4%로 전망했다. 이런 성장률이면 2023년 세계 석유 수요는 전년 대비 하루 120만배럴 증가해 코로나19 이전인 2019년 소비량을 넘어설 것으로 보인다.

세계 석유 공급은 감산 참여국인 OPEC+의 감산 정책과 미국 제재를 받는 이란의 원유 수출 재개가 가장 큰 영향을 미치는 변수가 될 테다. OPEC+가 2022년 10월 5일 합의한 사항은 2022년 11월부터 2023년 말까지 생산량을 하루 200만배럴 감산한다는 것이다. OPEC+ 생산이 줄곧 생산 한도에 미달해 있었다는 점을 고려하면, 200만배럴 감산 결정에 따른 실제 감산 효과는 약 100만배럴로 예상된다. 여기에 더해 EU의 러시아산 석유 금수가 원유와 석유 제품에 대해 순차적으로 시행되면 2023년 러시아 공급은 추가로 100만~120만배럴 감소할 것으로 예상된다. EU가

2022년 9월 기준 러시아로부터 수입한 하루 260만배럴(원유 160만배럴, 석유 제품 100만배럴)의 40%에 해당하는 물량이다. 러시아는 이미 중국과 인도에 대한 수출을 대폭 늘린 상태여서 수출선 전환에 한계가 있다.

이란의 원유 생산은 이란에 대한 원유 수출 제재가 해제된다면 6개월 이내에 하루 100만배럴 이상 증가할 것으로 예상된다. 미국은 도널드 트럼프 전 대통령이 2018년 5월 이란 핵합의(JCPOA) 탈퇴를 선언하고 이란에 대해 원유 수출을 제재해왔다. 조 바이든 대통령이 취임한 2021년 이후 미국과 이란은 JCPOA 복원을 위해 여러 차례의 협상을 진행해왔지만, 결과를 낙관할 수는 없다.

이런 요인을 고려하면 2023년 세계 석유 수급은 다시 초과 수요가 발생할 것으로 예상된

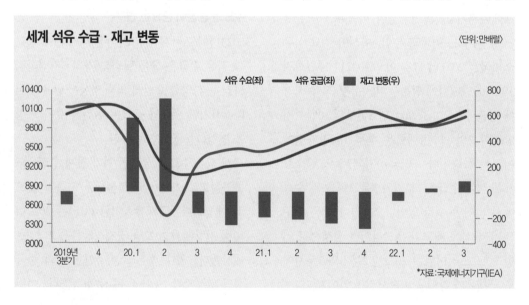

세계 석유 수급 · 재고 변동  〈단위:만배럴〉

석유 수요(좌)  석유 공급(좌)  재고 변동(우)

*자료:국제에너지기구(IEA)

2023년에도 다양한 변수를 고려하면 고유가 기조가 계속될 것이라는 게 전문가 의견이다. (매경DB)

다. 그나마 다행인 것은 2023년 미국 생산이 코로나19 이전인 2019년 생산 수준을 회복할 것으로 예상된다는 사실이다. 미국 에너지정보청(EIA)은 2022년 10월 보고서에서 2023년 미국 원유 생산이 전년 대비 하루 61만배럴 증가하고, 천연가스액(NGL)과 바이오연료 등을 포함할 경우에는 전년 대비 하루 93만배럴 증가할 것으로 전망했다.

미국 외 비OPEC 산유국 중 노르웨이, 브라질, 가이아나의 신규 유전에서도 생산이 증가할 것으로 예상된다. 미국과 일부 비OPEC 산유국 생산 증가는 2023년 세계 석유 시장 초과 수요(공급 부족)폭을 줄이는 데 기여할 것으로 보인다.

달러화는 미국 연준의 추가 금리 인상으로 강세가 유지되면서 유가 상승을 억제하는 요인이 될 것이다. 지정학적 요인으로는 예멘 내전에서 정부군을 지원하는 수니파 사우디 연합군과 시아파 이란의 지원을 받는 것으로 알려진 후티 반군 사이 충돌이 단속적으로 발생

할 가능성이 있다. 중동 정세 불안에 따른 공급 차질 우려는 유가의 일시적인 상승 요인이 된다. 사우디 감산 정책을 비난해온 미국 바이든 정부와 사우디의 관계 변화도 유가에 영향을 미칠 수 있다.

이상의 논의를 요약하면, 2023년 국제 원유 가격은 세계 석유 시장의 핍박한 수급 상황이 지속되면서 강세를 유지할 가능성이 크다. 2023년 연평균 국제유가는 두바이유 기준 배럴당 90~100달러에서 형성될 것으로 전망된다.

2023년 세계 석유 시장에는 그 어느 때보다 유가에 큰 영향을 미칠 수 있는 여러 가지 불확실한 변수가 상존한다. 러시아의 석유·가스 공급 중단, 산유국 정정 불안에 의한 공급 차질, OPEC+의 고강도 감산 등의 경우는 유가의 추가 상승을 가져올 것이다. 반면 우크라이나 전쟁 종식, 이란 핵합의 복원과 이란 원유 수출 재개, 급속한 세계 경기 침체 등은 유가가 더 낮은 수준에 머물게 하는 데 영향을 줄 요인이다. ■

# 2023년에도 곡물 가격 상승은 '쭉~'
# 우크라이나 전쟁 종지부 찍어야 변화

**김민수** 애그스카우터 대표

2020년 8월 중반부터 곡물 가격이 급상승하기 시작했다. 곡물 가격 고공행진은 2022년까지 계속해서 이어졌다. 곡물 가격 상승이 일반 물가를 끌어올리는 애그플레이션(Agflation) 현상이 장기간 지속됐으며 2008~2009년, 2011~2013년 과거 두 차례 애그플레이션보다 더 심화된 것으로 나타났다. 유엔 식량농업기구(FAO)가 발표하는 세계식량가격지수는 2022년 3월 159.7포인트를 찍었다. 1990년 기록을 시작한 이래 최고치다. 코로나19 팬데믹과 재확산으로 인해 곡물 수급이 불안정해졌다는 점과 라니냐 현상으로 인한 이상기온으로 주요 국가 곡물 생산이 저조해졌다는 점이 장기간에 걸쳐 곡물 가격을 급상승시

킨 요인이 됐다.

2022년 2월 러시아의 우크라이나 침공은 가뜩이나 높아져 있는 곡물 가격을 역대 최고 수준으로 끌어올리는 기폭제가 됐다. 단기간에 끝날 것이라는 예상과 달리 우크라이나 전쟁이 장기화하면서 곡물 시장은 상당히 어려운 국면에 처했다. 더불어 주요 곡물 공급국의 수출 제한 문제는 식량 위기를 가속화하는 계기가 됐다. 가파른 상승 가도를 달렸던 곡물 시장은 2022년 5월 중후반 정점을 찍은 후 6월 중반부터 급격히 하락하는 장을 형성하기도 했다. 글로벌 경기 침체 우려와 안전자산 선호 현상으로 인해 달러 가치가 급등함에 따라 투자 심리가 위축돼 곡물을 비롯한 상품 선물은 일제히 하락 압력을 받았다.

대외적인 하락 압력은 거세지고 있으나 곡물

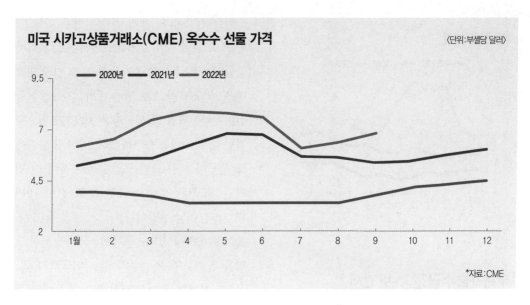

**미국 시카고상품거래소(CME) 옥수수 선물 가격** 〈단위:부셸당 달러〉

— 2020년 — 2021년 — 2022년

*자료:CME

가격은 2022년 8월 중후반부터 다시 치솟기 시작했다. 수급 측면에서의 강세 요인이 곡물 가격을 재차 끌어올리고 있다. 특히 우크라이나 전쟁은 2022년 내내 곡물 시장을 소용돌이에 빠트렸다. 이 같은 상황은 당분간 변화가 없어 보인다. 러시아의 우크라이나 점령지에 대한 합병 추진 움직임과 군 동원령 발동은 물론 우크라이나에 대한 전술 핵무기 사용 가능성까지 언급되고 있어 흑해를 둘러싼 지정학적 긴장이 새롭게 고조됐다.

### 2023년에도 곡물 가격 강세 전망

세계 곡물 수급 측면 강세 요인은 2023년에도 곡물 가격 상승을 지지하는 요인이 될 것이다. 러시아의 우크라이나 침공으로 빚어진 2022년의 역사적인 가격 흐름을 경신하는 상

# 러·우 전쟁, 가격 상승 가속
## 전쟁 장기화로 수급 악화
## 주요 곡물 공급국 수출 제한
## 식량 위기 가속화 계기
## 곡물 시장 변동성 지속될 듯

황이 재현되기는 어려울 테다. 그러나 여전히 예년 대비 상당히 높은 가격이 유지될 전망이다. 우크라이나 전쟁이 종지부를 찍기 전까지 흑해를 둘러싼 지정학적 긴장 관계는 계속해서 곡물 시장을 뜨겁게 달굴 것이다. 흑해를 통한 곡물 공급 차질은 계속 글로벌 공급 불안을 야기할 것이며, 주요 공급국의 생산 전망

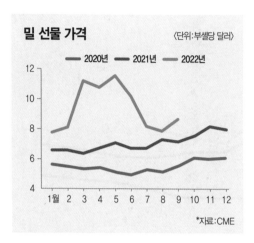

**밀 선물 가격** 〈단위:부셸당 달러〉

— 2020년 — 2021년 — 2022년

*자료:CME

## '세계곡물수급전망' 보고서
## 세계 옥수수 생산량 3.9% 감소
## 공급량 감소로 재고 줄 듯
## 밀, 전년 대비 소폭 증가
## 콩, 전년 대비 10.3% 증가

역시 상당히 좋지 못함에 따라 완충 역할을 해주는 옥수수와 밀의 세계 재고 수준이 크게 떨어질 것으로 우려된다.

미국 농무부(USDA)의 '세계곡물수급전망(WASDE)' 보고서(2022년 9월 12일자)에 따르면 2022~2023 생산연도 세계 옥수수 생산량은 11억7258만t으로 전년 대비 3.9% 감소하겠으며 수요량 대비 공급량 감소폭이 더 커 기말 재고량은 3억453만t으로 전년 대비 2.4%

줄어들 전망이다. 세계 밀 생산량은 7억8392만t으로 전년 대비 0.5% 증가하겠으나 역시 공급량 대비 수요량 증가폭이 더 커 기말 재고량은 2억6857만t으로 전년 대비 2.6% 줄어들 전망이다. 세계 콩 생산량은 3억8977만t으로 전년 대비 10.3% 증가하겠다. 수요량 증가에도 불구하고 콩 또한 공급량 증가폭이 더 커 기말 재고량 역시 9892만t으로 전년 대비 10.3% 늘어날 전망이다.

2022~2023 생산연도 품목별, 국가별 생산 전망을 살펴보면 옥수수의 경우 미국과 유럽, 우크라이나의 옥수수 생산 전망이 상당히 좋지 못하다.

미국은 단위면적당 수확량(이하 단수)과 재배면적이 줄어 생산량은 3억5419만t으로 전년 대비 7.7% 줄겠다. 유럽연합은 극심한 가뭄으로 인해 옥수수 단수와 재배면적이 크게 줄어 생산량은 5880만t으로 전년 대비 17.2% 감소하겠다.

전란으로 인한 우크라이나의 곡물 생산 급감 역시 문제다. 전쟁이 장기화하면서 농지 확보에 어려움을 겪고 있으며 생산 인력과 시설 그리고 장비 부족도 문제가 돼 옥수수 생산량은 3150만t으로 전년 대비 25.2% 줄겠다. 남미의 경우 아르헨티나의 옥수수 생산량은 5500만t으로 전년 대비 3.8% 늘어날 것으로 전망되나 상당히 건조한 날씨가 형성되고 있어 향후 생산 전망은 나빠질 것으로 예상된다. 반면 브라질의 옥수수 생산량은 1억2600만t으로 전년 대비 8.6% 증가함은 물론 역대 최고의 생산량을 기록하겠다.

밀의 경우 유럽연합을 비롯한 우크라이나의 공급 불안이 문제다. 유럽연합은 가뭄으로 인해 밀 생산량이 1억3210만t으로 전년 대비 4.5% 줄어들 전망이다. 전란으로 인해 우크라이나 밀 생산량은 2050만t으로 전년 대비 37.9% 감소하겠으며, 인도 역시 가뭄으로 인해 생산량이 1억300만t으로 전년 대비 6% 줄겠다.

아르헨티나 밀 생산 전망도 좋지 못해 생산량은 1900만t으로 전년 대비 15.6% 감소할 전망이다. 건조한 날씨 탓에 파종면적이 줄겠으며 높은 비료 가격과 상승하는 투입 비용도 생산에 부정적인 영향을 미칠 것으로 보인다. 호주 역시 생산 전망은 좋지 못해 밀 생산량이 3300만t으로 전년 대비 9.2% 줄어들 전망이다. 반면 러시아의 밀 생산량은 9100만t으로 전년 대비 21.1% 증가하겠으며 역대 최고 생산량을 기록하겠다. 일부에서는 러시아 밀 생산량이 1억t에 이를 것이라는 전망을 제시하고 있다.

미국의 밀 생산량은 4852만t으로 전년 대비 8.3%, 캐나다의 밀 생산량은 3500만t으로 전년 대비 57% 증가할 전망이다.

옥수수, 밀 시장과 달리 콩 시장 수급 전망은 양호할 것으로 예상된다. 미국의 경우 재배면

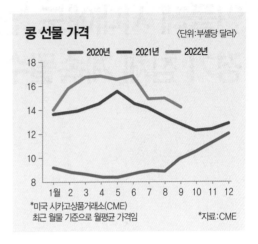

**콩 선물 가격** 〈단위:부셸당 달러〉

— 2020년 — 2021년 — 2022년

*미국 시카고상품거래소(CME)
최근 월물 기준으로 월평균 가격임

*자료:CME

적은 늘어나겠으나 건조한 날씨로 인해 콩 생산량이 1억1916만t으로 전년 대비 1.3% 줄겠다. 반면 브라질과 아르헨티나 콩 생산량은 큰 폭 증가할 전망이다.

브라질 콩 생산량은 1억4900만t으로 전년 대비 18.3% 늘어남은 물론 역대 최고 생산량을 기록하겠다. 아르헨티나는 콩 파종면적이 늘어나 생산량이 5100만t으로 전년 대비 15.9% 증가할 전망이다.

수급 측면 강세 요인과는 달리 외부 시장 약세 요인은 곡물 가격의 가파른 상승세를 제어하는 요인이 될 전망이다. 글로벌 경기 침체로 인해 증시는 물론 에너지 시장이 계속해서 하락 압력을 받으며 달러 강세 기조는 2023년에도 이어질 것으로 보인다. 위험자산에 대한 회피 현상으로 인해 곡물 시장은 수급 측면 강세 요인과 맞물려 가격 변동성이 커지는 양상을 보일 것으로 점쳐진다. ■

# 인플레 시대에도 '안전자산' 지위 여전
# 경기 침체 계속될수록 금값 더 오른다

**이석진** 원자재&해외투자연구소 소장

인플레이션 시대에 어떤 자산에 투자하면 좋을까라는 질문을 받았다고 가정해보자. 많은 이들이 세 손가락 안에 '금'을 꼽을 것이다. 이런 '필승 공식'을 검증할 인플레이션 시대가 정말로 도래했다.

미국 소비자물가 상승률은 한때 전년 대비 9%까지 돌파했는데, 1980년대 초의 물가 측정 방식으로 본다면 16%를 넘어서는 수준이다. 상상한 적 없던 금세기 최고 인플레이션 시대가 현실이 된 셈이다. 더욱이 주식을 비롯한 위험자산이 줄줄이 무너진다면 안전자산으로써 금은 더 매력적으로 비친다.

그렇다면 우리의 예상대로 2022년 금값은 올랐을 것이고 금 투자자들은 당연한 보상을 누렸어야 정상이다. 그러나 항상 그렇듯, 실제 시장은 이론과 달랐다. '금의 배신'이라고 해야 할까? 2022년 10월 기준 연초 대비 9% 하락이라는 '초라한' 성적표를 들이밀고 있다.

하지만 금의 부진은 어쩌면 정상적 결과일 수 있다. 궤변처럼 들리겠지만, 투자자들이 간과하고 있는 것이 있다. 바로 금리다. 지난 수십 년간 자산 시장 프로세스를 요약해보자. 경기와 증시가 과열되면 결국 버블이 터지고 약세장과 경기 침체가 도래한다. 중앙은행은 경기 침체 탈출을 위해 기준금리를 내린다. 약세장 상황에서 보수적 안전자산 투자자들은 금리가 떨어지는 예금보다 금을 상대적으로 선호하게 되면서 금값은 올라간다. 쉽게 얘기하면 약세장 속에 금값이 오른다는 이야기다. 그러나 약세장임에도 불구하고 중앙은

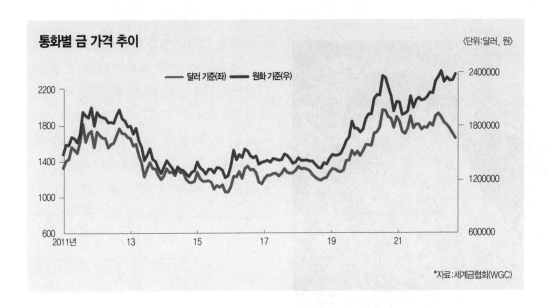

**통화별 금 가격 추이**  〈단위:달러, 원〉

— 달러 기준(좌)  — 원화 기준(우)

*자료:세계금협회(WGC)

행이 금리를 올린다면 우리가 알던 이 이야기는 어떻게 될까?

실제 1980년대 초 약세장 와중에도 높은 물가를 잡기 위해 미국 연준은 금리 인상 정책을 유지했다. 이 시기 금값은 어땠을까. 1980년 12월부터 1982년 8월까지 S&P500지수는 27% 하락하는 동안 금값은 무려 46% 폭락을 경험했다. 약세장 속에서 정책 금리 인상을 하게 되면, 금은 예금에 매력을 뺏기게 되는 것이다. 안전자산의 배신이 아니라 중앙은행의 배신이라 부를 수 있다. 다시 현재로 돌아와 지금의 금 시장을 보면, '어게인 1980'이다. 지금 그때와 같은 상황이 벌어지고 있다. 금값이 부진한 데는 다 이유가 있다.

그렇다고 해서 금에 대해 실망한 나머지 금을 투자 바구니에서 빼버리는 것은 금물이다. 금

리 인상기에 안전자산으로써 매력이 감소했다는 것은 사실이나, 이는 엄연히 미국인 기준에서다. 그들에게는 달러로 된 예금을 할 것이냐 금을 살 것이냐라는 단순한 선택지겠지만, 그 외 국가 투자자에게는 다른 방식으로 금 가격 메커니즘이 동작한다. 바로 환율 때문이다.

## 한국 투자자는 정말 금 투자로 손해 봤을까

한국의 금 투자자를 생각해보자. 금에 투자하려면 먼저 달러가 필요하다. 금은 기축통화인 달러로 거래되기 때문이다. 즉 한국에서 거래되는 금은 달러로 먼저 사온 후 원화로 환산돼 거래된다. 다시 말해 한국의 금 투자자에게 가장 좋은 시나리오는 금에 투자한 후에 달러 가치도 오르고 금값도 오르는 것이며 가장 나

'인플레이션 수혜 자산'으로 여겨지던 금값이 2022년 하락세를 보였지만, 환율 효과를 고려하면 안전자산의 매력은 건재하다. 사진은 2022년 8월의 종로 한국금거래소. (매경DB)

퇴했다. 그러나 원화 기준 금값은 완전히 다른 결과를 보여준다. 오히려 1600달러대 금값임에도 원화 기준 금값은 사상 최고치 부근을 기록하고 있다. 원인은 모두 알다시피, 달러 가치 상승에 있다. 국제 기준 가격은 떨어졌으나 원화 환산 가격은 올랐으니 국내 금 투자자들은 손해는커녕 이익을 보고 있는 셈이다. 달러 강세로 말미암아 일본의 금 투자자도, 유럽의 금 투자자도 마찬가지 상황이다.

앞서 언급한 투자자에게 최상과 최악의 시나리오는 현실에서는 좀처럼 나타나지 않는다. 금과 달러가 서로 견제하며 경쟁하는 관계기 때문에 달러 가치가 오를 때는 금값이 떨어지는 경향이 높고, 달러 가치가 내릴 때는 금값이 오르는 상황이 많다. 그런데 달러와 금값이 동반 약세를 보일 가능성은 거의 존재하지 않는 반면, 동반 강세를 보일 가능성은 글로벌 경기 침체 시기에 종종 목격된다. 확률적으로 정말 '안전한' 자산이라 할 수 있다.

### 침체기엔 금 대체할 자산 거의 없어

앞으로 다시 돌아가보자. 인플레이션 수혜 자산으로 꼽히는 금은 더 정확히 말하면 경기 침체, 즉 리세션 수혜 자산이다. 물가가 높은 시기에는 고성장을 동반한 리플레이션 상황도 있기 때문에 물가가 높다고 무조건 금이 정답은 아니다.

그러나 경기가 침체되는 시기에는 물가가 높

뻔 시나리오는 금에 투자한 후 달러 가치도 떨어지고 금값도 떨어지는 것이다.

그렇다면 지난 1~2년간 어떤 시나리오가 펼쳐졌을지 궁금해진다.

결과는 다음과 같다. 달러 기준 금값은 2020년과 2021년 한때 온스당 2000달러를 넘어섰지만 2022년 10월 1600달러대로 20%가량 후

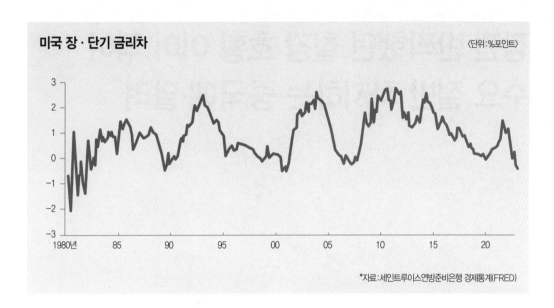

**미국 장·단기 금리차** 〈단위:%포인트〉

*자료:세인트루이스연방준비은행 경제통계(FRED)

든 낮든 간에 최고 수혜 자산은 금이라고 봐야 한다. 스태그플레이션 상황에서도, 리세션 상황에서도 상대적 투자 매력이 증가한다는 것이고, 특히 리세션 상황에서는 금을 대체할 만한 자산은 거의 존재하지 않는다.

그럼 2023년 리세션 확률은 어떻게 될까? 리세션에 대해 가장 보수적으로 전망하는 IMF와 세계은행조차도 2022년 9월 보고서를 통해 2023년에도 주요국의 고강도 긴축 정책 유지 가능성이 높다는 점을 지적하면서 글로벌 경기 침체에 진입할 가능성이 높다고 전망했다. 글로벌 경기 침체의 나침반이 되는 미국 경기 침체 가능성도 매우 높은데, 이는 그동안 예측력이 높았던 장단기 금리 역전 현상이 말해주고 있다. 2022년 10월 현재 10년물과 2년물 국채 금리 차이는 −0.4%로 과거 금리 역전

**침체기엔 금 대체할 자산 거의 없어**
**금은 경기 침체 때 오르는 수혜자산**
**글로벌 경기 침체로 빠질 가능성 커**
**스태그 상황에서도 '리세션'은 온다**
**강달러와 금값 상승 유지될 듯**

시기의 최고치와 유사하다. 그 뒤 몇 개월 지나 경기 침체는 항상 다가왔다.

과거가 미래를 약속하지는 않는다. 그렇다고 과거를 보지 않고 어떻게 미래를 예상할 수 있겠는가. 나머지는 독자 판단에 맡긴다. 필자는 2023년은 금값도 오르고 달러 가치도 유지되는 해가 될 가능성이 높다고 생각한다. ■

# 잠깐 반짝했던 철강 호황 이미 꺾여
# 수요 절반 차지하는 중국에 달려

**정은미** 산업연구원 선임연구위원

2022년은 철강 수요가 한풀 꺾인 한 해였다. 국제철강협회에 따르면 2021년 순조로운 증가세를 보이며 사상 최초 18억t을 넘어섰던 세계 철강 수요는 2022년에 2.3% 감소한 것으로 추정된다.

## 전 세계 각국 철강 수요 살펴보니

당초 증가세를 이어갈 것으로 예상됐지만, 연초부터 계속된 러시아-우크라이나 전쟁으로 인해 글로벌 공급망 교란 영향을 받으면서 철강 생산 활동도 전반적으로 위축됐다. 직접적으로는 중국과 유럽 수요 부진이 큰 영향을 미쳤다. 신흥국 일부를 제외하면 전반적인 침체였다. 2023년 철강 수요는 1% 수준의 소폭 증가가 예상된다.

지역별로 보면 중국과 EU의 감소폭이 컸던 한편, 북미 지역과 아세안 등 신흥국은 상대적으로 호조를 보여 대조를 이뤘다. 중국 철강 수요는 부동산과 인프라 투자 감소, 철강 수요 산업의 생산 활동 위축이 이어지면서 2021년 5000만t 감소에 이어 2022년에 다시 4%, 3808만t이 줄어들었다. 세계 철강 수요의 절반 이상을 차지하는 중국 철강 수요 감소는 전 세계 철강 수요 감소분 4209만t의 무려 90%에 해당한다. 수요 감소, 감산 조치 등을 반영해 중국 철강 생산도 2022년 8월까지 전년 동기 대비 5.7%가 줄었다. 2022년 하반기 들어 중국의 철강 생산이 전년 동월 대비 약간 증가하기도 했다. 그러나 이는 철강 생산을 정책적으로 제한했던 2021년 실적에 대한 기저 효과일 뿐,

## IMF 세계 경제성장률 전망

단위:백만t, %

| 구분 | 수요량 | | | 전년 대비 증감률 | | |
|---|---|---|---|---|---|---|
| | 2021년 | 2022년(추정) | 2023년(예상) | 2021년 | 2022년(추정) | 2023년(예상) |
| 세계 전체 | 1838.8 | 1796.7 | 1814.7 | 2.8 | -2.3 | 1 |
| 세계(중국 제외) | 886.7 | 882.7 | 900.8 | 13.5 | -0.5 | 2 |
| EU(27) | 164.7 | 158.9 | 156.9 | 18.1 | -3.5 | -1.3 |
| 기타 유럽 | 40.2 | 38.6 | 39.8 | 12 | -4 | 3 |
| CIS+우크라이나 | 58.4 | 53 | 49.5 | 1.4 | -9.2 | -6.7 |
| USMCA | 137.1 | 138.4 | 140.9 | 18.6 | 0.9 | 1.8 |
| 중남미 | 50.4 | 46.5 | 48.2 | 30 | -7.8 | 3.8 |
| 아프리카 | 38.9 | 40.2 | 41.9 | 6.1 | 3.2 | 4.4 |
| 중동 | 50 | 51.2 | 52.9 | 4.9 | 2.4 | 3.4 |
| 아시아-대양주 | 1298.9 | 1269.9 | 1284.6 | -1.3 | -2.2 | 1.2 |
| 선진국 | 400.4 | 393.7 | 394.6 | 16.4 | -1.7 | 0.2 |
| 중국 | 952 | 914 | 914 | -5.4 | -4 | 0 |
| 신흥국(중국 제외) | 486.3 | 489 | 506.2 | 11.1 | 0.6 | 3.5 |
| ASEAN(5) | 72.6 | 76.8 | 81.4 | 3.5 | 5.8 | 6 |
| MENA | 66.7 | 69 | 71.7 | 4.5 | 3.5 | 3.9 |

*자료:국제철강협회(World Steel Association) (2022년 10월)

전반적인 철강 생산 회복으로 보기는 어렵다. 중국은 2023년에는 내수 회복에 의한 철강 수요 증가를 기대한다. 그러나 부동산 등 구조적인 위험 요인이 상존하고 있어 2022년과 비슷한 수준을 유지할 것으로 예상한다.

2021년 코로나 이전 수준까지 겨우 돌아갔던 선진국 철강 수요는 경기 불확실성과 글로벌 공급망 위험 속에서 2022년 다시 줄어들었다. 당초 두 자릿수 증가가 예상됐던 러시아와 우크라이나 철강 수요가 전쟁으로 인해 각각 6%, 55.1%나 줄어든 탓이다. 러시아 철강 수요는 2022년에 4392만t으로 세계 6위다.

에너지 공급 위기와 산업 경제 침체를 겪은 유럽의 2022년 철강 수요는 전년 대비 4% 수준으로 감소한 것으로 추정된다. 독일, 프랑스, 영국 등 주요 유럽 국가들은 2021년에는 전년 대비 최저 12%에서 최고 30%까지 철강 수요가 늘어났다. 그러나 2022년에는 독일 4.9%, 영국은 6.5%까지 철강 수요가 감소했다.

반면 미국 철강 수요는 '나 홀로 상승세'가 두드러진다. 미국은 글로벌 공급망 차질에 의한 일부 철강 수요 산업의 생산 부진, 내구재 소비 위축 등의 요인이 있었음에도 '강력한 제조 국가로의 회귀'를 목표로 하는 여러 경기 부양

**경기 침체로 선진국 철강 수요 감소
미국만 경기 부양책으로 나 홀로 상승
신흥국 수요 늘었는데, 중국만 부진
국제 철강 가격 하락까지 이끈 중국
中 영향으로 2023년 약세 이어갈 듯**

책을 추진하면서 2021년 21.3% 증가에 이어 2022년에도 철강 수요가 2.1% 늘어났다. 2023년에는 1.6% 증가가 예측된다. 미국은 선진국에서는 유일하게 철강 수요 증가세를 이어갈 국가인 셈이다.

신흥국 철강 수요는 중국을 제외하면 2022년에도 대부분 늘어났다. 글로벌 공급망 불안정성에 의한 수출 수요는 줄었지만 지역 내 수요 회복에 힘입어 2021년 대비 필리핀 12%, 말레이시아 11%, 인도 6.1%, 베트남 6%, 인도네시아 5% 등으로 상대적으로 양호한 실적을 기록했다. 인도 철강 수요는 꾸준히 늘어 2022년에 1억1270만t을 기록한 데 이어 2023년에 1억2000만t을 넘어설 것으로 보인다. 이제 인도는 미국을 제치고 세계 2위 철강 수요국으로 자리매김할 것으로 기대된다.

아시아뿐 아니라 아프리카, 중동도 소규모지만 철강 수요가 증가세를 보였다. 2022년에 정치적 불확실성 등으로 위축됐던 중남미 국

가도 2023년에는 회복세로 전환되면서 안정적인 내수를 기반 삼아 철강 수요가 꾸준하게 늘어날 것이라는 예상이다.

### 원료 가격 하락에 2023 철강 가격 약세 전망

2022년 국제 철강 가격은 지역적으로 정도 차이는 있지만 대체로 하락세를 유지했다.

배경으로는 우선 원료 가격 하락이 꼽힌다. 2022년 3대 철강 원료 가격은 전반적으로 낮아졌다. 3대 철강 원료는 철광석, 철스크랩, 원료탄(유연탄)이다. 철광석 가격은 2022년 연초 상승세로 출발했으나 우크라이나 전쟁 장기화가 확실해진 4월 무렵부터 떨어지기 시작해 10월 가격은 연초 대비 약 25%, 고점에 비해 40%나 떨어졌다. 전기로 제강의 주원료인 철스크랩 역시 2022년 연초에 비해 25% 하락했다. 원료탄은 발전용으로도 함께 사용하기 때문에 유럽발 에너지 위기 수혜를 보면서 2022년 연초 대비 50% 이상 상승했지만, 3월 고점에 비해서는 25%가 떨어졌다. 연초 철강 원료 가격 상승세는 철강 수요 회복에 대한 기대감을 반영한 것이었는데, 이후 전반적인 수요 부진으로 철강 제품 가격이 약세를 보이면서 하락세로 반전됐다.

시장에서 큰 비중을 차지하는 중국 철강 가격 하락세도 국제 가격 하락을 이끌었다. 미국의 경우 철강 수입 규제로 인해 가격 급락을 보이지 않았던 반면, 중국 철강 제품 가격은 연초

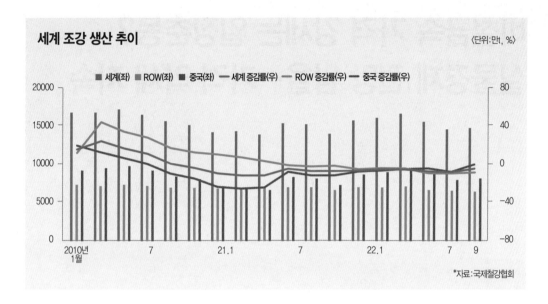

**세계 조강 생산 추이**

〈단위:만t, %〉

■ 세계(좌)  ■ ROW(좌)  ■ 중국(좌)  ― 세계 증감률(우)  ― ROW 증감률(우)  ― 중국 증감률(우)

*자료:국제철강협회

에 비해 2022년 10월 가격이 열연 기준 30% 가까이 떨어졌다. 철강 공급 과잉이 여전한 상황에서 하락세를 보인 중국 철강 가격은 국제 철강 가격의 강력한 하락 요인으로 작용하고 있다. 향후 중국 철강 수요가 증가하지 않는다면 국제 가격도 상승세로 반전되기를 기대하기는 어렵다. 그동안 원료 가격 상승 때문에 철강 제품 가격이 부분적으로 오르던 현상도 나타나기 어려워 보인다. 감산으로 철강 제품 가격 하락을 제한하려는 시도도 있었지만, 기본적으로 수요 부진과 중국 철강 공급 증가 가능성으로 인해 국제 철강 가격은 약세를 지속할 전망이다.

고금리, 인플레이션, 환율, 그리고 글로벌 공급망의 더딘 회복은 자동차, 조선, 기계, 건설 같은 주요 철강 산업에서 단기적으로는 철강 소비를 줄이는 요인으로 작용할 것이다. 중장기적으로는 철강 수요가 새로운 글로벌 균형으로 이동할 것으로 예상된다. 생산 방식 디지털화와 물류 수단 변화로 인해 지역별·국가별 철강 수요는 다른 방향으로 움직일 것으로 보인다. 신흥국 공급 증가도 주목된다.

국제 철강 가격 관련 2023년에도 여전히 세계 철강 수요와 생산의 절반을 차지하는 중국 영향력을 무시하기 어렵다. 그렇지만 선진국과 인도를 포함하는 신흥국 철강 수요가 상반된 방향으로 움직이는 데다, 신흥국에서 내수 증가에 대응해 철강 생산을 늘려가고 있는 게 새로운 변수다. 따라서 전반적으로 약세 국면으로 진입하겠지만, 국지적인 수급 불균형에 의한 가격 급변동이 나타날 수 있다. ■

# 비철금속 가격 강세는 일장춘몽?
# 실물경제 전망 암울…가격 약세 지속

**강유진** NH투자증권 글로벌트레이딩센터 부장

비철금속의 강세는 일장춘몽이었을까? 런던 금속거래소(LME)의 비철금속지수는 2022년 3월 초 역대 최고로 급등한 후 수직낙하하며 전형적인 롤러코스터 장세를 연출했다. 구리 가격은 다시 t당 1만달러를 넘어서고, 알루미늄 가격은 역대 처음 4000달러를 돌파했지만 이후 고점 대비 30% 이상 되돌렸다. 구리(전기동) 가격은 2022년 3월에 t당 1만845달러로 역대 최고를 경신한 후 2분기부터 3개월 만에 7000달러로 급락했다.

코로나 팬데믹 상처가 채 아물기도 전에 전쟁이 터지면서 분위기가 반전된 탓이다. 비철금속 시장에서는 전기차, 신재생에너지의 미래 수요에 대한 기대가 한껏 부풀어 오르다, 우크라이나 전쟁과 함께 터져버렸다. 에너지 시장이 혼란에 빠지고 가스 가격이 폭등하면서 수십 년 만에 최악의 인플레이션에 직면했고 세계 중앙은행들은 매파적인 통화 긴축 정책으로 고삐를 바짝 죄었다. 이는 '닥터 코퍼(Dr.Copper · 세계 경기의 선행지표로 구리 가격이 활용되는 것을 가리키는 말)'에 직격탄이었다.

글로벌 경제는 침체의 늪에 점점 빠지고 있다. 미 연준은 물가를 잡기 위해 경기 침체도 불사하겠다는 입장이다. 러시아-우크라이나 전쟁은 푸틴의 핵위협으로 악화일로를 걷고 있다. 2023년 세계 경제 전망은 침울하다. 실물경기를 고스란히 반영하는 비철금속 가격은 약세 압력을 받을 가능성이 높다.

그러나 극단적인 비관론을 두려워하며 도망

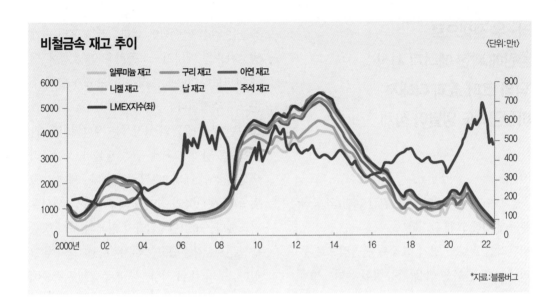

## 비철금속 재고 추이

〈단위:만〉

- 알루미늄 재고
- 니켈 재고
- 구리 재고
- 납 재고
- 아연 재고
- 주석 재고
- LMEX지수(좌)

*자료:블룸버그

친다면 아무것도 할 수 없다. 강세장은 비관과 회의 속에서 자란다. 핵전쟁으로 번지는 최악의 경우가 아니라면 시장은 밸류에이션을 평가하면서 가격이 바닥을 어디서 형성할지 지켜보며 반등 기회를 엿볼 것이다. 미 연준은 기준금리를 이미 상당히 공격적으로 인상했고 전쟁 장기화, 달러화 강세, 글로벌 경기 침체 등에 대한 위험이 이미 가격에 반영됐다. 비우호적인 거시 환경에 대한 비관론이 개선된다면 시장은 다시 비철금속의 미시적 수급에 초점을 맞출 것이다.

### 총 재고 역대 최저…공급 제한적

앞으로의 시장 추이는 공급에서 힌트를 찾을 수 있다. 런던금속거래소 비철금속 총 재고는 역대 최저 수준이다. 약간의 공급 차질이나 수요 회복에도 강세장 불씨를 되살릴 수 있다.

인플레이션으로 인한 생산 원가 급등이 공급이 원활하게 이뤄지지 않고 있는 배경이다. 비철금속 생산비용은 인플레이션과 함께 20~30% 상승해 마진을 압박하고 있다. 유럽은 에너지 비용 상승, 연료 부족으로 전력 소비가 많은 알루미늄, 아연 제련 업체들이 생산능력의 절반을 감산했다. 또한 미래 전략 금속에 대해 세계 각국의 자원보호주의는 만연하다. 인도네시아는 니켈, 구리, 보크사이트(알루미늄 원재료) 등 광물 수출 정책을 수시로 변경하며 세계 공급을 위협한다.

다만 세계 구리 시장 수급은 과거보다 개선되고 있다. 국제구리연구그룹(ICSG)에 따르면 2021년 구리 시장은 64만t의 공급 부족을 보였으나, 2022년 7월까지 1만3000t의 공급 부

## 러-우 전쟁으로
## 혼란에 빠진 에너지 시장
## '닥터 코퍼' 효과 더해져
## 비철금속도 덩달아 침체

족을 보이면서 지난해 같은 기간 14만t의 공급 부족에 비해 크게 완화됐다.

비관적인 글로벌 경기 전망은 단기적으로 구리 수요의 발목을 잡을 가능성이 높다. 세계 구리 수요는 2020년 하반기부터 회복하기 시작했지만 2022년 2% 성장에 그쳐 아직 팬데믹 이전보다 낮은 수준이다. 경기 침체가 본격화되면 구리 수요는 더 둔화될 수 있다. 그러나 기후 변화 대응을 위한 탄소중립 목표는 사라지지 않았다. 러시아의 화석연료에 대한 에너지 무기화로 오히려 탈탄소, 신재생에너지에 대한 열망은 더욱 커졌다. 에너지 전환·저장에 필요한 구리, 니켈과 같은 비철금속 수요는 장기적으로 유망하다.

### 탄소중립으로 장기적 가격 상승 가능성

그렇다면 가격은 어디까지 하락할까? 가격이 일시적 변동성에 의해 과대 낙폭을 보일 수 있지만, 지속 가능한 가격 하단은 한계생산비용에서 가늠해볼 수 있다. 가격이 한계생산비용 아래로 하락하면 역마진이 발생하는 공급 업체들은 감산할 수밖에 없다. 최근 구리 한계생산비용은 에너지·노동비용 인상 등에 의해 전년보다 20~30% 상승한 t당 6000달러 수준으로 추정된다.

2022년 구리 공급의 성장세는 제한적이었다. 2022년 7월까지 세계 구리 광물과 정련구리 생산은 전년 대비 3%씩 증가했다. 세계 1·2위 구리 생산국인 칠레와 페루의 구리 생산은 저조했다. 2022년 7월까지 칠레의 구리 정광 생산은 9% 감소했고, 페루는 1.5% 증가에 그쳤다. 구리 품위 저하, 물 부족, 신규 광산에 대한 환경 규제 등으로 공급 제약이 있다. 인도네시아, 콩고민주공화국의 구리 생산은 30% 이상 증가했지만 지속적으로 늘어날지 미지수다. 구리 공급의 성장이 수요 성장보다 높았지만 충분치 않다. 세계 구리 재고는 역대 최저 수준에 머물고 있다. 저조한 수요로 재고 부족을 겪지 않았지만 수요 회복 시 재고 고갈 위험이 다시 부상할 수 있다.

구리 수요에 대한 강세 스토리는 여전히 유효하다. 탄소중립, 에너지 효율화로 구리 수요는 매년 평균 2.5% 증가해 과거 20년간의 2.2% 성장보다 높을 것으로 전망한다. 전체 구리 소비의 41%를 차지하는 전력은 2% 성장에 그치고 부동산과 같은 전통 수요 성장은 성숙 단계지만 전기차, 신재생에너지의 구리 수요는 7% 성장이 기대된다. 해상풍력(10kg/kW), 태양광(5kg/kW), 육상풍력(3.5kg/kW),

가스(3kg/kW), 원자력(2.5kg/kW)에서 구리 소비는 상당하다. 또한 자동차, 에어컨, 변환기와 같은 소비내구재, 산업기계 등 에너지 효율성에서 3~3.5% 성장이 예상된다. 탈탄소화에서 구리는 핵심 원자재다. 이를 염두에 둔 장기 투자자들에게는 인내의 시간을 가지면서 기회를 엿봐야 할 것이다.

### 거래소 신뢰도 저하로 떠나버린 니켈 투자자

또 다른 주요 비철금속인 니켈 상황은 어떨까. 2022년 3월 니켈 시장에는 초유의 사건이 발생했는데, 이때 거래소에 대한 떨어진 신뢰도가 여전히 시장 경기에 영향을 끼치고 있다. 당시 니켈 가격이 단 2거래일 만에 t당 2만8000달러에서 10만1000달러로 폭등하자, LME는 거래를 중단시키고 취소해버렸다. 비철금속 시장 역사상 매우 이례적인 사건이었다.

문제의 발단은 중국 스테인리스강 제조 업체인 칭산그룹 회장의 무모한 니켈 가격 하락 베팅에서 시작됐다. LME 재고의 절반을 대규모 매도 포지션으로 보유한 칭산은 러시아의 우크라이나 침공으로 숏 스퀴즈(공매도 후 가격이 급등하면서 손실을 막기 위해 매수하는 것)에 내몰려 가격 폭등을 가중시켰다. 칭산그룹이 제때 마진콜 증거금을 내지 못해 디폴트 위기에 빠지자, 이와 연계된 글로벌 투자은행들이 발 벗고 나서서 시장 붕괴 위험을 이유로 거래를 취소하기로 협상하면서 위기를 봉합했다. 시장 가격 상승을 일부 대형 기관이 의도적으로 막아버린 것이다. 이 사건으로 LME 니켈 거래소에 대한 신뢰는 땅에 떨어졌고, 실망한 참여자들은 하나둘 떠나버렸다. 2022년 하반기 니켈 가격은 t당 2만달러대에서 횡보했다. 사실 니켈 수요는 상승 압력이 강한 한편, 공급은 제한적인 상황이다. 미국의 국방물자생산법(DPA) 발동 등 배터리와 전기차(EV)에 필수 금속인 니켈의 기하급수적인 수요 성장 전망에 니켈 확보가 치열하다. 반면 세계 1위 니켈 기업인 러시아 노릴스크니켈의 공급 차질 위험, 세계 최대 니켈 생산국인 인도네시아의 니켈 수출세 부과 계획으로 공급 제약이 있다. 세계 니켈 재고는 10년 이래 최저로 타이트하다. 이론상 가격이 올라야 마땅하다. 그러나 니켈 시장의 유동성 부족과 극단적인 가격 변동성, 거래소의 일방적인 조치에 상처를 받은 참여자들은 쉽사리 돌아오지 않고 있다. 글로벌 경기 침체 우려에 더해 대혼란의 상흔이 옅어질 때까지 회복하는 데 시간이 더 필요할지도 모르겠다.

이 밖의 비철금속 역시 러시아발 공급 제약으로 가격 불확실성이 커질 전망이다. 러시아의 우크라이나 침공으로 인한 각국의 대러시아 제재가 이어지면서, 러시아산 비철금속 수급에 영향을 끼칠 가능성이 높다. 미국 바이든 행정부가 러시아산 알루미늄 등에 대한 제재를 검토하고 있는 것이 대표적이다. ■

# 전기차 타고 리튬·코발트 가격 'UP'
# 원재료 대체할 '신기술 개발'은 변수

**반진욱** 매경이코노미 기자

리튬·코발트 등 희소금속은 전기차 대중화와 함께 가격이 꾸준히 상승해왔다. 특히 2020년부터 전기차 수요가 폭발적으로 늘어나면서 리튬과 코발트 가격은 걷잡을 수 없이 폭등했다. 한국자원정보서비스에 따르면 10월 14일 기준 탄산리튬(99.5%급) t당 가격은 52만4500위안(약 1억484만원)으로 나타났다. 코발트는 2021년과 2022년에 t당 가격이 5만달러를 초과했다.

2023년까지는 이런 상승세가 이어질 것이라는 전망이다. 원자재 가격 분석기관들은 리튬과 코발트 모두 2023년까지는 상당히 높은 가격을 유지할 것이라는 예측을 내놓는다. 원인은 간단하다. 수요는 높아지는데 공급은 여전히 불안정한 탓이다.

리튬과 코발트 수요는 사실상 전기차에 직결된다. 자동차용 배터리 생산량이 증가할수록 두 광물을 찾는 고객 수도 늘어난다. 2023년에는 전기차 수요가 더 높아질 가능성이 크다. 세계에서 가장 큰 자동차 시장인 미국에서 '인플레이션 감축법(IRA)'이 통과했다. IRA에는 미국 시장에서의 보조금(세액 공제) 적용을 위한 미국 등 특정 지역에서의 전기차 의무 생산과 주요 배터리 광물, 부품 조달 비율 조건이 명시돼 있다. 미국에서 최종 생산된 전기차에 보조금 혜택을 주는 내용이 담겼다. 미국 내 전기차 가격이 하락하면 전기차를 선택하는 고객이 증가할 확률이 높다.

수요 증가는 확실한데 공급이 수요의 증가량을 따라가지 못하는 모양새다. 리튬 생산국인 호주·칠레·미국이 생산량을 늘리고는 있지만 수요를 따라가기는 역부족이다. 다른 주요 생산국인 중국은 자국 내 수요도 감당 못해 추가 수입분을 확보하려 혈안이 된 상태다. 다만, 생산량을 꾸준히 늘리는 만큼 2022년보다는 다소 가격이 하락할 것으로 보인다. 한국 광해공업공단의 리튬 가격 예측 데이터에 따르면 2023년 국제 리튬 가격은 1월 1kg당 233위안을 기록한 뒤 10월에는 1kg당 187위안까지 떨어질 것으로 보인다. 2022년 최고점인 1kg당 395위안에는 미치지 못하지만, 여전히 높은 가격을 자랑한다.

### 코발트 가격 상승세 지속
### '코발트 프리' 기술 개발은 변수

콩고, 탄자니아 등 일부 아프리카 국가에 생산을 의존하는 코발트의 경우 리튬보다 가격 오름세가 크다. 코발트 가격은 2022년 3월 이후 안정되는 경향을 보이고 있지만 일각에서는 이번에 통과된 IRA로 인해 가격이 다시 오를 것이라는 의견이 제기된다. 미국 시장조사기관 '패스트마켓'은 배터리 핵심 원료인 니켈과 코발트 글로벌 판매자의 의견을 인용하며 "지금 미국 금속 시장 내에서 즉각적인 변화는 거의 없을 것으로 예상되지만, 미국에서 전기차 채택이 확대되면서 글로벌 수요가 증가하고 가격 상승으로 이어질 것이다. 코발트는 2~3개월 내 파운드당 35달러에 이를 것으

# 전기차 시대 도래하면서
# 희소금속 가격 날로 상승세
# 2023년에도 오름세 지속
# 대체 기술 개발은 변수

로 예상된다"고 보도했다. 국내 기관도 코발트 가격 상승을 예측한다. 한국광해공업공단의 코발트 가격 예측 데이터에 따르면 코발트 가격은 2023년 1월 1파운드당 39달러까지 치솟을 전망이다. 시간이 지날수록 가격이 내려갔던 리튬과 달리, 코발트는 가격이 계속 상승한다. 2023년 10월에는 1파운드당 가격이 44달러까지 오를 것으로 보인다.

다만, 배터리 제조 업체에서 코발트를 뺀 '코발트 프리 배터리' 개발에 박차를 가하고 있다는 점은 변수다. 배터리 제조 업계는 코발트 활용도를 낮추기 위해 적극적으로 움직인다. 코발트는 가격이 비싸고, 코발트 최대 생산국인 콩고는 채굴 노동과 관련된 관행적인 문제가 있어서다.

이에 배터리 제조 업계는 코발트를 덜 사용하는 새로운 화학물질을 개발하는 데 막대한 투자를 하고 있다. 만약 기술이 개발된다면 폭등한 코발트 가격은 다시 제자리를 찾아갈 확률이 높다. ■

# VI

## 2023
# 매경 아웃룩

# 자산 시장
# 어떻게 되나

# 주식 시장

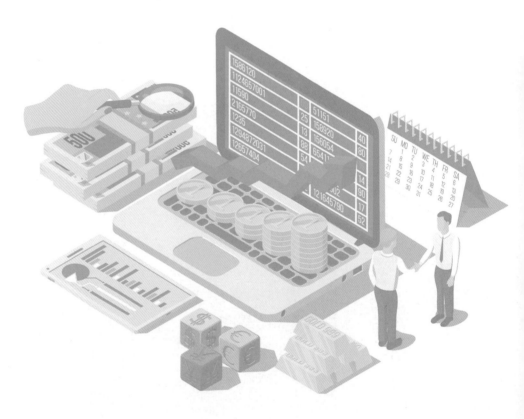

## Preview

2023년 글로벌 증시 전망은 그야말로 백가쟁명이다. 전문가 사이에서도 좀처럼 의견이 모아지지 않는다. 다만, 변곡점 신호는 금리와 물가다. 2023년 상반기 중 금리 고점이 확인되고 인플레이션 또한 차츰 안정세를 찾을 것이라는 점은 대체적인 컨센서스로 파악된다. 증시는 이런 이벤트를 선반영하며 추세를 형성한다. 때문에 이에 후행해 모든 리스크를 확인한 뒤 시장에 뛰어든다면 한발 늦은 투자 전략이 될 수 있다.

최악의 시나리오는 마이너스 성장으로 접어드는 경기 침체의 한복판에 들어설 경우다. 그렇다 해도 위험자산 투자 포지션을 100% 청산하는 것은 현명한 전략이 아니라고 전문가들은 조언한다. 주식 시장은 경기에 선행해 추세를 만들어간다. 경기가 나빠질 것 같다는 예상이 나오기 시작하면 주가가 급락하다, 반등 직전부터 급등세를 탄다.

다행히 글로벌 투자은행이 한국 증시를 바라보는 시선은 마냥 비관적인 것은 아니다. 모건스탠리는 특히 일본을 제외한 아시아태평양 · 신흥국 시장 내 자산 배분 포트폴리오에서 한국 시장을 가장 유망하다고 봤다. 다만 상승장이 오더라도 점진적인 상승장이 펼쳐질 가능성이 높다. 눈높이를 낮추고 '시간을 이기는' 역발상 투자로 포지션을 잡기에 2023년은 다시 오지 않을 기회가 될 수도 있다. 결국, 침체 우려 속에서도 이를 불식시키는 성장을 보여주는 기업은 투자자들의 선택을 받고 종국에는 시장 지배자로 등극할 전망이다.

# 위기 땐 가치주가 살아난다
# 실적 장세…2차전지·태양광 '맑음'

**명순영** 매경이코노미 기자

"한국 주식을 사라. 2023년 상반기 코스피 2600 간다."

글로벌 투자은행(IB) 모건스탠리가 낸 보고서 일부다. 모건스탠리는 '아시아·신흥국 주식 전략: 한국과 대만을 살 것'이라는 제목의 보고서를 내고, 한국과 대만 투자의견을 '비중확대(Overweight)'로 상향한다고 밝혔다.

모건스탠리는 "신흥국과 아시아태평양 주식 시장에서 1995년 이후 가장 긴 베어마켓(약세장)이 진행되고 있다"며 "새로운 사이클에서의 가장 좋은 기회는 아시아 주식 시장에서의 선도적인 위치를 차지하고 있는 한국과 대만 시장의 비중을 확대하는 것"이라고 강조했다.

그간 한국과 대만 시장이 부진했던 이유로 반도체 재고 조정 사이클을 꼽았다. 모건스탠리는 "(반도체) 사이클상 최악의 시기는 올해 4분기, 늦어도 내년 1분기가 될 것으로 보인다"며 "이 변곡점을 맞기 전에 주가가 선행할 것"이라고 내다봤다.

모건스탠리는 특히 일본을 제외한 아시아태평양·신흥국 시장 내 자산 배분 포트폴리오에서 한국 시장을 1위로 꼽았다. 내년 상반기 코스피 목표치는 2600, 저점은 2000이다. 코스피는 고점인 3300 수준에서 1100포인트 이상 내려왔지만, 나라의 대차대조표는 견조하다는 게 '매수'를 외친 이유였다. 아울러 코스피 2000선은 항상 지지선이 돼왔기 때문에 추가로 하락할 압력도 크지 않다고 봤다.

모건스탠리 말이 맞아떨어지면 좋겠지만 사실 주가를 예측하기란 어렵다. 2023년도 마찬

가지다. 특히 2022년 주가가 폭락세를 보였기 때문에 시장에는 '공포'가 퍼져 있다. 반등장을 기대하는 것도 무리는 아니지만 선뜻 '매수' 버튼에 손이 가지 않는다.

## 위기 이후는 가치주 부각…실적을 믿어라

전문가들은 코로나19 국면에서 목격했던 V자 반등장을 기대해서는 곤란하다. 상승하더라도 점진적인 상승이 될 가능성이 높다. 따라서 종목 선별이 그 어느 해보다 중요해진 해기도 하다. 또한 높은 수익보다는 안전판에 무게를 둬야 하는 전략이 절실하다.

이런 때는 실적이 확인됐지만 지금까지는 주가는 크게 오르지 않은, 그러나 시간문제일 뿐 향후 그 위상을 찾아갈 '가치주'에 주목해야 한다.

DB금융투자는 '앞으로 3년 투자자의 생존은 가치주 전략이 책임진다'는 제목의 보고서를 통해 "지난 100년간 주식 시장에서는 산업혁명을 통해 형성된 거품(버블)이 사라진 후 가치주가 강세를 보이는 현상이 반복돼왔다"고 설명했다. 1990년대 말 정보기술(IT) 버블이 끝난 후 2000년대 초반에 아모레G·롯데칠성·신세계 등 가치주가 주도주로 떠오른 게 대표적이다.

DB금융투자는 2020~2021년 4차 산업혁명 기대감에 따라 펼쳐진 버블장이 2022년 들어 마무리됐다고 분석했다. 아울러 2023년 이후 향후 3년간 가치주 투자가 주식 시장의 주류를 이룰 것으로 전망했다.

설태현 DB금융투자 애널리스트는 "국내 증시 밸류에이션(실적 대비 주가 수준)이 역사

적 하단까지 내려온 만큼 가치주에 투자하기에 최적의 시기"라며 "미국 등은 여전히 밸류에이션이 장기 평균을 웃돌고 있어 저가 매수를 노린 글로벌 자금이 국내 증시에 유입될 수 있다"고 설명했다.

역사적으로 올해와 같은 급락장 이후 가치주가 우수한 성과를 거뒀다는 분석이 있다. 하나증권에 따르면 2003년과 2009년에 S&P500지수 내 주가순자산비율(PBR) 하위 25% 종목군의 연간 주가 수익률은 각각 35%, 94%를 기록했다. 비교지수인 S&P500지수를 각각 9%포인트, 71%포인트 웃돌았다. PBR이 낮다는 것은 기업의 자산 가치 대비 주가가 저평가됐다는 의미로, 대표적인 가치주 척도로 사용된다.

과거 미국 10년물 국채 금리가 국내총생산(GDP) 성장률보다 높았던 시기에 가치주가 높은 수익률을 기록했다는 점도 '가치주 강세론'을 뒷받침한다. 이재만 하나증권 애널리스트는 "금리가 성장률보다 높았던 2004~2006년까지 저PBR 종목군이 가장 높은 성과를 기록했다"며 "앞으로 우리가 살아가야 할 시대는 금리가 성장률보다 높은 시대"라고 말했다.

전문가들은 밸류에이션이 싼 기업을 골라내는 것이 중요하다고 입을 모은다. 국내 증시가 급락하면서 PBR과 주가수익비율(PER)이 역사적 하단에 근접한 기업이 속출하고 있다는 점을 눈여겨볼 만하다. DB금융투자는 코스피200 편입 종목 가운데 PER, PBR, 주가매출비율(PSR)이 모두 낮은 종목을 추려내 가치주 포트폴리오를 구성했다. 한화생명, 이마트, 효성티앤씨, 한화, 동국제강, 삼양홀딩스, 한국금융지주, 메리츠금융지주, 현대제철, 한국가스공사 등이 대표적이다.

다만 밸류에이션이 싼 기업은 '가치주의 함정(밸류에이션 트랩)'에 빠질 위험이 있다. 주주환원 정책이 우수하고, 좋은 경영진과 지배구조를 갖춘 곳을 선별하는 것이 중요하다고 전문가들이 조언하는 이유다.

### 태조이방원 시대 이어질 수도
### 2차전지는 경기 침체 속에서도 기회

성장주도 여전히 잠재력이 있다. 2022년 코스피를 달궜던 종목은 '태·조·이·방·원'이었다. 태양광·조선·2차전지·방산·원전을 줄여 부른 말이다.

2023년에도 이 종목이 인기를 끌 가능성이 높다. 산업이 반등하고 실적이 따라주는 기업이 다수 있기 때문이다. 또한 역사적으로 기술주는 늘 뜨거운 종목이었다. 그간 증시를 달군 뜨거운 테마가 '차화정' 'BBIG' '태조이방원' 등이었다. 차화정은 글로벌 금융위기 직후인 2009년부터 2~3년간 국내 증시를 주도한 자동차, 화학, 정유의 앞 글자를 딴 말이다. 중국 경제가 급성장하는 시기에 맞춰 수출 기업인 현대차, LG화학, SK이노베이션 등이 각광받았다.

코로나19 사태가 터진 2020년 이후에는 BBIG라는 신조어가 나왔다. 바이오·배터리·인터넷·게임의 앞 글자를 땄다. 삼성바이오로직스, 셀트리온, LG화학, 삼성SDI, 네이버, 카카오, 엔씨소프트 등이 'BBIG7'이라 불리며 상승장을 이끌었다. BBIG라는 이름을 단 상장지수펀드(ETF)들까지 출시되며 한동안 국내 증시를 대표하는 단어가 됐다. 최근 뜨고 있는 '태조이방원' 역시 글로벌 경쟁력을 갖춘 기술 기업이 상당수다. 이름은 바뀌었지만 모두 기술 기반 기업이라는 공통점을 갖췄다.

'태조이방원' 중에 고른다면 태양광과 2차전지에 좀 더 무게감이 실린다. 배경은 탄탄한 실적이다. LG에너지솔루션의 2022년 3분기 영업이익 5219억원으로 시장 전망치를 13%나 웃돌았다. 여전히 2차전지 업황 성장세가 가파르다는 점이 눈으로 확인된 셈이다. 원자재 가격 인상분을 배터리 가격에 반영하기 시작하면서 수익성이 크게 개선된 점도 호재다. 유럽 전기차 수요에 대한 우려를 불식하고 전기차 시장이 북미 지역을 중심으로 성장세가 유지되고 있다는 점도 빼놓을 수 없다.

태양광 시장 성장세도 탄탄하다. 올해 글로벌 태양광 수요는 지난해보다 38% 증가한 251기가와트(GW)일 것으로 전망된다(삼성증권). 이는 2011년 57% 이후 최대 규모다. IRA 법안의 수혜를 받을 것이라는 기대감 역시 주가 상승의 추가 동력이 됐다. ∎

# 그래도 기대할 건 美 기술주뿐…
# 애플·알파벳·MS·엔비디아 '눈길'

**김중원** 현대차증권 투자전략팀장

좀처럼 잡히지 않는 인플레이션 때문에 2023년 경기 상황이 심각해질 수 있다는 소식이 뉴스를 통해 자주 들린다. 만일 2023년 세계 경제가 금융위기와 같이 급격히 악화된다면 지금은 주식 시장에 관심을 둘 때가 아니다. 하지만, 좀처럼 잡히지 않을 것 같은 인플레이션이 2023년 상반기를 기점으로 완화되고 하반기를 기점으로 글로벌 경제 또한 회복할 수 있다면 천천히 2023년 투자 전략에 고민할 필요가 있다.

2023년 매크로 환경을 고려해보면 앞서 언급한 두 전제 중 후자일 가능성이 높아 보인다.

최근 미국 연방준비위원회(Fed·이하 미 연준)는 인플레이션을 통제하기 위해 수요를 일부 포기하면서라도 헤드라인 물가(가격 변동성이 큰 필수소비재 물가)를 낮추겠다는 의지를 보이고 있다. 미 연준은 금리 인상과 양적 긴축으로 물가를 일정 수준 이하로 낮추고, 고용을 유지하고 임금 인상을 통해 실질소득을 플러스(+)로 전환하면, 경기 둔화 속도를 지연시키는 동시에 물가 또한 통제하에 둘 수 있으리라는 판단이다. 물론 미 연준에 허락된 시간은 그리 길지 않아 보인다. 하지만 연말까지 인플레 상황을 강도 높은 긴축 정책으로 압박한다면 2023년도 상황은 완화될 수 있다고 기대할 수 있을 듯하다.

물론 미국 경기지표는 둔화하고 있다. 하지만, 구조적 경기 침체를 우려할 만한 수준이라고 보기는 힘들다. 소비지표와 경기 모멘텀이 저점에서 반등하고 있고, 제조업 PMI 지

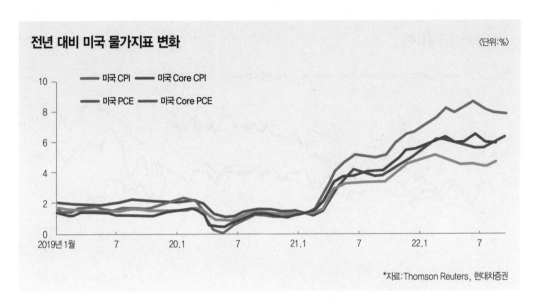

## 전년 대비 미국 물가지표 변화

〈단위:%〉

- 미국 CPI
- 미국 Core CPI
- 미국 PCE
- 미국 Core PCE

*자료:Thomson Reuters, 현대차증권

표도 기준선 50을 웃돌고 있는 만큼 경기 침체 상황은 아니다. 물가지표는 아직 전기·가스 요금, 주거비 외에 기타 서비스업 관련 요금 등이 다 반영되지 않았다. 때문에 2022년 연말까지 높은 수준을 유지할 것이다. 그러나 2023년 상반기 중 기술적으로 물가지표가 4% 수준까지 하락하면서 실질금리가 플러스로 전환하는 만큼 긴축 강도가 이전보다 완화될 것이다. 미 연준의 금리 피벗(Pivot·기조 전환)이 확인된다면 시장 충격은 서서히 줄어들 것이다. 결국 미국이 주도하는 통화 정책 시나리오인 만큼 주요국 대비 미국의 경기 모멘텀과 펀더멘털이 우위에 있다고 볼 수 있다. 그 결과 2023년 일정 시점에 주식 투자를 준비한다면 당연히 미국 주식에 대한 관심이 필요해 보인다.

**미 경기지표 둔화하지만
구조적 침체라 볼 수 없어
물가지표 차츰 둔화할 듯
긴축 강도 완화 기대감도**

무엇보다 미국 주식 가운데 기술주를 주목할 필요가 있다. 최근 바이든 대통령이 인플레이션 감축법안인 IRA를 서명하며 관련 이슈로 시장이 뜨겁다. 핵심 쟁점을 뜯어보면 결국 미국에서 생산되는 제품에만 혜택을 준다는 것이다. 즉, 미국에서 생산하는 전기차와 배터리에만 정부가 보조금을 지급한다는 얘기다. 국내 완성차 업체도 빠르게 미국에 전기차 생산을 준비하고 있다. 또, 미국에서 생산

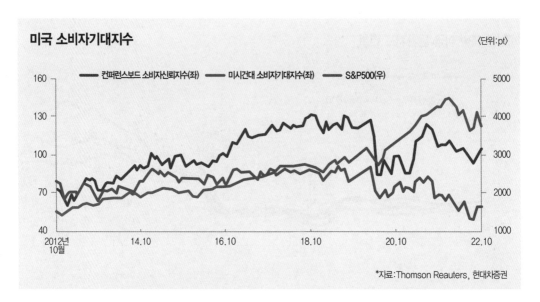

**미국 소비자기대지수**　　　　　　　　　　　　　　　　　　　〈단위:pt〉

컨퍼런스보드 소비자신뢰지수(좌)　　미시건대 소비자기대지수(좌)　　S&P500(우)

*자료:Thomson Reauters, 현대차증권

되는 배터리 등을 확보하는 데 분주하다. 상황이 이렇다 보니 IRA 수혜는 미국 대표 기술주인 테슬라가 가장 높을 수밖에 없다. 테슬라 전기차는 미국에서 생산될 뿐 아니라 배터리 또한 미국에서 생산하는 파나소닉 배터리를 공급받기로 돼 있다. 이런 바이든 행정부의 자국 중심 정책이 미국 기술주에 긍정적으로 작용한 것이다.

테크 산업에 있어 초격차를 축소하려는 중국 움직임에 강하게 제동을 걸고 있는 바이든 행정부 정책 또한 미국 테크 기업인 기술주에 우호적이다.

### 이익 전망 증가율 둔화하지만 이익 훼손 아냐

그런데 현재 미국 주식 시장, 특히 기술주 이익 전망(12개월 예상 EPS 증가율)이 둔화하고 있다. 하지만 이는 이익 전망의 증가율이 낮아지는 것이지 이익 그 자체가 감소하는 것이 아니다. 코로나19 팬데믹으로 기업 실적이 감소한 이후 정상화되는 과정에서 EPS 증가율 기울기가 매우 가파르게 상승했는데, 최근 이 기울기가 정상화하는 국면으로 볼 수 있겠다.

2022년에도 미국을 포함한 주요국 이익 전망은 전년 대비 증가했으나, 이익 전망 증가율, 즉 기울기는 추세적으로 하락하고 있다. 이런 영향으로 시장 투자 심리가 위축되면서 경기 침체 우려가 높아지는 것이다. 그런데 실적의 가파른 회복과 성장 이후 기울기가 감소하는 것은 매우 자연스러운 현상이다. 실제 기업 실적은 상당히 양호한 수준을 보이고 있기 때문에 침체를 우려할 만한 수준

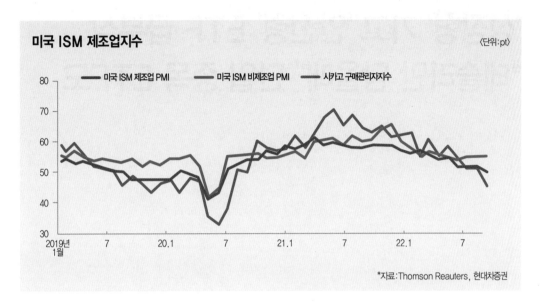

**미국 ISM 제조업지수**

〈단위:pt〉

범례: 미국 ISM 제조업 PMI / 미국 ISM 비제조업 PMI / 시카고 구매관리자지수

*자료:Thomson Reauters, 현대차증권

이 아니라고 본다.

정리하면 구조적인 경기와 기업 실적 침체 국면을 가정한다면, 증시의 하단을 낮추는 것이 적절할 것이다. 그러나 앞서 언급했듯 경제지표가 구조적인 경기 침체를 우려할 만한 수준이 아니라고 판단한다. 또한, 기업 실적 역시 2023년에도 증가할 전망이라는 점에서 기술적인 경기 침체 또는 완만한 경기 침체 수준에서 마무리될 것이라고 평가한다.

따라서 2023년 미국 주식 시장은 추세적 하락보다는 반등을 시도할 가능성이 높아 보인다. 2023년 상반기를 정점으로 미 연준의 금리 인상이 마무리될 가능성이 있으므로, 성장주 반등을 기대할 수 있을 것이다. 또한 향후 증시 반등 국면에서 낙폭이 과대했던 기술주 반등을 기대할 수 있으리라 판단한다. 현재

**IRA, 미 생산 제품에 혜택**
**전기차, 배터리에 보조금**
**美 생산 배터리 확보 분주**
**자국 중심 정책, IT에 호재**

S&P500 기준 미국 주식 시장의 12개월 선행 주가수익비율(12M FWD Price-to-Earning ratio)은 16.2배로 5년 평균 18.7배 대비 13.4% 낮다. 또, MSCI U.S 기준 IT 섹터의 12개월 선행 주가수익비율은 19.7배로 5년 평균 대비 9.1% 낮다. 빅테크 종목 중에서는 애플, 알파벳, 마이크로소프트, 엔비디아, 테슬라 등의 장기 성장성이 여전히 유효하다는 분석이 지배적이다. ■

# '성장형' 가고 '안전형' ETF 급부상
# "테슬라만 담을래" 단일 종목 ETF도

**박승진** 하나증권 리서치센터 글로벌투자분석팀 수석연구위원

자산 시장이 급락하고 있다지만 글로벌 ETF 시장 성장세는 멈춤이 없다. 2018년 3조달러 수준이었던 글로벌 ETF 시장 규모는 2022년 6조달러를 넘어섰다. ETF는 편의성, 접근성, 다양한 전략을 내세우며 꾸준히 성장했다. 주가가 하락하고 채권 시장에서 금리가 크게 상승하며 주요 자산 가격이 동반 약세를 보인 2022년에도 ETF 시장에 자금이 대거 유입됐다. 글로벌 자산 시장의 역대급 부진에도 불구하고 자금 유출이 나타난 기간은 약 5주에 불과하다. 인기가 떨어진 펀드가 ETF로 전환돼 상장되는 사례도 이어졌다.

ETF 시장도 금융 시장 분위기와 스타일을 따라간다. 투자자들이 시황에 따라 종목 선택 기준을 달리하기 때문이다. 이에 따라 상품을 준비하는 운용사도 수요에 대한 고민을 반영해 ETF를 출시한다. 운용사 입장에서는 상장된 ETF 거래가 활성화되고 자금 유입 규모가 늘어나야 수익이 발생한다. ETF 시장이 꾸준히 진화하고 있는 배경이기도 하다.

팬데믹을 경험하는 과정에서 모든 상황이 급변하는 동안, ETF 시장도 변화가 적지 않았다. 각국 정부와 중앙은행들이 적극적으로 재정·통화 정책을 쏟아낸 2020년과 2021년에는, 급격한 유동성 증가 속도만큼이나 금융 시장 회복이 빠르게 진행됐다. 금융 시장 반등 국면에서 주가 상승은 성장주 주도로 진행됐다. 성장주의 상대적 강세 흐름은 ETF 시장 스타일에도 즉각 반영됐다.

이때는 구글, 애플 등의 빅테크 기업과 테슬

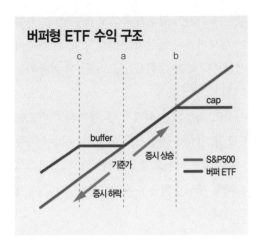

**버퍼형 ETF 수익 구조**

c · a · b
cap
buffer
기준가
증시 상승
S&P500
버퍼 ETF
증시 하락

라 같은 대형 성장주를 비롯해 다양한 4차 산업 관련주가 주가 상승을 이끌었다. 이에 따라 ETF 시장에는 수많은 스토리로 포장된 테마형 ETF로 자금이 쏠렸다. 또한 새로운 테마형 ETF 종목 상장이 늘어났다. 친환경, 2차전지, 로봇 산업부터 우주항공, 메타버스까지 다양한 테마를 내세운 종목들이 ETF 성장을 이끌었다.

## 투자금 일부를 콜 · 풋옵션 넣은 '버퍼형' ETF

팬데믹 기간 동안 ETF 트렌드에 대한 고민이 미래와 성장에 집중됐다면, 본격적인 긴축이 시작된 2022년부터는 포트폴리오를 지켜내기 위한 다양한 방법이 ETF 시장에 반영됐다. 수익률을 방어하기 위해 '구조'를 탄탄히 짠 ETF가 주목받게 된 것.

'버퍼형 ETF'나 '커버드콜 ETF'는 리스크를 줄이는 대표적인 구조화 ETF다. 두 가지 형태의

ETF는 포트폴리오에 파생 상품을 편입해 주가 하락 국면에서 안전판을 마련했다.

먼저 버퍼형 ETF는 일반 ETF처럼 기초자산을 추종하되 투자금 일부를 콜옵션이나 풋옵션 등 파생 상품에 투자해 손실을 줄여주는 구조다. 해당 옵션의 매수 · 매도 포지션을 동시에 구축해 손실과 수익을 모두 일정 범위 안에서 제한하는 형태다. 버퍼형 ETF는 저가 매수를 고민하는 시기에 적합하다. 주가가 싸다고 느끼면서, 동시에 경제 불확실성이 높아서 불안하다면 이런 버퍼형 ETF를 활용하는 게 좋다. 예상치 못한 변수가 갑작스럽게 발생할 때 수익률 타격을 막을 수 있는 안전판이 된다. PJAN, PSEP, POCT 등이 대표적인 인덱스 버퍼형 종목이다. 최근 들어 TSLH같이 단일 종목(테슬라)의 버퍼형 ETF도 등장해 선택지를 넓혀줬다. 버퍼형 펀드는 시장이 급락할 때 상대적으로 안전하지만 최고 수익률이 제한돼 있어 높은 수익을 기대하기 어렵다는 특징이 있다. 버퍼형 펀드로 미국에서는 2022년 10조원 가까운 돈이 유입됐다. 2021년 전체 유입된 사상 최대치(4조5000억원)의 두 배를 넘어섰다.

## '커버드콜' ETF 역시 리스크 관리에 적당

커버드콜 ETF는 파생 상품 투자 전략으로 가장 잘 알려진 방법 중 하나인 '기초지수(자산) 매수+콜옵션 매도 포지션(커버드콜)'의 조합

을 통해 만들어진 ETF다.

다시 말해 주식 현물을 매수하고 그 주식을 기초자산으로 하는 콜옵션을 주식 보유량만큼 매도하는 것이다. 커버드콜 ETF는 시장이 횡보할 때 콜옵션 매도 프리미엄으로 수익을 얻는다. 시장이 하락할 때는 보유 주식에서 손실이 나지만 옵션 프리미엄으로 이를 일부 상쇄한다. 반대로 주가 상승 시에는 보유 주식에서 이익이 나지만 콜옵션 매도로 인한 손실

때문에 수익이 일정 수준으로 제한된다. 시장이 횡보하거나 완만하게 하락할 때 전체 주식 시장보다 높은 수익을 얻으려 할 때 이용하는 ETF다.

시장이 회복하는 시기가 올 때까지 커버드콜 ETF를 인컴형 자산으로 활용하는 것이 가능하다. 대표 커버드콜 ETF인 XYLD, QYLD의 12개월 배당수익률은 각각 13.3%, 16.1%에 달한다.

### 대표 버퍼 · 커버드콜 · 롱숏 ETF 종목 리스트

| 티커 | 펀드명 | 추종 BM지수 | 자산 규모 ($M) | 일평균 거래 대금($M) | 운용보수 (%) | 배당수익률 (%) | 비고 |
|---|---|---|---|---|---|---|---|
| QYLD | Global X Nasdaq 100 Covered Call ETF | Cboe NASDAQ-100 BuyWrite V2 Index | 6286.3 | 474.9 | 0.6 | 16.13 | 커버드콜 |
| XYLD | 5.6Global X S&P 500 Covered Call ETF | Chicago Board Options Exchange S&P 500 BuyWrite Monthly Index | 1837.2 | 22.5 | 0.6 | 13.3 | |
| RYLD | Global X Russell 2000 Covered Call ETF | Cboe Russell 2000 BuyWrite Index | 1280.2 | 15.2 | 0.6 | 14.38 | |
| PSEP | Innovator U.S. Equity Power Buffer ETF – September | S&P500 Index | 511.1 | 7.01 | 0.79 | – | 버퍼형 |
| POCT | Innovator U.S. Equity Power Buffer ETF – October | S&P500 Index | 500.5 | 7.6 | 0.79 | 2.03 | |
| PJAN | Innovator U.S. Equity Power Buffer ETF – January | S&P500 Index | 461.7 | 2 | 0.79 | – | |
| BTAL | AGFiQ US Market Neutral Anti-Beta Fund | Dow Jones U.S. Thematic Market Neutral Low Beta Index | 309.8 | 8.2 | 0.45 | 1.01 | 롱숏 |

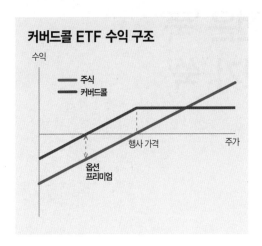

**커버드콜 ETF 수익 구조**

수익

— 주식
— 커버드콜

옵션
프리미엄

행사 가격

주가

## 테슬라 등 단일 종목 ETF도 눈길

단일 종목 추종 ETF(Single-Stock ETF) 역시 새로운 형태의 투자 방법으로 관심을 가져볼 필요가 있겠다. 단일 종목 ETF는 한 종목의 주가를 다양한 방법으로 추종한다는 점이 특징이다. 지수 추종형 ETF를 통해 익숙해져 있는 레버리지 (혹은 인버스) 방식 투자가 개별 기업 종목을 대상으로 가능해졌다는 뜻이다. 테슬라, 애플, NVIDIA, 코인베이스 등의 종목에 대한 레버리지, 인버스 ETF들이 미국 증시에 상장됐다. 기초자산으로 활용되는 종목은 다양해지는 추세다.

형태는 조금 다르지만 한국에서도 종목을 압축해 편입한 ETF의 등장이 임박했다. 레버리지, 인버스 형태 ETF까지 등장할 수는 없겠으나 소수 종목으로 포트폴리오를 구성한 ETF가 상장돼 퇴직연금 시장에서의 활용도가 높아질 전망이다.

## 성장형 ETF 죽었다?
## 경제 사이클 따라 다시 볕 들 날 온다

롱숏 전략을 취하는 ETF도 주목할 만하다. 긴축 국면을 활용해 상대적으로 변동성이 큰 종목에는 매도(숏) 포지션을 구축한다. 아울러 변동성이 적은 종목들은 매수(롱) 포지션을 구축하는 형태다. 미국에 상장한 ETF 중 BTAL이라는 ETF가 고베타 종목군을 매도하고, 저베타 종목군을 매수하는 형태로 포트폴리오를 구성한다. 한국에는 KODEX 200롱코스닥150숏 선물 ETF, KODEX 코스닥150롱코스피200숏 선물 ETF와 같은 종목이 상장됐다. 긴축 국면에서 기술주 중심 조정 장세를 예상한다면 KODEX 200롱코스닥150숏 선물 ETF와 같은 종목을 매수해봄직하다.

지난 2~3년 사이 ETF의 빠른 성장을 주도해왔던 혁신 산업 테마 ETF에도 기회는 있다. 경제 사이클에 따라 시장을 주도하는 스타일도 함께 변화한다. 물가가 안정권에 진입하고, 경제 불안이 정책 우선순위에 올라서면, 늦어도 2023년 하반기 중 금리 인상 사이클이 마무리될 전망이다. 긴축 국면의 특성상 선제적 매수는 위험이 클 수 있다. 또 정책에 대한 경계와 기업 펀더멘털에 대한 불안감이 남아 있는 동안은 금융 시장의 급격한 방향 전환을 기대하기 어려울 수 있다. 하지만 2022년과 비교해 2023년은 더욱 다양한 종류의 ETF를, 다양한 방식으로 투자할 수 있는 해가 될 것 같다. ■

# 유니콘 기업 상장 도전은 '쭉' 2차전지 · 첨단소재 인기 '쑥'

**이병화** 신한투자증권 기업분석부 혁신성장파트 파트장

2022년 연초 IPO 시장은 기세가 좋았다. 2021년의 높았던 IPO 열기가 이어지는 모양새였다. 국내 증시 역사상 가장 큰 규모인 LG에너지솔루션 청약이 1월에 진행됐다. 코스피 3000 재진입 기대감도 효과를 봤다. 그러나 1월 대규모 IPO 이후 시장은 물적분할 금지 여론과 개선책이 나왔고 하반기 들어서 빠른 금리 상승과 경기 침체 우려가 맞물려 IPO 시장은 크게 위축됐다.

2023년 IPO 시장은 기대보다는 우려가 크다. 촉망받던 유니콘 기업 다수가 공모 일정을 연기하거나 철회했다. 상장 승인 후 시장을 관망 중인 시총 1조원 이상 대어급 기업들은 현대엔지니어링, 태림페이퍼, 원스토어, SK쉴

더스, 현대오일뱅크 등이다.

이들 기업은 장외 시장에서 받던 높은 가치로 발목이 잡히고는 한다. 비교 상장 기업가치가 하락하며 기대했던 공모가의 눈높이도 낮아지고, 흥행 실패 우려도 불거졌다. 증시 침체로 진입장벽이 높아지면 그만큼 IPO 가치가 높아진다는 점도 주목할 만한 대목이다. 공모 시장은 기업의 주요 자금 조달 수단이다. 증시 호황기에 높은 밸류에이션을 받는 것만큼 불황기에 성장을 위한 자금 수혈도 중요하다. 금리 인상기, 자금 조달 부담이 가중되는 시기에 IPO의 가치가 부각될 수밖에 없다.

### 흥행 공모주의 비결은
### 불황 극복 비즈니스 모델과 합리적인 공모가

IPO 기업 수 기준으로 따지면 2022년 IPO 시

장은 양호한 편이었다. 2021년 월평균 7.4개의 IPO가 성사됐다. 2022년에는 9월 말 기준 월평균 8.6개를 기록 중이다. 7월 말 5.4개에 그쳤던 IPO가 회복한 계기는 눈높이를 낮춰 상장을 서두르는 경우가 많아졌기 때문이다. 반면 공모 시장 규모는 축소됐다. 2022년 3분기 상장 기업 30개 중 5개 종목을 제외하면 공모금액 규모는 500억원 미만이다. 4개 기업이 시가총액 5000억원 이상, 그 외 기업은 3000억대 이하로 나타났다.

공모주 평균 경쟁률은 2022년 9월 말 733 대 1을 기록했다. 시장 관심에 따라 경쟁률 차이는 확대된다. 2000 대 1 이상 흥행 성공 공모주들의 특징은 1) 불황을 극복할 수 있는 성장주 2) 합리적인 공모가로 압축된다. 증시가 부진할 때 쏠림 현상은 강화된다. 금리 인상과 침체를 극복할 성장주를 찾는 움직임이 IPO 시장에서 활발해진다. 공모 첫날 평균 수익률은 하락세다. 2022년 평균 공모주의 상장 첫날 수익률은 23.2%로 2021년 대비 14.7% 포인트 낮아졌다.

### 2차전지, 반도체, 첨단소재 기업이 상장 후보군

2023년 IPO 시장은 2022년과는 다른 양상이 전개될 것은 분명해 보인다. 금리 인상과 경기 침체 우려, 지정학적 긴장감과 같은 불확실성이 산재해 있어서다. 대규모 IPO 부담은 높아졌고, 장외 시장 자금 조달 여건은 악화

유니콘으로 꼽혔던 마켓컬리도 IPO에 어려움을 겪고 있다. (매경DB)

됐다. 기술특례상장 요건이 강화되고 대표적 성장 산업인 바이오텍은 심사 기준이 대폭 강화됐다.

국내 유니콘 기업에 새롭게 등재되는 기업도 변화가 클 것이다. 기존 유니콘 기업은 ICT 서비스와 전자상거래 업종에 집중됐다. O2O, 전자상거래, 중개 플랫폼, 새벽배송 같은 산업이었다. 이들 기업의 타깃 시장은 국내에 한정적인 사례가 대다수였다.

불확실한 투자 환경은 유니콘 기업의 변화를 촉구한다. 글로벌 진출, 비즈니스 모델 다양화에 투자자는 후한 점수를 줄 것이다. 가시적 성과가 확인된 '지속 성장'과 트렌드에 부합하는 신성장 '미래 유망 산업'이 IPO 시장을 주도할 게 분명하다. 불황 국면에서는 수익 모델이 확실한 성장 산업의 가치를 더욱 높인다. 반대로 시장 관심 밖 산업의 기업들은 매력적인 공모 가격을 제시해도 흥행이 쉽지 않

**연도별 IPO 흥행 TOP10**

단위:원

| 연도 | 구분 | 1위 | 2위 | 3위 | 4위 | 5위 | 6위 | 7위 | 8위 | 9위 | 10위 |
|---|---|---|---|---|---|---|---|---|---|---|---|
| 2017 | 기업 | 넷마블 | 스튜디오드래곤 | 진에어 | 메카로 | 필옵틱스 | 덴티움 | 모트렉스 | 서진시스템 | 보라티알 | 신흥에스이씨 |
| | 청약 증거금 | 7.8조 | 6.7조 | 5.1조 | 4.4조 | 3.3조 | 3조 | 2.9조 | 2.7조 | 2.5조 | 2.5조 |
| | 경쟁률 | 29:1 | 320:1 | 134:1 | 665:1 | 588:1 | 364:1 | 423:1 | 742:1 | 1026:1 | 731:1 |
| 2018 | 기업 | 옵티팜 | JTC | EDGC | 카페24 | 올릭스 | 푸드나무 | 명성티엔에스 | 머큐리 | 세종메디칼 | 엠아이텍 |
| | 청약 증거금 | 5조 | 4.2조 | 3.8조 | 3.8조 | 3.7조 | 3.4조 | 3.1조 | 2.9조 | 2.8조 | 2.8조 |
| | 경쟁률 | 463:1 | 466:1 | 810:1 | 732:1 | 847:1 | 914:1 | 805:1 | 930:1 | 923:1 | 883:1 |
| 2019 | 기업 | 현대오토에버 | 에이에프더블유 | 에코프로비엠 | 압타바이오 | 천보 | 아이티엠반도체 | 녹십자웰빙 | 드림텍 | 셀리드 | SNK |
| | 청약 증거금 | 5.8조 | 4.9조 | 4.7조원 | 4.3조 | 4.3조 | 4.2조 | 3.3조 | 3.3조 | 3.2조 | 3.1조 |
| | 경쟁률 | 345:1 | 552:1 | 274:1 | 663:1 | 426:1 | 321:1 | 658:1 | 563:1 | 819:1 | 185:1 |
| 2020 | 기업 | 카카오게임즈 | 하이브 | SK바이오팜 | 명신산업 | 교촌에프앤비 | 지놈앤컴퍼니 | 미투젠 | 피엔케이피부 | 제일전기공업 | 티엘비 |
| | 청약 증거금 | 58.6조 | 58.4조 | 31조원 | 14조 | 9.4조 | 9.4조 | 8.7조 | 7.1조 | 6.9조 | 6.2조 |
| | 경쟁률 | 1525:1 | 607:1 | 323:1 | 1373:1 | 1318:1 | 1175:1 | 1011:1 | 1727:1 | 1396:1 | 1641:1 |
| 2021 | 기업 | SK IET | SK바사 | 카카오뱅크 | 현대중공업 | 일진하이솔루스 | SD바이오센서 | HK이노엔 | 아주스틸 | 디어유 | 지아이텍 |
| | 청약 증거금 | 80.5조 | 63.6조 | 59.3조 | 55.9조 | 36.7조 | 31.9조 | 29조 | 22.3조 | 17.1조 | 16.8조 |
| | 경쟁률 | 239:1 | 335:1 | 182:1 | 404:1 | 654:1 | 274:1 | 389:1 | 1420:1 | 1598:1 | 2968:1 |
| 2022 | 기업 | LG엔솔 | 성일하이텍 | 포바이포 | 비씨엔씨 | 풍원정밀 | HPSP | 세아메카닉스 | 퓨런티어 | 가온칩스 | 범한퓨얼셀 |
| | 청약 증거금 | 113.8조 | 20.1조 | 14.2조 | 13.1조 | 12.7조 | 10.9조 | 9.1조 | 8조 | 7.7조 | 7.5조 |
| | 경쟁률 | 69:1 | 1207:1 | 3763:1 | 2686:1 | 2236:1 | 1159:1 | 2476:1 | 2683:1 | 2183:1 | 710:1 |

*일반 청약 증거금 기준

*자료:FnGuide, 한국거래소, 신한투자증권

을 테다. 공모 시장의 양극화는 증시의 겨울과 함께 온다는 점에 주목하자.

'대규모 IPO'와 '지속 성장', 새로운 '미래 유망 산업'으로 2023년 IPO 시장을 접근해봤다. 기업가치 1조원 대어급 시장은 대기업 비상장, 유니콘 기업들의 상장 여부와 시장 평가가 중요한 관전 포인트다. 새로운 성장주의 출현과 흥행도 2023년 IPO 시장 주요 관심사다.

첫째, IPO 대어로 평가받던 비상장 대기업과 유니콘 기업의 상장 시도는 계속될 것이다. 자금 조달이 급하지 않은 전통 산업은 증시 침체와 수요예측 부진 시 오랜 기간 상장을 연기할 수 있다. 반면 성장을 위한 투자 확대, 자금 수혈이 필요한 전자상거래, ICT 서비스 기업은 상장 시기를 무한정 늦출 수 없다. 상장을 조건으로 자금 조달을 받은 경우에는 더더욱 IPO를 추진해야 한다. 이 경우 공모 시장에서 합리적인 가치로 판단받는 것이 중요하다.

둘째, 지속 성장 산업은 2차전지, 반도체·첨단소재 기업이 대표 선수다. 2차전지는 대표적인 성장 지속 산업이다. 소재 변화, 폐배터리 재활용 시장까지 개화되며 산업 확장성도 좋아졌다. 다수의 2차전지 밸류체인 기업들이 IPO 시장에 도전할 듯 보인다. 반도체와 첨단소재는 공급망 재편과 '칩4'와 같은 정치적 이슈, 나노 기술 경쟁과 맞물리며 새롭게 추가되는 공정과 장비, 소재 기업이 수면 위로 올라올 것이다.

2022년 성공적으로 상장한 LG에너지솔루션. (매경DB)

### 로봇, 항공우주, 재생에너지, 모빌리티도 주목

셋째, 미래 유망 산업은 로봇, 항공우주, 재생에너지, 모빌리티와 같은 신성장 산업이 유망하다. 로봇은 인력 부족과 인건비 상승, 기업 생산성 문제가 성장의 단초가 되고 있다. 민간부터 국방까지 로봇의 영역 확대는 밸류체인 확대로 이어진다. 항공우주는 저궤도 위성 시장 확대, 공급망 재편, 국방 시장 성장의 수혜로 고성장이 기대된다. 또한 민항기, 국방기, 우주발사체 등 다양한 분야에서 혁신 기업들이 출현할 것이라 본다. 재생에너지는 스마트그리드 시장 본격화, 북미 중심의 수출 시장 확대로 투자가 활발해지고 있다. 태양광과 수소, 전력 인프라 부문에서 많은 기업들이 자금 조달을 필요로 하기 때문이다. 모빌리티는 도심의 운송 용량 한계와 혁신으로 고도화된 자율주행 상용화가 임박했다. 차세대 운송수단을 책임질 혁신 기술들이 수면 위로 드러난다.

이들 산업은 공모 시장뿐 아니라 주식 시장의 주도주 후보군이기도 하다. 새로운 사이클의 주도주는 2023년 IPO 시장에서 가장 빠르게 확인될 듯 보인다. 증시 침체기 공모 시장 투자도 선택과 집중 전략이 중요하다. 성장 가능성이 확실한 산업과 테마군을 숙지하고 IPO 시장에 접근할 때다. ■

# 코인은 사라지지 않는다…
# 비트코인의 제도권 진입 속도

**정석문** 코빗 리서치센터장

종이를 50번 접으면 그 높이는 얼마나 될까? 두께가 0.2㎜고 무한대로 접을 수 있는 재질의 종이라고 가정하자. 나의 허리까지? 아니면 천장까지? 놀라지 마시라. 그 높이는 태양까지 간다. 믿기 힘들겠지만 계산해보면 금방 확인할 수 있다. 참고로 지구에서 태양의 평균 거리는 약 1억5000만㎞다.

2023년 가상자산 시장 전망을 어린이 과학 책에 나올 법한 질문으로 시작하는 이유가 있다. 가상자산이라는 기술이 가져올 변화의 스케일은 실로 방대한데 우리는 이를 잘 가늠하지 못한다. 기술은 기하급수적으로 발전하는 반면 인간의 뇌는 선형적 사고방식에 편향돼 있기 때문이다. 마치 50번 접힌 종이의 높이를 쉽게 가늠하지 못하는 것과 같다.

빌 게이츠의 명언 "사람들은 1년 후 변화를 과대평가하고 10년 후 변화는 과소평가한다"는 말도 이를 표현한 것이다. 필자의 글이 단순히 2023년의 유행어 나열로 끝나지 않고 시대의 중요한 흐름을 읽는 지침서 역할을 하기 위해서는 예측 대상인 가상자산이라는 산업의 특성을 염두에 둬야 한다. 2023년을 향한 의미 있는 예측을 하기 위해서는 오히려 더 멀리 2033년에 있을 변화를 예상하고 이를 위해 선행돼야 하는 구성 요소들이 무엇인지 생각해보는 것이 필요하다.

**가상자산의 쓰임새를 계속 발굴해가는 중**

2023년에는 가상자산 기술 쓰임새가 더욱 확장되는 한 해 될 것으로 예상한다. 전 세계

적으로 가상자산 가치를 이해하는 사람이 꾸준히 늘고 있기 때문이다. 2020년 하반기부터 2021년 말까지 지속된 가상자산 시장 호황기, 많은 사람들이 '커피 한 잔도 사 먹을 수 없는 가짜 화폐'라는 해묵은 편견에서 벗어나 비트코인과 이더리움 네트워크가 왜 혁신적인지 이해하는 계기가 됐다. 비트코인은 기존에 불가능했던 디지털상에서 중개인 없는 희소성과 소유권 구현을 가능케 했다. 이더리움은 여기서 한발 더 나아가 중개인 없는 소프트웨어 실행을 가능하게 한다. 이로 인해 인터넷이라는 공공재 기능이 기존의 '중개인 없는 정보 교환'에서 '중개인 없는 가치 교환'과 '중개인 없는 소프트웨어 서비스'로 확대됐다.

지난 강세장을 거치며 정치, 금융, 기술, 예술, 스포츠 등 전 세계 다양한 분야에 존재하는 혁신가들이 가상자산 기술의 잠재력에 눈을 떴다. 흔히 가상자산 시장 침체기라고 말하는 2022년에도 업계에서는 투자, 연구개발, 인력 채용 등이 분주하게 진행됐다. 이는 가상자산 쓰임새 확장에 필요한 토대가 더욱 견고해지고 있다는 증거다.

## 비트코인을 수용하는 국가 늘어날 듯

2023년에는 좀 더 구체적으로 다음 4가지를 기대해볼 수 있다.

첫째, 주권 국가의 비트코인 수용이다. 여기서 '수용'은 자국 법정화폐로의 수용과 정부기관(중앙은행, 연금 등)의 투자 자산 편입을 모두 포함한다. 2021년 엘살바도르가 비트코인을 법정화폐로 수용하며 첫 신호탄을 쏘아 올렸다. 2022년 중앙아프리카공화국이 그 뒤를 이었다. 두 나라 모두 경제 규모가 작고 1인당 GDP가 각각 3700달러, 480달러인 빈곤한 국가라 대수롭지 않게 생각하는 경향이 있다. 하지만 간과해서는 안 될 것은 유엔(UN)에 등록된 195개 국가 중 많은 국가가 이 두 나라처럼 경제 규모가 작은 개발도상국이라는 것이다.

1인당 GDP가 필리핀(8400달러)을 넘지 못하는 나라들이 80여개국에 달한다. 안정적인 통화 정책의 실패로 인플레이션율이 만성적으로 10%를 훌쩍 넘는 국가가 20개가 넘는다. 엘살바도르와 중앙아프리카공화국의 새로운 통화 정책의 실험은 이들 국가의 관심 대상이다. 또한 제3, 제4의 엘살바도르가 나올 가능성을 시사한다. 특히 러시아와 우크라이나의 전쟁 이후 미국을 위시한 서방 국가들이 러시아를 상대로 감행한 금융 제재로 미국과 비동맹 국가들은 달러 헤게모니의 지정학적 리스크를 우려하게 됐다. 과거 그 어느 때보다 정치적으로 중립적인 글로벌 결제 자산의 필요성이 대두되는 시점이기도 하다. 정부 차원에서 비트코인을 제도권 자산으로 편입하려는 움직임에 정치적 정당성이 부여한다고 평가할 수 있다.

### 스테이블코인 성장…보호 장치로 신뢰도 '쑥'

둘째, 스테이블코인의 성장이다. 스테이블코인은 가상자산 시장 발전에 중요한 역할을 해왔다. 스테이블코인은 가상자산 트레이더들이 가상자산 가격 변동성과 기존 금융 시스템

**"흔히 '가상자산 규제 = 악재'라는 프레임의 언론 보도를 볼 수 있다 하지만 신기술 속성을 잘 이해한 뒤 만들어진 규제는 오히려 신기술 도입을 촉진시킬 수 있다"**

의 비효율성으로부터 벗어나기 위해 2014년부터 사용하기 시작됐다. 2020년부터 사용자 저변이 확대되며 발행량이 부쩍 늘었다. 낙후된 기존 은행 결제망을 벗어나려는 중국의 소상공인, 자국 화폐 인플레이션으로부터 가족을 지키고 싶은 터키나 아르헨티나 국민, 이더리움 네트워크상에서 동하는 탈중앙화 금융 서비스(DeFi · 디파이) 사용자 등이 새로운 스테이블코인의 사용자로 올라섰다. 그 결과 1 · 2위 스테이블코인인 테더(USDT)와 유에스디코인(USDC) 시가총액은 1000억달러를 넘는 수준으로 성장했다.

이에 대해 미국 정치권은 기능 면에서 스테이블코인의 유용성을 인정하면서도 무분별한 발행으로 인한 피해를 막아야 한다는 판단을 내렸다. 이는 스테이블코인 발행을 규제하기 위한 새로운 법안 제출로 이어졌다. 규제당국 인허가 절차를 거친 발행자만 스테이블코인을 발행할 수 있도록 하는 스테이블코인 법안이

그것이다. 법안이 승인될 경우 스테이블코인 발행자는 기존 금융권이 제공하는 각종 보호 조치가 적용되는 기관으로 한정된다. 이는 대중 신뢰도를 높여 스테이블코인 수요를 한층 증대시키는 효과를 가져올 것으로 예상된다.

### 가상자산의 제도권화 진전…규제 윤곽 드러나

셋째, 가상자산의 제도권화를 위한 각종 규제 윤곽이 드러날 것으로 예상된다. 흔히 '가상자산 규제 = 악재'라는 프레임의 언론 보도를 볼 수 있다. 하지만 신기술 속성을 잘 이해한 뒤 만들어진 규제는 오히려 신기술 도입을 촉진시킬 수 있다. 우리는 과거 자동차, 비행기, 제약 기술, 인터넷 등의 역사를 통해 이를 경험해왔다. 가상자산 활용 사례가 늘고 자산 규모가 증가하면 규제당국이 통제권을 행사하는 것은 당연한 이치다.

하지만 사회 다방면으로 영향을 미칠 신기술 입법 과정은 다양한 이해관계가 복잡하게 얽혀 있는 것만큼 순탄치만은 않을 것이다. 대화와 타협을 필요로 하는 민주 사회에서는 시간이 오래 걸릴 수도 있다. 이미 유럽에서는 가상자산의 기본 규제안 미카(MiCA) 법안이 승인됐다. 추가로 미국 의회에 계류 중인 루미스-길리브랜드(Lummis-Gillbrand) 법안에 대한 결정이 2023년 내려지면 전 세계 주요 국가들의 가상자산 규제 프레임워크가 어느 정도 자리 잡을 것이다. 이에 맞춰 국내 가상자산 규제를 위한 가상자산 기본법도 2023년 방향성이 잡힐 것으로 예상된다.

### 대체불가능토큰(NFT) 부문에서 다양한 실험

넷째, 대체불가능토큰(Non-Fungible Token · NFT) 사용에 대한 다양한 실험이 계속될 것이다. 사업 목적이든 투자 목적이든 NFT가 '핫'하다고 불나방처럼 뛰어드는 건 바람직하지 않다. 실험이란 많은 실패를 통해 지식을 얻는 과정이라는 것을 상시 염두에 둬야 한다. 지금까지 NFT 성공 사례는 디지털 아트, PFP(프로필 픽처), 인게임 아이템 중 극히 일부였다. 이런 사례들은 NFT 기술을 잘 설계된 생태계나 커뮤니티에 도입했을 때 그 파급력을 확인해주는 역할은 했다. 하지만 이들이 NFT 기술 잠재력의 전부는 결코 아니다.

공간 제약에서 자유로운 디지털 세계에서 존재하는, 중개인의 구속 없이 소유권 행사가 가능한 독특한 자산의 적용 분야는 무궁무진하다. NFT가 다양한 쓰임새를 찾아가는 과정은 이제 막 시작이다. 창작 활동뿐 아니다. 현실 세계 자산(Real World Asset · RWA)의 토큰화 분야에서 현실 세계 자산의 감정 평가 행위를 기록한 '유니크한' 원장으로서 사용되고 있다. 이처럼 적용 분야는 정말 다양하다. 2023년 NFT의 잠재적 활성화 분야로 블록체인 게임과 RWA의 토큰화에 조심스레 기대를 걸어본다. ■

# 부동산 이슈

| Preview |
| --- |

2022년 부동산 시장은 극심한 침체 양상을 보였다. 윤석열정부 취임 이후 규제 완화에 속도를 냈지만 아파트값은 연일 하락세를 이어갔다.

2023년 부동산 시장도 대체로 부진한 흐름을 보일 전망이다. 안전진단, 초과이익환수제 등 재건축 규제 완화가 시장 기대에 못 미쳐 '집값 바로미터'로 불리는 재건축 단지 매매가가 반등하기 어렵다. 그나마 서울시가 신속통합기획을 통해 재건축 속도를 높이면 거래는 점차 늘어날 것으로 보인다. 재건축 분양 시장도 입지가 좋은 강남권 단지 위주로 실수요자가 몰릴 가능성이 높다.

재개발 시장에서는 오세훈 서울시장이 추진하는 모아주택, 모아타운 사업이 각광받을 것으로 보인다. 모아주택은 다가구, 다세대주택 소유자들이 소규모 개별 필지를 모아서 1500㎡ 이상 부지에 아파트를 공동 개발할 수 있도록 각종 혜택을 준다. 기존 재개발 사업보다 규제가 완화되는 만큼 모아주택 사업지가 계속 늘어날 전망이다.

전셋값은 2023년에도 보합세를 보일 전망이다. 금리 인상 여파로 주택 임대차 시장이 전세에서 월세로 넘어가는 과도기인 만큼 전세 비중이 줄고 월세 비중이 늘어날 가능성이 높다. 이 과정에서 인기 지역 전셋값이 떨어지고 월셋값은 상승세를 이어갈 전망이다. 특히 아파트 입주 물량이 급증하는 인천, 대구 전셋값 하락폭이 커질 것으로 보인다.

# 강남권 재건축 수요는 식지 않는다?
# 용산·목동·상계동 등 여전히 '다크호스'

**박합수** 건국대 부동산대학원 겸임교수

2022년 재건축 시장은 2021년과는 철저히 다른 흐름이었다. 2021년에는 상반기에 이어 하반기 재건축 아파트값 상승폭이 더 커지며 사실상 1년 내내 양호한 상승세였다. 2022년 들어서는 대통령 선거를 앞두고 상승세가 이어지기는 했지만, 금리 인상 여파로 시장 분위기가 가라앉으며 정체 상태였다. 서울시가 추진하는 '신속통합기획'으로 사업 속도를 높이려는 움직임도 있었지만, 일부 재건축 단지를 중심으로 신중론이 나타나기도 했다.

시장에서는 5월 이후 새 정부 출범을 계기로 빠른 규제 완화를 기대했지만, 가격 상승을 우려한 정부의 속도 조절 분위기가 반영되며 주춤한 상황이었다. 8월 16일에는 '국민 주거 안정 실현방안'을 통해 정비사업 등 공급 정책 방향을 발표했으나, 재건축 안전진단 완화는 기대 수준에 미치지 못했다. 9월 등장한 '재건축 부담금 합리화 방안'도 마찬가지다. 재건축 사업의 가장 큰 걸림돌인 만큼 폐지 목소리도 나왔지만 개발이익 환수가 정당하다는 논리에 묻혀버렸다. 개별 단지별로 보면 일정 부분 사업 진척을 기대해볼 수 있지만 대부분 조합 기대만큼 완화된 상태는 아니었다.

### 재건축 규제 완화에도 시장 냉랭

2022년 내내 부동산 시장이 침체 양상을 보였지만 재건축 아파트 가격은 규제 완화, 희소 가치 덕분에 상대적으로 하락폭이 크지 않았다. 일반 매매 시장과 달리 급매물도 많지 않

2023년에도 서울 재건축 아파트 인기는 꾸준한 것으로 보인다. 사진은 서울 강남구 대치동 은마아파트. (매경DB)

아 지지세가 일정 부분 유지됐다. 경기 침체 우려로 적극적인 매수세도 나타나지 않는 관망세가 지속돼왔다.

2023년 재건축 시장을 좌우할 변수는 첫째, 안전진단이다. 문재인정부는 2018년 3월 재건축 안전진단 기준의 구조안전성 비율을 20%에서 50%로 강화했다. 새 정부는 8·16 대책에서 그 비율을 30~40%로 하향 조정한다고 밝혔다. 완화한 것도 아니고, 안 한 것도 아닌 어정쩡한 상태다. 안전진단은 재건축 사업의 초기 단계로 아직 통과하지 않은 단지가 많다. 노후 단지가 밀집된 여의도와 목동, 상계동 등 대규모 재건축 단지 고충도 커지고 있다. 올림픽선수촌, 아시아선수촌 등 송파 재건축 아파트도 마찬가지다.

사실 안전진단이 통과되더라도 재건축 완공까지는 대략 10년 정도 소요된다. 물론 신속통합기획과 신탁사 참여를 통해 이 기간을 2~3년 줄일 수 있다고는 하지만, 그래도 7~8년이다. 당장 시급한 서울, 수도권 공급 부족 문제를 고려하면 너무 긴 시간이다. 현재 서울에서 재건축 공사가 진행 중인 곳은 극소수

**재건축 부담금 부과 기준 개선안**  단위:%

| 초과이익 | | 부과율 |
|---|---|---|
| 현행 | 개선 | |
| 3000만원 이하 | 1억원 이하 | 면제 |
| 3000만~5000만원 | 1억~1억7000만원 | 10 |
| 5000만~7000만원 | 1억7000만~2억4000만원 | 20 |
| 7000만~9000만원 | 2억4000만~3억1000만원 | 30 |
| 9000만~1억1000만원 | 3억1000만~3억8000만원 | 40 |
| 1억1000만원 초과 | 3억8000만원 초과 | 50 |

*자료:국토부

에 불과하다. 대부분 2017년 말까지 관리처분 계획인가를 신청해 재건축 부담금을 면제받은 단지들이다. 그마저 건설 경기 부진 여파로 공사가 원활하게 진행되지 않고 있다. 사업 공백기를 최소화하는 것이 공급 확충의 관건이다.

둘째, 재건축초과이익환수제다. 과도한 비용 부담에 재건축 사업 걸림돌로 작용하자 정부는 초과이익환수제를 손보기로 했다.

먼저 초과이익 규모에 따라 누진적으로 적용하는 부과 기준 금액 구간을 현행 2000만원 단위에서 7000만원 단위로 확대한다. 이로써 부담금 부과 구간은 ▲초과이익 1억원 이하 면제 ▲1억원 초과~1억7000만원 10% ▲1억7000만원 초과~2억4000만원 20% ▲2억4000만원 초과~3억1000만원 30% ▲3억1000만원 초과~3억8000만원 40% ▲3억8000만원 초과 50% 등으로 조정된다. 초과이익 산정 개시 시점도 '추진위원회승인일'에서 '조합설립인

가일'로 늦춰진다.

또한 재건축 아파트를 장기 보유한 1주택자에게는 주택 준공 시점부터 역산해 보유 기간에 따라 부담금을 10~50% 추가 감면해주기로 했다. 보유 기간에 따른 부담금 추가 감면율은 6년 이상 10%, 7년 이상 20%, 8년 이상 30%, 9년 이상 40%, 10년 이상 50%다. 만 60세 이상인 1가구 1주택 고령자는 담보를 제공하는 조건으로 상속, 증여, 양도 등 해당 주택 처분 시점까지 납부를 유예할 수 있다.

셋째, 분양가상한제다. 정부는 분양가상한제 개정안에서 이사비 등 일부 항목을 분양가 산정에 반영했다. 민간택지 거주 의무 기간도 입주 시점부터가 아닌 양도, 상속, 증여 전까지 채우면 되도록 바꾼 것은 그나마 다행이다. 종전 주택이 팔리지 않아 잔금을 내기 어려운 경우 전세로 대체할 수 있어 융통성이 생겼다. 세입자는 상대적으로 저렴한 전세금으로 거주 기회를 얻을 수 있다.

분양가상한제 목적은 시세보다 분양가가 20~30% 저렴하면 주변 시세를 분양가 수준으로 끌어내려 가격을 안정시킨다는 것이다. 하지만 현실은 분양 물량이 많지 않아 시세 하향 효과보다 시세 수준으로 가격이 오르는 것이 일반적이다. 당첨자는 큰 차익을 남길 수 있겠지만, 개발 주체는 추가 부담금이 늘어 사업을 주저하거나 미루게 된다. 지자체나 주택도시보증공사(HUG)가 분양가 심사 기준

을 합리적으로 조정해 주택 공급을 확대하는
게 주택 시장 안정 측면에서 더 낫다.

**비강남권 재건축 거래 늘어날 듯**

넷째 조합원 지위 양도 금지다. 투기과열지구
에서 재건축 조합이 설립되면 조합원 지위를
매수자에게 양도하지 못한다. 조합설립과 동
시에 금지되니 그 직전에 거래가 빈번하게 집
중되며 가격이 오르는 경우가 나타난다. 물론
사업이 지체되거나 장기 보유자는 예외로 지
위 양도가 가능하다. 가령 조합설립 후 3년 내
사업시행인가가 나지 않으면 3년 이상 소유자
는 양도할 수 있다. 10년 이상 보유하고 5년
이상 거주한 1주택자도 양도가 가능하다. 문
제는 매물이 많지 않다는 것이다. 재건축 기
대감으로 희소가치가 높아져 가격 상승 요인
으로 작용할 수 있다.

정리해보면 재건축 부담금 등 제도 개선은 기
대에 미치지 못하지만, 부담금 부과 기준을
상향 조정하고 장기 보유 1주택자에게는 최대
50%의 감면 혜택도 주기로 한 만큼 사업 추진
동력을 확보할 수 있다. 낡은 아파트를 계속
보유하는 것보다 신축으로 변신하는 것이 훨
씬 유리하므로 진행 속도가 빨라질 것이다.
특히 서울시가 신속통합기획으로 과도한 요
구를 하지 않는다면, 참여 단지가 확대될 것
으로 보인다.

재건축 분양 시장은 서울 강남권 등 입지가

재건축 부담금 제도 개선 미흡하지만
장기 보유자 혜택 사업 속도 빨라질 듯
압구정 · 반포 · 목동 거래 증가 관측
강남권 신규 분양 시장 실수요 꾸준

좋은 단지 위주로 인기를 유지할 가능성이
높다. 분양 시장은 다소 침체될 것으로 예상
되지만 2~3년 후 입주를 전제하는 것이므
로, 그 시점에서는 충분히 개선되리라는 전
망이다. 어렵게 공사를 재개한 서울 강동구
둔촌주공아파트(올림픽파크포레온)를 비롯
해 청담삼익(청담르엘), 신반포15차(래미안
원펜타스) 등이 실수요자 관심을 끌 것으로
보인다.

재건축 매매 시장은 금리 인상 등 여파로 관망
분위기가 지속될 수 있다. 금리 인상은 2023
년 상반기 마무리될 것으로 예상됨에 따라 서
울 강남권 재건축 아파트를 매입하려는 수요
는 꾸준히 유지될 전망이다. 조합원 지위 양
도 금지 등으로 매물이 많지 않고, 미래 가치
기대가 큰 상태로 지지세를 확보할 것이다.
압구정, 반포, 잠실 등 강남권뿐 아니라 용
산, 목동, 상계동 등 비강남권 재건축 단지도
사업 속도에 따라 거래가 점차 늘어날 것으로
보인다. ∎

# 모아주택 · 모아타운 계속 인기몰이
# 노량진 · 이문휘경뉴타운 '찍어 찍어'

**고종완** 한국자산관리연구원장(한양대 부동산융합대학원 특임교수)

2023년부터 윤석열정부의 부동산 정책이 본격 시행된다. 2022년까지는 대통령 공약을 가다듬고 준비하는 기간이었다면 2023년은 제도 정비와 실행을 통해 정책 효과가 가시화되는 시점이다.

새 정부의 부동산 정책 방향은 크게 두 가지다. 하나는 주택 공급 확대고, 또 다른 하나는 규제 완화다. 공급 확대는 2027년까지 수도권 158만가구, 비수도권 112만가구 등 총 270만가구 주택을 공급하기 위한 방안이다.

가장 눈에 띄는 대목은 민간 도시정비사업(재건축 · 재개발)과 도심복합사업 등으로 수도권 37만가구, 비수도권 15만가구를 공급하기로 했다는 점이다. 전국적으로 22만가구 이상

신규 정비지역을 지정할 계획이다. 도시개발 등 민간 사업을 통한 공급 규모도 130만가구로 책정했다.

요컨대, 새 정부는 문재인정부와 달리 도심 공급 핵심인 민간 정비사업을 대폭 확대하고 규제 완화 카드로 민간 주도 공급의 필요성을 강조하고 있다는 게 차별점이다. 특히 윤석열정부 부동산 정책 중심에는 재개발이 자리 잡았다.

국토교통부의 정비사업 활성화 방안으로 '민간도심복합사업'이 대표적이다. 역세권 등에서 주거 · 상업 · 산업 기능을 결합시키면서 공공 사업 수준의 용적률과 세제 혜택, 공원 · 녹지 기준 완화 등 인센티브를 부여해 도시 경쟁력을 강화한다는 방침이다.

예컨대, 서울시 민간 정비사업은 3종 일반주

## 모아주택 주요 사업 요건 완화

| 일반 재개발 | 구분 | 모아타운 |
|---|---|---|
| 폭 6m 이상 도로로 둘러싸인 1만3000㎡ 미만 구역 | 구역 요건 완화 | 가로구역 요건에 맞지 않아도 심의 거쳐 인정 |
| 1만㎡ 미만, 공공 참여 시 2만㎡ 미만 | 면적 확대 | 민간 시행 시에도 2만㎡ 미만까지 가능 |
| 노후 불량 건축물 67% 이상 | 노후도 완화 | 노후 불량 건축물 57% 이상 |
| 철근 콘크리트 구조일 경우 30년 이상 | 경관 연수 완화 | 철근 콘크리트 구조일 경우 20년 이상(바닥 면적 660㎡ 이하) |

*자료:서울시

거지역 기준 법적 상한 용적률이 300%지만 공공이 참여, 주도할 경우 최대 500%까지 용적률을 상향할 수 있다. 한국토지주택공사(LH)가 토지주를 설득하던 과정도 간소화된다. 민간 회사가 이를 대신 진행하며 토지주 3분의 2 이상이 동의하면 조합을 설립하지 않아도 사업 추진이 가능해진다. 이를테면 리츠는 특수목적법인(SPC)에 토지주, 디벨로퍼, 금융기관 등이 출자하는 방식으로, 신탁은 토지주들이 신탁사에 토지를 신탁해 사업을 진행하는 형태가 나타날 것이다.

다만 공공 기여는 유지된다. 즉, 규제 완화에 따라 발생하는 개발이익은 공익적 목적으로 사용할 수 있도록 공공주택과 사회간접자본(SOC) 등으로 기부 채납해야 한다. 개발이익 사유화를 방지하기 위해 민간 사업자 이윤도 제한한다. 주민 동의율이 30% 미만인 경우 공공 후보지 철회 후 민간 사업 전환을 적극 지원할 계획이다. 재개발 사업 기대감으로 내집마련 실수요자는 물론 투자자 관심도 높아지는 이유다.

2023년 재개발 시장 흐름은 괜찮을까.

**서울시 야심작 모아주택 사업 눈길**
**기존 재개발보다 사업 속도 빨라**
**새 집 못 받고 현금 청산 대상될 수도**
**무리한 대출받아 투자하는 건 위험**

무엇보다 오세훈 서울시장의 야심작인 모아주택과 모아타운 사업이 각광받을 것으로 보인다. 2022년 하반기 이후 금리 인상, 대출 규제, 실물경기 침체 우려로 주택 시장은 위축됐지만 모아주택, 모아타운 등 저층 주거지 정비사업은 계속 인기몰이 중이다.

모아주택과 모아타운 개념부터 들여다보자. 모아주택은 다가구, 다세대주택 소유자들이 소규모 개별 필지를 모아 1500㎡ 이상 부지에 아파트를 공동 개발할 수 있도록 각종 혜택을 부여한다.

모아타운은 개별 모아주택 사업 활성화와 계획적 정비를 도모하고 부족한 주차장 등 기반시설을 확보할 수 있도록 10만㎡ 미만 단위로 관리계획을 수립하는 지역이다.

기존에도 소규모 주택정비사업이 있었지만, 서로 연계되지 않은 개발이 우후죽순 진행되다 보니 도심에 나 홀로 아파트나 녹지 공간, 편의시설, 주차시설이 부족한 곳이 많았다. 그래서 전면 재개발보다는 좀 더 쉽게 대규모 단지를 만들어내고자 하는 의도에서 도입된 정책이 바로 모아주택이다.

서울시는 2022년 말까지 약 63곳에서 조합설립인가를 받을 것으로 내다본다. 2022년 초 모아타운, 모아주택 도입 발표 당시 공급 목표치로 제시했던 '2026년까지 총 3만가구 주택 공급'을 초과 달성할 것이라는 전망이 나온다.

모아주택, 모아타운의 장점은 기존 재개발보다 사업 속도가 빠르다는 사실이다. 정비계획 수립이나 조합추진위원회 승인, 관리처분계획인가 등의 절차가 생략돼 기존 10년 이상 걸리던 개발 기간이 최장 4년으로 대폭 줄어든다. 국비나 시비를 지원받아 모아타운 내에 지하주차장이나 어린이집 등 각종 편의시설을 확충할 수도 있다.

게다가 준공 20년을 넘은 노후 불량 건축물 기준을 보면 재개발은 전체 주택의 67%인 데 비해 모아주택, 모아타운은 57%를 만족하면 가능해진다.

이런 장점 때문에 기존에 주차 공간이 부족했던 소형 다가구주택이나 다세대주택이 밀집해 있던 지역의 토지 소유주 신청이 쏟아지고 있다. 3~4개 필지에 중층 아파트를 지어 거주환경을 개선하면 집값 상승효과가 크기 때문이다.

하지만 단점도 있다. 모아주택, 모아타운 권리산정일은 2022년 6월 23일로, 이후 지어진 신축 빌라는 새 집을 받지 못한다. 기준일까지 착공 신고를 받지 못한 사업의 토지 등 소유자는 모아주택 사업이 시행돼도 현금 청산 대상이다. 또 권리산정기준일까지 착공 신고를 했더라도 개별 모아주택의 조합설립인가 전까지 소유권을 확보해야 분양권을 받을 수 있다.

서울 도심 뉴타운 투자도 눈여겨볼 만하다. 노량진, 이문휘경뉴타운, 북아현뉴타운 등 곳곳에서 뉴타운 개발이 속도를 내는 중이다. 이 중 관심을 끄는 지역이 노량진뉴타운이다. 노량진뉴타운4구역은 2022년 말까지 관리처분인가를 마친 뒤 2023년 하반기 이주, 철거를 진행할 계획이다. 시공사 선정을 앞둔 1구역도 대형 건설사들이 관심을 보이면서 치열한 경쟁을 예고하고 있다.

서울의 대표적인 낙후 지역으로 손꼽히던 이문휘경뉴타운도 1만3000여가구 대규모 주거단지가 들어서면서 강북 알짜 재개발 구역으로 인기가 높다.

종로구 창신·숭인동 재개발 지구도 눈길을 끈다. 종로구는 여러 갈래로 나눠 진행 중인 재개발 사업을 하나의 단일 사업으로 통합해 코엑스 같은 대규모 상업 공간을 조성할 것이

서울 강북 재개발 구역 중에서는 서대문구 북아현뉴타운이 유망 투자처로 주목을 끈다. (매경DB)

라고 밝혔다. 대학로를 중심으로 서쪽과 동쪽으로 구분했을 때 창신, 숭인동 재개발은 동쪽 지역 개발의 중심축이다. 11만3000㎡(약 3만3000평) 규모 땅을 개발해 공항터미널, 아쿠아리움 등 다양한 시설로 활용한다는 복안으로 프랑스 파리 샹젤리제 거리처럼 상가와 아파트가 함께 들어서는 주거복합건물도 생각해볼 수 있다. 계획대로 진행된다면 서울 도심권 재개발 사업 성공 사례로 자리매김할 가능성이 높다.

신통기획 재개발 후보지 공모에서 탈락한 지역도 '흙속의 진주'가 될 수 있다. 신통기획 탈락 지역은 현재 구역 내 건축물 노후도 보존 등을 위해 건축행위제한과 토지거래허가구역으로 지정돼 언젠가는 신통기획지역으로 지정될 가능성이 높기 때문이다.

물론 재개발에 투자할 때 주의할 점도 적잖다. 높아진 재개발 기대감으로 1억원 미만의 갭투자가 가능한 소형 빌라 투자가 급증했지만 노후도가 낮은 지역의 신축 빌라는 투자에 신중해야 한다. 만일 신축 빌라가 난립하면 재개발 사업이나 모아주택 노후도 기준을 충족하지 못해 사업이 지연될 우려가 크기 때문이다.

부동산 경기 침체 골이 깊어질 경우 재개발 지분 가격도 떨어지기 마련이다. 사업 기간이 10~20년 이상 길어지고 주민 반대로 아예 개발 구역에서 해제될 가능성도 배제할 수 없다. 금리 인상, 대출 규제를 감안하면 무리한 대출을 받아 투자하는 것은 위험하다. 철저히 대출 비중을 줄이고 여유 자금으로 장기 투자하는 자세가 필요하다. ■

# 1기 신도시 재건축·리모델링 날개 단다
# 3기 신도시 입주는 2026년 이후 가능

**김경민** 매경이코노미 기자

'뜨거운 감자'.

수도권 1기 신도시 특별법을 두고 하는 말이다. 윤석열정부는 대통령 공약으로 내건 1기 신도시 특별법 논란으로 2022년 내내 신도시 주민 반발에 시달려왔다.

2022년 '8·16 부동산 대책'에서 발표한 270만가구 주택공급계획에 1기 신도시 재건축 물량이 포함되지 않자 주민들은 '공약 파기'라며 강하게 반발했다.

논란이 커지자 원희룡 국토교통부 장관은 "1기 신도시 재건축은 속도감 있게 추진할 것"이라며 곧장 행동에 나섰다.

국토교통부는 2022년 5월 1기 신도시 정비를 위한 민관합동 전담조직(TF)을 구성했다. 그

해 9월에는 1기 신도시 지자체장 간담회를 열고 신도시 정비기본방침과 지자체별 정비기본계획을 '투트랙'으로 병행 수립했다. 통상 신도시 정비기본방침을 수립한 뒤 지자체별 정비기본계획을 내놓는데, 이 과정을 한 번으로 통합하면서 2년가량 기간이 단축된 셈이다.

10월에는 국토교통부가 나서서 1기 신도시 재건축을 포함한 재정비 선도지구(시범지구)를 2024년까지 지정하겠다고 밝혔다. 윤석열 대통령이 공약으로 내건 1기 신도시 재정비 공약 후퇴 논란이 가라앉지 않으면서 정부가 시점을 못 박은 것으로 풀이된다.

### 원희룡 "1기 신도시 재건축 속도 낼 것"

국토교통부가 내놓은 '1기 신도시 정비 추진

## 1기 신도시 현황

단위:㏊, 가구, %

| 지역 | 면적 | 가구 수 | 최초 입주 | 용적률 |
|---|---|---|---|---|
| 분당 | 1963 | 9만7600 | 1991년 9월 | 184 |
| 일산 | 1573 | 6만9000 | 1992년 9월 | 169 |
| 평촌 | 510 | 4만2000 | 1992년 3월 | 204 |
| 산본 | 420 | 4만2000 | 1992년 4월 | 205 |
| 중동 | 545 | 4만1400 | 1993년 2월 | 226 |

현황 및 향후 계획'에 따르면 경기도 분당, 일산, 중동, 평촌, 산본 등 1기 신도시 5곳 중에서 선별적으로 먼저 재정비 선도지구가 지정될 전망이다.

재정비 선도지구란 노후도, 주민 불편, 모범 사례 확산 가능성 등을 종합적으로 고려해 우선적으로 정비사업을 추진하는 곳이다. 선도지구로 지정되면 해당 단지는 안전진단 신청을 시작으로 재건축 사업에 착수할 수 있게 된다. 그동안 정비예정구역으로 지정되지 못해 재건축 사업이 막혔던 단지들이 대상이다. 2023년 초 발의되는 특별법에 선도지구 선정 관련 내용도 포함될 전망이다.

1기 신도시 각 지자체도 2022년 10월부터 2023년 1월까지 개별적으로 정비기본계획 수립을 위한 용역을 발주한다. 통상 국토부가 정비기본방침을 정한 뒤 지자체가 정비기본계획을 수립하는 기존 방식에서 벗어나 계획 수립 기간을 단축하려는 의도다.

재정비 선도지구가 지정되면 1기 신도시 재건축 사업은 2023년 들어 점차 속도를 낼 전망이다. 하락세로 돌아선 분당 등 신도시 아파트

## 1기 신도시 특별법 논란 커지자 尹정부 1기 신도시 정비 속도전 분당 무지개마을 리모델링 눈길 3기 신도시 입주 지연 우려 커져

값도 다시 상승세로 돌아설 가능성이 높다.

다만 정부가 직접 나선다 해도 재건축에는 오랜 시간이 소요되는 만큼 리모델링 단지를 눈여겨보는 것도 방법이다. 사업 속도가 빠른 무지개마을4단지, 느티마을3·4단지가 주목을 끈다.

정비 업계에 따르면 경기 성남시 분당구 구미동 무지개마을4단지 리모델링 조합은 2022년 12월 이주 공고를 내고 입주민 이주 절차를 시작한다. 이주 기간은 4개월로, 2023년 4월까지 이주가 마무리되면 철거 대상 석면 자재 조사 과정을 거쳐 2023년 하반기 착공에 들어갈 전망이다.

계획대로만 사업이 추진된다면 무지개마을4단지는 1기 신도시 중 처음으로 재정비 사업

을 통해 입주민 이주, 공사를 시작하는 단지가 된다.

무지개마을4단지는 수평, 별동 증축 방식으로 리모델링이 진행된다. 1995년 준공된 단지로 리모델링을 통해 전체 동 수가 기존 5개에서 7개로 늘어나고, 가구 수는 563가구에서 747가구로 184가구(32.7%) 증가한다. 2026년 하반기 완공 예정이다.

분당 느티마을3·4단지도 2022년 4월 리모델링 사업계획을 승인받았다. 2022년 말 분담금 확정 총회를 열고 2023년 하반기 입주민 이주를 진행한다. 2023년 말 또는 2024년 상반기 착공에 들어갈 예정이다.

1기 신도시 재정비 사업은 그나마 속도를 내지만 3기 신도시 개발은 2023년에도 지지부진할 우려가 크다.

홍기원 더불어민주당 의원이 국토교통부로부터 제출받은 자료에 따르면 2020년 당시 정부는 3기 신도시 첫 입주 시기를 남양주 왕숙·하남 교산·인천 계양·고양 창릉지구의 경우 2025년, 부천 대장지구는 2026년으로 예측했다.

하지만 3기 신도시 개발이 지연되면서 입주 시기가 점차 늦춰지는 모습이다. 인천 계양 2026년 상반기, 하남 교산·남양주 왕숙 2027년 상반기, 부천 대장·고양 창릉 2027년 하반기로 약 1~2년가량 밀렸다.

더 이상 지연 없이 진행된다 해도 2018년 후보지 발표 이후 최초 입주까지 8~9년이 소요되는 셈이다. 2021년 시행한 3기 신도시 사전청약 대상자도 입주까지 최소 5~6년은 기다려야 한다는 의미다.

토지 보상 지연이나 문화재 발굴 등 돌발변수에 따라 입주는 더 늦어질 가능성도 있다. 이 때문에 사전청약 당첨자의 주거 불안이 커질 것이라는 우려가 나온다.

### 3기 신도시 2026년 이후 입주할 듯

전문가 사이에서는 정부가 신도시 개발 플랜을 다시 짜야 한다는 의견이 나온다. 발표한 지 수년이 지난 3기 신도시 입주도 불투명한 상황에서 여론에 휘말려 1기 신도시 재정비에만 힘쓸 경우 집값 안정 효과를 내기 어렵다는 논리다.

1기 신도시 특별법에는 주거지 용적률을 300%로 높이고, 역세권 등 고밀 개발이 필요한 지역은 최고 500%까지 완화하는 방안이 담길 예정이다. 고밀 개발이 세계적인 추세기는 하다. 미국은 고밀도 개발을 허용하는 지자체에 보조금 지원을 확대하고 있다. 일본도 도시재생특별법을 제정해 고밀 개발 지역에 용적률, 세제 혜택을 준다.

그럼에도 형평성 논란은 피할 수 없다. 1기 신도시 외에 서울, 수도권 주요 지역마다 재건축이 시급한 단지가 많은데 왜 1기 신도시만 특별법으로 지원해야 하냐는 주장이다.

정부가 1기 신도시 재정비에 속도를 내면서 분당 등 주요 신도시 재건축 기대가 커졌다. (매경DB)

1기 신도시 재건축이 공급 확대에 따른 집값 안정으로 이어질지도 미지수다. 재건축이 속도를 내면 이주 수요가 몰리면서 전세난을 불러와 수도권 집값에 또다시 불을 붙일 수 있기 때문이다. 1기 신도시 재정비에 속도를 내더라도 개발 과정에서 철저히 개발이익을 환수해 투기 수요가 몰리지 않도록 해야 한다는 의견이 나오는 이유다.

3기 신도시 개발 과정에서도 짚고 넘어가야 할 점이 많다. 무작정 대규모 아파트 단지만 지을 것이 아니라 GTX(수도권광역급행철도), 지하철 등 촘촘한 교통망부터 마련한 뒤 입주를 진행해야 주민 불편을 줄일 수 있다는 진단이다.

경기도는 2022년 9월 3기 신도시인 하남 교산지구와 서울 송파를 잇는 수도권 광역철도 '송파하남선' 기본계획수립 용역을 시작했다. 송파하남선은 총 사업비 1조5401억원을 투입해

서울 지하철 3호선 오금역에서 하남 교산지구를 거쳐 5호선 하남시청역까지 12㎞ 구간을 잇는 광역철도 사업이다. 당초 2028년 개통할 계획이었지만 공공기관 예비타당성 통과 등의 절차가 늦어지면서 2030년 개통 목표로 조정됐다. 하남 교산지구 입주 시기가 2027년 상반기로 예정된 점을 고려하면 입주 후 3년이 지나서야 주민들이 송파하남선을 이용할 수 있다는 의미다.

이 밖에 서부선을 연장해 서울 세절역~고양시청 13.9㎞ 구간을 잇는 '고양은평선', 9호선을 연장해 서울 강동~하남~남양주 18.1㎞를 잇는 '강동하남남양주선'도 기본계획을 수립 중인 단계라 2028~2029년에야 개통될 예정이다.

각종 인프라, 기업 유치를 통해 '베드타운'에서 벗어나야 신도시가 제 역할을 할 수 있다는 것이 전문가들 한목소리다. ■

# 전세 가격은 하락 · 월세 가격은 상승
# 금리 떨어지면 전세 오르고 월세 하락

**김광석** 리얼하우스 대표

2022년 전국 아파트 전세 가격은 보합세를 보일 전망이다. KB국민은행에 따르면 전국 아파트 전세 가격은 9월까지 0.56% 소폭 상승하는 데 그쳤다. 2021년 전세 가격이 큰 폭으로 상승한 것과는 상반된 결과다. 2020년 전세 가격이 8.4% 상승한 후 이듬해인 2021년 11.3% 뛰어 상승폭을 키웠다. 하지만 2022년에는 오름폭이 급감했다. 물가 상승률을 감안하면 사실상 하락세다.

2022년 초만 해도 다들 2022년 전세 시장이 불안하리라고 내다봤다. 2020년 시행된 임대차 3법 시행 2년 차를 맞았기 때문이다. 전세 계약이 종료되는 시점에 4년 동안 큰 폭으로 오른 전세 시세 수준에 맞춰 계약이 이뤄질 경우 전세 수급에 영향을 줄 것이라는 전망이 많았다. 임대차 3법은 전월세신고제, 계약갱신청구권제, 전월세상한제로 계약갱신청구권과 전월세상한제는 2020년 8월 시행됐다. 계약갱신청구권은 쉽게 말해 세입자가 원하면 사실상 4년 동안 거주를 보장해주는 '4년 전세' 제도다. 기존 2년 계약이 끝나면 추가로 2년 계약을 연장할 수 있도록 '2+2년'을 보장한다. 전월세상한제가 시행되면 증액할 수 있는 임대료가 직전 임대료의 5% 이내로 묶인다.

그러나 예상보다 전세 시장은 크게 불안하지 않았다. 이미 반전세로의 전환이 많이 이뤄졌기 때문이다. 이전 4년 동안 전세 가격이 큰 폭으로 올랐고 순수전세보다는 전세보증금과 월세가 합쳐진 '반전세' 계약이 늘어났다. 코로나 사태 이후 저금리 기조로 전세금

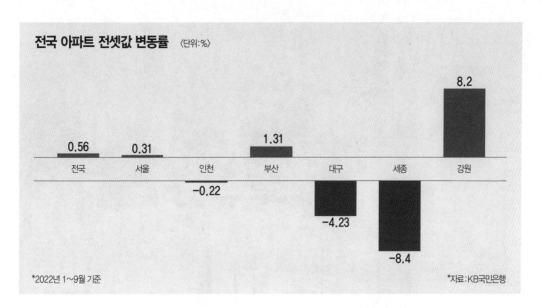

**전국 아파트 전셋값 변동률** 〈단위:%〉

| 전국 | 서울 | 인천 | 부산 | 대구 | 세종 | 강원 |
|------|------|------|------|------|------|------|
| 0.56 | 0.31 | -0.22 | 1.31 | -4.23 | -8.4 | 8.2 |

*2022년 1~9월 기준          *자료:KB국민은행

을 올려주는 것보다 오른 가격만큼 전세금 대출을 받거나 낮아진 월세로 전환하는 사례가 증가했다.

대법원등기정보광장에 따르면 전체 임대차 거래 중 월세가 포함된 거래 비중은 2022년 5월 절반을 넘어섰다. 2020년 기준 반전세 비중은 30% 정도로 2년 새 비중이 20%포인트가량 급증했다. 전세 수요가 반전세 수요로 이전함에 따라 전세 수요는 그만큼 줄었다. '전월세전환율(전세금의 월세금 전환 비율)'도 오름세다. 국민은행에 따르면 서울 아파트 전월세전환율은 2022년 1월 3.13%에서 9월 3.24%로 뛰었다.

### 서울 전세 약보합세, 인천은 하락세

지역별 아파트 전세 가격 변동률을 살펴보면

## 2022년 전국 아파트 전세 보합세
## 수도권 안정 속 세종·대구는 하락
## 2023년 금리 인상에 '준월세' 급증
## 전세 가격 떨어지고 월세화 속도

수도권은 안정세를 보였다. 서울은 0.31%로 소폭 올랐지만 경기는 0.06%, 인천은 0.22% 하락했다. 입주 물량이 적었던 서울은 약보합세를, 입주 물량이 크게 늘어난 인천은 하락세를 기록한 것으로 풀이된다.

세종시 전세 가격 변동률은 −8.4%로 전국에서 가장 낮다. 인접 지역인 대전도 1.59% 하락했다. 대구 아파트 전세 가격 변동률도

2023년 전셋값이 상승세를 이어갈지 부동산 업계 관심이 뜨겁다. (매경DB)

−4.23%로 임대 수급 상황이 좋지 않은 것으로 나타났다. 집주인이 전세 세입자를 구하기 어려운 '역전세난'을 넘어 임대차 시장에서는 '역월세'가 하나둘씩 나타나는 분위기다. 일례로 전세 계약 만기가 도래한 세입자가 전셋값을 1억원 낮춰달라고 할 경우 전세금을 돌려주기 어려운 집주인이 은행 이자 수준으로 20만~30만원가량 월세를 매달 세입자에게 내줘 계약을 연장하는 개념이다. 전세 가격 급락 지역 공통점은 2020~2021년 투자 매매 수요가 많았던 곳으로 투자 대상 물건이 전세 매물로 나오면서 하락을 주도한 것으로 풀이된다.

대부분 지역 전세 가격이 약세를 보이는 가운데 강원 지역은 2022년 9월까지 아파트 전세 가격이 8.2% 올라 주목을 받았다. 수도권 규제 풍선 효과와 함께 강릉, 속초 등 동해안권 중심으로 외지인 투자와 세컨드하우스 수요가 동시에 늘어났기 때문으로 분석된다. 강원 지역의 외지인 매매 거래 비중은 40%에 육박한다.

2023년 임대 시장에도 큰 변화가 나타날 전망이다. 월세 가격 상승, 전세 가격 하락, 투자 수요가 몰렸던 지역의 침체 가속화 등이다. 2023년 임대 시장에 가장 큰 영향을 미칠 변수는 단연코 금리다. 정부는 기대인플레이션을 낮춰야 하기 때문에 금리를 계속 올릴 것이라는 시그널을 주고 있다. 그러나 금리가 마냥 오르기만 할 수는 없다. 실물경기가 악화되면

금리를 다시 낮출 시기가 올 것이다. 금리가 떨어지는 시기가 오면 '전세가 오르고 월세가 하락하는' 정반대 현상이 벌어질 것이다.

미국과의 금리 격차 등을 고려할 때 2023년 기준금리가 3%대 이상에서 유지된다고 가정하면 2023년 임대 시장 변화는 첫째 반월세 거래가 활발해질 것이다. 현재는 주택 임대차 시장이 전세에서 월세로 넘어가는 과도기 단계다. 전세가 없어지는 시대가 점점 다가오고 있지만 곧바로 월세 시대가 오지는 않을 것이다. 전세와 월세의 혼재 속에 전세 제도는 당분간 명맥을 유지할 것이다.

무엇보다 2023년에는 '준월세' 비중이 높아질 전망이다. 서울시는 임대차 계약을 보증금과 월세 비율에 따라 전세, 월세, 준월세, 준전세 등 4가지로 구분한다. 월세는 보증금이 월세의 12배(1년) 이하, 준월세는 보증금이 월세의 12~240배(1~20년), 준전세는 보증금이 월세의 240배(20년)를 초과하는 거래로 분류한다. 서울부동산정보광장에 따르면 2021년 6월~2022년 5월 서울 아파트 임대차 거래에서 준월세가 준전세보다 1.17배 더 많은 것으로 나타났다. 서울에서는 준전세 시대를 넘어 준월세 시대에 이미 접어든 것이다. 상대적으로 보증금이 많은 준전세는 변형된 전세지만, 준월세는 변형된 월세에 가깝다. 준월세는 보증금이 낮으니 다달이 임대료를 많이 내는 구조다. 준월세가 늘어난다는 것은 월세화가 많

**서울 전월세전환율 점차 오름세**
**월세보다 전세대출 금리 높으면**
**실수요자 전세보다 월세 유리해**
**전세 제도 당분간 명맥 유지할 듯**

이 진척됐다는 방증이다.

월세화가 진행되는 이유를 살펴보면 2023년 시장 상황을 어느 정도 예상해볼 수 있다. 대출 금리가 급등하면서 세입자들은 전세 대출을 받는 것보다 월세 내는 것이 유리해졌다. 만약 금리가 오를 것으로 예상된다면 집주인과 한번 계약하고 2년 동안 지불 금액이 일정한 월세를 내는 것이 훨씬 유리하다는 계산이 나온다. 반대로 전세대출 금리가 월세보다 낮다면 전세대출을 받는 것이 유리하기 때문에 전세 수요가 늘어날 수 있을 것이다.

둘째 월세 가격 상승을 예상해볼 수 있다. 월세보다 전세대출 금리가 높은 상황에서는 전세보다 월세가 유리하니 전세 수요는 줄고 월세 수요는 늘어난다. 집주인 입장에서도 시간이 흐를수록 전세 가격이 하락할 가능성이 높으니 이해관계가 맞아떨어진다. 그러나 월세를 일정 수준 이상 지출하기는 어려워 수요가 제한될 수 있다. 월세 수요 증가는 금리 차이가 줄 때까지 지속될 것으로 예상된다. 2022

# 계약갱신청구권, 전월세상한제 등 임대차법 시행 2년 차 맞았지만 수도권 전세 시장 오히려 안정세 역전세 넘어 역월세 나타날 듯

년 10월 기준 서울 전월세전환율은 3.24%로 4~5% 수준인 전세대출 금리와 1%포인트 이상 격차가 벌어져 있다.

셋째 금리 상승이 진행형이라는 점을 감안하면 2023년 전세 가격은 떨어질 가능성이 높다. 경기가 침체되면 사람들은 허리띠를 졸라매고 이사 등 불필요한 비용 지출을 줄이기 위해 눌러앉는 현상이 심화된다. 이런 가운데 주택 수급 여건이 임대 시장에 미치는 영향이 상당할 전망이다. 부동산R114에 따르면 2023년 아파트 입주 물량은 33만9159가구(임대 포함)로 2020년에 비해 6600여가구가량 증가할 것으로 보인다.

## 양평·안성·용인 전셋값 떨어질 듯

넷째 전세 가격이 떨어질 곳은 어느 정도 예상이 가능하다. 투자 수요가 많이 몰렸던 지역은 집값이 하락하고 대출 이자가 불어나는 시기에 부담을 줄이고자 전세로 매물을 돌려놓고 장기전을 대비할 가능성이 높다. 전세 매물은

많아지고 세입자를 구하지 못하는 역전세난이 나타날 가능성이 높은 지역이 꽤 있다.

지역별로 보면 대구 아파트 입주 물량이 대폭 늘어 2023년에도 전망이 어둡다. 2022년 2만605가구에서 2023년 3만5885가구로 1만5000여 가구 이상 증가한다. 2022년 대구 아파트 전세 가격은 4% 넘게 하락했고, 역전세난 현상까지 나타나는 점을 감안하면 2023년에도 전세 가격 하락을 피하기 어려울 것으로 보인다.

수도권에서 전세 가격이 가장 많이 하락한 인천도 2022년에 이어 2023년에도 4만가구 이상 아파트 입주가 예정돼 있다. 임대 수급 여건이 취약한 만큼 대규모 입주 물량은 전세 가격 하락을 심화시킬 것으로 전망된다.

정비사업 이주 수요와 신도시 사전청약 대기 수요가 있는 서울과 경기 전세 가격은 비교적 하락세가 덜할 것으로 예상된다. 도심에 비해 외곽 임대 수요가 적은 만큼 수도권 외곽 지역 하락폭이 커질 것으로 보인다. 대규모 아파트 입주가 이뤄지는 곳은 경기 양평, 안성, 용인 등이다.

2022년 전셋값이 나 홀로 상승세를 보였던 강원도 역시 외지인의 갭투자 수요가 많았다는 점을 감안하면 2023년부터는 임대 시장이 안정세를 보일 전망이다. 2022년 세종시 전세 가격은 속절없이 무너지면서 가성비 높은 임대 가격이 형성돼 2023년 전세 가격 하락세는 둔화될 것으로 보인다. ■

# 선임대 후분양 상가 · 창고 임대 '주목'
# 섹션 오피스 · 레지던스 '양극化' 심화

**윤재호** 메트로컨설팅 대표

2022년 수익형 부동산 시장은 '전강후약' 양상을 띠었다. 상반기에는 주택보다 규제에서 자유로운 오피스텔 등 수익형 부동산 수요가 늘었다. 2022년 상반기 건축물 거래량 76만 2371건 가운데 상업 · 업무용 부동산 거래량은 15만8679건으로 비중이 20.3%에 달했다. 한국부동산원이 통계를 집계하기 시작한 2006년 이래 가장 높은 수치다.

그러나 하반기 들어 분위기가 사뭇 달라졌다. 기준금리 인상뿐 아니라 수익형 부동산의 대출 규제도 한몫했다. 급격한 금리 인상에 따른 수익률 감소와 총부채원리금상환비율(DSR · 대출자 소득 대비 금융부채의 원리금 상환액 비율) 규제 여파로 상가와 오피스텔 거래량이 크게 줄었다. 급매물이 늘어나고 미분양 매물이 쌓이면서 분양가보다 낮은 가격으로 내놓은 상가도 새 주인을 찾지 못했다. 매수자 우위 시장으로 바뀌며 거래량과 매매 가격이 동반 하락하는 반전이 일어났다.

분양 시장도 인기가 주춤했다. 2022년 하반기 들어 오피스텔과 상가, 생활형 숙박시설(레지던스) 미분양이 증가세로 돌아섰다. 매수자들이 금리 인상에 따른 수익률 감소, 경기 침체 장기화 우려 때문에 신중한 모습이다. 서울 도심과 수도권 상업용 부동산도 미분양 물량이 적체되면서 분양 시장에서 인기가 시들해진 상황이다.

2023년 수익형 부동산 시장은 어떻게 움직일까. 결론부터 말하면 경기 위축과 투자 심리 약화로 약보합세를 이어갈 것으로 예상된

2023년에는 오피스텔을 비롯한 수익형 부동산 시장이 침체될 것으로 보인다. (매경DB)

## 2022년 수익형 부동산 '전강후약'
## 2023년 노후 소형 오피스텔 한파
## 섹션 오피스, 레지던스 틈새 상품 인기
## 금리 상승기에도 꼬마빌딩 수요 꾸준

다. 고금리 여파로 금융 상품에 비해 상가나 꼬마빌딩 투자 수익률이 떨어지는 데다 수요 자가 '영끌'하기 어려운 상황에서 당분간 매 수 심리는 위축될 것으로 보인다. 주택 거래 가 위축된 만큼 수익형 부동산도 침체를 피 하기 어려운 환경이라 추가 가격 조정이 불 가피하다.

상품별로 보면 2023년 상가 시장에는 한파가 불 전망이다. 거래량 감소 · 고분양가 · 대출 규제에 공실은 늘고 임대료는 낮아지는 악재 가 몰리며 약보합세가 이어질 것으로 보인 다. 2022년 상반기 공실률의 경우 중대형 상 가는 13.1%, 소규모 상가는 6.6%로 전반기 보다 각각 0.1%, 0.2%로 늘어났다. 전국 주 요 상권 공실률 적체가 해소되지 않아 상가 가치가 떨어지며 투자 불확실성이 높아질 것 이다.

다만 사회적 거리두기 완화와 코로나 엔데믹 기대감으로 강남, 광화문 등 핵심 상권은 상 가 임대 회복 조짐을 보이며 수요가 점차 늘어 날 가능성이 있다. 프랜차이즈 업종이 임대된 '선임대 후분양' 상가들은 공실 우려를 줄이고

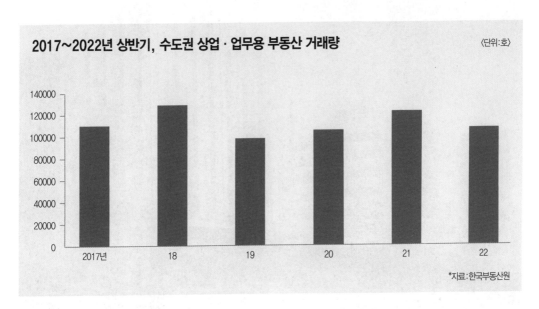

**2017~2022년 상반기, 수도권 상업·업무용 부동산 거래량**  〈단위:호〉

*자료:한국부동산원

우량 임차인 입점이 확정돼 상권 활성화를 예상할 수 있다는 점에서 부동산 침체기에 안정적인 투자용 부동산으로 꼽힌다.

그나마 소액 투자용 수익형 부동산인 오피스텔은 주택 대체재라는 장점과 규제 완화 여파로 때아닌 훈풍이 불 수 있다. 오피스텔은 만 19세 이상이면 청약통장 없이 누구나 청약할 수 있는 덕분에 역세권 중형 오피스텔 분양이 직주근접을 선호하는 신혼부부, 젊은 직장인, 1인 가구로부터 관심을 끌 전망이다. 월세 상승세도 오피스텔 매매가를 밀어 올릴 것으로 보인다.

2018년부터 2021년까지 오피스텔 입주 물량이 급증하면서 수익률 하락과 공실, 미분양 우려도 계속됐다. 다만 2022년에는 2021년 대비 1만2918실 줄어든 5만1089실이 입주할

**자산가 선호 꼬마빌딩 세금 규제 덜해
지하철 9호선, 신분당선 인근 눈길
임대 수익 목적인 만큼 공실률 적어야
과도한 대출받아 투자하는 것은 금물**

예정이다. 2023년에는 4만4965실로 물량이 더 감소할 전망이다. 여기에 아파트 공급 부족 현상이 쉽게 개선되지 않으면 오피스텔 평균 매매 가격도 3.3㎡당(계약면적 기준) 1000만원을 돌파할 것으로 보인다.

반면 노후 소형 오피스텔은 중대형 대비 투자 수요 유입이 제한적일 것으로 전망된다. 지속적인 금리 인상과 대출 규제 여파로 매매 거래

수익형 부동산 상품인 상가 투자 인기가 이어질지 관심이 쏠린다. 사진은 서울 마곡지구 일대. (매경DB)

가 둔화하는 양상이다. 아파트를 대신할 중대형 오피스텔이 관심을 끄는 대신 기존 원룸 형태의 소형 오피스텔 수요는 점차 줄어들 것으로 예상된다. 초소형 매물은 미분양이 쌓이고 가격이 떨어질 가능성이 있다.

'틈새 수익형 상품'으로 주목받는 섹션 오피스(소형 사무실)와 레지던스는 공실률이 양호한 지역에서 인기를 끌 전망이다. 코로나19 전후로 매매 가격은 오른 반면 임대료 수준은 제자리에 머물렀다. 하지만 건축 원자재 가격과 물가 상승은 사무실 임대료 인상으로 이어질 공산이 크다. 상가에 비해 임대료 상승이 빠른 섹션 오피스와 레지던스 시장의

입지 · 지역 · 상품 간 양극화가 심화할 것으로 보인다.

느슨한 대출 규제와 각종 세제 혜택 덕분에 인기를 끌었던 지식산업센터 전망도 밝지 않다. 공실 증가, 임대료 하락의 이중고를 겪으며 투자 심리가 하락할 가능성이 높다. 수도권 주요 도시 공단 지역과 업무단지에서는 실수요가 몰리며 임대 · 거래가 활기를 띠지만 업무 인프라가 낙후된 지역에서는 공실과 미분양 문제가 심각하다. 국내외 경제 상황에 민감한 상품이기 때문에 미래 가치보다는 투자 시점의 경제 상황과 지역 인프라, 수요를 종합적으로 분석한 후 신중한 접근이 필

요하다.

창고 임대 사업은 2023년에도 꾸준히 눈여겨 볼 만하다.

온라인 상거래 확대와 코로나19 사태로 비대면 거래가 늘면서 물류센터 중요성이 대두된 데다 신선식품 수요가 급증해 콜드체인 창고 유통 시장이 커지고 있다. 창고 임대업은 공사비 상승과 인허가 규제 강화로 개발원가가 상승해 이미 완공된 물류 자산 선호도가 높아졌다. 서울 접근성이 높은 수도권 지역을 중심으로 기존 중소형 창고의 자산 가치가 상승하면서 안정적인 임대 상품으로 자리매김할 전망이다.

금리 상승기에도 노후에 안정적인 수익을 원하는 자산가의 대표 투자 상품인 꼬마빌딩 수요는 '꿋꿋'할 것이다. 수년간 몸값이 급등한 데다 금리 인상과 수익률 저하로 매수 문의는 당분간 줄어들겠지만, 유동인구가 많아 노후 건물 리모델링 수요가 몰리는 지역에서 자산가 투자 수요는 탄탄할 전망이다. 지하철 9호선, 신분당선 등 신설 역세권 인근에서 급매물 위주로 거래가 이뤄질 것으로 보인다. 꼬마빌딩은 주택보다 상대적으로 세금 규제가 덜하고 적은 현금으로 매입 가능하며 아파트와 달리 토지 소유권을 단독으로 보유할 수 있는 것이 장점이다.

정리해보면 2023년 수익형 부동산 시장은 대체로 '약세장'을 띨 것이다. 경기 침체 국면인

## 온라인 상거래 인기에 물류센터 주목 인허가 규제 강화, 노후 창고 수요 늘어 공실 증가, 임대료 하락 이중고 겪어 지식산업센터 시장 투자 수요 꺾일 듯

데다 대출 규제 강화, 세금 인상, 금리 쇼크까지 겹쳐 수익형 부동산 시장이 위축될 가능성이 높다. 특히 금리 인상은 수익형 부동산 시장의 가장 큰 복병이다. 월세 수익으로 대출이자와 세금을 충당하는 경우가 많은데, 금리 인상으로 상환할 이자비용이 커지면서 수익률이 떨어져 투자 심리도 점차 위축될 것으로 보인다.

소형 오피스와 창고, 꼬마빌딩 수요는 인기를 끌지만 전반적으로 하향세가 예상되는 만큼 보수적으로 투자하되 수요자 특성에 맞는 전략을 짜야 한다. 수익형 부동산 투자는 결국 임대수익이 목적이기 때문에 유동인구가 많고 공실률이 적은 상권 위주로 투자해야 한다. 금리 인상 속도를 예측할 수 없는 상황에서 금리 리스크를 최소화하기 위해 과도한 대출을 지양할 필요가 있다. 경기 침체가 지속될수록 선임대 후분양, 할인 분양, 급매물 등 합리적 가격에 투자할 수 있는 기회를 잡아야 한다. ■

매경 아웃룩

# 대예측

권말부록
2023년 유망 주식·부동산

## 2023

매경이코노미 엮음

매일경제신문사

# 주식

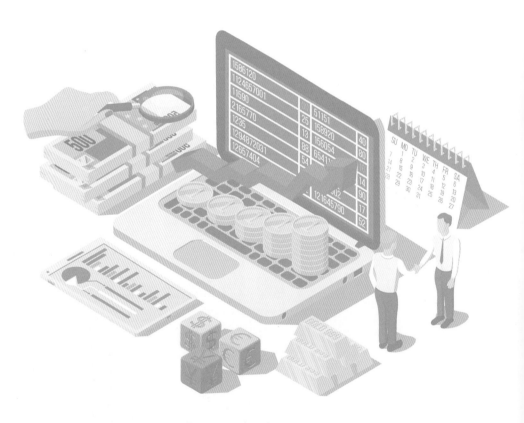

# 어디에
# 투자할까

# 프리미엄 폰 · 전자 부품 '활짝'
# IT 업계 빅뱅 일으킨 전장화에 주목하라

**박강호** 대신증권 수석연구위원

2022년 IT 완제품(휴대폰 · TV · PC)은 언택트(비대면 · 재택근무 · 온라인 교육 · 화상회의 등) 효과 감소, 우크라이나–러시아 전쟁, 코로나19로 인한 중국 일부 도시의 봉쇄 정책 시행, 급격한 금리 인상 등 외부 영향으로 판매가 원활하지 않았다. IT 완제품 수요(판매) 부진은 반도체, 디스플레이, MLCC 등 주요 부품 재고 증가, 가격, 공장 가동률 하락으로 연결됐다. 특히 삼성전자 스마트폰 판매 둔화는 국내 주요 휴대폰 부품 업체 매출과 영업이익 감소 등으로 이어졌다. 반면 인쇄회로기판(PCB)은 다른 부품 시장과 달리 호황을 기록했다. 반도체 패키지(Package · 기판) 중심으로 공급 부족 현상이 심했던 덕분

이다. 또 PCB 성능이 올라가면서 평균공급단가(가격)가 상승했다. 덕분에 인쇄회로기판 업체들은 2022년 최고 실적을 기록했다.

2023년에는 IT 완제품 시장 성장, 주요 부품 재고 조정이 이뤄질 것으로 보인다. 다만 IT 완제품 시장은 외형적 성장보다는 양극화 현상이 두드러질 전망이다. 프리미엄 IT 기기 비중 확대, 자동차 전장화 관련 매출 증가가 핵심이다. 또한 인공지능(AI), 빅데이터, 서버 등 반도체 관련한 부품 회복과 성장도 빠르게 나타날 것으로 보인다.

2023년 글로벌 스마트폰 시장은 3.8% 성장할 것으로 추정한다. 우선 주요 세계에서 가장 큰 시장인 중국 시장이 회복될 것으로 보인다. 2023년 중국 일부 도시 봉쇄 정책이 완화되고 생산 정상화가 이뤄지면 중국 시장은 전

년 대비 성장이 예상된다. 스마트폰 시장 회복기에 맞춰 삼성전자와 애플은 프리미엄 모델 중심 비중 확대(삼성전자는 폴더블폰, 애플은 고배율 줌을 적용한 폴디드 카메라)로 성장을 도모할 전망이다.

TV 시장은 LCD 패널 가격 하락과 기저 효과(2022년 역성장)를 반영하면 성장세로 전환이 기대된다. 삼성전자와 LG전자는 시장점유율을 확대하는 전략을 수정하고 있다. 대신 수익성 확보에 초점을 맞춘다. LG전자는 OLED TV, 삼성전자는 QD-OLED·마이크로 LED 등 고가 영역 시장 확대로 성장을 추진하는 중이다. 다만 PC 시장은 언택트 효과

축소와 교체 수요 약화로 낮은 성장세가 지속될 것으로 보인다. 이런 2023년 전방 산업 변화 속에서 주요 부품별 업황 전망과 이슈를 정리하겠다.

### 수혜 기대되는 '폴더블' '카메라' 눈여겨봐라

먼저 스마트폰과 TV 영역의 양적(판매 증가로 점유율 경쟁) 성장은 다소 힘들 것으로 보인다. 성장보다는 양극화 현상이 두드러지는 한 해가 될 것이다. 2020~2022년 코로나 기간을 보내면서 소비자의 자산 편중화와 양극화가 심화됐다. 그 결과 프리미엄 IT 기기만 성장세를 나타냈다. 중저가 스마트폰과 TV

IT 부품, 완제품 시장에서는 폴더블폰 수혜를 받은 업체들의 활약을 눈여겨볼 만하다. 사진은 삼성전자 갤럭시폴드4. (매경DB)

는 부진을 면치 못했다. 중국과 미국 분쟁이 지속되면서 중저가 휴대폰 생산 차질, 소비 둔화가 진행된 반면 애플의 고가 스마트폰(프로 · 프로맥스), 삼성전자 갤럭시 S22 울트라, 폴더블폰, OLED TV 등 프리미엄 기기는 높은 성장세를 보였다.

삼성전자는 폴더블폰 확대에 주력하고 있다. 삼성전자 중저가폰은 판매가 둔화되고 있다. 스마트폰 시장 성장 정체의 어려움에 시달린다. 때문에 삼성전자는 단순 판매량 증가에 집중하지 않을 것으로 보인다. 대신 프리미엄 폰에 집중하는 전략을 취할 가능성이 크다. 평균 판매단가를 상향시켜 2023년 이후 매출, 영업이익 증가에 초점을 맞추겠다는 계산이다.

선두 주자인 삼성전자에 이어 다른 스마트폰 업체들도 폴더블 시장에 뛰어든다. 2023년 중국 스마트폰 업체는 수익성 확보 차원에서 폴더블폰 관련 신모델을 적극적으로 내놓을 것이다. 애플도 2025년 폴더블폰 시장 진출 가능

성이 있다. 애플은 선행적으로 삼성디스플레이와 플렉서블 OLED 패널 공급 관련 투자를 진행할 것으로 추정한다. 2023년 폴더블폰 관련 부품 시장 성장을 주목해야 하는 이유다.

폴더블 다음으로 중요한 투자처는 '카메라 부품' 산업이다. 삼성전자와 애플은 하이엔드(고가 · 프리미엄) 스마트폰 차별화를 위해 카메라에 엄청난 관심을 쏟고 있다. 삼성전자는 2023년 상반기 프리미엄 스마트폰인 갤럭시 울트라 모델 카메라에 처음으로 2억화소를 지원한 폴디드 줌을 적용할 전망이다. 갤럭시 울트라 모델은 2021년 판매 비중이 30% 수준에서 2022년 50~55%로 증가했다. 고가 모델에 교체가 집중된 결과다. 카메라의 화소 수 상향, 고배율 줌 기능 트렌드는 계속될 전망이다. 애플도 2022년 프로 · 프로맥스 모델에 화소 수 상향(1200만 → 4800만) 이후 2023년 초고가 모델인 아이폰15 프로맥스에 고배율 줌이 가능한 폴디드 카메라를 채택할 계획이다.

고배율 줌이 가능한 폴디드 카메라에서 중요한 역할은 손떨림보정부품(OIS)이다. 애플은 처음으로 아이폰15(프로맥스)에 적용 예정이다. 따라서 손떨림보정부품 수요 급증을 예상한다. 폴디드 줌 카메라에서 손떨림보정부품은 정밀한 렌즈 간 이동을 위해 엔코드(볼타입) 기술이 필요한데, 국내 업체가 전략적으로 공급을 담당할 전망이다. 삼성전자는 이미 갤럭시 S시리즈에 이 기술을 적용하고 있다.

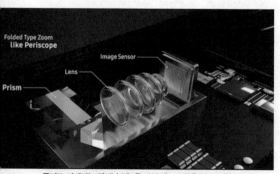

폴디드 카메라는 뛰어난 성능을 가진 렌즈 모듈을 필요로 한다.
(대신증권 제공)

반도체 패키지 기판은 2022년에 이어 2023년에도 성장세를 이어간다. (삼성전자 제공)

2022년부터는 중저가 모델인 A시리즈에도 보급형 손떨림보정부품 (OIS · VCM 타입)을 채택했다.

## 투자의 또 다른 키워드 '전장화'

2023년에는 특히 전장 부품 성장이 기대된다. 자동차용 반도체 공급 차질 이슈 해소, 전장화 추세 확대, 전기자동차 생산 증가 등 호재가 많다. 카메라 모듈 중심으로 전장 부품 매출 증가가 예상된다.

전장 부품 수요가 급등한 것은 자율주행 레벨 3 도입 영향이 컸다. 자율주행은 카메라 성능이 핵심이다. 자율주행 성능이 상향될수록 자동차 전장에서 카메라 역할이 확대된다. 자동차 1대당 카메라 모듈 수량도 종전의 6~8개에서 12~15개로 증가할 것으로 예상된다. 특히 글로벌 전기자동차 시장 성장을 견인한 테슬라도 새로운 차량(사이버 트럭 등)을 선보일 계획이다. 이와 관련, 카메라 모듈 관련 IT 부품 업체인 삼성전기, LG이노텍과 공급 계약을 체결할 것으로 보인다.

IT 분야에서 카메라 모듈 업체(삼성전기 · LG이노텍)들은 높은 기술력과 제조 경험을 바탕으로 자동차 전장화 시장에서 경쟁 우위를 확보할 것으로 보인다. 초기에 저화소로 출발했지만, 점차 고화소로 전환하고 있는 전략도 유효하다. 라이다 · 레이더와 연계한 알고리즘을 포함한 카메라로 발전해 점차 평균공급단가 상승도 기대된다.

## 반도체 기판 산업은 2022년 성장세 지속

셋째, 2023년 반도체 기판(Package Substrate) 중심으로 인쇄회로기판 산업 성장은 지속될 전망이다. 2023년 인공지능과 빅데이터, 클라우드 사용이 증가해 서버 · 네트워크 관련 투자 확대가 예상된다. FC BGA는 종전 PC에서 서버로 성장축이 이동하고 또한 자동차, 통신 부품, 가전에서 신규 수요가 기대된다.

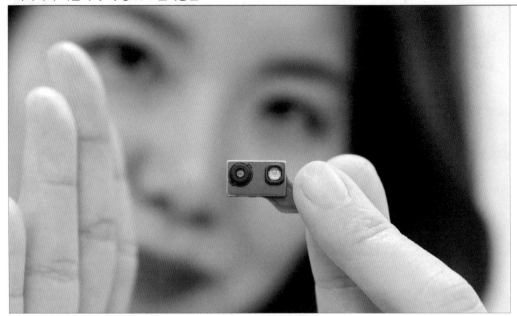

자동차 전장화 속도가 빨라지면서 카메라 모듈은 새로운 시장으로 각광받는다. (LG이노텍 제공)

FC BGA는 기판 중 높은 기술을 요구하는 만큼 소수 업체에 공급을 의존하고 있다. 글로벌 선두인 일본의 이비덴, 신꼬, 한국의 삼성전기, 대덕전자, 코리아써키트, 대만의 유니마이크론 중심으로 성장이 예상된다.

국내 연성 인쇄회로기판은 관련 기업 구조조정 이후, 애플에 납품하는 연성PCB는 비에이치 중심으로 공급이 진행되고 있다. 삼성전자 S펜 생태계(갤럭시 S 모델 중 울트라, 폴더블폰 중 폴드, 일부 태블릿 PC) 확대는 디지타이저(양면 연성PCB) 적용이 필수적이다. 관련 디스플레이와 기판은 인터플렉스가 공급한다. 통신 장비는 글로벌 5G와 서버 투자가 진행되면 경쟁력을 보유한 이수페타시스 수혜가 예상된다. 2023년 메모리 시장의 또 다른 변화는 DDR5로의 전환이다. 메모리 가격

하락으로 메모리와 PC, 서버 업체는 DDR5 전환을 가속화할 전망이다. 관련 모듈 업체인 티엘비 반사이익이 기대된다.

## MLCC는 5G 스마트폰, 전장화 수혜로 성장

넷째, 적층세라믹콘덴서(MLCC) 변화다. 2023년부터는 5G 스마트폰 성장을 바탕으로 자동차에서 MLCC 사용이 큰 폭 증가할 것으로 예상된다. 자율주행이 내장된 전기자동차에는 약 1만~3만개 MLCC가 채택될 것으로 추정된다. 전장용 MLCC 업체는 일본 업체(무라타 · TDK · 태양유전 등)가 주도하나 삼성전기도 본격적인 시장 참여가 예상된다. 2022년 하반기에 IT 완제품 수요가 둔화하면서 MLCC는 가동율 하락, 고정비 부담 등 요인 때문에 수익성이 둔화됐다. 2023년에는 IT

완제품 성장 전환 속에 전장용·산업용 비중 확대로 성장세가 높아질 전망이다.

최근 글로벌 MLCC 시장은 일본과 한국, 대만 업체 간 포트폴리오 차별화로 요약된다. 일본 MLCC 업체는 신성장 분야인 전장용에 주력한다. 특히 토요타를 비롯한 일본 자동차 업체의 글로벌 경쟁력을 바탕으로 규모의 경제를 확보하고 있다.

삼성전기는 IT 기기에서 프리미엄 제품 성장으로 수혜를 받았다. 스마트폰 5G 전환, 폴더블폰 시장 개화, 언택트 효과로 노트북 시장 규모 확대, TV 시장에서 대형 TV 비중 증가 등의 분위기 속에서 초소형 고용량 MLCC 수요가 많았다. 일본 업체는 IT용 MLCC 생산 능력을 축소했다. 때문에 모빌리티와 언택트 환경에서 수혜는 직접적으로 삼성전기가 누릴 가능성이 높다. 반면 대만 야교는 기술적인 한계로 중저가 영역에 치중한다. 야교의 주요 고객은 중·저가 제품을 만드는 중국 전자 업체들이다. 이들에게 집중 공급하는 야교는 보급형 MLCC 시장에서 우위를 점하고 있다.

### XR·MR 시장이 떠오른다

마지막으로 새로운 IT 기기인 확장현실(XR·MR) 시장의 개화다. XR 시장은 가상현실(VR), 증강현실(AR)을 포함한 혼합현실(MR) 기기 시장을 설명한다. 애플이 2023년에 XR 기기를 선보일 것으로 알려졌다. 삼성전자,

**2023년 키워드 프리미엄과 전장화**
**5G 스마트폰과 폴더블폰이 성장 주도**
**반도체 패키지 2022년 이어 성장 지속**
**전장화 동시에 발달하는 XR·MR 기술**
**카메라 모듈 업체들 투자처로 주목할 만**

소니 등 경쟁 업체도 신제품을 출시할 예정이다. 현재 AR·VR 기기 시장 성장의 주체는 '메타'다. 2020년 출시한 메타의 VR 헤드셋(오큘러스 퀘스트2)은 글로벌 시장에서 큰 인기를 보였다.

주요 조사기관들은 AR·VR 기기 시장이 2019년 446만대에서 2021년 986만대로 증가한 이후, 2023년 1881만대 이상으로 큰 폭의 성장을 보일 것으로 추정한다. XR·MR 기기 시장은 단순한 하드웨어, 엔터테인먼트에 국한된 것보다 산업과 의료 영역, 광고 등 다양한 서비스 영역에서 활용이 가능하다. 이미 마이크로소프트 XR 기기는 의료와 산업 현장에서 활용하고 있다. 향후에 글라스(안경) 타입으로 전환된다면 응용 분야는 다양해질 것이다. 그런 의미에서 하드웨어는 중국, 한국, 미국 등 다양한 업체가 시장에 진출할 것으로 보이며, 경쟁력은 콘텐츠 확보와 응용 서비스가 등장이 중요하다고 판단한다. ■

# 2022 '은행 초호황'…잔치는 끝났다
# PF 대출 부실 어디까지 확산? '촉각'

반진욱 매경이코노미 기자

2022년은 국내 금융지주에 '역대급 한 해'였다. 한국은행의 기준금리 인상 덕분이다. 수년간 이어진 저금리 기조가 끝이 나고 금리 인상이 본격화되면서 금융지주의 주 수입원인 이자 수익이 급격히 증가했다. 예대마진(예금과 대출의 금리 차이)이 급속도로 커지며 역대 최대 수익을 기록했다.

KB · 신한 · 하나 · 우리 등 4대 금융지주가 올해 3분기까지 거둔 누적 당기순이익은 13조8544억원에 달했다. 이는 3분기 누적 기준으로 사상 최대다. 4개 금융지주 모두 사상 최대 실적을 달성했다. KB금융이 3분기까지 역대 가장 많은 4조279억원 순이익을 기록했고, 신한금융이 4조3154억원으로 역대 최대 기록을

갈아치웠다. 하나금융과 우리금융의 3분기까지 누적 순이익은 각각 2조8494억원과 2조6617억원으로 역시 새 기록을 썼다. 특히 신한금융과 우리금융의 경우 3분기까지 순이익이 지난해 연간(신한 4조193억원, 우리 2조5879억원)을 뛰어넘어 지난해에 이어 올해도 사상 최대 실적을 이어가게 됐다.

역대급 실적을 거둔 금융지주지만 한 가지가 찜찜하다. 뇌관 하나가 남은 탓이다. 바로 레고랜드발(發) PF 자금 부실이다. 은행, 보험에 비해 PF 등 위험 상품에 투자를 많이 했던 증권사 쪽은 다소 불안한 모양새다.

2023년에도 금융 시장을 흔드는 요인이 많다. 금리 상승부터, 글로벌 · 국내 통화 정책, 환율 등 금융 시장에 영향을 미치는 요인을 중심으로 2023년 금융 시장 전망을 살펴보

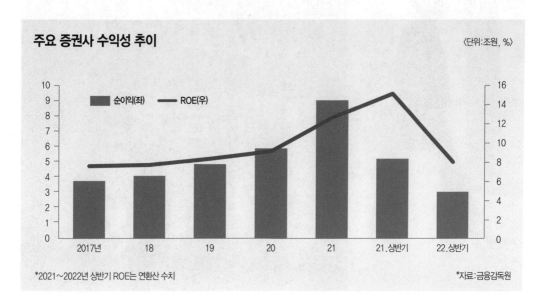

주요 증권사 수익성 추이 〈단위:조원, %〉

*2021~2022년 상반기 ROE는 연환산 수치

*자료:금융감독원

고자 한다.

### 가계대출 부진, 건전성 우려를 조심

은행은 2022년 역대급 실적 잔치를 벌였다. 양호한 재정건전성하에 대출 금리가 계속 상승한 덕분이다. 이자 이익 증가 개선세가 뚜렷이 보였다. 2023년 역시 양호한 실적을 이어간다. 다만, 2022년에 보여줬던 폭발적인 성장세는 다소 꺾일 것으로 보인다.

대출 증가율은 둔화될 확률이 크다. 대출 상품 판매 증가는 은행의 외형적 성장을 지탱해온 분야 중 하나다. 대출이 둔화되면 은행 산업 자체의 성장성이 꺾일 가능성이 크다. 대출 둔화에 영향을 미치는 것은 전체 대출 비중에서 상당 부분을 차지하는 '가계대출'이다.

2022년 금리 인상 수혜 본 금융지주
정기예금 이어지는 '머니무브' 덕분에
2023년은 실적은 양호할 수 있어도
가계대출 부진, 건전성 우려는 조심
증권업 코스피 하락과 함께 부진 예정

하나금융연구소는 '2023년 금융 산업 전망 보고서'를 통해 가계대출 증가세가 둔화될 것이라는 예측을 내놨다.

가계대출은 부동산 가격과 함께 동반 하락할 것으로 보인다. 전통적으로 가계대출 규모는 부동산 시장 영향을 많이 받는다. 국내의 경우 가계대출 중에서 주택담보대출이 차지하

채권 시장이 흔들리면서 금융으로 불똥이 튈 수 있다는 우려가 나온다. (매경DB)

는 비중이 상당하기 때문이다.

2023년에는 주택담보대출이 큰 폭으로 둔화될 확률이 높다. 이유는 3가지다.

첫째, 금리가 급격히 상승했다. 높은 금리는 대출을 꺼리게 만든다. 대출 수요 자체를 줄여버린다. 둘째, DSR 규제 3단계 시행이다. 규제가 강할수록 대출을 받아 집을 살 수 있는 사람이 줄어든다. 마지막으로 부동산 시장 침체다. 빚을 내고 집을 살 때는 전제 조건이 있다. 현재보다 가격이 올라야 한다는 것이다. 집값이 올라야 나중에 집을 팔고 빚을 갚아도 '수익'이 생긴다. 부동산 시장 침체는 대출을 받아 집을 사려는 투자 수요를 감소시키는 요인이다. 다만 주담대의 부진에도 상대적으로 규제가 약한 전세대출, 집단대출 수요는 여전

히 많을 것으로 보인다.

반면 기업대출은 증가세를 지속할 것으로 예상된다. 기업 자금 조달은 중소기업을 중심으로 증가세를 이어갈 전망이다. 무엇보다 기업들의 자금 조달이 힘들어졌다는 점이 기업대출 증가 요인으로 작용한다. 기업은 자금을 마련하기 위해 은행으로부터 대출을 받거나 자체 채권인 회사채를 발행, 시장에서 자금을 수혈한다. 문제는 2022년 하반기부터 회사채 발행이 쉽지가 않다는 것. 레고랜드 사태 이후 높은 신용도의 회사채가 판매되지 않는 지경이다. 채권이 팔리지 않으면 회사는 자금을 직접 수혈받을 수 없다. 현재와 같은 상황에서 회사들이 자금을 마련하려면 은행 대출 외에는 방법이 전무하다.

코스피 하락으로 인해 증권사 수익이 전년 대비 급감하고 있다. (매경DB)

은행 자금 규모를 키워줄 수신은 증가폭이 둔화된다. 다만, 고금리 안전자산을 선호하는 금융 소비자가 많아진 만큼 정기예금으로 자금 유입은 계속될 것으로 보인다. 은행 업계는 코로나19 유행 이후 급증한 대출 증가 덕분에 역대 최대 순이익을 기록할 전망이다. 증가세 자체는 둔화되지만, 여전히 대출이 많고 고금리 기조가 유지되는 한 높은 수익을 기록할 것이라는 분석이다.

불안 요소가 아예 없지는 않다. 현재 부동산 시장 가격 하락으로 발생한 'PF 대출 우려' 때문이다. 실제로 2010년대 초반, 부동산 가격 하락으로 인해 부동산 PF 대출과 집단대출에서 부실·연체가 발생한 사례가 있다. 다만, 은행 업계는 문제가 없다는 입장이다. 우리금융 최고리스크관리책임자(CRO)인 정석영 부사장은 "그룹의 전체 부동산 익스포저(위험노출액)는 1조8000억원 수준이며 이 중 1조원이 은행 쪽인데 전혀 부실이 없는 상태"라며 "캐피털과 종금 쪽이 나머지를 차지하는데 이 중 고정 이하로 분류된 것이 400억원 정도로 200억원 정도 충당금을 적립했다"고 밝혔다. 정 부사장은 부동산 가계대출과 관련해 주택담보대출비율(LTV) 60%를 기준으로 우량 차주 위주로 여신관리를 하는 만큼 시장이 상당히 악화하더라도 건전성이나 손익에 미치는 영향은 제한적일 것으로 내다봤다. 이후승 하나금융그룹 CFO 역시 "레고랜드 PF 자산유동화기업어음(ABCP) 관련 익스포저에는 하나증권은 물론 하나금융의 어떤 자회사도 해

금리가 상승하면서 정기예금으로 돈이 몰리는 '머니무브' 현상이 이어지고 있다. (매경DB)

당 사항이 없다"고 말했다.

증권

### 전 사업 부문에 걸친 실적 감소로 수익성 악화

비교적 순항을 이어가는 은행업과 달리, 증권 업은 상황이 좋지 않다.

2021년 동학개미운동 열풍을 타고 사상 최고 실적을 기록한 이후 전 사업 부문에 걸쳐 실적 이 줄어들고 있다. 2022년부터 코스피 시장이 침체기에 빠지자 주가·일평균 거래대금이 지속적으로 하락했다. 중개 매매(브로커리 지) 사업을 중심으로 실적이 크게 줄었다. 회 사에 막대한 이익을 가져다줬던 IB 사업은 국 내 부동산 금융 정체, IPO 연기·회사채 발행 실적 저조로 수익이 둔화됐다.

2023년 상황도 좋지 않다. 경기 침체, 지정학 적 리스크 등 불확실성이 해소될 기미가 보이 지 않아서다. 수익성 개선은 당분간 어려울 전망이다. 증시 시장이 침체기에 빠지면서 투자 심리도 위축됐다. 2021년 수준으로 거 래대금이 회복되기는 어렵다는 게 전문가 중 론이다.

2023년 증권 업종을 대표하는 단어는 '대체 투 자처'와 '자산관리(WM)'가 될 것으로 보인다. 증권 업계는 IB와 투자 중개에서 벗어나 사업 다각화에 치중하고 있다.

2022년부터 증시에서 이탈한 자금은 주식보 다 안정적이고, 다른 투자 수단보다 비교적 수익이 높은 상품으로 움직인다. 증권사들은 발행어음형 CMA, 채권 등 다양한 금융 투자

보험업은 온라인 플랫폼 등이 진출하려는 산업 중 하나다. 그러나 기존 플레이어들의 반발이 심상치 않다. (매경DB)

상품으로 소비자 마음을 얻으려 할 것이다. 타 고객에 비해 자산이 많아 자산가들을 겨냥한 자산관리 서비스 경쟁도 한층 치열해질 전망이다.

보험

### 생보는 여전히 부진, 손보는 높은 성장세 기대

보험 업종은 생명보험과 손해보험 희비가 엇갈린다. 생명보험은 부진한 흐름을 이어간다. 생명보험 업계는 2015년 이후 8년간 네 번의 마이너스 성장을 기록하며 어려움을 겪고 있다. 핵심 소비 계층인 30~40대 인구가 감소, 65세 이상 인구 증가, 1인 가구 비중 증가 등으로 개인보험 성장은 구조적 한계에 부딪혔다. 보험연구원은 '2023년 보험 산업 전망'

보고서를 통해 "생명보험 산업의 저성장 장기화는 불가피하다. 이를 타개하기 위한 특단의 대책이 필요하다"고 했다.

생명보험 종목 중 저축보험은 은행 정기예금 금리 상승으로 금리 경쟁력을 상실했다. 돈이 빠져나가면서 수입 보험료가 대폭 감소했다. 변액 보험 수입 보험료 또한 주가지수 하락으로 인해 큰 폭으로 줄었다. 보장성 보험만이 유일하게 성장을 이어가고 있지만 성장세는 예년에 비해 둔화된 모습이다.

손해보험은 생명보험과 달리 2023년 전망이 다소 밝다. 개인보험에 속하는 장기 보장성 보험과 자동차보험의 성장세가 조금 꺾였지만, 일반손해보험이 지속적인 고성장세를 보이고 있는 덕분이다. ∎

# 정유 'GOOD'…석유화학 'SO SO'
# 태양광 최고 수혜주는 '한화솔루션'

**박한샘** SK증권 애널리스트

2022년 정유 · 석유화학 · 에너지 산업을 지배한 단어는 단연 '고유가'였다. 유가가 역사상 배럴당 100달러를 뚫고 상승한 것은 지난 2014년도 이후로 처음이었다. 그리고 이번 유가 강세는 복합적인 환경이 동시에 작용했다. 첫 번째는 코로나19로 인해 실행됐던 OPEC 대규모 감산의 회복 속도다. 2020년 코로나19가 글로벌 수요에 타격을 준 이후 OPEC은 하루 2000만배럴 감산에 합의했다. 이후 점진적으로 산유량을 늘렸는데 실제 시장 수요는 이것보다 조금 더 빠르게 회복했고, 이는 유가 상승을 부추겼다.

두 번째는 지속돼온 투자 감소다. 실상 2014년도 이후 원유 가격은 장기 저유가 구간에 머물렀다. 따라서 기존 석유 메이저 업체들은 투자를 줄여왔다. 실질적으로 주요 기업의 지출 투자는 2013~2014년 이후로 하향세를 기록했다(블룸버그 기준 2021년 주요 기업 투자 지출 합계는 2014년 대비 29% 하락).

마지막은 러시아 · 우크라이나 분쟁이다. 러시아에 대한 강력한 제재는 유가 수급에 대한 불투명성을 제시했다. 유럽, 미국 등 다양한 지역에서 러시아 물량 수입에 대한 제재를 가하면서 유가는 초강세 구간에 진입했다. 한때 유가는 WTI(서부텍사스유) 기준 배럴당 130달러 이상을 기록했다. 그리고 러시아의 주요 에너지 수출 제품인 가스 강세가 유가를 비롯한 에너지 제품 가격 강세를 이끌기도 했다. 하지만 러시아 물량이 인도, 중국, 튀르키예 등 몇몇 국가에 들어가고, 글로벌 경기 둔화

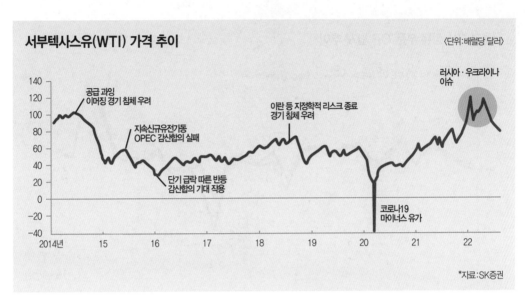

**서부텍사스유(WTI) 가격 추이**

〈단위:배럴당 달러〉

공급 과잉
이머징 경기 침체 우려

지속신규유전가동
OPEC 감산합의 실패

단기 급락 따른 반등
감산합의 기대 작용

이란 등 지정학적 리스크 종료
경기 침체 우려

러시아·우크라이나
이슈

코로나19
마이너스 유가

*자료:SK증권

에 따른 수요 약세로 유가는 2022년 10월 말 기준 두바이유 기준 배럴당 90달러대로 내려 앉아 있다.

이런 와중에 정유와 석유화학 업종은 서로 엇갈리는 모습을 연출했다.

당장 유가가 오르면서 정유 제품 가격은 더욱 크게 상승했다. 국내 정유사 실적지표인 복합 정제마진은 한때 배럴당 30달러 이상까지(통상 유가 100달러일 때 배럴당 10달러) 상승했다. 수익성에 크게 기여한 제품은 경유였다. 경유는 러시아에서 정유 제품 중 생산 비중이 높은 제품인데 글로벌 강국의 제재로 인해 수출 경로가 일부 차단됐다. 러시아산 경유 공급이 줄면서 수급이 어려워졌다. 동시에 가스 가격 강세가 가격 상승을 부추기기도 했다. 중국의 수출 쿼터 감소도 가격 상승을 견인했

다. 중국은 2021년 대비 2022년 수출 쿼터를 대폭 감소시켰다. 다만, 이는 오래가지 못했다. 글로벌 수요 둔화에 대한 우려 확대가 커졌고 중국은 수출 쿼터를 다시 확대했다. 2022년 9월 외신 보도 기준 약 1000만~1500만t의 쿼터 확대가 예상된다. 정제마진도 이런 수급 환경 변화에 반응해 조정이 있었다. 환율을 반영한 투입 시차 효과 마진은 1~2분기 배럴당 3만원 이상에서 3분기 배럴당 8000원까지 하락했다. 유가 강세 환경이 아직 수그러든 것은 아니지만 정유 제품 마진은 지난 유가 초강세 구간에 대비해서 소폭 낮아진 상태다.

반면 화학 제품 수익성은 유가 강세와 코로나19 기간 동안 벌어졌던 공급 부족 완화로 수익성이 빠르게 악화됐다.

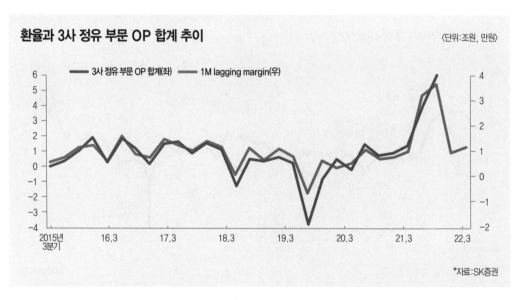

**환율과 3사 정유 부문 OP 합계 추이**  〈단위:조원, 만원〉

3사 정유 부문 OP 합계(좌) —— 1M lagging margin(우)

*자료:SK증권

## 유가 강세에 업황 희비 갈려
## 정유사는 정제마진 상승하며 '굿'
## 석유화학은 원가 상승에 부진
## 에너지는 수요가 증가하며 '맑음'
## 국내에서는 태양광 수요 기대

무엇보다 유가 강세가 원재료 가격 상승으로 이어졌다. 이는 화학 업체 수익성에는 부정적으로 작용했다. 2021년도 12월 약 t당 700달러에 머물던 가격은 2022년 3~5월 평균 t당 900달러 이상을 지속 기록해 부담으로 작용했다. 또한 코로나19 이후 발생했던 수급 강세가 점차 완화되면서 가격을 끌어내렸다.

마지막으로 수요를 넘어선 공급 물량 증가가 가격 상승을 막았다. 중국 공장을 중심으로 나프타 생산 물량이 급증했다. 때문에 나프타 가격이 급등했음에도 중국 물량이 풀리면서, 곧 가격이 하락했다. 때문에 석유화학 기업들이 가격 상승 혜택을 제대로 누리지 못했다. 2022년 이후 석유화학 제품 수익성은 지속적으로 하향 조정됐다. 현재도 화학 제품 가격 약세 흐름은 동반되고 있다. 일부 수익성 부진에 따라 화학 설비들이 가동률을 낮추고, 유지 보수를 이전 대비 앞당겨 실시하는 효과가 약세 흐름을 방어하기는 했으나 업황 턴어라운드를 기대하기는 쉽지 않은 상황이다. 태양광 업체들은 에너지 가격 상승과 대체에너지에 대한 수요로 상대적 강세를 보였다. 국내 태양광 주요 비즈니스는 폴리실리콘과

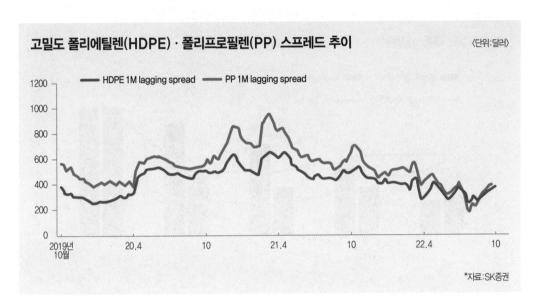

**고밀도 폴리에틸렌(HDPE) · 폴리프로필렌(PP) 스프레드 추이**  〈단위 : 달러〉

*자료 : SK증권

모듈 사업인데 이번 시장 환경에는 태양광 수요를 직접적으로 받아들이는 한화솔루션이 더 큰 수혜를 받았다. 모듈 수출 평균 가격은 1분기 평균 t당 5222달러에서 최근 t당 8000달러까지 상승했다. 특히나 미국·유럽 신재생에너지 가속화 흐름에 따른 글로벌 태양광 시장 확대가 업황에 호재로 작용했다. 폴리실리콘 가격도 30달러 이상(1kg 기준)을 기록해 강세를 기록 중이다. 다만, 중장기 예상되는 공급 물량에 대한 우려는 남아 있다.

**정유 산업은 유가 향방에,
석유화학 · 태양광은 수요 상승 여부에 달려**

2023년에는 반전을 기대하기는 쉽지 않아 보인다.

정유와 석유화학 업종에서 가장 큰 변수의 축은 '유가'와 '수요'다.

유가는 다양한 요소들이 얽혀 있다. 첫째는 러시아에 대한 서방 제재 가시화, 둘째는 OPEC의 감산 방향성, 마지막은 미국 산유량 증대다. 미국 산유량 증대는 단기적인 효과를 기대하고 있지는 않다. 현재 미국은 RIG(유정 굴착 장치) 수를 빠르게 증대시키고 있다. 문제는 현재 RIG당 생산성이 이전 대비 많이 축소됐다는 사실이다. 실질적인 산유량 증대는 제한적인 상황이다. EIA(미국 에너지정보청)에 따르면 미국 산유량은 일간 1200만배럴로 2022년 6월 이후 개선 효과는 안 나타나는 중이다. DUC(Drilled But Uncompleted · 유정은 굴착했지만 생산은 하지 않는) 물량은 이전 대비 축소됐다. DUC는 빠르게 원유를 생산할 수 있어 잠재적인 생산량을 예측하는 척

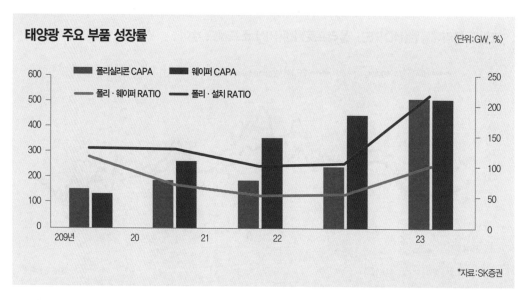

**태양광 주요 부품 성장률** 〈단위:GW, %〉

폴리실리콘 CAPA　웨이퍼 CAPA
폴리 · 웨이퍼 RATIO　폴리 · 설치 RATIO

*자료:SK증권

## 2023년도 유가에 달린 업황
## 고유가에 정유 업계 전망 좋아
## 석유화학은 어려운 상황 지속
## 태양광은 수요 많으면 호황으로
## 결국은 수요 진작 여부에 전망 달려

도로 쓰인다. 당분간 미국 산유량 상승폭은 제한될 전망이다.

러시아와 OPEC 물량은 2022년 12월 실행을 앞둔 러시아 원유 수출 가격 상한제의 방향에 따라 갈피를 잡을 것으로 기대한다. 만약 러시아가 합의를 하지 않는다면 유럽은 러시아 물량에 대해 제재를 가할 수밖에 없다. 이미 상당 부분 수입 축소가 이뤄지고 있기는 하

다. 그러나 제재가 가해지면 EU 기준 90%에 달하는 수입 물량이 금지될 전망이다. 이런 와중에 주요 러시아 원유 수입국인 튀르키예, 인도, 중국은 최근 들어 수입 물량을 추가 확대하지 않았다. EU 제재는 러시아의 물량 축소로 이어질 예정이다. 상대적으로 OPEC이 감산을 결정한 유인은 낮아질 것으로 판단한다.

반면, 러시아가 적정 CAP(상한) 가격에 합의를 한다면 기존에 유럽에서 제재하고 있는 물량이 풀리는 효과가 발생할 수 있다. 이렇게 되면 OPEC은 유가를 지지하기 위해 다시 한 번 감산을 결정해야 한다. 다만, 2022년 9월 S&P, 텔리머 등 보도 자료에 따르면 OPEC 주요 산유국은 나이지리아, 이라크, 앙골라 등 주요 국가를 제외하고는 할당량에 부합하

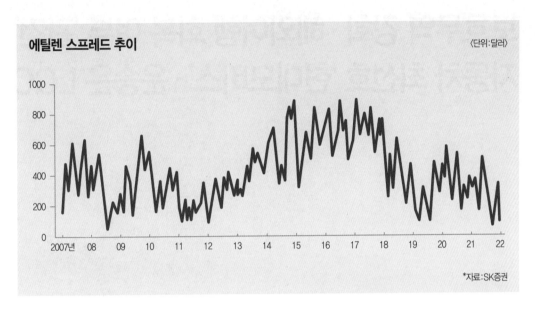

에틸렌 스프레드 추이  〈단위·달러〉

*자료:SK증권

는 물량을 생산하고 있다. 일부 추가 감산이 발생할 수 있으나 러시아의 잠정 물량 확대를 상쇄하기는 쉽지 않을 것으로 판단한다.

결과적으로 정유사 입장에서는 러시아 원유 가격에 대한 제재가 가시화가 됐을 때 열려 있는 유가 하방이 부정적으로 작용할 것으로 전망한다. 정제마진의 경우 2022~2023년 겨울의 난방 수요가 디젤 등 일부 제품의 마진을 지지할 수 있을 것으로 기대한다. 다만 정유 제품의 대다수 수요는 여전히 교통에 대다수 치중(미국 EIA 기준 약 68%)돼 있음을 감안하면 겨울철 난방 수요가 2022년 상반기 때만큼의 정제마진 초강세 구간으로의 회귀를 만들어내기는 어렵다.

다른 변수로 작용 가능한 것은 수요의 움직임이다. 상대적으로 수요가 업황에 크게 영향을 줄 것으로 판단하는 산업은 석유화학과 태양광이다. 특히나 화학은 에틸렌-나프타 스프레드가 역사적 저점(t당 100달러 아래)에 머물러 있다. 이에 따라 크래커 가동률이 조정됐고, 가격 하단에서 시장이 지지가 되고 있다. 공급 측면 조정이 이미 이뤄지고 있는 만큼 중국을 중심으로 한 수요 진작이 2023년 화학 업황 부활 방아쇠가 될 것으로 기대한다. 만약 수요 증가량이 부재한다면 석유화학 업종은 당분간 투자를 조심해야 한다. 수요가 증가하지 않으면 2022년 증설 물량이 소화되는 데 시간이 걸리기 때문이다. 2023년 하반기까지는 산업 동향을 관망하는 게 필요하다. 태양광 역시 수요가 중요하다. 태양광 수요가 얼마나 늘어나느냐가 2023년 강세 지속 여부의 포인트가 될 전망이다. ■

# 보호무역 강화 · 해외여행 회복 여부 '관건'
# 자동차 최선호 '현대모비스' · 운송은 LCC

| 자동차 |

## 자동차 단가 하락 전망
## 판매량 증가로 실적 상쇄

**송선재** 하나증권 애널리스트

자동차 업계에 2022년은 상당히 독특한 양상을 보인 한 해로 기억될 듯하다. 코로나 팬데믹과 차량용 반도체 부족에 따른 자동차 생산 차질, 그리고 재고 부족으로 글로벌 자동차 판매는 2021년 대비 소폭 감소했다. 그럼에도 불구하고 주요 완성차 업체들은 기록적인 영업이익을 실현하는 아이러니한 현상이 나타났다.

가장 큰 이유는 자동차 평균 판매 단가 급등이다. 글로벌 자동차 수요가 회복되는 가운데 공급 차질이 나타나며 완성차 기업들의 소비자 가격 협상력이 극대화됐기 때문이다. 완성차 기업은 신차 위주로 판매 가격을 인상했고, 상대적으로 수익성이 좋은 고가 모델 위주로 생산을 늘렸으며, 인센티브를 대폭 축소했다. 한국 완성차들은 여기에 더해 원달러 환율 상승이라는 추가 수혜도 입었다. 즉, 가격이 너무 좋았기 때문에 물량을 더 적게 팔고도 돈을 더 많이 벌 수 있었다.

하지만 2023년에는 상황이 달라질 테다. 차량용 반도체 공급이 개선되면서 완성차 생산은 늘어나는 반면, 글로벌 경제 둔화로 자동차 대기 수요가 이탈하면서 수요-공급 불균형이 완화될 전망이다. 환율도 지금보다는 떨어질 개연성이 높다. 결과적으로 최근 3년간 가파르게 상승했던 차량 평균 판매 단가는 둔화될 것이다.

**떨어지는 미국 신차 인센티브**

〈단위:달러〉

━ 산업 평균 인센티브

*자료:truecar.com

그렇다고 완성차 실적이 가파르게 떨어지지는 않을 것으로 본다.

일단 평균 판매 단가의 둔화 속도가 그다지 빠르지 않을 것이다. 반도체 공급이 늘겠지만 완전 정상화까지는 시간이 필요하고, 또 자동차 대기 수요가 워낙 많아 이를 해소하기까지 많은 시일이 소요된다. 판매가가 높은 전기차 비중도 지속적으로 상승 중이고 물량 증가와 가동률 상승이 가격 하락에 따른 실적 부진을 상쇄할 것이다.

결론적으로 2023년에는 '물량 증가-가격 하락'의 구도 속에서 완성차 업체 이익은 2022년 대비 감소하겠지만, 그 폭과 속도가 가파르지는 않을 것으로 전망한다.

이 밖에 2023년 자동차 시장에서 주목해야 할 키워드는 두 개다. '자율주행 전기차 가속화',

그리고 '보호무역 강화'다.

글로벌 전기차 시장은 2021년 98% 급성장하며 자동차 시장 내 비중이 7.9%까지 늘어났다. 2022년에도 유럽 전기차 시장이 다소 주춤하지만, 중국 전기차 시장 고성장세와 미국 전기차 시장의 견조한 성장에 힘입어 50% 성장률이 전망된다. 이렇게 되면 자동차 시장 내 전기차 비중은 12%까지 높아진다. 2023년에도 이런 흐름은 계속될 예정이다. 각국 정부의 전기차 지원 정책과 주요 완성차 업체들의 전기차 전용 모델 출시 등에 힘입어 성장률 30%, 시장 내 비중은 14.5%까지 늘어날 것으로 내다본다.

전기차 시장이 예상보다 빠르게 성장하면서 자동차 시장 내 보호무역 경향은 강화될 것으로 보인다. 미처 전기차 관련 생태계 조성을

2023년 전기차 시장 경쟁도 거세질 전망이다. 사진은 현대차그룹이 2022년 내놓은 아이오닉6. (현대차 제공)

마치지 못한 주요 국가들이 자국 업체들을 보호하기 위한 고육지책이다. 대표적으로 미국은 인플레이션 감축법(IRA)을 통해 미국 내 전기차 생산과 미국산 배터리 부품과 원재료 사용을 강제하기 시작했다. 인플레이션 감축법이 유예되지 않고 실행된다면, 아직까지 미국 내 전기차 전용 생산시설을 갖추지 못한 한국 완성차들은 타격을 받을 수밖에 없다. 전용 공장이 완공되는 2024년 하반기 이전까지는 비용 부담이 발생할 전망이다. 현재 중국도 자국 업체에 유리한 정책적 지원을 하고 있고, 유럽도 권역 내 생산기반을 조성하기 위한 다양한 정책을 펼치고 있다.

전기차 시장 내 경쟁도 거세질 것이다. 현재 경쟁 구도는 테슬라와 중국 전기차 업체들, 또 현대차 · 폭스바겐처럼 전기차 전환을 빨리 시도한 일부 전통 완성차 위주로 형성돼 있다. 2023년에는 다른 완성차 브랜드 추가 진입과 리비안 · 루시드 · 피스커 등 신생 전기차 업체 생산 확대로 경쟁 관계가 더 복잡해질 전망이다.

빅테크 기업, 예를 들면 바이두, 텐센트, 폭스콘, 소니 등은 자체 전기차 생산을 계획하고 있고, 알파벳, 애플, 아마존 같은 기업들은 하드웨어와 소프트웨어 양쪽을 두고 저울질하면서 시장 참여를 준비 중이다.

기술적 측면에서는 전기차의 궁극적인 목표라고 할 수 있는 자율주행화를 위한 기술 개발도 진전될 것이다. 선두 업체인 테슬라는 자율주행 서비스인 FSD의 상용화를 계속 진행

중이고, GM은 자회사인 크루즈를 통해 관련 기술을 축적하고 있다. 포드와 폭스바겐은 상호 협력해 자율주행 기술을 테스트 중이고, 폭스바겐은 자체적으로 자율주행 소프트웨어 내재화에도 적극적이다.

현대차그룹도 대응에 나서고 있다. 2021년 E-GMP라는 전용 플랫폼을 통해 아이오닉5와 EV6, 그리고 GV60이라는 전기차 전용 모델을, 2022년에는 아이오닉6를 선보였다. 2023년에는 EV9과 아이오닉7 등 출시가 예정돼 있다. 향후 30여종의 전기차를 출시, 2026년 165만대, 2030년 307만대의 판매를 목표로 삼았다.

기술 내재화 측면에서는 2022년 자체 개발한 커넥티드카 운영체제인 ccOS를 확대했고, 2023년에는 자율주행 통합 제어기와 무선 업데이트 기능을 적용하며, 2024년에는 국내에서는 자체적, 미국에서는 모셔널과의 협업을 통해 레벨4 이상의 로보택시를 상용화할 계획이 있다. 보스턴다이내믹스 AI 연구소의 설립과 한국 포티투닷의 인수 등을 통해 소프트웨어 역량도 제고 중이다.

주가 관점에서 보면, 2023년에는 현대차와 기아의 이익 성장률이 둔화되는 것은 아쉽다. 하지만 이런 요인을 감안하더라도 상대적으로 낮은 밸류에이션 지표, 그리고 전기차와 자율주행 기술에서 진전이 이뤄지고 있다는 점에서 만회할 여지가 있다.

자동차 업종 내 상대 수익률 관점에서는 2021년과 2022년 모두 실적과 주가가 부진했던 자동차 부품 업체들이 선호된다. 완성차 생산이 증가함에 따라 매출액이 증가하고, 2022년 부정적 영향이 컸던 원재료비와 물류비의 하향 안정화로 수익성이 개선될 것이기 때문이다. 자동차 업종 내 최선호주로 현대차와 현대모비스를 제시한다.

운송

# 역대급 이익 냈던 양대 국적사 2023년엔 LCC에 더 주목을

**최고운** 한국투자증권 수석연구원

2022년 운송 시장은 팬데믹과 엔데믹 사이 어딘가에서 혼란스러운 한 해를 보내고 있다. 가장 주목받았던 상하이컨테이너운임(SCFI)은 2022년 1월 첫째 주 최고점을 찍은 후 딱 4주만 제외하고 매주 하락했다. 건화물선과 항공화물 등 주요 물류 운임들도 대부분 조정받고 있다.

그러나 아직 해외여행이 자유롭지 못하고 물류 시장에서도 공급 병목은 완전히 해소되지 않았다. 항만 적체와 인력 부족 등 팬데믹에서 촉발된 문제점들은 남아 있다. 원래 예상했던 것보다 정상화에 긴 시간이 걸리고 있다. 한편으로는 우리가 그동안 알고 있던 '정상'의

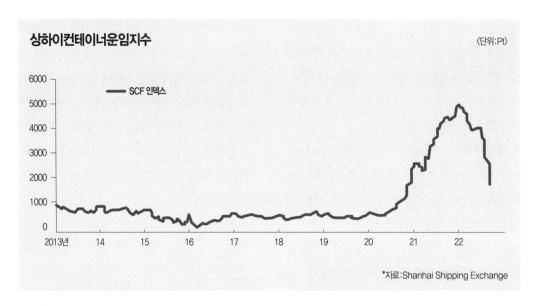

상하이컨테이너운임지수 〈단위:Pt〉

*자료:Shanhai Shipping Exchange

기준에 대해 의심해봐야 하는 시점이다. 당초 2022년은 모든 것들이 팬데믹 이전으로 되돌아가는 과정이라 예상했다. 그러나 최근까지의 흐름은 정상화와 거리가 멀어 보인다. 오버슈팅 다음은 연착륙이 아니라 '언더슈팅'이었다. 급등과 급락, 공급 과잉과 공급 부족 사이에 중간이 없는 모습이다. 2023년 역시 높은 불확실성을 감수해야 할 것이다.

투자자에게는 또 다시 혼란스러운 시간이 될 테다. 최근 증시 방향성만 보더라도 그렇다. 변동성이 높은 환경에서 운송 업종의 우선순위는 낮아진다. 유가, 환율, 지정학적 이벤트 등 대외 변수에 민감할뿐더러 경기 사이클에서 벗어나기 어렵기 때문이다. 현재로서 믿을 건 어느 상황에서든 나오기 마련인 예외적인 모멘텀을 선별하는 것이다.

먼저 단기적으로 2023년 1분기까지는 일본 등 근거리 해외여행에 대한 이연 수요가 집중되는 시기인 만큼 이익 턴어라운드가 예상되는 저비용항공사에 주목할 것을 권유한다.

코로나19 확산으로 중단됐던 일본 무비자 여행이 드디어 2022년 10월부터 재개됐다. 일본 여행은 엔저로 가격 메리트가 높아졌을 뿐 아니라 팬데믹 이전 2019년부터 한일 관계 악화로 부진했던 만큼, 앞으로 3년 치 이연 수요가 몰릴 전망이다. 2022년 9월 우리나라 국제선 여객 수는 2019년 대비 28%까지 회복했는데, 일본 노선이 더해지면서 2023년 1분기에는 50% 이상 올라설 것으로 예상된다.

반면 항공사들은 재무적으로 아직 방심할 수 없는 상황이라 무리한 증편을 피하고 있다. 결국 공급이 수요를 따라가지 못함에 따라 항공권 가격은 팬데믹 이전 수준을 크게 웃돌 전망이다.

해외여행 회복은 항공 업계 공통적으로 긍정적이나, 투자 관점에서는 팬데믹 피해가 컸던 제주항공과 진에어와 같은 저비용항공사들이 양대 국적사보다 더 부각될 것이다. 양대 국적사는 팬데믹 가운데서도 물류 대란 수혜로 오히려 역대급 이익을 벌어들였다. 대한항공은 2021년, 2022년 연이어 사상 최대 영업이익을 경신한 만큼 2023년 방향성으로는 감익이 예상된다. 반면 저비용항공 업계는 3년이나 기다려온 흑자전환을 앞두고 있다.

2023년 한 해 전체를 놓고 볼 때는 업체별 현금흐름이 더욱 중요해질 것이다. 결국 유동성이 충분한 업체들이 변수가 많은 위기 상황에서 강하고 새로운 투자 모멘텀도 기대할 수 있기 때문이다. 앞으로는 팬데믹 기간 동안 단지 생존만을 바라보며 버텨온 기업과 구조조정과 체질 개선의 기회로 만든 기업 간의 차이가 극명히 드러날 것이다. 특히 해운과 물류 산업은 팬데믹에 따른 반사이익으로 벌어들인 현금을 어떻게 활용하느냐에 따라, 단순히 운이 좋았던 기업으로 잊힐지 아니면 그만큼 벌 자격이 있는 기업으로 인정받을지 그 평가가 달라질 것이다.

그중 현대글로비스는 자동차 물류에 특화된 글로벌 경쟁력을 바탕으로 화주 관계가 견고

현대글로비스는 화주 관계가 견고하고 안정적인 현금 창출 능력에 힘입어 2023년 좋은 흐름이 예상된다. 근거리 해외여행에 대한 이연 수요가 급증하면서 항공사, 특히 저비용항공사 수혜가 기대된다. (매경DB)

하고 현금 창출 능력이 안정적이다. 그룹 차원에서 전기차 배터리 리스, 중고차 매매 등 고부가가치 신사업을 준비하고 있어 향후 투자 확대에 주목해야 한다.

또한 대한항공은 HMM 다음으로 가장 극적인 재무 구조 개선에 성공했다. 팬데믹 이전과 비교해 순차 입금을 7조~8조원가량 감축했고 순외화부채의 경우 절반 이하로 줄였다. 이제는 무리한 투자를 지양하고 안정적으로 현금을 쌓아갈 전망이다. 반대로 그렇기에 아시아나항공 인수는 장기적으로 시장 지위를 공고히 만들 기회면서 2023년 단기적으로는 재무를 위협하며 불확실성을 높일 수 있다는 점에 주의해야 한다. ■

# 주택 사업 위축에 위기 맞은 건설업
# 조선업 탄소 규제 효과, 2024년 본격화

건설

## 미분양 늘고 해외 수주 줄고…
## 탄탄한 재무 구조 "그래도 OK"

**이광수** 미래에셋대우 애널리스트

2022년 국내 주택 사업 흐름이 바뀌기 시작됐다. 가장 큰 변화는 미분양 아파트 증가다. 2022년 8월 전국 기준 미분양 아파트는 3만 2722호를 기록, 2021년 말 대비 1만5000가구 이상 증가했다. 절대 규모는 크지 않은 상황이나 미분양 증가 속도가 빨라지고 있다는 게 문제다. 미분양 아파트 증가는 부동산 시장 위축이 원인이다.

2013년 이후 지속 상승세를 보이던 아파트 가격은 2022년 상반기 10년 만에 하락세로 돌아섰다. 2022년 상반기 전국 기준 아파트 실거래가는 전년 동기 대비 0.85% 감소했다. 가격 하락뿐 아니라 거래량도 줄고 있다. 2022년 상반기 아파트 실거래 신고는 16만건으로 2021년 상반기(32만9000건) 대비 51.6% 감소했다.

아파트 거래 가격 하락과 거래량 감소는 신규 분양 시장에도 직접 영향을 미치고 있는 상황이다. 청약 경쟁률이 하락하고 미분양 아파트 증가가 지속되고 있는 상황이다. 미분양 아파트 증가는 2023년에도 이어질 것으로 전망된다. 2023년 예상되는 미분양 아파트는 전국 기준 약 6만호다.

미분양 아파트 증가는 건설 회사의 재무 상태 악화와 주택 사업 축소로 이어질 것으로 예상된다. 특히 2019년부터 이어졌던 아파트 분양 증가는 감소가 불가피할 전망이다. 2023년 예상되는 아파트 일반분양 물량은 21만호다.

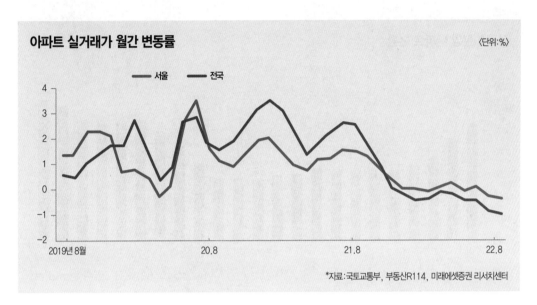

**아파트 실거래가 월간 변동률** 〈단위:%〉

— 서울　— 전국

2019년 8월　　20.8　　21.8　　22.8

*자료:국토교통부, 부동산R114, 미래에셋증권 리서치센터

2022년 23만호 대비 8.7% 감소하는 규모다. 아파트 분양 감소로 2023년 하반기부터 주택 사업 매출이 줄어들 것으로 보인다.

2022년에는 주택 사업 위축과 함께 해외 수주도 부진했다. 애초에는 코로나19 완화와 유가 상승으로 해외 수주 증가가 기대됐다. 그러나 글로벌 금리 인상 기조와 경기 위축 가능성으로 중동을 중심으로 한 발주가 증가하지 못했다.

2022년 해외 수주는 330억달러로 추정, 2021년 310억달러 대비 증가율이 6.5%에 그칠 것으로 전망된다. 특히 주목할 만한 점은 유가 상승에도 늘어나지 못한 중동 수주다. 유가 상승으로 중동 국가 투자 여력이 확대됐음에도 불구하고 발주가 증가하지 못한 이유는 구조적인 변화 과정으로 이해된다. 중동 국가들

은 과거 석유화학 중심 플랜트 발주를 줄이고 원유 중심에서 탈피한 새로운 성장동력 확보를 위한 투자를 늘릴 계획이다. 결국, 석유화학 플랜트 중심 해외 수주는 감소가 불가피할 전망이다.

**미분양 아파트 증가 제한적…위기는 기회**

2023년은 미분양 아파트와 해외 수주 위축으로 건설 업종에 대한 우려가 커질 수 있다.

먼저, 감내할 수 없는 수준의 미분양 아파트 증가 가능성이 제기되지만, 우려만큼 미분양이 늘어나지는 않을 것으로 보인다. 미분양 아파트가 발생하는 직접적인 원인은 높은 분양가다. 그러나 일부 아파트를 제외하고 나면 분양가는 거래 가격보다 낮은 상황이다. 2022년 상반기 전국 기준 아파트 분양 가격은 3.3

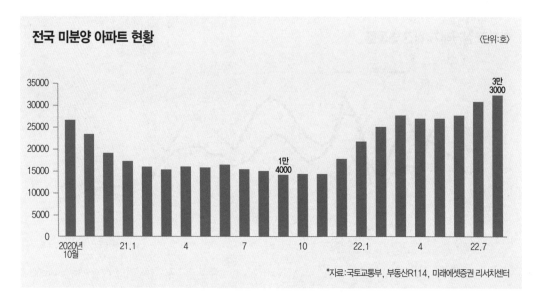

**전국 미분양 아파트 현황**

〈단위:호〉

*자료:국토교통부, 부동산R114, 미래에셋증권 리서치센터

㎡당 1488만원으로 아파트 거래 가격 대비 41% 낮다. 거래 가격이 30% 이상 하락하지 않는다면 미분양 아파트 증가가 제한적일 전망이다. 2023년 예상되는 미분양 아파트 6만 호는 현재 건설 회사들의 재무 능력으로 충분히 감당할 수준이라는 판단이다.

석유화학 플랜트 중심 해외 수주가 줄어들면서 건설업이 저성장 국면에 접어든다는 우려도 있다. 하지만 과거 경험을 보면 대규모 해외 손실 발생 가능성도 낮다는 판단이다. 해외 수주 잔액이 크지 않을 뿐 아니라 한국 회사들의 공사 수행 능력 향상으로 안정적인 원가 유지가 가능한 상황이다.

2021년 기준 현대건설, GS건설, 대우건설, 삼성엔지니어링 그리고 DL이앤씨 해외 매출이 전체 매출에서 차지는 평균 비중은 29%로

역대 최저 수준이다. 해외 사업 비중이 높은 삼성을 제외하면 대형 건설 회사 연평균 매출 비중은 20%로 하락한다. 과거 40% 이상 수준에서 20%포인트 이상 감소했다.

저성장 국면에 접어들면서 건설업 성장 가능성에 대한 우려가 커져가고 있다. 반면, 과거 경험을 살펴보면 건설 시장이 위축됐을 때도 높은 성장률을 보였던 건설 회사가 존재했다. 대표적으로 호반건설, 반도, 아이에스, 엠디엠 등이다. 위기를 기회로 판단하고 적극적인 투자를 통해 성장을 이뤄냈다.

2023년 건설 업종은 불확실성이 커질 전망이다. 그럼에도 불구하고 건설 회사들은 생산성을 향상시키고 신사업에 대한 투자를 확대할 필요가 있다. 뻔하지만 기회는 항상 위기와 함께 온다.

# 수주와 실적의 엇갈림…
## 신조선가 상승 '이익이 먼저다'

**최광식** 다올투자증권 기업분석팀장

2022년 한국 조선 업계는 '역대급' 기록을 써 내렸다. 2022년 컨테이너선 발주는 430만 TEU로 2007년(330만TEU) 기존 사상 최대 실적을 훌쩍 넘어섰다. LNG선 발주는 9월 누적 기준 115척으로, 역시 사상 최대였던 2021년 (86척)을 일찌감치 앞질렀다. 한국 조선업 수주도 2년 연속 약 450억달러를 지속하는 등 안팎으로 호황기를 보내고 있다.

그러나 문제도 적잖다. 수주와는 별개로 조선사 실적은 여전히 적자를 이어가고 있다. 균형이 깨져버린 인력 수급 또한 큰 과제다. 이는 수주 물량을 건조하는 데 약 2~4년이라는 시간이 소요되는 조선 산업의 특징 때문이다. 2023년 발주는 전년 대비 감소하며 지난 2년의 슈퍼 사이클이 끝나는 듯 보일 수 있다. 그간 구조가 컨테이너선 투자에 너무 집중돼 있던 탓에 잔고·선대 비율이 30%에 달해 미래 선복 증가 부담이 크고, 경기 침체 확산에 따라 2022년 9월부터 컨테이너선 운임도 급락 중이기 때문이다.

LNG선 시장은 업황 자체는 나쁘지 않다. 러시아에서 주로 공급하는 PNG 대신 LNG로 바꾸려는 글로벌 수요가 늘어난 덕분이다. 하지만 LNG 신조 시황은 또 다르다. 한국 조선업의 1년 LNG선 건조 가능 여력은 65척 정도다. 2022년처럼 100척 이상씩 계속 수주할 수 없는 형편이다. 2022년 높았던 수주 실적에 따른 기저 부담도 있다.

그나마 '탱커'의 회복이 수주를 받쳐준다. 지난 5년여간 불황기를 보냈던 탱커는 경기 침체에도 불구하고 오히려 2022년 2분기부터 운임 회복을 시작했다. 이는 러시아–우크라이나 전쟁에서 비롯되는 '톤–마일 효과' 때문이다. 탱커에서 러시아에 의존하던 일평균 250만배럴에 달하는 해상 운송 원유를 2022년 12월 5일부터 완전히 금수하게 되고, 이를 2~3배의 더 긴 항로에서 가져오게 된다. 이미 2022년 여름부터 턴어라운드를 시작한 탱커 운임, 중고선가는 2023년에도 계속 오를 전망이다. 어쩌면 2021년의 컨테이너선 슈퍼 사이클과 유사할 수 있다.

2023년부터 시작되는 현존선 $CO_2$ 규제에 따른 선복 부족 현상도 간과할 수 없다. 현존선 에너지효율지수(EEXI)와 탄소집약도(CII)의 두 가지 규제가 2023년에 시작된다. 먼저 EEXI는 선박 설계만을 바탕으로 에너지 효율을 산출해 가이드라인과 비교하는 규제다. 설계에는 엔진 성능, 속력, 화물 운송 능력 등이 포함된다. $CO_2$ 감축폭은 2008년 대비 현재 30%, 2030년부터 40%, 2040년부터 50%를 요구한다. EEXI를 실시하면 2014년 이전에

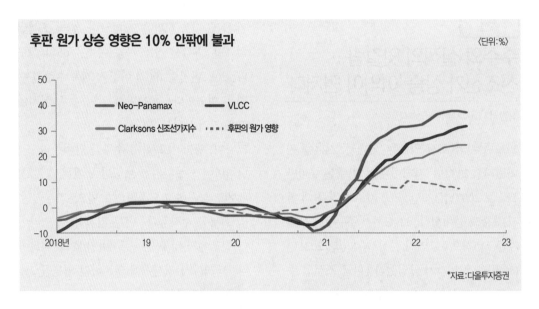

후판 원가 상승 영향은 10% 안팎에 불과

〈단위:%〉

Neo-Panamax · VLCC · Clarksons 신조선가지수 · 후판의 원가 영향

*자료:다올투자증권

건조된 선대의 72%에 달하는 선박은 요건을 충족할 수 없다. 일부 에너지 절감장치를 채택해 연비를 개선시킬 수는 있지만 투자 효용이 낮다. 결국 강제적 엔진 출력 제한을 통한 연비 개선이 해답이 될 수밖에 없다. 즉, 2023년부터 선박들은 속도가 느려진다. 선박이 느려지는 것은 그만큼 해운업 운송 캐파가 줄어드는 것과 다름없다. 업계는 2023년과 2024년 사이 최소 5~15%의 선복이 추가로 필요하다고 분석한다.

CII 규제는 더 강력하다. 실제 운항 데이터를 바탕으로 매년 실제 CO2 배출량을 도출하고, 이를 바탕으로 선박을 A부터 E까지 다섯 개 등급으로 나눈다. D와 E등급은 각각 3년 안에, 1년 이내에 등급을 개선하지 않으면 페널티가 적용된다.

또한 CII 등급을 나누는 기준이 매년 강화되기 때문에 D와 E등급 선박이 계속 늘어난다. 클락슨 계산에 따르면 2023년에 선종별로 탱커, 벌크, 컨테이너선의 각각 31%, 26%, 29%가 D와 E등급을 받을 예정이다. 2026년에는 D와 E등급이 각각 46%, 35%, 47%로 늘어난다. 결국 선박 교체 수요 증가로 이어질 개연성이 높다.

2023년의 신조 시장은 위축이 불가피해 보이지만, 탱커를 중심으로 전쟁과 톤-마일의 나비 효과, 그리고 CO2 규제에 따른 선박 교체 수요가 얼마나 시작될지가 관건이다.

다만, EEXI와 CII의 효과가 온전히 반영되는 것은 2024~2026년이어서 2023년은 그 시작점이다. 우리는 2023년에 선복의 평균 운항 속도, 폐선율, 그리고 규제에 따른 운임을 유

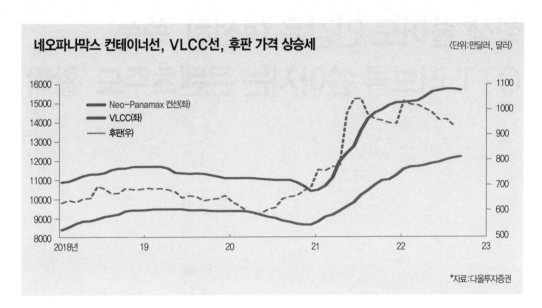

**네오파나막스 컨테이너선, VLCC선, 후판 가격 상승세** 〈단위:만달러, 달러〉

- Neo-Panamax 컨선(좌)
- VLCC(좌)
- 후판(우)

*자료:다올투자증권

심히 지켜봐야 한다. 수주가 감소한다고 주가가 반드시 빠지는 것은 아니다. 수주가 감소하더라도 현재 매출보다 많아서 잔고가 늘면, 미래 실적이 될 신조선가는 빠지지 않고 오른다. 2023년 전망은 수주 잔고의 완만한 증가와 신조선가 강보합이다.

이제 곧 조선사들은 차례대로 흑자전환한다. 2021년 2분기부터는 후판 등 원자재 가격이 급등해 조선업 흑자전환 시점은 미뤄졌지만, 이를 빌미로 2021년 하반기부터 원가 상승폭보다 더 높은 신조선가 인상에 성공했다. 후판은 60~70% 올랐지만 원가 상승 영향은 12%포인트 정도다. 동기간 신조선가는 지수가 25%, 컨테이너선은 38%나 올랐다. 고가 수주 물량 건조가 점차 늘면서 조선업은 2023년부터 흑자전환에 성공하고 2024년부터는

큰 이익을 낼 예정이다. 다만, 2023년과 2024년에 한국 조선업 건조량은 매년 20%씩 늘어날 예정인데, 이를 제작할 인력이 있을지가 문제다.

조선사들이 2021년과 2022년의 신조선가 인상에서 이런 원가 상승 요인을 어느 정도 반영해뒀는지 궁금하다. 충분히 반영해두지 못했다면 약속한 물량을 소화할 수 없을 테고 필요한 인력을 충원하기 위해서는 예정원가에서 인건비를 더 늘리면서 미래 이익을 일부 포기해야 한다.

이런저런 원가 상승 요인이 닥치더라도 한국 조선업은 2024~2026년에 지난 사이클과 비슷한 수익성을 기록할 전망이다. 지금 주식시장은 조선 업종에 대해 이 정도 실적을 기대하고 있지 않다. 기회가 보인다. ■

# 학생 줄어도 인강은 여전히 '쑥쑥'
# OTT 러브콜 쏟아지는 콘텐츠주도 '활짝'

반진욱 매경이코노미 기자

## 교육

### 학령인구 감소에도, 온라인 성장세는 여전

학령인구 감소는 교육 산업에 축복일까, 저주일까. 언뜻 보면 악재로 판단하기 쉽다. 그러나 현실은 반대다. 학령인구가 줄어들면서 교육 산업은 자체적으로 구조조정을 거쳤다. 사실상 과점 산업으로 재편됐다.

지난 10년간 학생 수 급감으로 유의미한 신규 사업자 진입이 없었다. 현금흐름이 악화된 사업자가 다수 이탈하며 시장 재편은 더 빨라지는 분위기다. 자연스레 기존 사업자 점유율이 더욱 공고해지며 경제적 혜자를 갖추게 됐다. 2023년 교육 산업 전망은 밝다. 뿌린 씨앗을 거두는 시기가 됐기 때문이다. 코로나19를 계기로 온라인으로의 구조적 변화가 2022년부터 본격화됐다. 초 · 중등 온라인 플랫폼 투자 확대기에서 벗어나 이익 수확기에 접어들었다.

인플레이션은 호재로 작용한다. 국내 상장한 교육 업체 대부분 기반이 '온라인 교육'인 덕분이다. 온라인 시장 중 규모가 가장 큰 고등 온라인 강의의 경우 인플레이션 국면에서 가격 경쟁력이 돋보이는 분야다. 비교적 저렴한 비용으로 질 좋은 강의를 들을 수 있는 온라인 강의는 고물가 시대에 주목받을 수밖에 없다. 여기에 더해 프리미엄 독서실, 스터디카페 브랜드 가맹 사업 성장으로 온라인 강의 제휴를 통해 콘텐츠를 제공하는 등 '스카족' '카공족' 문화도 정착 중이다. 이에 대내외 소비 둔화에도 불구하고 성장이 담보되는 지출처가 될

온라인 시장이 커지면서 교육 업체들은 학령인구 감소에도 불구하고 높은 성장세를 기록한다. (매경DB)

것이다.

국내 고등학생 월평균 학원 지출금액은 30만 원인 반면, 온라인 패스 상품인 메가패스와 대성올패스는 12개월 결제 시 월 5만원, 3만원 수준에 불과하다. 따라서 내년 국내외 소비가 둔화된다 해도 학원 수강 대비 가격 경쟁력이 높고, 양질의 교육 콘텐츠를 제공하는 인강으로의 유입은 지속될 가능성이 크다.

이미 수능 온라인 침투율은 50% 이상이다. 2021년 기준 주요 교육 업체 4개사의 고등 부문 합산 매출액(온라인+오프라인)은 국내 고등 사교육비 총액 5조5700억원의 13%에 달한다. 눈에 띄는 부분은 메가스터디교육과 디지털대성의 점유율이다. 온·오프라인 합산 기준 메가스터디교육과 디지털대성의 고등 사업부 점유율은 각각 60%, 22%에 육박한다. 양 사는 온라인 강의와 재수종합반, 기숙학원 사업을 모두 영위하고 있다. 반대로 이투스와 스카이에듀는 점유율이 크게 하락하며 고등

**학령인구 감소 오히려 온라인에 기회**
**시장 구조조정 완료, 1위 업체 수혜**
**초중고 온라인 교육 골고루 성장**
**온라인 시장 사교육 매출 13% 차지**
**온라인 교육 사업 강세주 투자해볼 만**

시장이 재편되는 모습이다. 스카이에듀의 경우 2022년부터 온라인 사업을 중단했다. 현 추세는 계속될 것으로 전망하는데, MZ세대 공부법이 기존 학원 중심에서 온라인 콘텐츠 중심으로 변화하고 있기 때문이다.

서울 주요 16개 대학의 정시 비중 확대 기조는 유지될 것으로 예상된다. 정시 사이클의 수혜가 지속될 전망이다.

정지혜 NH투자증권 애널리스트는 "안정적인 현금흐름을 기반으로 배당 성향 향상, 자사주

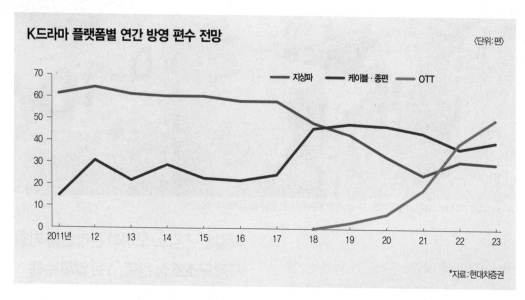

**K드라마 플랫폼별 연간 방영 편수 전망**

〈단위:편〉

지상파 　 케이블·종편 　 OTT

*자료:현대차증권

# 한류 커지면서 K-POP 시장 성장
# 주요 그룹 거느린 엔터주 성장 기대
# 온라인·오프라인 동시 콘서트 가능
# 현지 외국인으로 멤버 전원 구성하는
# 한류 3.0 시동도 호재로 작용 기대

소각 등 적극적인 주주환원을 보이는 기업에 주목할 것을 추천한다"고 강조했다.

문화

## K-POP과 콘텐츠 위력에 주목

엔터와 콘텐츠 업종은 한류의 위상이 커지면서 새로운 '핫플레이스'로 떠오른 투자처다.

2023년에도 K콘텐츠 질주에 힘입어 성장세를 이어갈 전망이다.

K-POP은 국내를 넘어 글로벌 음악으로 자리 잡아가고 있다. 콘텐츠 성장에 힘입어 수익 사업도 탄력을 받는다. 엔터테인먼트사들은 기존 사업 수익성을 높이기 위한 다양한 사업 전략을 최근 2년간 진행해왔다. 플랫폼 관련 신사업에 대한 투자와 성과는 2022년부터 나타나는 중이다. 중장기적으로 엔터테인먼트사 실적은 계속해서 성장할 것으로 보인다.

엔터 회사가 2023년에도 좋은 실적을 거둘 것이라 기대하는 이유는 3가지다.

우선 엔터사들이 보유한 기존 IP의 글로벌 팬덤이 확장됐다. 팬덤 규모를 가늠할 수 있는 지표 중 하나가 음반 판매량이다. 관세청 통계에 따르면, 음반의 해외 수출 물량이 매년

한류 위상이 커지면서 K-POP 그룹을 거느린 대형 엔터주를 눈여겨보라는 조언이 나온다. 사진은 BTS 콘서트. (하이브 제공)

지속적으로 증가하고 있다. 특히 2021년 구보 (예전 앨범) 판매량이 증가한 점에 주목해야 한다. 국내에서 이미 인지도가 높은 아티스트에 대해 관심을 갖게 된 해외 팬덤의 음반 구매가 신보(신규 앨범)뿐 아니라 구보까지 이어진 것이다. 이는 당연히 엔터사의 음반 매출 성장으로 이어진다.

다음으로 엔터사의 신규 IP가 글로벌 IP로 성장하는 속도가 빨라지고 있다. 3세대 아티스트의 경우, 데뷔 이후 첫 해외 콘서트를 개최하기까지 평균 1년 7개월이 걸렸다. 반면 4세대 아티스트는 그 기간이 평균 7개월로 단축됐다. 이는 엔터사들이 시도한 하이브리드 (온라인+오프라인) 콘서트의 수익성을 한층 높였다. 국내 엔터사들은 코로나 영향으로 오프라인 공연이 불가했던 기간 동안 온라인 콘서트를 시도했고, 2022년 오프라인 공연이 가능하게 되면서 하이브리드 공연을 시도하는 중이다. 한 번의 공연으로 현장에 있는 관객

## 넷플릭스 부진에 콘텐츠주 부진
## 다만 다양한 OTT 성장 눈여겨봐야
## 새로운 OTT 등장으로 시장 외형 성장
## 오징어 게임부터 시작 K콘텐츠 위상
## 2023년에도 다수 작품 쏟아진다

뿐 아니라 해외 지역으로까지 공연을 송출하는 방식이다. 와이지엔터테인먼트의 '트레저'는 단 한 번의 해외 활동 없이 2022년 4월 처음 하이브리드 공연을 개최했다. 서울 올림픽공원 올림픽홀에서 개최한 트레저 콘서트는 온라인을 통해 102개 국가의 팬들이 공연을 관람했다. 하이브리드 공연은 꾸준히 엔터사 콘서트 실적을 견인할 것으로 예상한다.

마지막으로 엔터사의 글로벌 IP 발굴 공식 변화다. 그동안 국내 엔터사들은 해외 진출을

'이상한 변호사 우영우'는 2022년 K드라마의 위력을 잘 보여주는 작품 중 하나였다. K드라마 시장은 2023년에도 성장이 기대되는 종목이다. (스튜디오지니 제공)

위해 그룹 멤버 일부를 해외에서 영입하고는 했다. 하지만 이제는 아예 해외 멤버로만 이뤄진 그룹을 해외 시장에 바로 데뷔시키는 전략을 준비 중이다. 이미 JYP가 성공을 거둔 방식이다. JYP는 일본인으로만 이뤄진 걸그룹 '니쥬'를 일본에서 성공적으로 데뷔시켰다. 이는 K-POP의 해외 진출 성과가 더욱 가시화됐음을 기대하게 한다. 2023년은 가수가 아닌 '시스템' 수출이 활발해지는 한 해가 될 것으로 보인다.

## OTT들의 러브콜 쏟아지는 콘텐츠 제작주

2022년 넷플릭스는 스트리밍 서비스 사업 시작 이래 처음으로 구독자가 감소했다. 때문에 실적 전망치가 하향되며 주가는 10월 기준 연초 대비 63% 하락했다.

이에 국내 제작사 주가도 크게 영향을 받았다. 연초 대비 주가 수익률은 스튜디오드래곤 −28%, 콘텐트리중앙 −50%에 달한다. 시장 하락 시기에 더욱 큰 폭으로 하락하는 모습을 보였다. 그동안 제작사들의 높은 기업가치는 넷플릭스가 지지해주고 있었다. 국내 콘텐츠 작품 대다수가 넷플릭스를 통해 화제성을 입증받은 탓이다. 국내 콘텐츠가 넷플릭스에서 흥행에 성공하면 단숨에 글로벌 인기 콘텐츠로 자리 잡을 수 있었다. 콘텐츠를 만든 제작사는 글로벌 흥행작을 만든 제작사로서 작품 흥행 때마다 주가가 급등하고는 했다. 사실상 넷플릭스가 콘텐츠 제작사들의 주가를 책임져왔던 셈이다.

그러나 넷플릭스 부진으로 높은 기업가치를 뒷받침할 수 있는 근거가 약해졌다. 다만 이제는 달리 생각해봐야 할 필요가 있다. 2021년까지만 해도 제작사들의 넷플릭스 의존도는 매우 높았다. 2022년부터 흐름이 바뀌었다. 디즈니+, 아마존, 동남아 OTT 등 다양한 플랫폼이 등장하며 국내 콘텐츠를 사가고 있다. 대부분 넷플릭스보다 양호한 제작 마진을 보장해주는 것으로 알려졌다.

스튜디오드래곤은 '사랑의 불시착' 등 인기 드라마 IP를 해외에 수출하며 새로운 수익원으로 활용하고 있다. (스튜디오드래곤 제공)

2023년 한국 드라마 시장은 120편(전년 대비 10% 성장) 제작 · 방영될 예정이다. 외형 성장이 이어지는 가운데 OTT 오리지널이 50편(전년 대비 28% 성장)으로 양적 · 질적 성장을 주도할 전망이다. 회당 제작비가 25억원 이상 투입되는 대작 드라마만 6편이다. 2022년 대비 4편 증가가 예상된다.

2023년부터는 복수 플랫폼 효과에 따른 마진 개선 효과 수혜도 눈여겨볼 만하다. 미국 드라마 직접 제작 진출로 인한 추가 성장까지 전망된다. '오징어 게임(2021년)'으로부터 촉발된 한국 드라마 위상 격상은 '지금 우리 학교는(2022년)' '이상한 변호사 우영우(2022년)'로 이어지며 확고한 상태다. 이런 관점에서 최근 1년 특히 우수한 흥행 성적을 보인 국내 콘텐츠에 투자를 줄일 이유가 없다.

실적도 계속 좋아지고 있다. 2022년 상반기 스튜디오드래곤의 실적에서 확인했듯이, 판매 플랫폼 다변화로 인한 신작 흥행과 더불어 구작 판매가 이뤄지며 제작사 이익에 긍정적인 역할을 했다. 스튜디오드래곤의 2023년(예상), 2024년(예상) 영업이익 성장률은 각각 26.9%, 28.7%다. 영업이익률도 2022년 14.2% → 2023년 14.8%(예상) → 2024년 15.4%(예상)로 꾸준히 개선될 전망이다. 2022년 말에 방여하는 해외 작품 성공 시 실적 상향 여력이 충분히 남아 있다. 콘텐트리중앙도 점차 방송 실적이 안정화되며 이익 개선세를 보일 것이다. 콘텐츠 제작사의 펀더멘털과 업황은 과거 여느 때보다 좋다. ■

# 다시 웃는 백화점, 아슬아슬 홈쇼핑
# 편의점은 인플레 수혜…高밸류는 부담

**오린아** 이베스트투자증권 애널리스트

2022년은 코로나19 영향에서 점차 벗어나 점진적 일상 회복이 본격화된 시기였다. 해외 입국 시 PCR 검사 해제, 실외 마스크 착용 의무 전면 해제 등 리오프닝이 실제로 시작됐기 때문이다. 이에 오프라인 유통 업체 실적 역시 빠르게 회복했다. 성장률이 온라인 채널을 웃돌 정도다. 코로나19 종식을 위한 마지막 단계, 실내 마스크 해제가 남았지만 올겨울 재유행에 대비해 유지하는 상태기 때문에 2023년부터는 완전한 일상 회복에 대한 기대감이 높아지고 있다.

다만 2023년 소비 시장은 다소 위축될 수 있다. 국내외 금리 인상에 따른 이자 부담이 커지고 있고, 높은 수준의 물가가 지속됨에 따라 경기 둔화 우려가 이어지고 있기 때문이다. 올해 소비자심리지수는 회복세를 보이다 금리 인상 기조에 따라 급격히 하락했다. 7~9월 들어 소폭 반등했지만 여전히 기준선인 100 밑이다. 금리 인상에 따라 자산 가격도 하락세다. 이처럼 가계 가처분소득 증가와 자산 효과 모두 둔화되며, 리오프닝에 따른 소비 회복이 상쇄될 수밖에 없는 환경을 전망한다. 소득 수준과 자산 효과에 상대적으로 영향을 덜 받는 채널이 유리할 수 있다.

### 백화점 업종 내 선방 전망
### 경기 둔화에 덜 민감한 '고소득층' 겨냥

백화점 업종은 2022년 상반기 양호했던 실적에도 불구하고 주가 흐름이 좋지 못했다. 코로나19 기간까지는 저마진 상품이었던 명

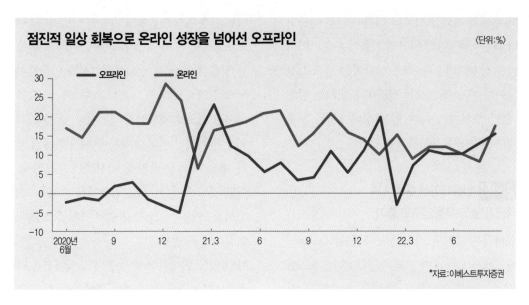

**점진적 일상 회복으로 온라인 성장을 넘어선 오프라인**

〈단위:%〉

*자료:이베스트투자증권

품·가전 등이 매출을 견인한 탓에 수익성이 다소 아쉬웠다면, 올해는 패션·의류·화장품 부문이 회복하면서 마진 또한 크게 개선됐다. 그럼에도 불구하고 대내외 환경이 민간 소비에 불리하게 작용했다. '지금보다는 향후'에 대한 전망이 밝지 않았기 때문에 주가 상승에 원동력이 없었던 상황이다.

다만 2023년에는 오히려 업종 내 '선방'이 예상된다. 백화점 주 고객층은 고소득층이고, 경기 둔화에 상대적으로 덜 민감하기 때문이다. 실제 2008년 금융위기 직후인 2009년 GDP 성장률은 0.3%에 불과했으나, 백화점 매출은 11% 증가한 바 있다. 이후 2011년까지 3년 연속 두 자릿수 성장세를 이어가다 2012년부터 둔화하기 시작했는데, 당시와 달리 백화점들은 MZ세대의 입맛에 맞는 새로

소득 줄고 주가 하락 '자산 효과'
금리 인상 기조에 소비 심리 위축
'리오프닝' 회복 수요 상쇄 전망
주 소비층 고소득자인 백화점은
경기 둔화 덜 민감…그나마 '선방'

운 MD로 과감하게 점포를 개편하고 더현대 서울이나 신세계 아트앤사이언스 같은 점포들로 체질 개선을 완료한 상태다.

백화점 업계에서는 '해외여행 재개' 이슈도 주의 깊게 지켜봐야 한다는 인식이 있다. 입국시 PCR 검사 의무가 해제되고 해외여행이 본격 회복될 것으로 전망됨에 따라 가계소비 여

력 내에서 해외 소비로의 이전이 일부 예상되기 때문이다. 다만 원달러 환율이 우호적이지 않은 상황이라 이는 다소 제한적일 것으로 전망된다. 구조적으로는 성장이 둔화하는 업태지만, 주가가 낮아져 있는 상태에서는 저점 매수 전략이 유효하다고 판단한다.

### 편의점 인플레이션 수혜 지속
### 객단가 늘고 유동인구도 증가

편의점은 2022년 가격(Price)과 물량(Quantity) 측면에서 모두 수혜를 받은 업태였다. 주요 판매 품목 가격 인상으로 객단가가 상승했고, 사회적 거리두기 해제 이후 유동인구도 증가했다. 출점 또한 BGF리테일과 GS리테일 이른바 '편의점 빅2'로 창업 수요가 몰리면서 연간 800~1000개 순증이 이어졌다.

이런 환경은 2023년에도 지속될 전망이다. 리오프닝으로 인해 유동인구는 완연하게 회복될 것을 전망하고, 런치플레이션과 인플레이션으로 외식 수요를 대체하고자 하는 수요가 이어질 것으로 예상하기 때문이다. 최근 가격 인상이 이뤄진 커피값 때문에 커피 전문점 커피 대신 '편의점 커피'를 마시려는 수요가 늘어난 것도 호재다. 같은 맥락에서 도시락, 신선식품, 커피, 음료 등 매출액 역시 호조를 이어갈 것으로 전망된다.

다만 업종 내에서 가장 높은 밸류에이션은 다소 부담이다. 과거 출점이 활발하던 시기 주가수익비율(P/E) 멀티플을 25~30배까지 받았던 때와 대비하면 현재는 20배가 안 되는 수준까지 낮아지기는 했다. 하지만 업종 내 낮은 밸류에이션을 보이는 종목이 많아 상대적

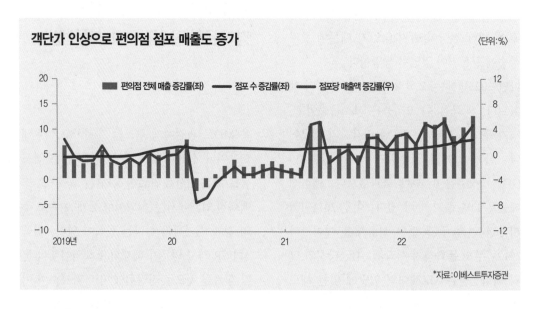

객단가 인상으로 편의점 점포 매출도 증가 〈단위:%〉

■ 편의점 전체 매출 증감률(좌) — 점포 수 증감률(좌) — 점포당 매출액 증감률(우)

*자료:이베스트투자증권

백화점 업계는 MZ세대의 입맛에 맞는 새로운 MD로 과감하게 점포를 개편해 관심을 끌고 있다. 사진은 여의도에 위치한 더현대 서울. (현대백화점 제공)

매력은 덜할 수 있다. 이에 편의점은 저점 매수 전략을 권한다. 1분기와 4분기는 편의점 비수기, 2~3분기는 성수기라는 점 또한 투자 시 고려해야 할 포인트다.

대형마트 · 홈쇼핑 · 이커머스

### 코로나 수혜 소멸…버티컬 플랫폼 기대감

대형마트는 코로나19 시기 온라인몰 성장 수혜를 입었고, 홈쇼핑 또한 비대면 소비가 늘어나고 가전 · 리빙 품목 매출 호조로 양호한 실적을 이어왔다. 다만 2023년에는 이런 효과가 리오프닝으로 인해 소멸되고, 높은 베이스가 부담으로 작용할 것으로 보인다.

2023년 국내 이커머스 시장은 '버티컬 플랫폼'의 성장이 두드러질 전망이다. 코로나19로 이커머스 소비가 증가하고 유통 업종 내 온라인 시프트가 예상 대비 빠르게 진행될 것으로 보이면서 플랫폼도 속속 이커머스 진출에 나섰다. 기존 유통 업체들도 이커머스로 영역 확장을 지속했다.

네이버는 스마트스토어 경쟁력 확보를 위해

### 코로나 수혜로 급성장한 홈쇼핑
### 팬데믹 기간 높은 베이스 '부담'
### 이커머스 '네 · 쿠 · 쓱' 3파전 공고
### 소비 파편화…버티컬 플랫폼 UP
### 고마진 '패션 · 뷰티'에서 특히 훨훨

소싱부터 배송까지 모든 밸류체인에 걸쳐 투자를 확대했고, 배송 인프라 확보를 위해 운송 업체, 풀필먼트 업체와 협력 관계를 맺고 'NFA(Nave Fulfillment Alliance)'를 시작했다. 이마트는 이베이코리아를 인수하면서 거래액 기준 시장점유율 2위까지 올라섰고, 쿠팡 또한 무리한 경쟁을 지양하고 효율적 자원 배분을 통해 올해 2분기 상각 전 영업이익(EBITDA) 기준 흑자전환을 처음으로 기록하며 수익성 개선 가능성을 보여줬다. 이에 롱테일 이커머스 시장은 네쿠쓱(네이버 · 쿠팡 · SSG닷컴) '빅3' 체제로 경쟁이 일단락된 모습이다.

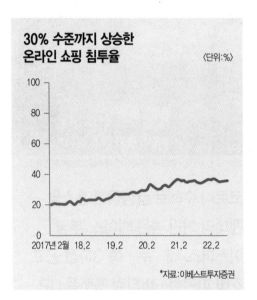

**30% 수준까지 상승한
온라인 쇼핑 침투율** 〈단위:%〉

*자료:이베스트투자증권

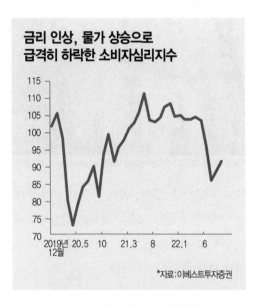

**금리 인상, 물가 상승으로
급격히 하락한 소비자심리지수**

*자료:이베스트투자증권

2023년에는 코로나19를 지나며 온라인 쇼핑 베이스가 높아진 가운데 버티컬 플랫폼들 행보에 주목할 필요가 있다. 버티컬 플랫폼에 주목해야 하는 이유는 소비가 파편화되고 있기 때문이다. 개인이 접할 수 있는 매체와 콘텐츠가 TV, 라디오를 넘어서 과거 대비 다양해지고 있고 이에 따라 소비자 취향이 세분화되고 있다. 과거처럼 대중 제품을 대량으로 생산해 최대한 많은 채널에 유통시키는 전략이 효율이 나지 않는 이유다.

이에 유통 채널 또한 '공통된 취향을 바탕'으로 하는 채널보다 취급하는 브랜드가 다양하고 신진 브랜드가 입점하기 용이한 이커머스 버티컬 채널 성장이 눈에 띄게 나타날 것으로 전망된다. 이커머스 내 높은 점유율을 자랑하는 쿠팡이 2020년 4월 론칭했던 자체 패션 플

랫폼 C에비뉴의 성과가 부진한 것도 같은 맥락에서 이해해볼 수 있다.

통계청에 따르면 '2022년 8월 온라인 쇼핑 동향'에서 종합몰 거래액은 전년 동기 대비 12.8% 증가한 11조1314억원, 전문몰(버티컬 커머스) 거래액은 전년 동기 대비 21.8% 증가한 6조5866억원을 기록했다. 전문몰 거래액은 2020년 12월 이후 매월 두 자릿수 성장세를 이어가고 있다. 전문몰은 패션, 뷰티, 가전제품, 음식료품 등 품목을 가리지 않고 성장 중이다.

특히 패션과 뷰티 부문은 주목할 만하다. 대표적인 고마진 상품이기 때문이다. 소비자가 대형마트에서는 활발하게 의류 구매를 하지 않은 것처럼, 패션과 뷰티 부문은 가격 경쟁보다는 취향과 감성의 영역이 소비를 좌우하

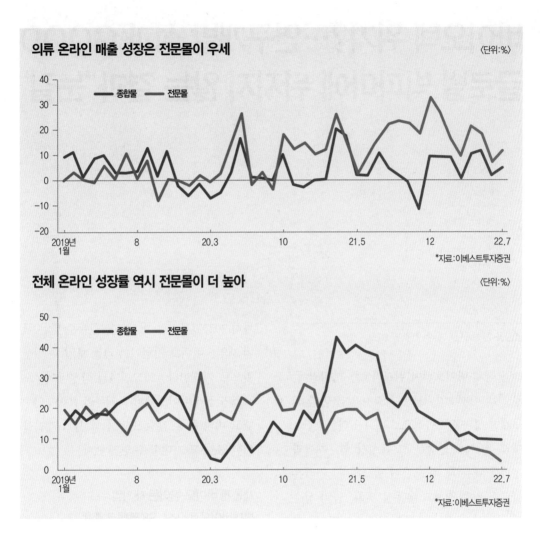

**의류 온라인 매출 성장은 전문몰이 우세**  〈단위:%〉

— 종합몰  — 전문몰

*자료:이베스트투자증권

**전체 온라인 성장률 역시 전문몰이 더 높아**  〈단위:%〉

— 종합몰  — 전문몰

*자료:이베스트투자증권

는 데 큰 영향을 미친다.

이런 수요를 받아내고 있는 플랫폼이 버티컬 업체라는 판단이다.

인수와 관련해 논란은 있지만 최근 네이버가 단행한 미국의 C2C 버티컬 플랫폼 포쉬마크 인수 또한 비슷한 양상이다. 수요(취향)가 세분화하고 공급(브랜드) 또한 과거 대비 다양

해지는 만큼 이를 받아내는 플랫폼 또한 점점 분야별로 쪼개지고 전문성은 깊어지는 추세다. 이마트가 인수한 W컨셉, 상장을 앞두고 있는 무신사 등의 행보에 주목할 필요가 있다. 버티컬 업체들은 롱테일 대형 커머스 업체들의 먹거리를 지속해서 가져오고 있기 때문이다. ■

# 바이오텍 위기?…연구개발 성과 GOOD 글로벌 빅파마에 뒤지지 않는 결과 '눈길'

**엄민용** 현대차증권 책임연구원

최근 국내 바이오텍이 위기라고는 하지만 글로벌 빅파마와 견줘도 뒤처지지 않을 만큼 연구개발 성과를 지속적으로 내고 있다.

제약 · 바이오 업종은 그 특성상 연구개발과 성과를 내는 데 긴 호흡이 필요하다. 지금은 글로벌 긴축 정책과 유동성 부족, 금리 상승 등 외부 충격 탓에 바이오 업종이 전반적으로 저평가된 상태다.

주가 하락으로 자금 조달 이슈가 수면 위로 떠오르는 것처럼 보이지만 실상 문제는 미미할 것이라고 판단한다.

금리가 오르며 섹터 전반적인 소외가 이어지고 있는 상황이 어쩌면 가장 큰 반등을 위한 준비일 수 있다.

특히 2023년부터는 대기업을 필두로 많은 국내 제약 · 바이오 기업이 성과를 보일 수 있을 것으로 기대한다. 2022년 4월 삼성바이오로직스가 삼성바이오에피스 지분을 100% 인수했고 미국 공장 인수 또는 신약 사업 개발을 위한 M&A도 기대할 수 있게 됐다.

### 새롭게 바이오 뛰어든 대기업
### 롯데바이오로직스, SK팜테코 주목

그동안 바이오에 투자하지 않았지만 2022년부터 신사업에 새롭게 진출한 여러 대기업도 있다. 대표적으로 2022년 6월 롯데바이오로직스가 미국 BMS의 공장을 약 2000억원에 인수하며 바이오 사업에 뛰어들었고 2023년 상장이 기대된다. SK바이오사이언스의 자회사 SK팜테코도 CDMO 사업에 뛰어들어 사업을

2022년 4월 삼성바이오로직스가 삼성바이오에피스 지분을 100% 인수하면서 미국 공장 인수 또는 신약 사업 개발을 위한 M&A도 기대할 수 있게 됐다. 사진은 삼성바이오로직스 송도4공장 조감도. (삼성전자 제공)

영위 중이다. 마지막으로 LG화학이 2022년 10월 18일 미국 나스닥 항암제 개발 바이오텍 AVEO Oncology를 약 8100억원에 43% 프리미엄을 얹어 100% 인수했다.

### 글로벌 제약사와 기술 이전 활발
### 알테오젠, 레고켐, 에이비엘, 지씨셀 등

국내 바이오텍 기술 경쟁력이 과거와는 비교할 수 없는 수준으로 발돋움했다는 것도 호재다. 알테오젠, 레고켐바이오사이언스, 에이비엘바이오, 지씨셀같이 글로벌 제약사들과 의미 있는 기술 이전을 이뤄낸 기업들도 2023

년의 파이프라인 결과가 기대되는 상태다.

알테오젠은 최근 4조7000억원에 기술 이전한 머크의 키트루다 피하주사 제형(추정)이 내년 임상 3상에 첫 환자 투약을 앞두고 있으며 2025년까지 출시가 멀지 않은 상황이다.

에이비엘바이오은 사노피에 1조3000억원에 기술 이전한 파킨슨병 치료제 이중항체 ABL301의 임상 1상 환자 투약이 개시됐다. 의미 있는 단계별 마일스톤 유입과 흑자전환, 항암제·퇴행성뇌질환 치료제의 빅파마와 추가 기술 이전이 가시화될 것으로 추측한다.

레고켐바이오의 경우 2022년 9월 최초로 자체

개발한 ADC(Antibody−drug conjugate) LCB14
의 임상 1상 결과를 공개했고 이 파이프라인
의 임상 결과가 굉장히 고무적이다. 투약 12
주 차 만에 전이성삼중음성유방암 HER2 양
성환자에게서 완전관해(CR·Complete
Response·암 치료 후 검사에서 암이 있다는
증거를 확인하지 못한 상태)가 발견됐고, 추
가 투약이 진행 중이어서 다이이찌산쿄−아스
트라제네카의 엔허투(Enhertu)와 대등 또는
그 이상의 임상 결과를 보여줄 수 있을 것이라
는 기대감이 높다. 지씨셀은 머크와 2021년 1
월 약 2조원의 기술 이전 이후 동종 CAR−NK
세포 치료제의 국내 기업 개발 역량을 다시금
입증해줄 것으로 기대된다.

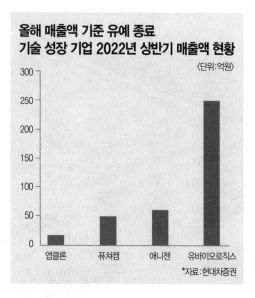

올해 매출액 기준 유예 종료
기술 성장 기업 2022년 상반기 매출액 현황
〈단위:억원〉

*자료:현대차증권

### 국내 제약·바이오 자금 조달 우려는
### 매출 기준 관리 종목 편입 우려 있는 건 한 곳뿐

장밋빛 전망만 나오는 것은 아니다. 국내 상
장한 제약·바이오 기업의 가장 큰 리스크라
고 평가받는 것은 '자금 조달' 이슈다. 자금 조
달 가능 여부는 관리 종목 편입 이슈와 관련되
기 때문에 투자자 관심도 높다.

근래 제약·바이오는 금리 상승으로 가장 냉
혹한 시간을 버티고 있다. 계속되는 유상증
자와 CB 발행, CB 상환에 따른 오버행 이
슈, 그리고 리픽싱 전환가액까지 떨어지는
주가 흐름은 섹터 전체에 악영향을 주고 있
다. 코로나 팬데믹 유행 후 2021년까지 제

약·바이오 섹터가 반등한 것처럼 보이지만
실상 바이오 신약 개발 기업은 소외돼왔다.
코로나19 백신, 치료제, 진단과 백신·치료
제의 CDMO(위탁개발생산) 관련주만 주목
받았기 때문이다.

실제 자금 조달 이슈로 관리 종목에 편입될
가능성이 있는 기업들은 몇이나 될까. 현행
관리 종목 편입 기준에 따라 관리 종목에 편
입될 가능성이 있는 기업이 있는지, 또 영업
손실이 지속돼 CB 상환을 위한 자금 조달이
우려되는 기업은 어떤 곳이 있는지 국내 제
약·바이오 성장 기업 88개 기업 재무 구조를
살펴봤다.

제약·바이오 기술 성장 기업 88개의 신규 상
장일 기준 특례 면제 기간 중 매출액 미달로
관리 종목에 편입될 가능성이 있는 기업은 없

알테오젠, 레고켐바이오사이언스, 에이비엘바이오, 지씨셀 같이 글로벌 제약사들과 의미 있는 기술 이전을 이루어낸 기업들도 2023년 기대주다.
사진 왼쪽은 알테오젠. 오른쪽은 레고켐바이오사이언스 회사 전경. (각 사 제공)

다. '앱클론'이 2022년 기술 성장 기업 특례
면제가 종료되며 최근 2021년 결산연도 매출
액 30억2000만원으로 그 기준을 가까스로 넘
겼다.

단, 2022년 매출액이 30억원 미만일 경우 직
전 사업 3개년의 합이 90억원을 넘지 못한 상
태기 때문에 관리 종목 편입 가능성이 존재
한다. 2022년 상반기 매출액은 17억7000만
원으로 하반기 약 12억3000만원을 달성해야
한다.

코스닥 상장 기업의 관리 종목 편입 기준은
기술 성장 기업 규정과 차이가 있다. 그 기준
은 다음과 같다.

① 신규 상장일이 속한 사업연도를 포함해 연
속하는 5개 사업연도 동안은 30억원 미달 기
준을 적용하지 않는다. ② 최근 사업연도 말

**대기업도 뛰어드는 제약 · 바이오**
**삼바, 바이오에피스 100% 인수**
**SK팜테코, CDMO 사업 시작**
**롯데도 롯데바이오로직스 출범**
**LG화학은 나스닥 상장사 인수**

현재 '제약 산업 육성 · 지원에 관한 특별법'
에서 정하는 '혁신형 제약 기업'의 경우 매출
액 미달 기준을 적용하지 않는다. ③ 기술 성
장 기업에 속하면서 최근 사업연도의 일평균
시가총액이 4000억원 이상이고 시가총액이
최근 사업연도 말 현재의 자본금을 초과하는
기업 ④ 최근 3개 사업연도의 매출액 합계가

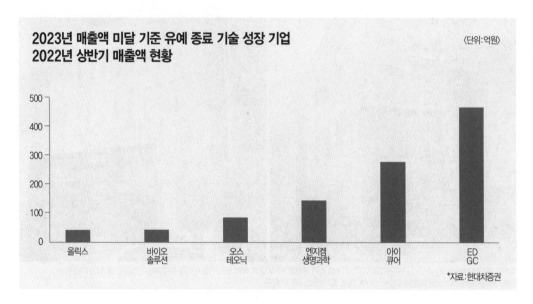

**2023년 매출액 미달 기준 유예 종료 기술 성장 기업 2022년 상반기 매출액 현황** 〈단위:억원〉

*자료:현대차증권

90억원 이상이고, 최근 사업연도 직전 사업 연도의 매출액이 30억원 이상인 경우 등 총 4가지다.

이 4가지 기준을 모두 충족해야만 관리 종목에 편입된다. 매출액 미달로 관리 종목 편입 위기에 놓일 수 있는 기업은 앱클론 단 1개 기업뿐이다.

그마저 2022년 매출액이 30억원 이상을 달성할 시 관리 종목에 편입되지 않는다. 매출 부족에 따른 관리 종목 편입은 과도한 우려라고 볼 수 있는 대목이다.

매출액 외에 관리 종목에 편입되는 조건이 더 있다. 바로 '법차손이 자기자본 50%를 초과'하는 경우다. 코스닥 상장 기준과 기술 성장 기업은 모두 법차손이 자기자본 50%를 초과하는 연도가 최근 3개 사업연도 중 2개

사업연도에 해당하는 기업의 경우, 관리 종목에 편입된다. 단, 기술 성장 기업은 상장일이 포함된 연도부터 3개년은 면제 구간에 해당한다.

결론적으로 제약 · 바이오 기술 성장 기업 88개 기업 중 2022년 관리 종목 편입 해당 기업은 파악되지 않았다. 2021년까지 특례 만료를 앞두고 있는 기업이 33개, 2022년 16개, 2023년 15개, 2024년 이후 24개가 있지만 법차손이 자기자본의 50%를 초과하는 상태인 기업은 현재 기준으로 존재하지 않는다.

### CB 상환 만료도 이슈
### 2023년 추가 자금 조달이 필요한 기업 세 곳

CB 상환은 관리 종목 편입과는 다른 이슈지만 상환을 위한 자금 조달은 그 기업에 보통

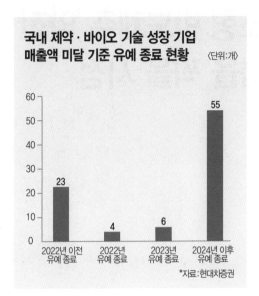

**국내 제약·바이오 기술 성장 기업 매출액 미달 기준 유예 종료 현황** 〈단위:개〉

- 2022년 이전 유예 종료: 23
- 2022년 유예 종료: 4
- 2023년 유예 종료: 6
- 2024년 이후 유예 종료: 55

*자료:현대차증권

**韓 바이오텍, 글로벌 기술 이전 활발**
**알테오젠과 지씨셀은 머크에**
**에이비엘바이오는 사노피에 이전**
**국내 바이오텍 자금 조달 우려 있지만**
**관리 종목 편입 가능성은 극히 낮아**

악재로 작용할 수 있다.

한국예탁결제원 증권정보포털(SEIBro)에 따라 CB를 발행한 290여개 제약·바이오와 의료 기기 기업을 확인해본 결과 2022년 만료 예정인 기업은 5개로 HLB, 시너지이노베이션, 올리패스, 제이시스메디칼, 지씨셀 등이다. 여기서 HLB는 계속 사업 손실 때문에 CB 상환에 대한 압박감이 있었으나 2022년 8월 유상증자 약 3200억원을 통해 이 부분을 해소했다.

올리패스는 계속 사업 손실이 있으나 최근까지 유상증자를 하지 않고 있어 CB 상환을 위한 자금 조달 우려가 있다고 판단된다. 특정 파이프라인 기술 수출 등을 통해 자금을 조달할 수 있을지 살펴볼 필요가 있다.

2023년 CB 상환이 만료되는 기업은 총 17곳

이다. HLB제약, 경남제약, 셀리버리, 에이비온, 우진비엔지, 원바이오젠, 지티지웰니스(거래 정지), 진원생명과학, 차백신연구소, 크리스탈지노믹스, 프레스티지바이오로직스, 한스바이오메드 등이 발행 잔액이 남아 있다. 계속되는 사업 손실로 상환할 여력이 부족할 것으로 추정된다.

위 기업 중 경남제약, 셀리버리, 에이비온, 우진비엔지, 진원생명과학, 크리스탈지노믹스, 프레스티지바이오로직스가 유상증자를 통해 자금 조달을 완료했다.

HLB제약, 원바이오젠, 한스바이오메드가 CB 상환을 위한 추가 자금 조달이 필요할 것으로 보인다. 차백신연구소는 2021년 10월 상장으로 자금 조달을 완료했다.

3개 기업만이 2023년 매출액 또는 기술 이전 등을 통해 영업이익으로 자금 조달을 하지 못하는 경우 유상증자 같은 이슈가 발생할 가능성이 높다고 판단한다. ■

# 기술 경쟁력 갖춘 중소형 반도체주 '약진'
# 폐기물 산업에도 방점을 찍을 시점

**오강호** 신한투자증권 수석 연구원

경기 불확실성이 높아지며 주식 시장 내 긴장감은 지속적으로 높아지고 있다. 2022년 시장을 주도하던 주요 성장주도 낙폭이 확대 중이다. 중소형주도 마찬가지다. 2022년 안정적인 실적 성장을 기록했음에도 불구하고 실망스러운 주가 흐름을 보이고 있다.

어려운 시장 환경 속, 유망 중소형주를 선별하는 기준은 2개다. 첫째 '높은 성장률', 둘째는 '패러다임 적응력'이다. 성장률이 높고 시대 흐름을 잘 따라가는 업체에 상대적으로 높은 밸류에이션을 제시할 수밖에 없다.

2023년 중소형주 유망 카테고리를 선정했다. ① 흔들리는 시장 환경 속에서도 기업 품질을 향상하는 업체 ② 4차 산업혁명 도래에 따른 수요가 지속적인 업체 ③ 소비 패러다임 변화에 따른 수혜 업체를 투자 유망주로 제시한다. 이들은 아무리 불확실성이 강하다고 해도 안정적인 성장이 가능하다는 공통점이 있다. 2023년도 실적 성장동력을 마련하며 밸류에이션 매력까지 겸비했다. 투자 매력도가 높을 수밖에 없는 이유다.

## ① 중소형 반도체 IT

먼저, 기술 경쟁력을 갖춘 반도체 IT 중소형주 약진을 예상한다. 반도체 수요 둔화 우려와는 별개로 기술 경쟁력을 통한 실적 성장이 가능한 업체에 주목할 시점이다. 과거와 달리 기술력 확대는 글로벌 고객사 확보로 이어진다. 이는 신규 시장 진입을 통한 새로운 성장동력으로 자리매김할 수 있다.

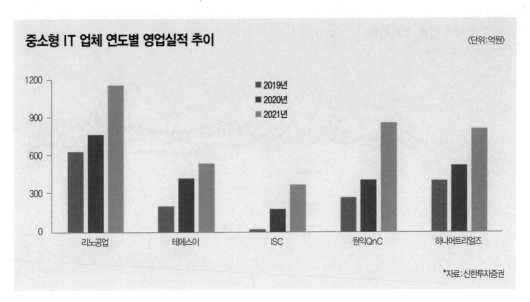

**중소형 IT 업체 연도별 영업실적 추이** 〈단위:억원〉

■ 2019년
■ 2020년
■ 2021년

리노공업 　테에스이 　ISC 　원익QnC 　하나머트리얼즈

*자료:신한투자증권

예를 들어 최근 실적 흐름이 견조한 소켓 업체의 경우, 기존 메모리 시장에서 비메모리 고객사로 매출처를 확장하고 있다. 부품 업체 또한 미세 공정 실현을 위한 EUV 도입 등으로 전공정 소모성 부품의 사용량이 증가 추세를 보인다. SiC 링, 합성 쿼츠 등 신기술의 공정 도입도 중소형 IT 업체에 관심이 필요한 이유다. 반도체 회복 사이클에서 기술 경쟁력을 갖춘 업체의 실적 상승세는 더욱 가팔라질 전망이다.

국내 중소형 IT 업체들은 최근 제품 품질 경쟁력을 바탕으로 글로벌 시장 내 점유율을 확대 중이다. 향후 제품 퀄리티 제고는 고객사 확대와 안정적인 실적 성장 흐름을 견인할 전망이다. 그중에서도 리노공업, 테에스이, ISC, 원익QnC, 하나머티리얼즈는 2019년부터 2021년까지 3년 연속 실적 개선을 실현한 기

업으로 올해 주목해볼 만하다.

## ② IT 서비스

IT 서비스 분야도 눈여겨볼 만하다. 우리는 이미 코로나19를 경험하며 클라우드의 확장성, 스마트 밸류체인의 효율성, 보안에 대한 안정성을 검증했다. 이에 소비자 니즈 증가, 공급자의 콘텐츠 플랫폼 확대에 따라 인공지능(AI), 블록체인 등 관련 신기술이 빠르게 등장·보급되고 있다.

IT 서비스 산업군은 국내외 기업 패러다임을 선도할 주요 '키'다. 산업 내 스마트 밸류체인 구성을 바탕으로 효율화와 안정성 확대에 기여할 수 있기 때문이다. 신기술 개발과 사업 영역 확대에 따른 소프트웨어 서비스 가격 상승도 기대해볼 만하다. IT 서비스 시장 수요

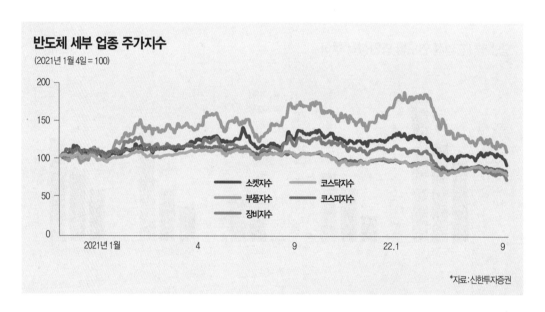

**반도체 세부 업종 주가지수**

(2021년 1월 4일 = 100)

범례: 소켓지수, 부품지수, 장비지수, 코스닥지수, 코스피지수

가로축: 2021년 1월, 4, 9, 22.1, 9

*자료:신한투자증권

가 다변화되고 있다는 점도 긍정적이다. 기존 그룹사 위주에서 유통, 엔터, 2차전지 등 다양한 사업 분야에 확대 적용될 전망이다.

중소형주 종목 중에서는 이퀴닉스, 디지털리 얼티 같은 데이터센터 기업에 주목해보자. 이들은 아마존클라우드, 삼성SDS 같은 클라우드 서비스 공급자에게 데이터센터라는 물리적 공간을 임대해주는 기업으로 IT 서비스 산업의 기초가 되는 기업이다.

### ③ 폐기물 산업

마지막으로 환경 서비스 '폐기물' 산업에 방점을 찍을 시점이다. 폐기물은 도시화와 산업화라는 사회 패러다임 변화 속에서, 과거부터 현재까지 안정적인 성장이 담보된 산업군이다. 최근 정부의 환경 정책 확대와 시민들의 사회 의식이 강화되며 공급자 진입장벽은 더욱 높아지고 있다. 미래 성장성이 다시 한 번 부각받는 이유다. ESG 필요성이 확대되는 가운데 공공·민간 기업의 환경 개선 노력도 심화되고 있다. 환경 서비스 산업은 사회 전반으로 시장이 확대될 것으로 전망된다. 얼마 전에는 서울·수도권에서 80년 만의 기록적인 폭우로 피해가 커지면서, 쓰레기를 포함한 폐기물 처리 관련주가 반짝 급등세를 보이기도 했다. 기업 중에서는 아이씨에이치, 인선이엔티, 와이엔텍, 코엔텍, 제넨바이오 등이 유명하다.

폐기물 기업이 매력적인 이유는 여럿이다. 한정적인 수용 부지에서 비롯한 매립 가격 상승, 그리고 리사이클(재활용) 확대에 따른 민간 환경 서비스 업체들의 중간 처리 역할 증대다. 산업 특성상 증설이 제한적이기 때문에 매립·소

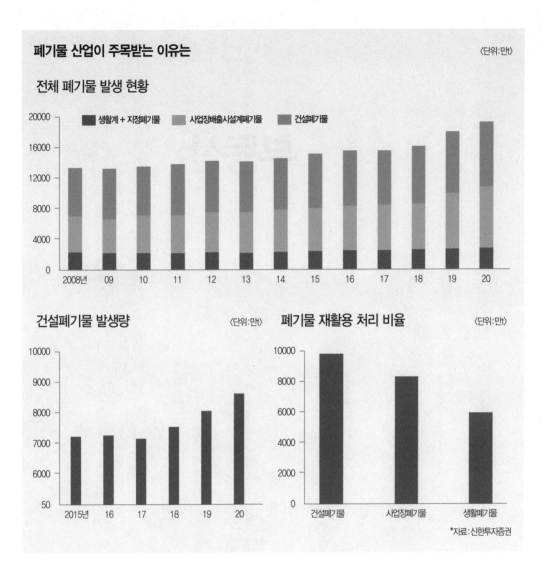

## 폐기물 산업이 주목받는 이유는

〈단위:만〉

### 전체 폐기물 발생 현황

■ 생활계 + 지정폐기물  ■ 사업장배출시설계폐기물  ■ 건설폐기물

(2008년, 09, 10, 11, 12, 13, 14, 15, 16, 17, 18, 19, 20)

### 건설폐기물 발생량
〈단위:만〉

(2015년, 16, 17, 18, 19, 20)

### 폐기물 재활용 처리 비율
〈단위:만〉

(건설폐기물, 사업장폐기물, 생활폐기물)

*자료:신한투자증권

각 시설의 신규 공급이 어렵다는 점도 경쟁력이다. 산업 내 공급이 한정되고 수요가 많으면 당연히 가격이 오르고 실적이 개선된다. 특히 최근 리사이클은 선택이 아닌 필수로 자리매김했다. 공공·민간 기업들이 친환경 설비를 확대하고 폐기물 처리 기준을 강화하는 등 재활용 확대에 동참하고 있다. 국내 상장된 주요 환경 서비스 업체 또한 중간 처리를 통한 불순물 분리, 파쇄, 선별 작업을 거쳐 순환 모래와 골재를 생산·판매 중이다. 이는 기존 매립, 소각뿐 아니라 환경 서비스 업체들의 새로운 성장 동력으로 자리매김할 전망이다. ■

# 부동산

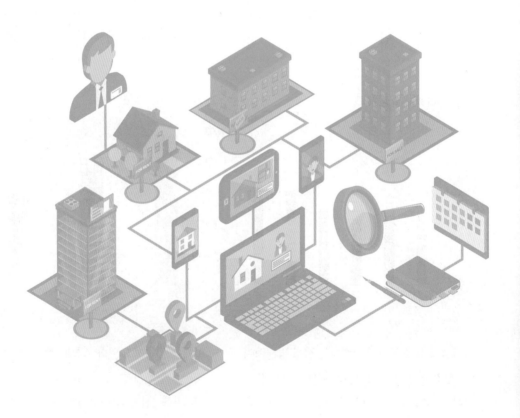

# 어디에
# 투자할까

# 무주택 실수요자라면 '급매' 노려볼 만
# 청약가점 높으면 청약 신청해볼 만~

**정다운** 매경이코노미 기자

2022년은 지난 몇 년간 불장이었던 아파트 거래 시장이 급격히 얼어붙은 한 해였다. 은행 주택담보대출 금리 상단이 연 7%를 뚫는 등 금리 상승세가 가팔랐던 탓에 실수요자가 부담할 이자가 늘고, 대출 한도는 줄어드는 이중고에 시달리기 시작했다. 매수세가 사라지다 보니 불가피하게 주택을 처분해야 하는 집주인들이 하나둘씩 '급매' '급급매'를 내놓기 시작했고, 불과 몇 개월 새 집값이 수억원씩 떨어지는 사례는 예삿일이 됐다. 특히 2021년까지 집값 상승세가 컸던 '노도강(노원 · 도봉 · 강북구)' '마용성(마포 · 용산 · 성동구)' 등은 최고가 대비 20~30%씩 하락하면서 서울 집값 하락세를 이끌었다.

사정이 이렇다 보니 2023년은 집값이 지난 몇 년처럼 대세 상승하기는 어려운 환경이 됐다. 그럼에도 조금 바꿔 생각하면 2023년은 넉넉한 현금을 보유했고 당장 실거주를 해결해야 하는 무주택 실수요자에게 '급매' 매물을 노려볼 만한 시기가 될 수 있다. 최근 구축 아파트도 가격이 조정된 급매물이 나오고 있고, 청약가점이 낮다면 청약 열기가 한풀 꺾인 지금이 당첨 확률을 높일 적기일 수 있다. 물론 지역과 입지, 매물 성격에 따라 다르겠으나, 내년 상반기까지는 매수자 우위 시장이 지속될 가능성이 높다는 게 업계 중론이다.

### 신규 입주 몰린 지역 급매물

그동안 새 아파트 선호 현상이 강했던 탓에 5년 이하 아파트값이 부쩍 올랐다. 하지만 그

경기 성남시 수정구 신흥동 '산성역 포레스티아'. (매경DB)

동안 재개발 사업이 활발히 진행돼온 지역에서는 매머드급 대단지들이 하나둘 입주를 시작하면서 세입자 모시기 전쟁이 시작됐는데, 이 영향으로 기존 대장주 아파트 전셋값과 매매 가격이 조정받는 분위기다.

성남 구도심이 대표적이다.

성남 구도심 대장 단지 중 하나였던 수정구 '산성역포레스티아(4089가구)' 전용 84㎡는 2022년 초만 해도 8억원 넘던 전세 가격이 2022년 9월에는 5억6700만원까지 2억원 넘게 내려앉았다. 이는 매매 가격 하락 압력으로도 작용했는데 그 결과 2022년 9월 같은 면적 아파트가 10억3500만원(20층)에 팔렸다. 2020년 6월 한때 15억5800만원(24층)에도 팔렸던 점을 감안하면 시세가 5억2000만원 하락한 상황이다. '성남단대푸르지오(1012가구)' '중앙동롯데캐슬(545가구)' 등 입주 10년 차 안팎 단지는 물론이고, '은행현대(1258가구)'를 비롯한 구축 단지도 상황은 비슷하다.

원인은 성남 구도심에 쏟아진 입주 폭탄이다. 2022년 9월 '신흥역하늘채랜더스원(2411가구)'이 입주를 시작했고, 같은 해 11월부터는

## 기분양 아파트 입주 시기 되자
## 전세 가격·매매 가격 동반 약세
## 공급 몰린 지역서 급급매 또는
## 웃돈 급락한 재개발 살펴봐야

'e편한세상금빛그랑메종(5320가구)'이 입주한다. 3개월 새 수천 가구가 전세 시장에 쏟아지다 보니 매매 가격도 덩달아 약세를 띠는 것이다. 2023년 10월에는 신흥2구역을 재개발한 '산성역자이푸르지오(총 4774가구)' 입주까지 예정돼 있어 당분간 성남 구도심에서는 가격 조정이 불가피해 보인다. 이런 상황이라면 급매물도 하나둘 등장하는 게 순리인데 시간, 현금 여유가 있는 매수자는 저렴한 급매를 느긋하게 기다려봄직하다.

입주가 몰린 시기 부동산 경기가 주춤한 탓에 잠시 가격이 조정된다고는 하지만 성남 구도심 신축 단지는 입지가 훌륭한 곳들이다. 중원구·수정구 모두 서울 송파구 경계에 위치

한 데다 비교적 저렴한 가격임에도 불구하고 강남은 물론 송파, 판교 등 주요 업무지구 접근성이 좋아 이들 업무지구 직장인 수요가 많은 편이다. 산성역에서 8호선을 이용하면 잠실까지 20분, 강남까지 40분 걸린다. 걸어서 갈 수 있는 거리에 지하철역, 학교, 대형상업시설, 공원 등이 있어 생활 인프라도 잘 갖춘 편이다.

### 재개발 웃돈 빠지는 시기에는

시세가 비싼 서울에서는 아예 재개발 사업이 한창 진행 중인 곳 조합원 매물을 선점해두는 전략도 유효하다. 부동산 시장이 불황에 접어들면 재건축·재개발 같은 정비사업은 인기가 확 줄어든다. 사업 추진이 줄줄이 지연되는 데다 조합원 매물에 붙었던 '억대' 웃돈이 일순간에 빠져서다.

반면 사업 진행이 원활한 재개발 구역이라면 오히려 요즘 같은 시기가 내집마련 적기일 수 있다. 흔히 이런 사업지에서는 준공 전까지 양도세 중과를 피해 일반과세(입주권 취득 후 2년 이상 보유)를 받으려는 다주택자 급매물이 나오기 때문이다. 서울에서는 북아현뉴타운이 최근 주목받는 재개발 사업지다. 그중에서도 아직 입주하지 않은 2구역과 3구역을 눈여겨볼 만하다.

2구역은 이미 업계에서 입지가 좋기로 꼽히는 곳 중 하나다. 삼성물산과 대림산업이 시공할

**2023년으로 분양 연기된 서울 주요 아파트** 단위:가구

| 위치 | 단지명 | 총 가구 수 |
|---|---|---|
| 강동구 둔촌동 | 둔촌주공 재건축 | 1만2032 |
| 서초구 반포동 | 래미안원펜타스 (신반포15차 재건축) | 641 |
| 동대문구 이문동 | 래미안라그란데 (이문1구역 재개발) | 3069 |
| 동대문구 이문동 | 이문아이파크자이 (이문3구역 재개발) | 4321 |
| 마포구 아현동 | 마포더클래시 (아현2구역 재건축) | 1419 |

*자료:업계 종합

이 구역은 2·5호선 환승역인 충정로역을 도보로 이용할 수 있다. 총 2320가구에 이르는 대규모 단지다. 일각에서는 북아현2구역이 제2의 '경희궁자이'가 될 만한 조건을 갖췄다는 평가도 내린다. 경희궁자이에서 서울시청까지 도보 거리는 약 30분. 마찬가지로 2구역에서도 서울시청까지 도보 30분 거리다.

3구역은 2구역보다 더 큰 대단지(4830가구)로 조성될 예정이다. 북아현3구역은 4830가구 대단지다. 일반분양 물량이 많기 때문에 사업성이 좋다는 평가를 받는다. 다만 3구역은 워낙 넓은 만큼 동·호수별로 지하철역까지 거리가 꽤 먼 곳도 있다. 평균적으로 살펴보면 2구역이 살짝 더 나은 편이다.

소위 '입지 깡패'로 통하는 북아현뉴타운2구역과 3구역이지만 2022년 하반기 즈음해서 가격이 급하락하기 시작했다. 2구역의 경우 2021년 말 웃돈 호가가 11억원에 달했지만 2022년 하반기에 나온 매물은 웃돈이 6억~7

억원 사이에 형성됐다.

그사이 조합원 분양 신청까지 마쳤지만 부동산 투자 심리가 얼어붙으며 가격이 조정되고 있다. 현재 교통영향평가 심사 중으로 2구역보다 속도가 느린 3구역 역시 사정은 비슷하다. 개별 물건마다 권리가액(감정가)은 차이가 있지만 2022년 3월 웃돈이 8억~9억원이었던 이 구역 매물은 같은 해 4분기 들어 5억~6억원대로 하락했다. 인근 신축인 신촌푸르지오, e편한세상신촌 등도 연초보다 호가를 1억원 이상 낮춘 급매만 거래되고 있어 매도를 희망하는 재개발 조합원들이 웃돈을 낮추는 상황이다.

물론 가격이 하락했다고 해서 바로 매수에 나설 필요는 없다. 금리 인상 기조가 계속되는 가운데 거래 절벽 속 하락 추세가 한동안 지속될 가능성이 높아 매수 타이밍에 신중한 것이 좋다. 재개발은 정해진 일정에 따라 사업이 진행되지 않는다. 특히 지금과 같은 부동산 하락기일수록 조심할 필요가 있다. 사업 진행 속도에 따라 덜 빠지고 더 빠지고의 차이는 있지만 전반적으로 시장 침체기일수록 재개발 물건가격이 더 가파르게 하락하는 것이 일반적이다. 시장에 나오는 매물이 진짜 '급매물'이 맞는지 느긋하게 기다리면서 시세를 꼼꼼히 따져보고 부동산 하락기에는 완공 이후 추가 상승 여력이 얼마나 될지 잘 따져보고 판단해야 한다. 지금과 같은 시기에는 전반적인 사업성

이 안 좋아지기 때문에 사업이 지연되거나 멈출 수도 있다는 점도 염두에 둬야 한다.

### 아파트 경매 낙찰가율 최저?

부동산은 증시와 달리 실물경제 침체가 실제 확인된 뒤 뒤늦게 움직이는 특성을 보인다. 이 때문에 지금 부지런히 내공을 닦아둔다면 경기가 돌아서는 국면에서 역발상 투자 효과를 극대화할 수 있는데, 최근에는 인기가 부쩍 시들해진 법원경매가 나쁘지 않은 때라는 분석이 나온다. 낙찰가율(감정가 대비 낙찰가 비율)은 90%를 밑돌기 시작했고 권리상 특별한 문제없는 경매 물건도 한두 차례 유찰은 기본이다. 물건 하나에 수십 명씩 몰려드는 경우도 드물어졌다. 거꾸로 생각하면 경쟁자가 줄어든 지금이 경매 투자 적기라는 뜻이 될 수 있다.

지지옥션에 따르면 2022년 9월 서울 아파트 경매 낙찰가율은 89.7%를 기록했다. 2020년 3월 이후 2년 6개월 만에 최저치다. 서울 아파트 낙찰가율은 2022년 1월 103.1%로 100%를 넘긴 뒤 등락을 반복하다 6월에는 110%까지 상승했다. 그런데 7월 96.6%로 하락한 뒤 8월(93.7%)에 이어 9월(89.7%)까지 두 달 연속 떨어졌다. 9월 서울 아파트 경매는 총 67건 진행됐는데 이 가운데 15건만 낙찰되며 낙찰률도 22.4%에 머물렀다. 서울 아파트 낙찰률은 2022년 초까지 50%대를 유지했지만 7월부

2022년 10월 16일 서울 강동구 둔촌주공(올림픽파크포레온) 재건축 공사 현장에서 관계자들이 공사 재개를 알리는 현수막을 설치하고 있다. 2022년 6개월 간 멈췄던 둔촌주공 재건축 공사는 재개됐지만 이에 따라 일반분양 일정은 2023년으로 미뤄지게 됐다. (매경DB)

터 9월까지 20~30%대에 머물고 있다.

또 경매가 진행된 전국 아파트(주상복합 포함) 중 2회 이상 유찰 이력이 있는 물건은 190건에 달했다. 8월 165건 대비 15% 늘었다. 앞서 4월 106건, 5월 78건, 6월 109건, 7월 95건 등 경매 건수가 100건 안팎이었다는 점을 감안하면 최근 들어 유찰이 빠르게 늘어나고 있는 셈이다. 상황이 이렇다 보니 최저 입찰가가 전셋값과 비슷한 물건도 등장했다. 지난 7월 경매 시장에 나왔다가 연이어 유찰된 서울 은평구 응암동 '백련산힐스테이트' 전용 85㎡의 최저 입찰가는 6억1568만원까지 떨어졌다. 같은 평형 전세 호가는 6억원에 형성돼 있다. 다만 경쟁이 줄고, 낙찰가율이 떨어진다고 해서 무턱대고 낙찰받는 것은 주의해야 한다. 지금 나오는 경매 물건 감정가는 집값이

정점을 찍었던 6개월 전 시세라서다. 철저히 저가 낙찰을 목표로 접근해야 내집마련 후에도 손해 보지 않는다. 권리 분석도 필수다. 기본적으로 주택 경매는 집주인이 채권자에게 돈을 갚지 못해 경매로 나오는 경우가 대다수기 때문이다. 입찰 전 반드시 등기부등본을 통해 임차인의 전입일자를 확인하고 저당권 여부 등을 살피는 수고가 필요하다.

### 청약 경쟁률 하락은 기회일까

지난 몇 년간 신규 아파트 청약 시장은 내집마련 실수요자에 '불패' '필승' 전략으로 통했다. 하지만 금리 인상과 대출 규제는 청약 시장이라고 피해 가지 않았다. 2022년 하반기 들어 청약 경쟁률은 뚝 떨어졌고 당첨자 가점 평균도 크게 낮아졌다. 청약에 실패한 단지들은

이른바 '줍줍(줍고 줍는다)'으로 불리는 무순위 청약까지 진행하는 등 지역마다 희비가 엇갈렸다. 서울에서도 수차례나 무순위 청약을 진행하고도 미달 사태가 이어지는 단지도 있었다.

부동산R114에 따르면 올해 1~9월 전국 민간 분양 아파트 평균 청약 경쟁률은 9 대 1로 지난해 경쟁률(19 대 1)의 절반에도 미치지 못하는 수준이었다. 당첨자의 가점 평균도 크게 낮아졌다. 2022년 9월까지 민간분양 아파트 당첨 가점 평균은 23점으로, 2021년(34점)과 비교해 11점이나 떨어졌다. 2021년 '래미안원베일리' '힐스테이트초월역' '오포자이디오브' 등 3개 단지에서 만점(84점) 당첨자가 나온 것과 달리, 올해는 80점 이상 당첨자도 전무하다.

청약 경쟁률이 낮아진 건 가점 높은 청약통장이 몰리는 서울 주요 정비사업 단지들의 분양 일정이 지연되는 데다 일부 수요가 사전청약으로 분산된 영향으로 분석된다. 청약 시장 경쟁률 자체가 지난해보다 큰 폭으로 줄었지만 분양가와 입지 여건 등에 따라 온도 차가 크다는 것. 착한 분양가를 앞세운 단지의 경우 청약 수요가 몰리며 여전히 수백 대 1의 높은 경쟁률이 나오고 있다. 당첨 가점 평균이 23점이라지만 1500가구를 초과하는 대단지 평균 당첨 가점은 여전히 41점으로 높다는 점도 눈여겨볼 대목이다. 예전처럼 무턱대고 청약에 나설 것이 아니라 옥석 가리기를 필히 거

**아파트 경매 낙찰가율 낮을 때**
**우량 매물 입찰 도전해봄직**
**분양가 싼 청약은 '불패' 전략**
**평균 청약 경쟁률 하락했지만**
**단지별 옥석 가리기 더욱 중요**

쳐야 한다는 얘기다.

아직 2023년 전체 분양 일정이 공개되지는 않았지만 2022년 1~9월 서울에서 분양된 아파트는 7373가구다. 당초 4만8589가구가 분양 예정이었다는 것을 감안하면 지금까지 연간 계획분의 15%밖에 공급이 안 된 셈이다.

일반분양 물량만 4800가구에 육박하는 강동구 둔촌주공 아파트 분양이 미뤄진 타격이 컸다. 이 단지는 원래 2022년 5~6월 분양을 예고했지만, 2023년 이후로 연기됐다. 서초구의 '래미안원펜타스(신반포15차 재건축)'도 분양 일정이 2022년 상반기에서 2023년으로 연기됐다. 동대문구 이문1구역과 3구역 재개발 단지도 2023년 상반기에야 분양에 나설 전망이다.

마포구 아현2구역을 재개발하는 '마포더클래시' 역시 2022년 분양에서 2023년 상반기로 일정이 미뤄졌다. 이 사업은 총 1419가구 대단지로 후분양 방식으로 일반공급을 분양한다. ■

# 코로나 이후 잘나가는 '新상권' 방점
# 입주 예정 재개발지 '급매' 물색해야

**김종율** 보보스부동산연구소 대표

상가 시장은 경기에 매우 민감하다. 자영업 경기도 살펴봐야 하겠지만 금리에 따라서도 임대인이 올리는 수익이 달라지는 터라 여간 복잡한 상품이 아니다. 기준금리 인상에 따라 대출 금리가 오르면 임대인의 수익이 악화되는 것에 그치지 않는다. 은행에 돈을 묶어만 둬도 안정적인 이자 수익을 낼 수 있기에 상가를 매수하려는 수요도 줄어들게 된다. 따라서 기준금리 인상 기조 속에 2023년에는 상가 매수세가 줄어들 것이 분명해 보인다.

게다가 최저임금은 2023년, 결국 시간당 1만원을 돌파하게 된다. 맞벌이 부부가 편의점 알바만 해도 월 400만원 수입을 올릴 수 있다는 얘기다. 반대로 말하면 자영업자는 직원

두 명만 고용해도 한 달에 400만원 넘는 인건비를 부담해야 한다는 의미도 된다. 어지간하면 장사 접고 다른 가게 알바생으로 일하는 게 낫고 속 편할 수 있다. 상가 임차인이 줄어들 것으로 예상되는 대목이다.

이렇듯 2023년 상가 시장 전망은 꽤 어둡다. 여러 경제 전문가들이 2021년 연말부터 인플레이션을 해결하기 위한 방법으로 금리 인상을 예고했다. 당시만 해도 시장 참여자들은 짧은 시간 내 금리가 안정될 것으로 내다봤다. 그때는 지금과 같은 큰 태풍이 불 것을 예상하지 못했기 때문이다. 하지만 코로나19 팬데믹 동안 무수히 풀린 유동성을 잡겠다며 끝을 알 수 없는 양적 긴축이 예고돼 있는 상황이다. 여느 부동산 상품이든 마찬가지겠지만 상가나 빌딩이 유독 금리에 민감한 이유는 '매매

가격'이 주택보다 상대적으로 높기 때문이다. 일례로 2022년 중순 매물로 나온 신사동의 한 상가 빌딩이 있었다. 2021년 어느 중소기업이 125억원에 사들인 것인데, 이 중소기업은 매매 가격 중 100억원을 대출로 충당했다. 중개수수료와 취등록세를 포함해 총 130억원가량 필요했으니, 자기자본은 30억원이었던 셈이다. 그런데 대출을 연장하다 보니 금리가 올라 세입자에게서 받은 임대료로는 대출 이자도 충당되지 않는 상황이 돼버렸다. 2021년 매입 당시 대출 이자가 연 2.4%로 월 2000만원의 이자를 내면 됐다. 건물 임대 수익은 월 2500만원이었다. 이후 은행 대출 금리가 연 4.8%로 껑충 뛰어버렸다. 그나마 2022년 상반기에 연장했으니 망정이지 하반기에 연장했으면 더 높은 금리를 부담해야 했을 테다. 이제 매달 갚아야 하는 이자는 4000만원까지 치솟았다. 수익형 상가가 임대 수익은커녕 내 돈까지 보태 이자를 월 1500만원이나 추가로 감당해야 하는 꼴이 된 것이다. 재산세, 중개수수료, 건물 수리비 등은 차치하고서도 말이다.

더 큰 문제는 임차 수요다. 경기가 하향 곡선을 그리자 상가나 사무실을 빌려 쓰겠다는 사람이 줄었다. 물론 당시 이 건물은 임대가 모두 맞춰진 상태였고 매월 임대료로 총 2500만원을 받았는데, 이후 임대료를 더 올려받기는커녕 있는 세입자가 나갈까 전전긍긍하는 처지가 됐다. 결국 이 신사동 건물은 1년 만에 매물로 나왔는데, 그 1년여 새 빌딩·상가 시장 분위기는 완전히 뒤바뀌어 있었다.

매수 문의는 2022년 하반기에 전년 대비 25%로 줄었다는 게 업계의 한목소리다. 매물은 매물대로 늘었다. 공급은 두 배로 늘고, 매수는 4분의 1로 줄었다. 상가를 사면 '상갓집' 된다는 소리가 나올 지경이다. 물론 일각에서는 이럴 때가 오히려 상가를 싸게 살 기회라고 주장하기도 한다. 일부 맞는 말이다. 우리 경제 성장률을 감안하면 언제까지고 이런 고금리를 유지할 수 없는 노릇이다. 그럼에도 시장 분위기는 하향세가 뚜렷한 상황이고 언제 유턴을 할지는 기약이 없는 상황이다. 매매를 서두를 필요도 없고 더 관망하다 사도 된다는 얘기다. 당연히 경매 시장을 들여다보며 때를 기다리는 것도 좋은 방법이다.

그렇다면 어디를 관망하는 것이 좋을까. 일단 배후 수요가 늘고 주동선이 확실한 곳을 고르는 것이 좋다. 치솟던 금리야 언젠가 되돌아온다지만 다락같이 오른 최저임금은 되돌아올 가능성이 희박하다. 결국 시간당 1만원 넘는 급여를 줘가며 살아남을 입지를 정해놓고, 높아진 금리 탓에 제값 못 받고 매물로 나오는 상가를 기다려보는 전략이다. 경매로 넘어가는 상가도 있지만 기존 소유자의 건강이 악화됐거나 이혼 같은 개인 사유로 급하게 처분하는 매물도 있는 법이다.

이런 지역 한 곳을 예로 들어보자. 아래 지도

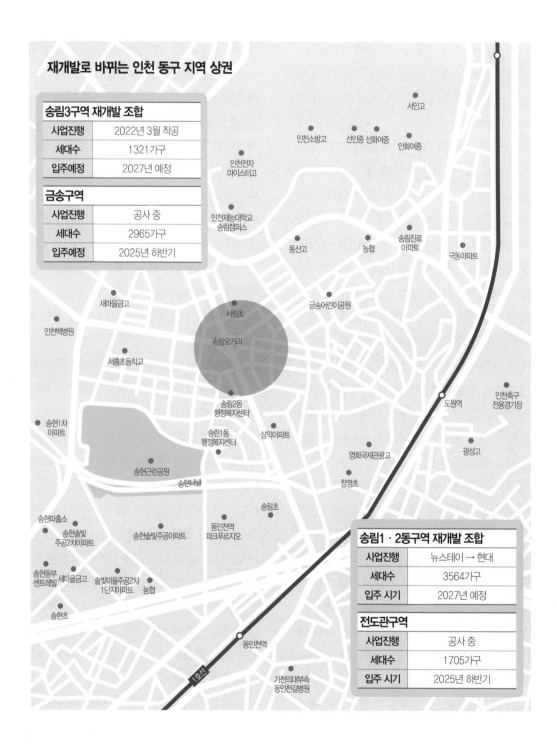

**재개발로 바뀌는 인천 동구 지역 상권**

### 송림3구역 재개발 조합

| | |
|---|---|
| 사업진행 | 2022년 3월 착공 |
| 세대수 | 1321가구 |
| 입주예정 | 2027년 예정 |

### 금송구역

| | |
|---|---|
| 사업진행 | 공사 중 |
| 세대수 | 2965가구 |
| 입주예정 | 2025년 하반기 |

### 송림1·2동구역 재개발 조합

| | |
|---|---|
| 사업진행 | 뉴스테이 → 현대 |
| 세대수 | 3564가구 |
| 입주 시기 | 2027년 예정 |

### 전도관구역

| | |
|---|---|
| 사업진행 | 공사 중 |
| 세대수 | 1705가구 |
| 입주 시기 | 2025년 하반기 |

서인고
인천소방고　선인중 선화여중　인화여중
인천전자마이스터고
인천재능대학교 송림캠퍼스
동산고　농협　송림진로아파트　극동아파트
새마을금고
서림초
인천백병원
송림오거리
금송어린이공원
서흥초등학교
도원역　인천축구전용경기장
송림2동 행정복지센터
송헌1차아파트
송린1동 행정복지센터　삼익아파트
영화국제관광고　광성고
송현근린공원
송현터널
창영초
송림초
송현파출소
송현솔빛주공2차아파트
송현솔빛주공아파트
동인천역 파크푸르지오
송현동부센트레빌　새마을금고
솔빛마을주공2차 1단지아파트　농협
송현초
동인천역
1호선
가천의대부속 동인천길병원

는 인천 중구의 재개발 구역에 대해 정리한 것이다. 지도에서와 같이 산재된 재개발·재건축은 지역 상권에 어떤 변화를 가져올까. 우선 가구 수가 크게 늘어난다. 게다가 인천 동구 지역은 재개발 전 노후화가 상당히 진행된 곳이었다. 빈집이 많고 임대를 하려 해도 월 20만원도 받지 못할 집이 수두룩했다. 그런 지역에 새 아파트가 지어지면 소득 수준이 그전과 비교해 월등히 높은 가구원이 입주한다. 자연스럽게 지역의 배후 수요가 늘 뿐 아니라 가구원의 소비력도 늘어나 두 단계의 상승이 가능해지는 것이다.

위 지도상 파란색으로 표시한 전도관구역과 금송구역을 보자. 두 구역 모두 입주가 2025년으로 예정돼 있다. 2~3년만 기다리면 입주하는 곳이다. 지금은 그나마 있는 낡은 주택가를 다 철거했으니 상권이랄 게 제대로 형성돼 있지도 않을 것이다. 그러나 3년도 채 기다리지 않아 새 아파트가 무려 6000가구 가까이 입주한다. 원래 저 지역 조합원 수가 2000가구도 채 되지 않았으니 가구 수가 무려 3배나 늘어나는 셈이다. 거주자들의 지갑도 훨씬 두꺼워진 채로 말이다. 여기서 여유를 조금만 더 갖고 기다리면 북측으로도 입주를 할 재개발 구역들이 있다. 상가 투자자 입장에서는 굉장한 호재다.

위 지도상 빨간색 동그라미를 친 곳을 에워싸고 새 아파트가 2025년부터 줄지어 입주할 예정이다. 낚싯대를 담그는 심정으로 이런 지역을 미리 입장하고 매물을 파악해두다가, 2023년 시장이 움츠러드는 시기에 느긋하게 입질을 기다려보자. 이와 같은 원리로 입주 예정인 재개발·재건축 아파트 단지 인근 지역을 눈여겨보되, 출퇴근·통학 등 유동인구 동선을 고려해 상가 자리를 선점하는 것이 좋다.

경기 성남에서는 수정구 구도심 지역에 들어서는 재개발지를 눈여겨보자. 신흥2구역을 재개발한 '산성역자이푸르지오(총 4774가구)'가 2023년 10월 입주를 목표로 공사 중이다. 희망대공원을 둘러싸고 무려 4774가구가 한꺼번에 입주해 상권 형성 기대감이 큰 지역이다. 단지 규모가 워낙 큰 탓에 동에 따라 유동인구가 8호선 산성역 또는 신흥역으로 갈라질 수 있는데, 이 단지 북서쪽으로는 사전청약지로 관심을 모았던 '성남복정2A-1(총 1026가구 예정)', 또 구축 아파트인 '성남두산(570가구)' '성남한신(585가구)' '신흥청구타운(493가구)' 등과 상권을 공유할 가능성이 높다. 또한 산성역을 이용하는 유동인구는 2020년 7월 입주한 '산성역포레스티아(총 4089가구)'와 상권을 공유할 수 있다.

서울에서는 은평구 수색7구역을 재개발한 'DMC아트포레자이'가 2023년 2월 입주할 예정이다. 단지 규모가 672가구로 크다고 할 수는 없지만 바로 옆 수색6구역에서 1223가구 규모 'DMC파인시티자이' 입주가 같은 해 7월 예정돼 있다. 또 서편으로는 'DMCSK뷰아이파크포레(1464가구)'가 2023년 7월 입주를 목표로 공사가 한창이고 그 남쪽에는 'DMC롯데캐슬더퍼스트(1192가구)'가 입주해 있는 상태다. 이들 아파트만 합쳐도 일대에 4500가구 넘는 배후 수요가 형성되는 셈이다.

## 코로나 이후 매출 살아난 상권

**정다운** 매경이코노미 기자

이외에는 코로나19로 침체됐다가 되살아나는 상권을 눈여겨보면 좋다. 가장 쉬운 방법은 상권 매출이 실제로 늘어난 곳을 꼽아보고, 그다음에는 실제로도 투자할 만한지 따져보는 것이다. 물론 통계 자체가 수익률까지 보장하는 것은 아니지만 상권 흐름을 가늠하는 지표 역할을 할 수 있다.

매경이코노미가 빅데이터 분석 기업 '나이스지니데이타'와 손잡고 올해 4~5월 서울 주요 상권 매출(표 참고)을 분석한 결과, 전년 동기 대비 매출이 가장 많이 오른 상권 1위는 가로수길이 차지했다. 해당 기간 가로수길 매출 증가폭은 무려 572억2000만원. 인근에 위치한 압구정로데오(297억원)나 논현역(275억2000만원) 같은 상권을 2배 가까이 웃돌았다. 절대 매출 자체도 가장 크다. 올해 4~5월 가로수길 매출은 2416억원으로, 2위인 홍대입구역(2034억원)과 3위 논현역(2020억원)을

멀찍이 따돌렸다. 가로수길에 위치한 점포 개수는 1668개. 계산기를 두들기면 점포 1개당 월매출이 7300만원 꼴이라는 계산이 나온다. 연매출로 따지면 8억7000만원에 달한다.

다만 매출 증가폭 1위인 가로수길은 아이러니한 상권이다. 사회적 거리두기가 사실상 끝난 이후 매출이 가장 많이 늘었지만 여전히 가로수길 메인 거리에는 '임대 문의' 딱지가 붙은 공실 건물을 심심찮게 찾아볼 수 있어서다. 그 이유는 매출 대부분이 '뷰티 · 미용' 업종에 쏠린 탓이다. 특히 '성형외과(122억원)'와 '일반병원(121억원)' '치과(43억원)'에 쏠려 있는 상황이다. 5위 '안과(27억원)', 6위 '약국(18억원)', 10위는 '피부과(12억원)'였다. 상위 10개 업종 중 6개가 '의료'다. 그것도 대부분 뷰티 · 미용 관련된 병원들이다. 재택근무와 마스크 착용이 일상화되면서 '이참에 시술을 받아보자'는 보톡스 · 필러 등 '에스테틱' 시술 수요가 급증한 것과 관련 있다.

순위는 2위지만 상권 활성화만 놓고 보면 '홍대입구가 사실상 1위'라고 봐도 무방하다. 매출 증가액은 1위 가로수길에 조금 못 미치지만 점포 수 증가(179개)는 가로수길(67개)보다 2배 이상 많다. 가로수길 매출 증가 상위 3개 업종이 의료 서비스에 치중돼 있는 반면 홍대입구는 '한식 · 백반(81억8000만원)' '호프 · 맥주(71억9000만원)' '소주방 · 포장마차(6위)' '커피 전문점(7위)' '일식(8위)' '양식(9

**거리두기 해제 이후 매출 증가 상권 '톱10'** 단위:원, 개

*2022년 4~5월 기준(전년 동기 대비)  *자료:나이스지니데이타

위)' '갈비·삼겹살(10위)'까지, 매출 증가 상위 10개 업종 중 7개가 먹거리다. 상권의 저녁 매출을 책임지는 주점 매출뿐 아니라, 낮 시간대 강세를 보이는 커피·일식·양식 매출까지 고르게 증가한 것은 상권에 긍정적인 신호다. 여가·오락 업종에서는 노래방과 피트니스센터, 모텔·여관 매출 증가가 두드러졌다. 주점은 노래방이나 숙박업소, 유흥주점, 바(Bar) 같은 2차 소비로 이어질 가능성이 큰 업종이라, 주변 상권 활성화 정도를 가늠하는 지표로 보면 좋다.

다시 강남으로 돌아와서 압구정로(북쪽), 언주로(서쪽), 압구정로 60길(동쪽), 도산대로(남쪽) 등 4개 거리에 둘러싸인 압구정로데오 상권은 비교적 크지 않은 상권임에도 불구하고 외식을 비롯해 카페, 주점, 의료, 패션, 전시 등 다양한 업태 매장이 오밀조밀 골고루 자

리 잡고 있다. 매출 증가 1·2위 상권인 가로수길·홍대입구와 비교하면 압구정로데오 상권은 1위 '백반·한식(43억원)'부터 2~4위 피부과·병원·성형외과 등 의료 서비스, 이어 바·카페(6위)와 양식(7위)은 물론 안경점(10위), 한복(11위), 스포츠용품(12위)에 이르기까지 매출 증가 업종이 다양하다. 가로수길과 달리 유입인구가 상권에 머무는 시간이 상대적으로 길고 2차 소비도 활발히 이뤄질 수 있는 구조다.

종로3가역 상권은 여러 대기업 그룹 본사와 귀금속 거리가 위치해 있어 전국에서 유동인구가 가장 많은 상권으로 꼽힌다. 하지만 코로나 팬데믹에 2019년 4~5월 765억원에 달했다가 2021년 같은 기간 611억원까지 떨어졌던 종로3가 매출. 그러다 사회적 거리두기 해제 이후 2022년 같은 기간에는 835억원으로 코로나 이전 수준을 뛰어넘었다. 익선동·서순라 길처럼 20대 소비자에게 '핫'한 상권은 물론 중장년층 소비자가 많은 '먹거리 골목'과 '포장마차 거리'까지 인파가 몰려들면서 예전의 명성을 회복했다. 공실 문제가 여전한 '메인 도로'를 제외하고는 상권 전반이 활기를 되찾은 모습이다.

종로3가 역시 해당 상권의 활성화 정도를 가장 잘 보여주는 지표인 '외식업' 매출이 '한식·백반' '단란주점' '유흥주점' 업종을 중심으로 크게 늘었다. ■

# 대형 오피스 시장 '나 홀로 호황'
# 서울 오피스 공실률 13년 만에 최저

정다운 매경이코노미 기자

저금리 시대 주택 규제를 피한 똘똘한 투자처로 꼽혔던 업무용 부동산 시장은 2022년 직격탄을 맞았다. 기준금리가 10년 만에 3%대로 올라서면서 대출 이자 부담이 늘자 거래량이 2021년의 절반 가까이로 줄었다.

반면 업무용 부동산 임차 수요는 오히려 늘었다. 코로나19 충격을 털고 기업들이 새롭게 옮길 사무실을 적극 찾아 나서고 있어서다. 존스랑라살(JLL)코리아의 '2022년 3분기 서울 A급 오피스 시장 동향' 보고서에 따르면 2022년 3분기 서울 A급 오피스 공실률은 전분기 대비 139bps(1bps=0.01%) 하락한 2.5%로, 2009년 이래 최저치를 기록했다. A급 오피스는 연면적이 1만평(3만3000㎡) 이상, 양질의

공용 공간과 주차시설, 외관을 갖추고 우량 임차인이 입주한 건물을 말한다.

서울 3개 권역 A급 오피스 공실률이 모두 자연공실률인 5% 아래로 떨어지기는 2009년 이래 처음이다. 특히, 강남 권역 공실률은 0.3%로, 세 분기 연속 0%대 공실률을 유지했다. 도심 권역 공실률도 같은 기간 약 221bps 하락한 4.9%를 기록했다. 여의도 권역은 약 179bps 하락한 1.9%를 기록했다.

서울 오피스 공실률이 13년 만에 최저치를 기록하면서 서울 A급 오피스의 월평균 실질임대료(순임대료−렌트프리(무상 임대)+필요제경비)는 같은 시기 6.5%, 전년 동기 대비 21.4% 상승한 3.3㎡당 11만8500원을 기록했다. 역대 최고 수준 임대료다. 도심, 강남, 여의도 등 주요 지역 빌딩들이 렌트프리를 줄이

면서 실질임대료가 올랐다. 실제로 이 기간 서울 A급 오피스의 평균 렌트프리 기간은 1.8개월에서 1.4개월로 감소했는데 2013년 2분기 이후 최저치다.

지역별로 보면 여의도 권역 실질임대료는 3.3㎡당 10만2800원으로 처음 10만원을 넘었다. 특히 IFC는 2021년 3분기 평균 4개월 수준이던 렌트프리 기간이 제로(0) 수준으로 감소했다. 도심 권역 실질임대료는 3.3㎡당 11만7600원으로 전분기 대비 3.9%, 전년 동기 대비 19.3% 뛰었다. 콘코디언을 비롯한 빌딩 공실률이 낮아지면서 렌트프리 기간도 크게 줄었다. 강남 권역 실질임대료는 3.3㎡당 13만500원으로 지난 분기 처음 12만원대를 돌파한 데 이어 한 분기 만에 13만원대에 진입했다. 평균 렌트프리 수준 또한 0~1개월 수준을 유지하면서 실질임대료가 전분기 대비 6.6%, 전년 동기 대비 19.1% 상승했다. 강남 권역은 애초에 임차인 인센티브가 거의 없었기 때문에, 렌트프리가 줄었다기보다는 명목임대료가 급등한 게 컸다.

## 투자는 줄어도 임차는 활발

2023년에도 이런 추세는 이어질 것으로 보인다. JLL코리아는 "2022년 3~4분기까지 서울 주요 권역 내에 신규 A급, B급 오피스 빌딩 공급이 없었고 2023년에도 공급이 제한적인 점을 고려하면 당분간 임대인 우위 시장이 계속

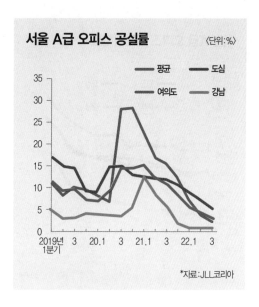

서울 A급 오피스 공실률  〈단위:%〉

*자료: JLL코리아

될 것"이라며 "특히 한동안 0%대 공실률을 유지할 것으로 보이는 강남과 판교에서는 ICT 업종 임차 수요가 도심과 여의도로 이전하는 모습도 관찰된다"고 분석했다. 일부 빌딩은 오랫동안 해소되지 않고 남아 있던 공실이 해소될 여지가 크다.

다만 계속해서 활황기를 유지할 것으로 보이는 서울 오피스 임대차 시장과는 달리, 투자 시장의 경우 가파른 금리 상승에 따른 자금 조달 어려움과 경제적 불확실성으로 인해 거래 규모가 계속 줄어들 것으로 전망된다. 임대 시장과 투자 시장 간 양극화를 예상해볼 수 있는 대목이다. 특히 2022년 7월과 8월, 한국은행이 각각 0.5%포인트, 0.25%포인트씩 인상한 이후 10월 '빅스텝'을 단행해 기준금리가 3%에 도달한 상황이다. 연준의 추후 행보에

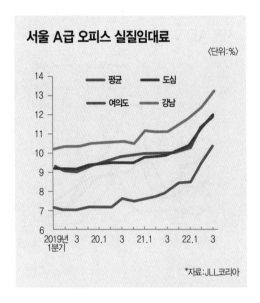

## 서울 A급 오피스 실질임대료

〈단위:%〉

*자료:JLL코리아

평균(1.98%)을 웃돈다. 도심 지역 오피스 투자 수익률은 1.91%, 강남 지역은 1.96%이었다. 여의도·마포 권역에서 좀 더 구체적으로 뜯어보면 공덕역(2.27%), 여의도(2.17%) 수익률이 높은 편이다. 도심 권역에서는 남대문(2.32%), 종로(2.22%), 광화문(2.19%) 일대 수익률이 상대적으로 높다. 강남 권역에서는 논현역(2.24%), 테헤란로(2.03%) 오피스 투자 수익률이 높게 나타났다.

### 수요 늘어나는 물류센터·데이터센터

이외에 개인 투자자로서 접근해볼 만한 투자처는 전자상거래 시장 확대와 데이터 사용량 증가로 수요가 늘고 있는 물류센터와 데이터센터에 부동산 간접 투자 상품인 리츠(REITs·부동산투자회사) 등이다.

리츠는 다수 투자자로부터 자금을 모집한 뒤 부동산에 투자해 발생하는 임대 수입, 매각 차익을 배당하는 부동산 간접 투자 상품이다. 자산운용사가 투자 자금으로 국내외 상가나 오피스 건물을 매입·매각하거나 임대해주고 그 수익을 투자자에게 배분하는 식이다. 개인이 사고팔기 어려운 고가 건물이나 해외 부동산을 직접 사고팔지 않더라도 부동산에 투자한 효과를 보는 셈이다. 한국리츠협회에 따르면 국내 주식 시장에 상장된 리츠는 2022년 10월 23일 기준으로 모두 21개다.

2022년은 금리 인상으로 증시 변동성이 커지

따라 추가적인 인상 여부가 결정될 예정이다. 원화 가치가 약세를 면치 못하게 되면서, 국내 투자자들은 한동안 다소 보수적인 입장을 취할 것으로 보인다. 이에 반해 해외 투자자들은 원화 약세와 국내 투자자들의 투자 심리가 누그러지는 이점을 이용해 양질의 오피스 자산을 매입하려는 기회로 삼을 가능성이 있다. JLL코리아는 "이자 비용이 임대 수익보다 높은 역마진 현상이 나타날 수 있는데, 투자자 입장에서는 풍부한 임차 수요를 활용해 임대료를 올리는 식으로 역마진을 상쇄하려 할 것"이라고 설명했다.

한국부동산원의 '2022년 2분기 상업용 부동산 임대 동향 조사' 통계를 살펴보면 서울 오피스 투자 수익률(소득 수익률+자본 수익률)은 여의도·마포(연 2.15%) 지역이 유일하게 서울

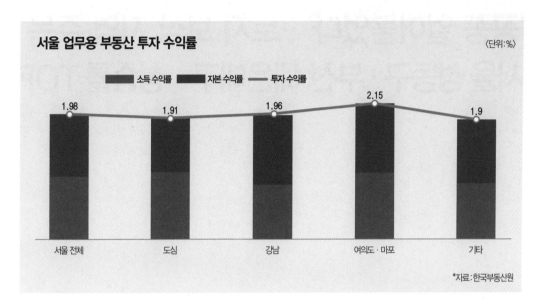

**서울 업무용 부동산 투자 수익률**

〈단위:%〉

소득 수익률  자본 수익률  — 투자 수익률

| 서울 전체 | 도심 | 강남 | 여의도·마포 | 기타 |
|---|---|---|---|---|
| 1.98 | 1.91 | 1.96 | 2.15 | 1.9 |

*자료:한국부동산원

면서 국내 증시에 상장한 주요 금융사 리츠가 2022년 10월 무더기로 '52주 신저가'를 기록하는가 하면, 기업공개(IPO)에 나서는 리츠의 청약 경쟁률이 예년 대비 뚝 떨어진 한 해였다. 한국거래소에 따르면 'KRX리츠TOP10' 지수는 2022년 10월 24일 기준 766.5로 장을 마감했다. 불과 한 달 전인 9월 23일 종가 986.54 대비 22.3% 하락했고 올해 고점을 기록했던 4월 29일 1249.96과 비교하면 불과 5개월 만에 38.7%나 낮아졌다.

다만 주가가 하락하면서 대부분 상장 리츠 배당 수익률은 오히려 8~9%대까지 치솟았다. 리츠에 편입된 부동산 가치는 일정 수준 밑으로 떨어지기 어려운 데다 리츠가 애초에 배당 수익률을 노리는 간접 투자 상품인 만큼 공모가 밑으로 떨어졌을 때 수익률이 더 높다는 논리다.

시장에서는 리츠가 2022년 조정을 받고는 있지만 전자상거래 시장 확대와 데이터 사용량 증가로 첨단 물류센터, 데이터센터 등 자산에 대한 투자 수요는 늘고 있다고 분석한다. 특히 최근 '카카오 먹통 사태'로 데이터센터의 중요성이 부각하면서 이에 대한 투자가 늘어나리라 예상되는 분위기다. 네이버, 카카오 등 IT 대기업이 인프라 투자를 크게 늘리면서 시장이 확대할 것이라는 전망이다. 물류센터나 데이터센터가 3~4년 사이 새로운 투자처로 떠오르면서 투자가 늘어나고 장기 임차 수요로 안정적인 수익 구조를 갖춰 투자자가 많이 찾고 있다. 최근에는 카카오 사태로 리스크가 커졌기 때문에 관리를 강화하면서 투자 수요도 늘어날 것으로 전망된다. ■

# '꽁꽁 얼어붙었다'…토지 보상 지역 주목
# 서울 성동구 · 부산 해운대구…상승률 TOP

**강승태** 감정평가사

2022년 토지 시장은 한 문장으로 요약하면 '꽁꽁 얼어붙었다'고 요약할 수 있다.

한국부동산원 'R-ONE 부동산통계정보시스템'에 따르면 2022년 상반기 전국 지가 상승률은 1.89%를 기록했다. 2021년(2.02%)과 비교하면 소폭 하락했다. 지가 상승률보다 주목할 점은 바로 거래량이다.

2022년 상반기 전체 토지(건축물 부속 토지 포함) 거래량은 약 127만1000필지로 2021년 하반기(약 155만3000필지) 대비 18.2% 감소했다. 2021년 상반기(약 174만4000필지)와 비교하면 27.1% 급감한 수치다. 전반적인 부동산 경기 침체가 토지 시장까지 이어지고 있다는 분석이 나온다. 건축물 부속 토지를 제외한 순수 토지 거래량은 약 53만5000필지로 이 역시 2021년 하반기 대비 9.8%, 2021년 상반기 대비 18.3% 감소한 것으로 집계됐다.

### 급속도로 침체된 토지 시장

2022년 토지 거래량이 급속도로 줄어든 이유는 여러 가지다.

우선 부동산 시장 침체로 인한 거래 절벽이 한 원인이다. 금리가 크게 오르면서 빚을 내 부동산을 거래하기 어려운 환경이 조성됐다. 여기에 부동산이 더 하락할 것을 기대하는 매수자와 싼값에 부동산을 내놓기 싫은 매도자 간기 싸움이 팽팽히 진행되면서 가격은 오르는데 거래량은 줄어드는 상황이 연출되고 있다. 투자 심리 위축 또한 빼놓을 수 없다.

토지 매수자의 상당 부분은 건설사나 시행사

등 부동산 개발 기업이다. 원자잿값 상승에 더해 부동산 프로젝트파이낸싱(PF) 대출 금리마저 높아지자 개발 사업에 따른 사업성이 낮아졌다. 건설 업계에 따르면 2021년 말 6~6.5%였던 부동산 PF 대출 금리는 현재 10%대 초중반, 높게는 20%까지 뛴 것으로 알려졌다. 한국부동산개발협회 관계자는 "공공택지마저 사업을 그대로 끌고 갈 수 있을지 염려되는 상황"이라고 토로한다.

전반적으로 금리 인상 → 투자 심리 위축 → 거래 감소로 이어지고 있다는 결론이 나온다.

### 1년간 10% 넘게 오른 세종

지역별로 살펴보면 전체 토지 거래량은 2021년 하반기와 비교해 대구(-39.4%), 부산(-27.3%) 등 전국 15개 시·도에서 모두 감소했다. 제주(0.7%)와 전북(0.1%)만 소폭 증가했다. 순수 토지 거래량은 광주(-37.4%), 대구(-19.9%), 대전(-18.8%) 등 17개 시·도 모두 감소했다.

땅값 상승률을 살펴봐도 2021년 상반기와 비교해 현저히 떨어지고 있다. 서울(2.63% → 2.29%), 경기(2.21% → 1.99%), 인천(2.19% → 1.77%) 모두 2021년 대비 0.2~0.4%포인트 하락한 것으로 나타났다.

광역자치단체 중 가장 땅값이 오른 지역은 세종시다. 2021년에 이어 2022년에도 세종 땅값은 가장 많이 오른 지역으로 나타났다. 다

## 2022년 上 지가 상승률 둔화
## 거래량도 전반기 대비 18%↓
## 2023년도 거래량 얼어붙을 것
## 3기 신도시·철도 토지 보상금
## 전통 관광지 중 제주·통영 주목

만 상승폭은 2021년 대비 대폭 감소했다. 2021년 세종 땅값 상승률은 4.01%였지만 2022년 2.55%로 감소했다.

세종시 땅값이 여전히 오르고 있는 이유는 여러 가지다. 국회의사당을 비롯한 정부기관의 세종 이전설이 끊이지 않고 제기되고 있으며 단계별 개통을 예고한 서울~세종 간 고속도로 등 여러 개발 호재가 영향을 줬다. 세종시 뒤를 이은 곳은 바로 서울(2.29%)이다. 경기(1.99%), 대전(2.04%), 부산(1.91%) 등은 전국 평균(1.89%)보다 높다.

### 수도권은 하남·광명·시흥 강세

기초자치단체별로 살펴보면 개발 예정 지역이나 여러 호재가 있는 지역의 땅값 상승이 두드러졌다. 특히 수도권(2.12%)은 비수도권(1.51%)과 비교해 비교적 높은 상승률을 기록했다. 전국 250개 시군구 중 가장 높은 상승률을 보인 곳은 서울 성동구와 부산 해운대구

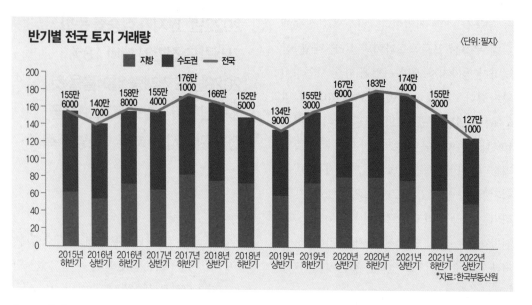

반기별 전국 토지 거래량 〈단위:필지〉

■ 지방 ■ 수도권 — 전국

*자료:한국부동산원

(2.94%)다.

서울 성동구 땅값이 많이 오른 이유는 여러 가지다. 우선 성수동 재개발이 수면 위로 드러나고 있으며 성수동 상권이 인근 송정동까지 확장되고 있다는 점이 영향을 줬다. 업계 한 관계자는 "여러 개발 호재와 함께 상권 확장에 대한 기대감으로 인해 성수동뿐 아니라 인접 지역도 인기를 끌고 있다"며 "지금과 같은 금리 인상기에도 매수하려는 사람이 매도 호가를 맞춰주면서 거래가 활발히 진행되고 있다"고 분석한다.

부산 해운대구는 '부산형 판교' 센텀2지구 사업이 속도를 낸다는 소식이 땅값 상승으로 이어진 것으로 보인다. 경기 하남시·안양 동안구(2.77%) 또한 여전히 땅값이 많이 오른 지역으로 분류된다. 하남시는 3기 신도시 건설에 따른 토지 보상금 지급, 각종 광역교통대책 발표 등으로 땅값 상승이 지속되고 있다. 안양 동안구는 지하철역 4호선 인덕원역 개발 계획 등이 영향을 준 것으로 보인다.

**전통 관광지를 노려라?**

향후 몇 년 동안 토지 시장에서 가장 중요한 변수 중 하나는 바로 토지 보상금이다. 3기 신도시 토지 보상금 규모가 역대 최고 수준이지만 토지 보상 협의 작업이 순탄치 않다.

LH에 따르면 3기 신도시 중 토지 보상률 100%를 달성한 곳은 인천 계양이 유일하다. 그 외에는 하남 교산 약 95%, 남양주 왕숙·부천 대장 약 70%, 고양 창릉 약 30% 수준이다. 이들 지역 토지 보상 작업이 완료되면 막대한 토지 보상금이 풀릴 수 있다.

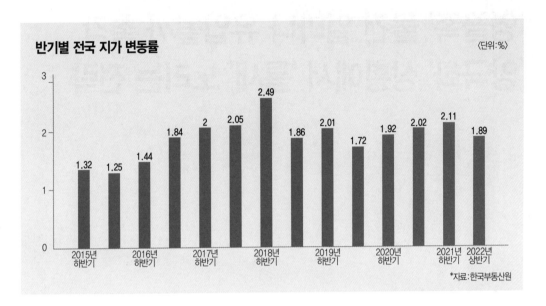

**반기별 전국 지가 변동률**

〈단위:%〉

|  |  |
|---|---|
| 2015년 하반기 | 1.32 |
| | 1.25 |
| 2016년 하반기 | 1.44 |
| 2017년 하반기 | 1.84 |
| | 2 |
| | 2.05 |
| 2018년 하반기 | 2.49 |
| 2019년 하반기 | 1.86 |
| | 2.01 |
| 2020년 하반기 | 1.72 |
| | 1.92 |
| 2021년 하반기 | 2.02 |
| | 2.11 |
| 2022년 상반기 | 1.89 |

*자료:한국부동산원

또 다른 변수는 바로 부동산 경기 침체다. 토지 시장은 부동산 여러 상품 중 경기 침체 영향을 가장 많이 받는다. 시장이 위축되면 토지 가격은 잘 떨어지지 않지만 거래량은 급감하는 경향이 있다. 2023년에도 토지 거래는 2022년처럼 대폭 줄어들면서 거래가 얼어붙을 가능성이 높다.

지역별로 예상해보면 수도권은 2023년에도 토지 시장에서 가장 많은 관심을 받는 지역이 될 것으로 보인다. 2021년 시흥과 광명, 2022년 안양 등이 수도권 토지 시장을 이끌었듯이 2023년에도 새로운 다크호스가 나타날 가능성이 높다. 수도권 외 지역으로는 여전히 관광지를 주목할 만하다. 현재 강원도 양양은 이미 너무 많이 올랐다는 인식이 깔려 있다.

반면 제주는 바닥을 찍고 다시 올라오는 중이다. 2019년과 2020년 제주는 전국에서 유일하게 땅값이 하락한 지역이었지만 2021년 상승세로 돌아섰다. 2022년 상반기에도 1.43% 오르면서 상승세가 유지되기는 했지만 여전히 전국 평균 상승률에는 미치지 못한다. 시장은 제주 땅값이 여전히 저평가돼 있다는 인식이 있다.

통영 역시 주목할 지역이다. 통영은 여수와 비교될 만큼 관광지로서는 높은 평가를 받지만 교통이 불편하다는 이유로 외면받고 있다. 2022년 상반기 통영 지가 상승률은 0.94%에 그쳤다. 현재 통영은 남부내륙철도가 예정돼 있다. 이르면 2023년 착공 예정이었지만 공사에 참여하려는 건설사가 적어 입찰이 무산되고 있다. 만약 착공 계획만 발표한다면 2023년 통영 땅값에 큰 영향을 줄 것으로 예상된다. ■

# '영끌족' 물건 얼마나 유입될까 촉각
# '양극화' 상황에서 '틈새' 노리는 전략

**강은현** EH경매연구소장

2022년 5월 2일 장흥지원 경매2계 입찰법정. 전남 강진군 강진읍 임천리 대지 401㎡가 721만8000원에 경매에 나왔다. 신건임에도 86명이 치열한 경합을 벌인 끝에 최초 감정가의 약 10배 가까운 7022만2000원에 팔렸다. 매각가율(감정가 대비 매각가 비율)은 무려 972.9%에 달한다.

참여자가 대거 몰린 이유는 강진군청이 멀지 않은 곳에 위치할 뿐 아니라 저평가 물건이어서다. 귀농인이 언제든 주택 신축이 가능한 나대지라는 점 역시 많은 사람이 관심을 갖게 된 요인이다. 법원경매 시장은 2021년이 사실상 고점이었다. 경매 진행 건수는 12만4390건에 달했고 매각가율은 78.9%로 역대 최고

| 전국 법원경매 지표 | | 단위:건, % |
|---|---|---|
| 구 분 | 2022년 9월 | 2021년 9월 |
| 경매 건수 | 8만5026 | 9만4652 |
| 매각 건수 | 2만8548 | 3만4356 |
| 매각률 | 33.6 | 36.7 |
| 매각가율 | 79.1 | 78.8 |

*자료:대법원경매정보

수준이었다. 경매 시장은 2015년부터 2021년까지 7년간 '거침없는 하이킥' 속에 경매 역사상 초유의 상승장을 구가했다. 그러나 2022년 영원할 것 같았던 경매 상승장이 막을 내리고 조정기 첫해로 월별 등락이 반복됐다. 이슈에 따라 경매지표의 출렁거림이 심했다. 연초인 1~2월이 조정장의 서막을 열었다면 3~5월은 대통령 선거와 새 대통령 등장 기대감에 다시 상승장으로 돌아섰다.

다만 새 정부의 부동산 밑그림은 시장 기대치

에 미치지 못했다. 윤석열정부 역시 '주택 공급은 늘리되 가격은 안정세 유지'라는 명제를 내놨는데 잠시의 반등을 뒤로하고 2022년 7~9월은 본격적인 하강장으로 돌아섰다. 여기에 미국을 비롯한 전 세계 각국이 코로나에 대응하기 위한 무제한 양적 완화 정책을 내놓은 결과 인플레이션이라는 부메랑을 맞게 됐다. 양적 축소 정책의 일환으로 각국이 동시다발적으로 꺼낸 금리 인상은 부동산 시장에 치명타가 됐다. 불과 수개월 만에, 영원할 것 같던 2021년 부동산 투자 열기는 온데간데없이 사라졌다.

## 2022년 경매 상승장 막 내려

문제는 이제 시작이라는 사실이다.

2022년 법원경매 시장의 각종 지표는 2021년의 연장선이다. 2021년과 가장 큰 차이점은 매각가율 격차가 크게 줄어든 점이다. 2022년 9월까지 매각가율은 79.1%로 2021년 같은 기간(78.8%)과 비교할 때 0.3%포인트 차이에 불과하다. 2022년 경매지표에서 가장 의외의 현상은 경매 건수다. 참여자 대부분이 2022년 경매 건수가 급증할 것으로 예상했다.

그러나 예상은 보기 좋게 빗나갔다. 어긋난 정도가 아니다. 2022년 9월까지 진행된 경매 물건은 8만5026건으로 2021년 같은 기간(9만4652건)에 비해 오히려 9626건 감소했다. 이처럼 예상이 빗나간 주 이유는 경매 물건의 시

**2023년 경매 물건 큰 폭 늘어날 듯**
**2회 이상 유찰된 물건 노려볼 만**
**신통기획 등 개발 호재 물건 눈길**
**세금, 대출 규제 적은 지방도 틈새**

간 차 현상 때문이다. 경매 물건은 일반 매매와 달리 매각 시점이 거래 당시의 환경을 반영하는 것이 아니다. 경매 물건은 일반 매매와 달리 5~7개월 전 시장을 반영한다. 경매 물건은 이해관계인에 대한 경매 통지, 감정평가, 배당 요구나 매각 공고 등의 절차를 거쳐야만 매각기일이 지정되기 때문이다. 이는 2022년 진행된 대부분 경매 물건의 사건번호가 2021타경으로 시작됐다는 점을 통해 알 수 있다. '2021'은 2021년에 경매 개시 결정이 됐다는 점을 의미한다.

매각 건수 역시 2만8548건으로 전년 동기(3만4756건) 대비 6208건이나 줄었다. 이런 이유로 매각률은 33.6%를 기록해 전년 동기(36.7%)보다 3.1%포인트 떨어졌다.

2023년 경매 시장 관전 포인트는 경매 물건 수 순증, 각종 경매지표의 하방 여부다. 그중 핵심은 매각가율이 8년간 고공행진의 마침표를 찍느냐다. 경매 물건의 후행 성질로 인해 다른 지표와 달리 매각가율은 2022년도에도 관

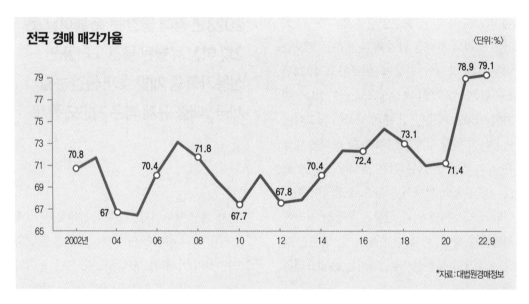

전국 경매 매각가율 〈단위:%〉

*자료:대법원경매정보

성 모멘텀이 꺾이지 않았다.

2023년 경매 물건은 2022년에 비해 큰 폭으로 늘어날 것으로 예상된다. 대법원경매정보에 따르면 2022년 8월까지 신규 물건은 5만811건이다. 남은 기간을 고려하면 2022년 한 해 8만건 내외를 찍을 것으로 보인다. 8만건이 갖는 의미는 매우 크다. 이는 경매 통계를 집계한 이래 역대 최저 수준이다. 아울러 2019년(10만4418건) 이래 3년 연거푸 감소세가 단지 양적으로 멈춘 것을 의미할 뿐 아니라 질적으로도 수요 분산에 따른 각종 경매지표의 확실한 하방을 의미한다. 특히 2023년 경매 시장은 양극화와 틈새로 요약할 수 있다.

주택 거래 부진과 침체의 골이 깊어갈수록 경매 시장은 환금성 물건과 비환금성 물건으로 철저히 나뉜다. 투자자도 참여자와 관망자로 양분된다. 한국 사회에서 아파트 등 주거용 부동산에 대한 관심사는 거의 종교적 신앙 수준에 달한다. 이런 상황을 감안하면 불황의 골이 깊을 때는 실수요자 움직임이 예상된다. 단 실수요자일지라도 그 바닥을 예단할 수 없기 때문에 최소 1회에서 2회 이상 유찰된 물건 위주로 참여할 가능성이 높다. 만일 1회 유찰된 물건에 참여한다면 패찰할 수도 있음을 전제로 최저가 수준에서 참여해야 한다.

경매 참여 시기는 2023년 하반기가 적절할 것으로 보인다. 금리 인상 직격탄을 맞은 물건이 본격적으로 경매 시장에 유입되는 시점이 2023년 상반기기 때문이다. 투자자는 2회 이상 유찰된 물건 위주로 2023년 하반기 또는 2024년 이후로 참여 시점을 늦출 필요가 있다. 무엇보다 투자자는 틈새시장에서 생존 전략을 모색할 필요가 있다. 불황기에도 시장의 관심과 호평을 받는 물건은 언제나 존재한다. 첫째, 개발 호재 물건이다. 공공 재건축, 신속통합기획 등 정비사업 예정지 물건이 대표적이다. 2022년 4월 19일 대전지방법원에서 진행된 대전 서구 변동 주택가 도로 100.2㎡가 5140만원에 경매 시장에 나왔다. 신건임에도 129명이 참여해 최초 감정가의 6배에 달하는 2억9700만원에 낙찰됐다. 이처럼 100여명이 운집한 이유는 새 정부 출범 효과와 재정비촉진지구 내 물건이라는 점이 상승 작용을 했기 때문이다. 그러나 고가 낙찰의 덫에 걸렸음을 안 매수인이 대금을 미납했고, 6월 28일 우여곡절 끝에 1억3000만원에 팔렸다.

둘째, 저평가 또는 저감정된 물건이다. 경매 이해관계인의 다툼 때문에 경매 절차가 순연되는 경우가 종종 있다. 일례로 2023년 진행 중인 물건임에도 2019년이나 2020년에 감정된 물건이거나 지역 내 거래 전례가 없어 당시 시세를 반영하지 못해 저평가된 물건을 말한다.

### 서울 3억~6억원, 지방 1억원 내외가 안전

2022년 8월 30일 서울서부지법에서는 서울 은평구 역촌동 다세대주택 36㎡가 6940만원에 경매로 나왔다. 역시 신건임에도 46명이 경합을 벌여 1억2400만원에 팔렸다. 40여명이 참여한 이유는 대지지분(28㎡) 가격이 810여만원으로 시세의 절반 수준에 불과했기 때문이다.

셋째, 상가, 오피스텔 등 수익형 부동산이다. 고금리 상황임에도 안정적인 임대수익이 기대되는 물건은 모두의 로망이다. 2022년 9월 6일 수원지법에서는 경기도 화성시 능동 1층 상가 31㎡가 2억790만원에 경매 시장에 나왔다. 보증금 2000만원에 월세 100만원의 임차인이 점유하는 물건이다. 31명이 응찰해 2억6159만원에 낙찰돼 88%의 매각가율을 기록했다.

넷째, 지방 우량 물건이다. 지방 물건은 세금 중과, 대출 규제 등을 비껴갈 수 있을 뿐 아니라 시세 차익은 덤이다. 전세보증금만으로 투자 금액 대부분을 회수할 수 있는 것은 물론이다. 2022년 4월 25일 속초지원에서 진행된 강원 속초시 조양동 부영아파트 50㎡에 79명이 몰려들었다. 지방 물건에 투자자가 몰린 이유는 최저 매각 가격이 8900만원인데 당시 전세보증금이 1억원으로 전세보증금만으로 투자금을 전액 회수할 수 있는 물건이기 때문이다. 덕분에 매각가는 1억3580만원으로 치솟았다.

마지막으로 소액 투자다. 금액 기준으로 서울은 3억원에서 6억원, 수도권은 1억원에서 3억원, 지방은 1억원 내외의 물건이 안전하다.

2023년 법원경매 시장의 키워드는 경기 불황 속에서도 저금리와 정책 효과로 연명한 한계 기업과 금리 인상 직격탄을 피하지 못한 '영끌족' 물건이 얼마나 시장에 유입되느냐다. 유입의 폭에 따라 침체의 골과 깊이를 가늠할 수 있기 때문이다. ■

## 〖 일러두기 〗

1. 이 책에 담겨 있는 전망치는 필자가 속해 있는 기관이나 필자 개인의 전망에 근거한 것입니다. 따라서 같은 분야에 대한 전망치가 서로 엇갈릴 수도 있습니다.

2. 그 같은 전망치 역시 이 책을 만든 매일경제신문사의 공식 견해가 아님을 밝혀둡니다.

3. 본 책의 내용은 개별 필자들의 견해로 투자의 최종 판단은 독자의 몫이라는 점을 밝혀둡니다.

## 2023 매경 아웃룩

2022년 12월 9일 초판 2쇄
엮은이:매경이코노미
펴낸이:장승준
펴낸곳:매일경제신문사
인쇄·제본:(주)M-PRINT
주소:서울 중구 퇴계로 190 매경미디어센터(04627)
편집문의:2000-2521~35
판매문의:2000-2606
등록:2003년 4월 24일(NO.2-3759)
ISBN 979-11-6484-494-4 (03320)
값:20,000원

World EXPO 2030
BUSAN, KOREA

2030 부산세계박람회 유치,
LG가 함께 응원하겠습니다

**AI의 미래가 궁금해**

AI시대를 이끌어 갈 우리의 학생과 청년들이
더 멀리 보며 큰 꿈을 꿀 수 있도록
LG의 다양한 AI교육프로그램은 오늘도 계속되고 있습니다

# 미래,
# 같이

다 **같이** 더 나은 삶을 누릴 수 있는 **미래가치** 만들기,
**LG**가 **함께** 하겠습니다.

LG

LG는 중학생 대상 LG AI Genius와 LG Discovery Lab, 청년 대상 LG Aimers 등 온오프라인 AI교육 프로그램을 운영하고 있습니다

모든 인테리어의 기준은 결국 퀄리티니까

# Quality Interior for life

www.lxzin.com

**LX Z:IN** 인테리어

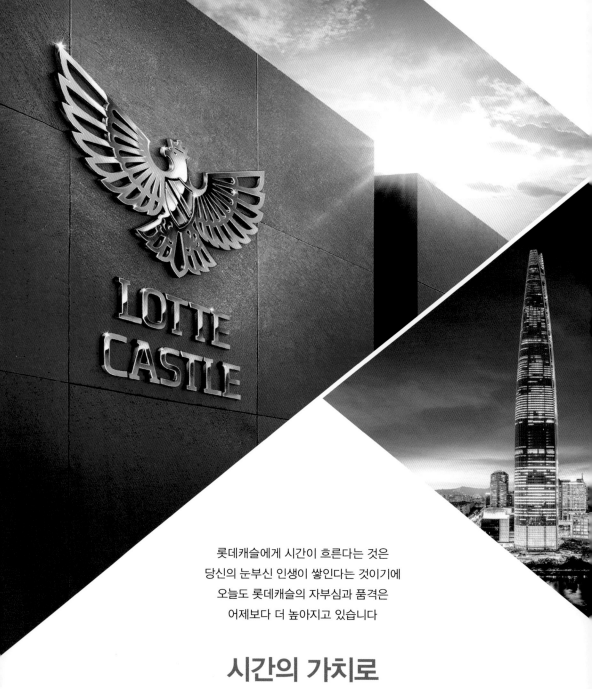

롯데캐슬에게 시간이 흐른다는 것은
당신의 눈부신 인생이 쌓인다는 것이기에
오늘도 롯데캐슬의 자부심과 품격은
어제보다 더 높아지고 있습니다

# 시간의 가치로
# 인생의 품격을 높이는 곳

LOTTE CASTLE

# 원칙은 곧게
# 믿음은 굳게

금융이 지켜야 할 원칙
고객과 지켜야 할 약속
한국투자증권이 지켜갑니다

true友riend

한국투자 증권

내가 만드는 세상

# IONIQ 6

약속에는 힘이 있습니다

중요한 순간 용기를 내게 하고
소중한 인연을 이어가게 하며
새로운 일상을 열어 주기도 하죠

DB손해보험은 약속합니다
당신의 일상이 더 든든하고
행복해질 수 있도록

# 약속하길 잘했다!

함께, 약속
DB손해보험

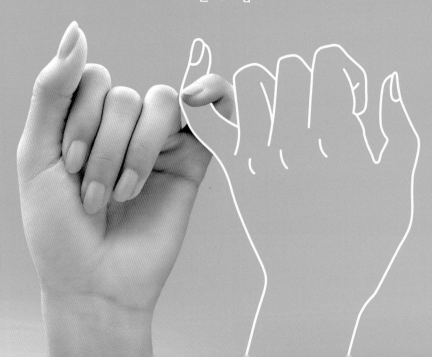

빛 나 는 당 신 은 행 복 할 자 격 이 있 습 니 다

# 빛나는 당신을 위해

"앞으로의 삶은 저를 중심으로 놓고 살아보고 싶어요"

"현장에 있다 보면 힘들지만, 격려해 주시는 분들이 많기 때문에!"

"책임감이 막중하기는 한데, 성취감이 정말 이루 말할 수 없이 좋아요"

**당신이 누구이든, 어디서 무엇을 하든, 행복할 자격이 있습니다**

**롯데백화점은 모든 여성의 행복을 응원합니다**

빛나는 당신을 위해

*We Connect Scienc*

# 지속
## 가능한
### 꽃

한 번 사용된 플라스틱이
작품으로 다시 태어나듯

버려진 플라스틱들이
지금 LG화학의 기술력으로
다시 태어나고 있습니다

**과학으로**
**지속가능한 미래를**
**만듭니다**

페플라스틱도 새 것처럼 다시 쓰는
**LG화학의 PCR 플라스틱**

플라스틱 재활용 아트
Veronika Richterová: BELLFLOWERS, photo Michal Cihlář

LG화학

적립식 펀드시대를 개척한 미래에셋

퇴직연금 디폴트옵션 시대도

미래에셋그룹의

투자 전문성으로 이어갑니다

## 대한민국 대표 연금 전문가 미래에셋

진정한 연기는
그 사람의 마음이 되어 보는 것

보험도 마찬가지예요
그 마음이 되어 봐야
당신께 진심으로 힘이 될 수 있으니까

현대해상도 당신의
마음이 되어 봅니다

마음이    합니다

**H** 현대해상

크레온
by 대신증권

대신증권
Daishin Securities

**대신증권 60주년 기념**

*신규계좌개설 시

+**미국주식** 평생 수수료 **0.07%**
+**국내주식** 평생 수수료 **우대**

# 대단하다

**\* 유관기관 제비용 0.0036%만 부담**

\* 국내주식 거래 수수료 0.0088%+월 15,000원~0.015%, 홈페이지 참고
\* 해외주식 거래 수수료 0.2~0.3%, 홈페이지 참고
\* 투자 전 설명 청취 및 상품설명서/약관필독 *예금자보호법상 보호상품 아님
\* 자산가격 변동, 환율 변동 등에 따른 원금손실(0~100%) 발생 가능 및 투자자 귀속
\* 미국주식 매도 시 0.0029% 제비용 부과
\* 한국금융투자협회 심사필 22-02375 / 2022-07-18 ~ 2023-07-17

어느 날 미래에게 물었다.
"집을 어디까지 변화시킬 수 있죠?"

미래가 답했다. "이미 함께 살고 있는 걸요"

# 미래는
# 이미
# 래미안에

**RAEMIAN**

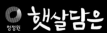

# 시간이.
# 빚은.
# 맛의 품격.

11년 이상 된 씨간장을
햇간장에 더하는 덧장 방식을 계승한
숙성공법으로 만듭니다

이름이 길어진 이유
영상으로 확인하기

'한국의장 담그기 문화'의
유네스코 무형문화유산등재를 응원합니다

해외주식 투자에
필요한 서비스,
미래에셋증권에서는
다~해드립니다!

남들 되는 건 기본, 다른 곳에서 안되는 서비스까지
해외주식 투자에 필요한 모든 서비스가 있는 곳,
대한민국 대표 해외투자 전문가 미래에셋증권에서
해외주식 서비스의 모든 것을 경험해 보세요.

☑ 미국주식 **토탈뷰 서비스**

☑ 미국주식 **데이마켓 서비스**

☑ 미국주식 무료 실시간 시세 서비스

☑ 해외주식 소수점 투자서비스

☑ 해외주식 양도소득세 신고대행 서비스

☑ 해외주식 원화 자동계산

☑ 해외주식 통합증거금 서비스

☑ 해외 ETF 트렌드 확인 서비스

☑ 해외지수 실시간 확인 서비스

HYUNDAI
MOBIS
Innovation for Humanity,
Mobility for Tomorrow
모빌리티가 육체라면
소프트웨어는 정신
정신을 집중하면 못할 일이 없듯이
미래 모빌리티를 위한 소프트웨어
현대모비스에서 갈고닦고 있습니다